Minerva KEYWORDS 2

ハンドブック近代日本外交史

黒船来航から占領期まで

簑原俊洋
奈良岡聰智 編著

ミネルヴァ書房

はしがき

二〇一五年八月、日本は戦後七〇年の節目を迎えた。そうしたこともあり、現在、多くの人々の関心は戦後日本の歩みに向けられている。だが、そこへ至る道のりを理解するためには、まずはその前史、つまり開国から太平洋戦争へと至る近代日本の軌跡を考察し、紐解いていく必要があるという考え方は、きわめて自然であろう。換言すれば、過去から現在へと流れる歴史において、それぞれの出来事の上にその後の出来事は積み重なっていくわけだから、戦後を出発点として日本の歴史を捉えてしまうと歴史認識に歪みが生じかねず、正確な理解は困難となる。むろん、いわゆる「戦前」と「戦後」の境界には〈連続〉する要素もあれば、明白な〈非連続〉の部分も存在するが、これらをきちんと把握するためにも、まず日本の近代国家としての幕開けから日本史に対する知識と理解を深めることは不可欠であろう。

本書はこのような問題意識を前提としながら、当該期の日本外交史における主要な事件を取り上げつつ、それらの背景と展開を分かりやすく解説したうえで、その意義についても検証することにより、外交史に特化した利便性の高い「手引き書《ハンドブック》」を目指した。これによって、より高度な専門的知識を求める読者層を対象とした、大部かつ高価な『日本外交史辞典』（原書房、一九九二年）とは明白な差別化を図った。もっとも、他に類書がないというわけではないが、いずれも刊行からかなりの歳月が経っており、絶版になっているものも多いことを踏まえ、本書はそれなりのニーズに応えることができるのではと考えている。

もとより外交と内政は相互に作用し合うものであるため、時として線引きが困難な場合もある。本書ではそうした性質を踏まえ、外交史に主眼を置きつつも、外交と切り離せない国内政治の項目もいくつか取り上げて考察している。くわえて本書は、「Minerva KEYWORDS」シリーズ第一巻の佐々木卓也編著『ハンドブック アメリカ外交史――建国から冷戦後まで』（二〇一一年刊）のフォーマットを基本的に踏襲することを心がけた。そのため本書では、日本の近代史を時代ごとに区切り、全体で五部構成の体裁を採用しつつ、個別の外交事例として七七項目を選定した。これら各々の項目は、その歴史上における重要性を踏まえ――編者の主観が一部介在しているのは否めないが――、六〇〇〇字程度の解説となっている計三二の大項目、そして二〇〇〇字程度の解説に留めてある残りの小項目に分類して考察した。そして、それぞれの項目の末尾には、さらに詳しい情報を求める読者のために、入手しやすい書籍を中心に参考文献を付記した。その他にも、本書の使い勝手のさらなる向上を意識して、歴史的出来事という定義には必ずしも該当しない、より広範な文脈・視座から考察を与えている特別テーマの項目もいくつか設けた。これにより、本書が取り上げる個別歴史的事件の時代背景に関しても、巻末の年表と併せてより重層的な理解が可能になったと思っている。なお、本書は原則として太平洋戦争以前の外交事例を収録しているが、戦前期の終点と戦後期の始点という両時代に通じる橋渡し的な項目（たとえば「占領下の外務省」など）についても、その歴史における連続性を重視し、本書に含めることにした。

振り返ってみれば、「戦前日本における重要な事件を時系列に並べて解説するハンドブックを出版したい」との相談をミネルヴァ書房編集部の田引勝二氏から持ちかけられたのが、本企画のそもそもの出発点であった。それは有意義な提案だと即座に悟ったものの、一人で全てまとめ上げるには体力的にも能力的にも荷が重いと感じた。そこで、本企画の成功の鍵を握るのは、私をしっかりと支えられる優秀な共編者の存在だと考えるに至ったのである。私の主たる研究関心領域は日米関係であり、くわえてその時、米国の東アジア政策へと研究の軸足を移しつつあったため、戦前期の日本外交史を真正面から扱える研究者の存在は欠かせなかった。幸い、同じ関西で理想に適った優秀な研究者がすぐに見つかった。私がかつて企画・運営した国際共同プロジェクトに参加したことのある、京都大学大学院法学研究科教授の奈良岡聰智氏である。彼の手腕をもってすれば鬼に金棒も同然であるゆえ、同氏が共編者としての協力を快諾してくれた時の安堵感は未だに忘れられない。こうして奈良岡氏とがっちりとタッグを組みつつ、本書の編集作業に鋭意取りかかった。ミネルヴァ書房の田引氏を交えた三人で、京都、滋賀、大阪、神戸などで集まっては原稿を持ち寄り、何度も打ち合わせを重ねたのは今となっては大変良い思い出となっているが、刊行までの道のりは決して平坦なものではなかった。

五名の執筆者で上梓された前述の『ハンドブック アメリカ外交史』とは異なり、本書は当時、新進気鋭の若手研究者を中心に学界の第一線で活躍していた研究者に積極的に声をかけ、本企画に参加していただいた。それぞれが専門とする項目を担当していただくという趣旨だったものの、総勢二二名の執筆者陣をまとめ上げる編集作業は、多くの時間と困難を伴うものであった。両編者とも他に多くの仕事を抱えていたうえに、在外研究の時期も挟んだため、当初の計画通りになかなか進捗せず、完成までには想定以上の歳月を要してしまった。しかし、本企画が迷宮入りすることなく出版まで無事に辿り着けたのは、ひとえに奈良岡氏をはじめ、執筆陣による終始協力的な姿勢、および編集者の田引氏の力強い支えがあったからである。このたびの経験を通じて多くのことを学ばせていただいたが、最も幸せに思うのは、素晴らしいメンバーと共に仕事ができたという一点に尽きよう。この場を借りて、改めて心より謝意を表す。

当然だが、こうした企画の完成は、編者二人のみの努力だけで決して成し遂げられるものではない。前述の優秀な執筆者陣にくわえ、当時神戸大学大学院法学研究科の院生であった神足恭子氏、同京都大学大学院法学研究科の院生であった故平松良太氏、そして現在神戸大学大学院法学研究科の博士後期課程に在籍中の湯川勇人氏が年表作成を快く手伝ってくれた。また日仏関係の項目については、田中玲子氏より多くの知見を得た。ここに記して御礼を申し上げたい。

なお、本書では可能な限り最新の学説を踏まえつつ、情報を正確に伝えることに努めた。このように完成度の高いハンドブックを目指したものの、当時執筆者が気づかなかった記述や解釈の誤りはあるかもしれない。編集過程で原稿を何度も読み直し、細心の注意を払いながら間違いを洗い出す作業を行ったが、最終的に各項目の内容に関する責任は各執筆者が負っているのは言うまでもない。ただ、版を重ねる度に最新の研究成果を反映させることによって、本書はさらに磨かれる。それゆえ、読者からの貴重な指摘を是非とも頂戴したいと思う次第である。
最後に、本書は大学生、そして修士課程の大学院生を主な読者対象としている。こうした学生たちに、本書が近代の日本外交史に対する知識の扉を開くための一助となり、さらには過去を見つめ直すことにより、将来における日本の外交地平について考えるきっかけになるのであれば、編者にとっては望外の幸せとなろう。

二〇一五年一一月　黄葉に染まった六甲山を書斎から眺めつつ

編者を代表して　簑原俊洋

ハンドブック近代日本外交史——黒船来航から占領期まで

目次

はしがき

第Ⅱ部　列強としての台頭と同盟時代――一九〇一～一三年　59

第Ⅲ部 第一次世界大戦とワシントン体制――一九一四～二九年 123

第Ⅰ部　開国と近代化の時代——一八五三〜一九〇〇年

岩倉使節団一行
（山口県文書館蔵）

解説

徳川幕府の鎖国政策によって、日本はオランダ以外の西洋諸国とは通商関係を持たなかった。そのような現実に大きな変更を余儀なくさせたのが、太平洋対岸の新興国家、米国の接近であった。日本近海で捕鯨船が遭難する頻度が増加する中で、米国は日本の地政学的重要性をいち早く悟り、熱心に開国を働きかけた。だが、そうした試みは幕府による抵抗によってことごとく挫折したため、ついに米国はより強い姿勢に打って出て本格的に日本の開国へ乗り出した。この結果が、ペリーによる〈黒船〉の来航である。

鎖国していた間に、大きく水をあけられてしまった西洋諸国との技術力の差をまじまじと見せつけられた幕府は、列強によって利権争奪戦が勃発していた清国の二の舞になるのを回避するため、米国の開国要求に応じる決断をした。こうして日米和親条約は締結され、日本は従来の華夷秩序から離脱するとともに、欧米諸国を見習って近代化の道を着実に歩み始めることとなる。国際政治の舞台に立ったという意味において、これが近代日本外交の原点であるといえよう。その後、日米修好通商条約の調印を皮切りに、日本は他の列強とも同様な通商関係（いわゆる、安政五カ国条約）を締結するに至るが、この出発点にあったのは不平等条約という厳しい現実であった。それゆえ、第Ⅰ部が考察する時代の日本外交では、まずこうした不平等な条約の改正――主に関税自主権の獲得と領事裁判権（治外法権）の撤廃――が焦眉の課題となった。

この過程において、確かに日本は欧米諸国と全面的に対決するという選択肢はあったものの、薩英戦争や馬関戦争（下関戦争）を通じて西洋列強の軍事的強靱さをいざ思い知ると、政策を柔軟に転換させ、西洋から貪欲に学ぶ姿勢に転じたのである。こうした方針転換は、幕末での遣米使節団、さらには明治新政府の岩倉遣外使節団によって端的に示されよう。換言すれば、日本の近代化の成功の裏にはリアリズムに根付いた外交政策があったのである。むろん、懸案であった不平等条約の改正はより根気と時間を要したが、こちらも当初から米国が同情的であったこともあり、一八九四年に領事裁判権を撤廃させる日米通商航海条約が合意されると（一八九九年七月発効）、残る大きな課題は関税自主権の回復のみとなった。このような外交努力が近代国家としての発展を保障したのみならず、まだ体力が脆弱であった主権国家日本を守り抜くことを可能とした。

一方、欧米列強から忠実に学んだ日本は、隣国との従来からの関係を見直し始めるようになり、利権の獲得を目的とした外交方針を打ち出してゆく。とりわけ日本の主たる関心は「生命線」の朝鮮半島にあったため、同地域を勢力圏に組みこむ過程で李氏朝鮮、さらには清国と次第に対峙していく。そして朝鮮国との軍事衝突を経て、日本はかつて列強から強要された不平等条約を自らも要求し、同国の主権を徐々に奪う政策を追求していったのである。こうした隣国との関係の変化を決定づけたのが、日清戦争であった。戦争に勝利した日本はアジアの頂点に立ち、同地域における旧秩序体制の打破に成功したが、当然このような急激な変革は思わぬ反作用を招き、実際、日本の台頭を警戒した仏独露による三国干渉を招いた。この時に日本が思い知ったのは自国の無力さ、そして屈辱感であったが、こうした原体験がその後における日本のさらなる成長の原動力になったといえよう。日本は近代的な国内政治制度を早急に整え、国家の礎をより盤石なものにする努力を決して惜しまなかった。その甲斐あって、日本は列強によって植民地化される歴史を経験することなく、国力を徐々に蓄えながら国際政治上のプレイヤーとなれる日の到来を静かに待ったのである。

一九世紀後半の国際政治において、日本に特に影響を及ぼしたのが、英国の影響力の衰退とともに頭角を顕した米国の存在であった。巨大な国内市場に加え、資源が豊富な米国の著しい経済成長によって、大英帝国の時代に陰りが見え始めてきた。実際、米国は一八七〇年代中葉に経済規模で英国を抜き去っている。さらに、米西戦争での勝利によって大国の地位を手に入れた米国と、ボーア戦争によって疲弊した英国の姿が、世界秩序の転換期が到来したという事実を如実に示した。こうして国力の限界を認識した英国は、従来の「栄光ある孤立」の政策を変更したが、これが第Ⅱ部で見る日英同盟へと繋がるのである。

このような英国による接近が日本にとって〈吉〉であったなら、〈凶〉となったのがロシアの膨張であった。大陸国家のロシアは、英仏の対抗にあって西進を阻まれたことにより、必然的に活路を東へと求めた。この過程で、不凍港を多く有する朝鮮半島の確保がロシアの勢力圏を確保するうえでは欠かせないとの考えが同国において支配するようになった。とはいえ、同半島は日本にとっても地政学的に重要であり、ロシアによる独占は到底看過できるものではなかった。それゆえ、満韓交換論など、ロシアと妥協点を見出す外交努力が行われたが、日露交渉の最終的な挫折をもって両国間でついに火蓋が切って落とされた。

以上のように第Ⅰ部は、日本にとって命運がかかった激動の時代であったが、この時期において日本は近代化を一気に推し進め、一九世紀末には欧米列強への仲間入りを果たすための土壌は整いつつあった。こうした上昇気流のような軌跡は、世界史の文脈から快挙として記されているが、第Ⅰ部で見る日本は、疑いなく同国が最も輝いた瞬間であったと言えよう。

（簑原俊洋）

1　日米和親条約（一八五三〜五四年）——ペリー来航と日本の開国

1　背　景

ペリー派遣の事情

一八五二年三月、ペリー（Matthew C. Perry）が米国東インド艦隊司令長官に就任し、一一月に艦隊を率いてバージニア州ノーフォークを出航、喜望峰、インド洋、香港を経て、翌年七月に浦賀沖に到着した。いわゆる「黒船」の到来である。

米国では一八四〇年代、アヘン戦争後に清国と締結した望《ぼう》廈《か》条約によって中国貿易が拡大し、また米墨戦争の勝利によりメキシコからカリフォルニアを割譲、太平洋岸を領土化するなど、膨張主義が旺盛であった。郵船航路が整備されて海上交通も活発になる中、議会などで対中貿易のための太平洋横断航路開設への要請が高まり、その中継地点として日本の重要性が浮上した。ペリーは一八四一年に海軍工廠司令官となって蒸気船を主力とした海軍力強化を図り、米墨戦争にも参加した。

一方、当時米国では捕鯨業が最盛期を迎えており、日本近海で操業していた捕鯨業者から日本に避難港を確保したいという要望が出されていた。実際、一八四〇年代半ば以降、北海道周辺に漂着する米国捕鯨船が現れ、その乗員の処置をめぐる外交問題が生じていた。一八四八年に捕鯨船員が漂着した際には、東インド艦隊が乗員の引渡しを要求して艦艇を派遣し、乗員を引き取ったが、この任務を担当した艦長は帰国後、大統領に対して日本への遠征を建議している。同じ頃、ペリーも海軍長官に捕鯨船の遭難地と物資確保のための日本遠征構想を提起、さらにオーリック（John H. Aulick）東インド艦隊司令長官も日本との通商関係の開始を提案した。

米国では既に一八四六年、当時の東アジア艦隊司令長官ビッドル（James Biddle）が清国との修好通商条約の批准書交換を終えて帰国の途上、日本に立ち寄り、通商交渉を試みたことがあるが、失敗していた。オーリックなどの提案を受け、米政府内では日本への使節派遣が改めて検討され、オーリックを派遣することが決定、石炭購入と避難民の保護、積荷の販売・交換の実現などが使命として託された。ただ、オーリックは航海途中で解任されたため、後任としてペリーが任命され、日本を目指すことになる。そこには、米墨戦争の終結によって存在価値が疑問視されていた新造軍艦に、新たな使命と意義を与えようという海軍側の意向も働いていた。ペリー派遣の目的としてフィルモア（Millard Fillmore）大統領は、漂流民の保護、薪水《しんすい》・石炭の供給、修理のための入港許可、荷物の売買・交換の実現を挙げたうえで、相手の説得には力の誇示が必要であるとして、艦船で接近して国書を手交するよう指示した。

幕府の対外政策

これを迎える幕府は当時、スペイン、ポルトガル、英国の来航を禁じてオランダ・中国と長崎でのみ交易し、キリスト教や日本人の海外渡航、また大型船の建造などを禁止する鎖国体制を敷いていた。一七九二年にはロシア使節のラクスマン（Adam K. Laksman）が来航して通商を求めたが、拒否している。一八〇四年、ロシア使節のレザノフ（Nikolay P. Rezanov）が長崎を訪れて通商を求めたものの、幕府はこれも拒否し、反発したレザノフの部下が樺太や択捉島を襲撃する事件が発生した。ロシアへの警戒感が強まる中、幕府は国後に来訪したロシア軍艦の艦長を捕らえて監禁し（ゴローニン事件）、ロシアも廻船問屋・高田屋嘉兵衛《たかだやかへえ》を捕縛するなど、日露関係は緊張した。一八一三年には双方とも釈放されたが、この間の一八〇八年には英国の軍艦フェートン号が長崎湾内に侵入し、オランダ商館員を捕え、薪水や食糧を強奪する事件も発生している（フェートン号事件）。この後も英国船の通商要求や捕鯨船による暴力事件などが続発し、それまで外国船に対し欠乏物資を提供する穏健策をとってきた幕府は、一八二五年、無二念打払令《むにねんうちはらいれい》を定めて、清国とオランダ以外の外国船は有無を言わさず打ち払うよう命じた。実際に一八三七年には米国商船モリソン号が浦賀と鹿児島で攻撃されている。

こうした強硬姿勢が変化するきっかけとなったのが、一八四〇年のアヘン戦争であった。この戦争で清国が英国に敗北した事実を受けて、一八四二年、幕府は天保薪水令《てんぽうしんすいれい》を達して外国船に欠乏物資を供給する政策に復帰した。ただ、鎖国の解除には消極的で、この二年後にオランダ国王が通商の開始を勧告すると、これを謝絶している。

ペリー来航の情報も、幕府はオランダを通じて事前に把握していた。一八五二年、米国政府はオランダ政府に対し、日本への使節派遣計画を発表、長崎駐在の商館長による援助を要請し、商館長は長崎奉行に「別段風説書《べつだんふうせつがき》」を提出した。これは、米国が日本に使節を派遣し、漂流民の送還、交易のための開港、石炭貯蔵場の確保と太平洋横断航路の開設を要望していること、すでに米艦隊が中国におり、戦争準備を整えていることなどを伝えていた。同時に届けられたオランダ東インド都督の長崎奉行宛書簡は、もはや日本だけが鎖国を続けるのは困難であり、このままでは戦争を免れないと警告し、商館長も米国に欠乏物資や医療の便宜を供与し、長崎での貿易も許可すべきだと提案した。オランダ側は、関税を設定した長崎での制限貿易の実施を盛り込んだ条約草案も提示した。

しかし、幕府はこれを黙殺した。老中首座の阿部正弘《あべまさひろ》は、鎖国政策を維持しつつ、西洋列強を警戒するため、国防力の強化や無二念打払令の復活を繰り返し提起している。ただ、周囲の反対を受けて打払令は復活できず、財政難から海防策も充分に構築できないまま、ペリーの来航を迎えることとなった。

ペリーは一八五三年五月、琉球の那覇に到着し、ここで日本との交渉方針を定めた。それは、まず日本が平和裡に開港する可能性があるかを確認し、可能性があれば大艦隊を編成して本格交渉を開始、可能性がなければ琉球と条約を締結して小笠原に貯炭所を設けるというものであった。実際、ペリーは小笠原を訪れて石炭倉庫などの用地を購入してから江戸に向かったのである。

2　展開

第一次来航と幕府の対応

ペリーは浦賀到着後すぐ、浦賀奉行所に対して、大統領の国書を手交するのが来航目的だと伝えた。奉行所は従来の法に従って長崎に回航することを求め、国書の不受理を回答したが、ペリー側は受け入れず、武装して江戸へ向かうと主張、実際に江戸湾の測量を開始して圧力をかけた。

ペリー艦隊が江戸湾に侵入した当日、幕府は浦賀奉行に国書の受領を命じた。その理由として、オランダからの勧告とアヘン戦争での清国の敗北、そして軍事力の未整備が挙げられている。これを受けて一八五三年七月一四日、久里浜にペリー一行が上陸、国書を手交した。ペリーは即答を求めずに辞去し、来春の再来を言い残して帰路につく。この際、那覇に寄港して貯炭所を設置した。

大統領の国書は、座礁や破損、悪天候のため入港した米国船の乗員・財産の保護、米国船への薪水・食糧の補給、船舶修理のための入港、港または無人島への貯炭所の設置、そして米国船の積荷の売却・交換のための入港を求めていた。対応策を検討するため、阿部は幕府中枢から大名、一般庶民までひろく国書を回覧し、意見を聴取している。提出された意見書のうち、多数意見は現状維持、すなわち米国の要求を拒否して鎖国政策を継続すべきだというものであった。第二として消極的な開国論があり、これは軍事的解決を避けつつも、要求への対応は石炭供給など最小限に止めるべきだという意見である。第三は、開国して貿易を行い、海防策を強化、海軍も創設するといった積極的開国論であった。

もっとも、国防力の不足については共通認識が存在しており、これをいかに強化するかが課題となった。幕府はまず大型船の建造を解禁し、江戸湾沖に一一基の台場を建造して大砲を設置することを決定。沿岸警備を毛利、細川、立花、池田の四家に命じるなど、大坂冬の陣以来の大規模な有力国持大名の動員を実施した。

阿部は幕府の求心力を強化して難局にあたるため、水戸藩主の徳川斉昭《なりあき》を海防参与として起用したが、その斉昭も「海防愚存」と題する上書を提出し、国内に大号令を発して戦争を始めるそぶりを見せて覚悟を固めさせつつ、対外的には和を旨として交渉を進めるという「内戦外和」論を展開、海防策として蒸気船の購入や武装強化・訓練、民兵の採用などを提言した。外交人事も整備され、米国応接掛の筆頭に林大学頭復斎《ふくさい》を置き、そのもとに浦賀奉行などを配置、通訳体制も整えられた。

一一月一日、幕府は大号令を公布して、対外政策の方針を示したが、そこでは、防備が不十分なためペリーの再来に際しては正式回答を与えず引き伸ばしを図るとし、先方が実力行使に及ぶ場合に備えて防御策を強化、攻撃された場合は全力を尽くして忠勤にはげむよう求めていた。

ペリー再来航と日米和親条約の締結

一八五四年二月、ペリーが再び浦賀に来航した。春の再来を予告していたペリーが二月に来たのは、前年七月にロシア使節プチャーチン（Evfimiy V. Putyatin）が長崎を訪れ、通商条約の締結を求めたとの情報を受け、ロシアに先を越されないよう予定を繰り上げたためであった。プチャーチンに対して幕府は回答を延期する方針をとって成功したが、ペリーは軍艦一〇隻を率いて横浜沖に停泊し、浦賀か鎌倉での交渉を望む幕府に対して江戸での会談を要求、湾内深く進入して示威を加えたため延期策は通用せず、横浜で会談を行うことで決着して、三月八日に最初の交渉が行われた。

この際、日本側は大統領国書への回答書を提出し、石炭・薪水・食糧の供給と難破船員の救助は認めたものの、避難港の開港については五年間の猶予をおき、その間は長崎をあてると回答した。一方米国側は漢文の条約草案を手交したが、これは望厦条約をもとに作成されたものであり、同条約から輸出入に伴う税金、度量衡、居留地の遊歩地区、開港場での米国人の裁判などの条項を削除した体裁のものであった。

ペリーは会談で、日本は人命を尊重せず、漂流民の救助にあたらないうえ、米国が救助した日本人漂流民も引き取らないなどと批判したが、林は薪水令や漂流者の保護・送還の事例について説明し、日本は人命を尊重していると反論した。さらにペリーが交易の開始を要求すると、林はペリー側の要求の第一が人命にあることを挙げ、交易と人命は関係ないと反論し、ペリーも引き下がっている。この譲歩の背景には、林の外交交渉の手際のよさとともに、日本市場より中国市場を優先していたペリー側の事情があった。

その後、幕府側も石炭・薪水・食糧及び欠乏品の供給、五年後の一港の開港、漂流民の長崎への護送などを盛り込んだ条約草案を示したが、ペリーは七～九カ所開港するよう求めた。幕府側は難色を示したが、結局下田・箱館二港の開港で合意が成立する。

こうして三月三一日、ペリー一行が上陸して条約文が交換され、日米和親条約（神奈川条例）が締結された。その要点は、次の通りである。

・日米両国の人民は「永世不朽の和親」を結び、場所・人柄において差別しないこと。
・下田《しもだ》、箱館を避難港として開港し、薪水・食糧・石炭・欠乏品を給与。私的な取引は禁止する。
・漂流民は下田か箱館に護送して本国に送還し、救助に必要な経費は相互負担とする。
・漂流民は保護するが、漂流民も「正直な法度《はっと》」に従うこと。
・下田逗留中の米国人については、周囲七里以内の遊歩を許可。
・米国に最恵国待遇を付与。
・米国外交官の下田駐在。

通訳の問題や複数の言語版の条約文が存在したこともあり、条文解釈をめぐる問題も発生した。米国外交官の下田駐在については、英語版・オランダ語版の条文では領事駐在は日米一方の意志のみで可能とされていたが、漢文版と日本語版では両国の意志が必要となっていた。これが、後のハリス（Townsend Harris）総領事の駐在許可をめぐる問題を引き起こす原因となる。

なお、条約締結後、下田において十三カ条の追加条約が締結され、米国人の上陸場所、行動可能範囲、休息所・墓地の設置や狩猟の禁止などの細則が規定された。一八五五年一月、日米和親条約の批准書を携えたアダムス（Henry A. Adams）中佐が下田を訪れ、長楽寺で日本側と批准書を交換した。

3　意　義

日米和親条約は、「和親」を謳い、開港と避難船・避難民への救助・保護を規定しつつ、通商を取り決めない、限定的な開国条約であった。日本は、貿易を伴わない「和親」という形で、開国の日を見ることとなったのである。

幕府側からみれば、鎖国政策の維持を念頭に置きながらも、国防力不足のため軍事的解決は避けるほかなく、交渉によって対処することとなり、譲歩を迫られながらも開港を限定し通商を排除するなど、一定の成果を得た条約であった。応接掛は老中宛の上申書において、「兵端」を開こうとする米国側の「機先」を外し、穏健に対応して通商や使節の江戸出府の拒否に成功、譲歩を最小限にとどめ、「国威」を立てるのに成功したと自負している。

四月九日、幕府は大名・旗本に対して条約締結を公表したが、ここでも、防衛体制が整っていないため平穏な措置を取らざるを得ず、漂流民の保護、薪水・食糧・石炭・欠乏品の給与を認めたとして、今後も国防に努めるよう求めている。

その意味で、「開国」は通商を含まない限定的なものであり、条約も国防力の不備に基づく一時的な危機回避措置という性質が強かった。実際、最高責任者の阿部は、国防を怠って譲歩を余儀なくされた責任をとって辞意を示している。

一方米国側にとって和親条約は、通商要求は実現できなかったものの、鎖国国家の門を開き、自国の船や国民の保護の保証を取り付けたという成果をもたらした。この日本の開国という事実こそペリーが自任した最大の成果であり、彼は帰国後政府に提出した報告書において、米国は、鎖国体制を続けてきた国と友好で独立した関係を築いた最初の国となる栄誉を得たと自負した。このためペリー自身、米国船や米国民の保護を実現したことを重視する一方、通商を実現できなかったことを重く見てはいなかったが、帰国後、米国内で日本との通商への関心が高まるようになると、この条約によって通商への手がかりをつかんだこと、片務的最恵国待遇を得たことを条約の成果として強調するようになる。

かくして、一八五六年七月に下田に到着するハリスの主な使命は、日本との通商条約の締結に置かれることになり、日米関係は和親から通商関係へと、その次元を転回させていく。

参考文献

石井孝『日本開国史』吉川弘文館、一九七二年。

井上勝生『開国と幕末変革』講談社、二〇〇二年。

井上勝生『幕末・維新』岩波新書、二〇〇六年。

上松俊弘「ペリー来航と国持大名の動員」『日本歴史』第六四五号、二〇〇二年二月。

加藤祐三『黒船前後の世界』岩波書店、一九八五年。

加藤祐三『幕末外交と開国』筑摩書房、二〇〇四年。

田中彰編『近代国家への志向』（日本の近世18）中央公論社、一九九四年。

羽賀祥二「和親条約期の幕府外交について」『歴史学研究』第四八二号、一九八〇年七月。

函館市史編さん室編『函館市史』通説編・第二巻、函館市、一九九〇年。

麓慎一「日米和親条約締結期における幕府の対外方針について」『歴史学研究』第八一八号、二〇〇六年九月。

三谷博『明治維新とナショナリズム』山川出版社、一九九七年。

三谷博『ペリー来航』吉川弘文館、二〇〇三年。

山口宗之『ペリー来航前後』ぺりかん社、一九八八年。

ピーター・ブース・ワイリー（興梠一郎訳）『黒船が見た幕末日本』TBSブリタニカ、一九九八年。


（小川原正道）

2　安政五カ国条約（一八五八年）——近代日本の出発

1　背景

さらなる開国の要因

日米和親条約によって、日本は開国の第一歩を踏み出した。しかしここではまだ、公使を常駐させる正式な国交樹立や、本格的な貿易は回避していた。一八五四年から翌年にかけて英国やロシアの艦隊も来航したが、ほぼ同様の条約を結んだ。どちらもクリミア戦争中のため迅速な妥結を望んでおり、条約内容を拡張する余裕に乏しかったのである。

ロシアとの間には国境問題があったが、使節プチャーチン（Putyatin）への訓令が通商問題を優先していたこともあり、千島列島についてはエトロフ・ウルップ間を境界とし、サハリン（樺太）は境界を定めないことで妥結した。

以上のような限定的な開国が、五八年には本格的な通商条約に発展した。その背景を概観しておく。

第一に、一八五六年一〇月のアロー号事件に始まる第二次アヘン戦争の勃発による日本側の危機感があった。

第二に、英国本国が和親条約に満足せず、本格的な通商条約締結のために艦隊と使節の派遣を決定した。この情報が幕府（公儀）の危機感を増幅させた。

第三に、日蘭関係の伝統は侮れない重要性を保っていた。オランダ商館長ドンケル＝キュルシュス（Donker Curtius）は五六年一月三〇日に和親条約を締結し、さらに幕府が必要とする海軍伝習を提案し、引き換えに通商拡大を求めた。幕府も、従来の会所貿易を前提とした待遇改善までは認め、これが翌年一〇月一六日に日蘭追加条約の調印に結実した。二四日、ロシアも同様の条約を結んだ。

第四に、江戸に対して恒常的な外交圧力を加えた米国総領事ハリス（Townsend Harris）の存在が重要である。ハリスは刻苦勉励の陶器商であり、後に東洋貿易に従事した。日本の開国に使命感を抱き、運動して初代駐日領事のポストを獲得し、五六年八月二一日に下田に来航した。和親条約が定める領事駐在権について日米間で解釈の違いがあったが、条約の英文・蘭文が米国に決定権を認めていることを幕府は既に認識しており、若干の抵抗の後、ハリスの駐在を認めた。

第五に、これらの要因に先だって、積極的に開国を進めていく政権が日本に成立した。老中堀田《ほった》正睦《まさよし》は「蘭癖《らんぺき》」と呼ばれるほどに海外への関心が強かった。彼が五五年一一月一八日、阿部正弘より老中首座を譲られたのである。

堀田政権の方針　堀田は、無駄な抵抗を試みるよりは、速やかに開国して西洋の長所を取り入れ、世界に覇を唱えるべきであると主張した。非現実的な未来像であるが、武家政権が条約締結を強いられた屈辱感を一掃する効果があった。これまでの交渉にあたっていた海防掛の実務家のうち、大目付・目付から有力な支持があった。海防掛勘定奉行も、川路聖謨《かわじとしあきら》のような逸材を擁していたが、財政的な配慮からの慎重論が強かった。

自発的に開国を容認した堀田らは、有利な開国のあり方を構想する余裕を持ちえた。幕府内の議論にイニシアティブをとったのは、目付の岩瀬忠震《いわせただなり》である。彼は開国を、幕府の支配力を立て直す好機ととらえた。江戸に近い開港（横浜）で貿易を行い、幕府がコントロールすることによって、対外政策と貿易利益を独占しようとしたのである。

もちろん、開港が多すぎたり、朝廷（禁裏《きんり》）周辺の京都・大坂を開いたりすれば国内の反発が強いことも認識していた。

これに対して、後年、不平等条約の象徴となるいくつかの争点への関心は低かった。領事裁判（外国人が被告の場合に外国領事が裁判する）は、外国人をめぐる紛争処理の負担を回避する観点から受容された。日露和親条約でプチャーチンは日本にも領事裁判権を認めたが、この双務性を維持する努力を、幕府は払わなかった。同じくロシアが双務的に認めた最恵国待遇も、各国が排他的な特権の獲得を競うのを防ぐ効用があると理解したようで、片務的であることに抵抗はなかった。これらの認識は、清朝のそれと類似している。

しかし、開国への道は決して平坦ではなかった。政策決定の大きな障害となったのが、水戸の徳川斉昭である。その聡明と野心とによって御三家の中で突出した存在感を有し、阿部によってペリー来航後に海岸防禦筋御用に起用され、幕政への参画を果たしていた。だが和親条約に強く反対し、辞任に及んだ。それでも斉昭の関与には、他の大名の不満や不安を和らげる効果が期待され、配慮を要する相手であった。

2　展　開

ハリスの江戸出府　着任早々、ハリスは、江戸への出府を要求した。実現すれば、鎖国の廃棄を象徴する事態であった。斉昭の強硬な反対があり、幕府はハリスの要求に抵抗せざるをえなかった。他方で幕府は一八五七年六月一七日に下田協約を結び、下田・箱館の陸上での止宿権（居留権）を確認するなどして宥和に努めた。

それでもハリスは出府を要求し続けた。幕府は大統領親書の将軍への親呈だけは避けようとしたが、米艦ポーツマス号が下田に入港したため、ハリスが江戸に直航するという恐れから、これも認めた。一二月七日に実現した登城・謁見は、朝鮮通信使を基準により低い格式をハリスに適用する一方で、身分に応じて直垂狩衣大紋布衣素袍を着こなして迎えるという絢爛な演出をも伴っており、近世外交儀礼の洗練を証するイベントとなった。だが政治的には、この出府と謁見は、幕府の弱体を国内に印象づける契機となった。阿部・堀田らは斉昭をなだめつつ政策決定から排除することに時間と労力を費やしたため、自らの開国論を前面に出せず、ハリスに抵抗しては押し切られるという経緯をたどったのである。

条約交渉

ハリスの出府を契機に、修好通商条約の締結に向けた交渉が始まる。ハリスは国交樹立と自由貿易の意義を雄弁に語った。そして、英仏が武力で強制する前に、自分と有利な条約を結ぶべきであると助言した。ハリスと応接してきた下田奉行の井上清直《いのうえきよなお》、そして岩瀬とが、ハリスの草案を元に交渉を始めた。

貿易の形態については、既にオランダ・ロシアに認めていた仕組みを踏襲しようとするが、ハリスに却下された。井上・岩瀬は固執しなかった。関税や貿易規則はほぼハリスに委ね、ハリスも原則二〇%と、比較的高い輸入税率を設定して信頼に報いた。アヘン輸入の禁止も、ハリスによって明記された。幕府は、日本からの輸出品に課税することにこだわった。ハリスはこれが不合理であると説いたが、結局、税率を五%に抑えたうえで認めた。

ハリスは内地旅行・内地通商も強く求めるが、日本側は強硬に反対して撃退している。一方、日本側は公使の江戸常駐を回避することを模索するが、ハリスは許さなかった。

片務的な領事裁判と最恵国待遇、そして外国人の宗教的自由は、大きな議論なく日本側の認めるところとなった。

最大の争点は開港の選定であった。ハリスは「神奈川」開港には異存がなかったが（それが横浜のみを指すのか、東海道筋の神奈川宿まで含めるかで後に行き違いが生ずるが）、より多くの開港を求めた。特に江戸・大坂を要求したため激論となり、結局、「開市」として商売のための逗留までは認める（借地は認めない）こととした。この間、大坂が良港でないことを強調した結果、ハリスに兵庫（神戸）開港を要求され、躊躇した末に認めた。ハリスに京都の開市をも要求され、必死に拒絶した日本側は、それ以外の点では妥協的であった。

神奈川、兵庫の他に開港に選ばれたのは、箱館、長崎、（日本海沿岸で暫定的に）新潟であった（下田は閉鎖）。

幕府は内外貨幣の交換を嫌い、そのためにハリス原案になかった外国貨幣の日本国内通用と日本貨幣の輸出すら許した。貨幣交換は、ハリスの説得により一年間のみ認めた。

一八五九年七月の条約実施後、この仕組みは日本経済を混乱させる。日本国内の、金の銀に対する価値は海外の三分の一であったため、居留地社会では、期限内に運上所で洋銀（メキシコドル）を日本銀貨に換え、これを日本金貨に換えて輸出する動きが熱病のように広がった（実際の流出量は一〇万両程度にとどまったという説が、現在では有力である）。

これを回避するためには、日本での金の価値を上げておく必要があり、良質の銀貨を発行するか、悪質の金貨を発行すべきであった。幕府は前者を目指して六月に銀含有量の大きい安政二朱銀を発行していたが、洋銀の購買力が低下することを恐れた列国の圧力を受けてすぐに鋳造を停止し、金貨悪鋳に転ずる。新しい万延小判の金含有量は天保小判の三分の一であり、両の価値をそこまで下げたに等しい。これがインフレを招き、貿易への反感を強めたのである。

安政五カ国条約の成立

一八五八年二月には、以上のような合意に達していた。だが国内の反発が予想され、堀田は勅許を得ることでこれを抑えようとした。しかし孝明天皇をはじめ朝廷の反対は強く、調印を待たされたハリスは、いらだって外交圧力を強める。結局、堀田は天皇の説得に失敗し、将軍継嗣問題にも巻き込まれて失脚する。大老に就任した井伊《いい》直弼《なおすけ》が、逡巡の末、勅許を経ずに日米修好通商条約の調印に踏み切り（七月二九日）、国内の強い反発を招いた。

キュルシュスは、八月一七日付でほぼ同様の条約を結んだ。プチャーチンも八月一九日に調印し、やはり双務的な領事裁判と最恵国待遇によってロシアの公平さを示そうとした。

続けて、日英間では八月二六日、日仏間では一〇月九日に調印された。英国産品（綿製品・羊毛製品）の輸入税を五％に引き下げるといった修正は加えられているが、ほぼ同じ内容といってよい。自発的かつ平和に開国したことが、英仏の主導権を制約したことは明らかであろう。

3　意　義

攘夷と開国

だが国内では、一戦もまじえずに開国したことが、まさに不満をかきたてた。斉昭の攘夷論には独特の根拠があった。幕府は天皇に代替する権威を創出しなかったため、支配の正統性は圧倒的な力による「御威光」にかかっていた。江戸城の威容も、大名行列の格式と荘厳も、これを演出する装置であった。戦争回避が合理的な政策であったとしても、自ら弱さを認めること自体が正統性への致命的な打撃となると、斉昭は洞察していたのである。

開国論にも一定の基盤があった。儒者は理念の普遍性を重んじるため、外国と交際し、外国人を保護するのが文明であるという主張に共鳴する者もいた。昌平坂学問所の大学頭で、ペリーとの交渉で主席を務めた林　韑《はやしあきら》がそうであった。「御威光」に代わる理念に対する感応力が、日本にはあった。

学問所の儒者は、文書作成を通じて近世外交の実務に寄与していた。その中核を担ったのが古賀《こが》家であり、西洋をも視野に収めた膨大な蔵書と博覧強記とを背景に、祖法は尊重しつつも時勢の変通に応じた政策構想力を育んだ。思えば岩瀬も、学問所の俊才であった。

変通は理念を代替しきるものではなく、その政策論は対立する理念の持ち主にも利用可能であった。斉昭には、日本での通商を避ける手段として海外への渡航と商売を容認した時期があり、古賀謹堂《きんどう》のアイディアに影響されたものといわれる。また、理念への感応力は創造力と同じではなく、堀田も新しい文明に共鳴しつつ、結論において武威に跳躍・回帰した。こうしたことは、平和裏に開国を達成した幕府外交の能力と意義を損なうものではないが、その国内で攘夷論が長く正論の地位を占めた背景として、重要である。

幕末内政の混乱

しかも、堀田より慎重な井伊直弼の本格政権が調印の責めを負うことで、開国の正当性と幕府の正統性はほぼ一蓮托生となった。攘夷論は斉昭のような幕政の柱石たらんとする者から、より敵対的な勢力の手に移り、内政と外交を貫く尊王攘夷対開国佐幕という熾烈な対立軸が成立する。

この対立を緩和し、幕府と朝廷を和解させようとしたのが、公武合体運動である。しかし攘夷論は内政上の権力闘争の手段にもなっていたから、幕府の宥和姿勢に勢いづき、むしろ急進化した。幕府は、いずれ攘夷すること、期限を決めて攘夷すること、期限を確答すること、を次々に約束させられ、外国との間で窮地に立たされた。だが攘夷の手段化は天皇の手段化をも伴っており、孝明天皇が幕府に政治を委任することを疑わなかっただけに、これは危険な闘争であった。一八六三年九月三〇日、幕府と公武合体派は宮廷クーデタに成功し、長州・攘夷派を京都から追放した。

朝廷の諮問機関として参預《さんよ》会議が設立され、公武合体派諸侯はここに参加して主導権を握ろうとした。だが徳川慶喜は横浜港閉鎖交渉を請け負うことで孝明天皇からの独占的な委任を幕府に確保しようとし、これが紛糾を招き、会議は解体する。憤慨した薩摩は、倒幕派へと転向していく。結果として幕府も攘夷を手段化し、小康状態を定着させる機会を逸したといえよう。薩摩は長州と和解し、一八六八年一月三日、新たな宮廷クーデタにより王政復古を断行する。こうして開国は幕末の政治秩序を荒廃させ、統一国家の必要性を多くの者に痛感させた。

明治外交の地平

外交に目を向ければ、幕府は条約の履行に苦しみ続けた。特に兵庫・新潟開港と江戸・大坂開市については、延期を要請しなければならなかった。ところで、清朝やシャムにない日本の特徴は、貿易内容に劣らず、貿易相手国を制限することに努力した点にある。安政五カ国条約が節目となり、しばらく後に続く国がなかったのは、それゆえであった。しかし延期交渉に際しては、ハリスの協力を得るのと引き換えに、一八六一年一月二四日にプロイセンとも条約を締結せざるを得なかった。日本の開国は、五カ国条約締結後にも抵抗と苦痛を伴いながら、その対象を拡大していったのである。

おとらず重要なのは、ヨーロッパも条約に満足していなかったことであり、貿易のさらなる自由化へと圧力をかけた。

一八六五年には英国公使パークス（Harry Parkes）が仏米蘭をあわせた四カ国艦隊を兵庫沖に派遣し、ついに条約勅許をかちとった。そしてなおも兵庫開港の勅許がないことをとらえて、いわゆる改税約書を締結し、輸入税を原則五％に引き下げることに成功する。それ以外にも、列国は条約に明文のない既得権益を獲得していった。

朝廷や新政府が条約を受け入れる際、条約改正を新たな理念として掲げた。そして条約を改正させる実力がない間、明治政府はまず不当な既得権益を廃し、条約の明文に回帰するという中間目標を設定することができた。こうして、国際法や条約に依拠することと、国権回復に情熱を燃やすことが、矛盾せず相互に補強しあう明治外交の地平が開かれた。改正交渉が本格化すると、条約に内地通商の規定がないため、内地開放が清朝にはない有利な交渉のカードとなった。

日本の開国外交と清朝とのもう一つの違いは、英仏ではなく、米露という周辺的な二大国との親密な交渉が中心となったことである。その意義を最後に確認しておきたい。

川路らとプチャーチンは良好な、敬愛に近い関係を築いていた。だが、ロシアはサハリンへの関心を強めており、修好通商条約締結の翌年にはムラヴィヨフ（Muraviyov）が来航して全島を要求した。日本の対露不信は急速に強まり、北方の国境問題が明治初年の重大な外交懸案となる。

ハリスの雄弁に対しては、免疫があった。幕府は西洋諸国の戦争や侵略について一定の知識を蓄積しており、海防掛の勘定奉行・吟味役はハリスの文明論の欺瞞性について幕府内で警鐘をならした。だが井上・岩瀬はこれに呼応せず、ハリスの理念にのっとる形で交渉を進める。

リアリズムとは、理念を無視するのではなく、その限界を知りつつ力の一要素として尊重する態度である。開国に際して理念外交の明暗を知ることで、日本は早熟的に外交上のリアリズムを習得した。このリアリズムは浮沈を経験しつつも、その未決の課題——自ら理念を創造する力——と共に、今日まで引き継がれている。

参考文献

五百旗頭薫『条約改正史』有斐閣、二〇一〇年。

石井孝『日本開国史』吉川弘文館、一九七二年。

佐藤誠三郎『「死の跳躍」を越えて』千倉書房、二〇〇九年。

佐野真由子「引き継がれた外交儀礼」笠谷和比古編『一八世紀日本の文化状況と国際環境』思文閣出版、二〇一一年。

麓慎一『開国と条約締結』吉川弘文館、二〇一四年。

福岡万里子『プロイセン東アジア遠征と幕末外交』東京大学出版会、二〇一三年。

眞壁仁『徳川後期の学問と政治』名古屋大学出版会、二〇〇七年。

三谷博『明治維新とナショナリズム』山川出版社、一九九七年。

山本有造『両から円へ』ミネルヴァ書房、一九九四年。

渡辺浩『東アジアの王権と思想』東京大学出版会、一九九七年。


（五百旗頭薫）

3　幕府訪米使節（一八六〇年）——通商条約の批准と西洋文明との出会い

1　背　景

一八五八年七月に締結された日米修好通商条約の交渉過程で、日本側は米国側に対し、条約批准書の交換に際して日本からワシントンに使節を派遣したいという意向を示し、米国側の同意を得た。その結果、日本から使節が派遣されることとなる。

使節の派遣を主唱したのは、外国奉行の岩瀬忠震、水野《みずの》忠《ただ》徳《のり》らで、彼らは批准書の交換のみならず、これを機会に外国事情を視察して日本の開化に活かしたいと考えていた。米国総領事ハリス（Townsend Harris）も、米国の都市、市民生活の繁栄ぶりや陸海軍を実見してきてほしいと賛同した。

外国奉行・新見《しんみ》正興《まさおき》を正使に、同・村垣範正《むらがきのりまさ》を副使に、目付の小栗忠順《おぐりただまさ》を監察とする使節派遣が発令されたのは、一八五九年一〇月八日のことである。

2　展　開

一八六〇年二月一三日、使節一行は米国船ポーハタン号で横浜を出航した。使節団は合計七七名であった。これにあわせて幕府の軍艦「咸臨丸《かんりんまる》」も派遣され、軍艦奉行の木《き》村《むら》芥《かい》舟《しゅう》、軍艦操練所教授方頭取の勝麟太郎《かつりんたろう》（海舟《かいしゅう》）が指揮にあたった。目的は使節の警備だったが、幕府には、船員に航海技術を身につけさせたいという意図もあったようである。当時、江戸で塾を主宰していた福沢諭吉も乗船した。

横浜を出たポーハタン号は、ハワイを経由して三月三〇日にサンフランシスコに到着。太平洋岸を南下してパナマに向かい、ここから鉄道で大西洋岸に出て（パナマ運河は未開通）、米海軍艦ロアノーク号に乗船して米国東海岸を北上、五月一五日にワシントンに到着した。

五月一八日、新見等はホワイトハウスでブキャナン（James Buchanan）大統領に謁見して国書を手交した。二三日には国務省で批准書の交換が行われ、その後使節一行は海軍造船所を見学、その規模に驚嘆した。ワシントン滞在中、使節一行は議会、天文台、博物館、電信局、病院、孤児院、幼稚園、監獄などを訪れて見聞を深めている。

六月九日に列車でニューヨークに向かった使節一行は、途中フィラデルフィアでガラス、綿布、材木加工、石版印刷の工場などを訪問、造幣局も訪れて日本の小判と一分金の分析実験を実検している。使節は為替交換率の確定交渉もその任務としており、実検はそのためのものだった。

使節一行は訪れる街々で歓待されたが、ニューヨークでも市民を挙げての大歓迎であった。六月三〇日、使節一行は米国船ナイヤガラ号でニューヨークを出航、大西洋を横断して喜望峰を周り、インド洋、ジャカルタ、香港を経て、一一月九日に江戸に帰還した。二日後、江戸城で新見、村垣、小栗の三使節が幕閣に復命し、その使命を終えた。

3　意　義

使節派遣の主目的は批准書の交換にあったが、貨幣分析を実検した成果も小さくない。幕府はすでに米国からの勧告に従って改鋳を行い、貨幣価値の水準を修正しており、この分析結果は改鋳の正当性を保証することになった。

また、米国事情の視察により、多くの西洋文明に関する知見と異文化接触体験が蓄積された。とりわけ政治・社会制度や風俗・文化のインパクトは大きく、福沢諭吉も自然科学には通じていたものの、「社会上政治上経済上のことは一向わからなかった」と述懐している（『福翁自伝』）。米国滞在中に入手した書籍は五百冊以上に上るが、これらは帰国後、外交、軍、学術方面の関係機関に交付され、貴重な新知識を提供することになった。

また、使節一行にとって、米国の軍事力、工業生産力は関心と驚きの対象であった。造船所に圧倒された小栗は帰国後、造船所の建設に邁進し、フランス人技師の援助を受けて横須賀に造船所を建設することとなる。遠洋航海の実体験は、造船や航海術の重要性を実感させることにもなった。

この遣米使節の経験と実績を踏まえ、一八六二年から一八六七年まで、幕府は欧米に向けて使節を派遣し、西洋文明への知見を深めつつ、その国際社会への視野を広げていくことになる。

参考文献

日米修好通商百年記念行事運営会編『万延元年遣米使節史料集成』第七巻、風間書房、一九六一年。

芝間崙吉編『万延元年第一遣米使節日記』日米協会、一九七七年。

田辺太一『幕末外交談』冨山房、一八九八年。

福地桜痴『懐往事談』民友社、一八九四年。

福澤諭吉『新訂　福翁自伝』岩波文庫、一九七八年。

宮永孝『万延元年の遣米使節団』講談社学術文庫、二〇〇五年。

沼田次郎「幕末の遣米使節たち」『日本歴史』第二五号、一九五〇年六月。

（小川原正道）

4　薩英戦争、下関戦争（一八六三〜六四年）——攘夷から倒幕への転換点

1　背景

日本は、一八五四年の日米和親条約締結によって鎖国体制からの離脱を始めたが、それは国内で大きな政治的・経済的混乱をもたらした。輸出の増大や金の流出、物価高騰により社会不安が増し、それはやがて攘夷論や尊皇論の高まりを招いた。一八六〇年代前半、攘夷論は頂点に達し、東禅寺襲撃事件など外国人への武力行使が頻発した。

一八六二年九月には、薩摩藩主の父である島津久光の行列を横切った英国人商人リチャードソン（Richard Richardson）らが、薩摩藩士に斬殺されるという生麦事件が発生した。これを攘夷行動と見なした英国は、幕府に対して公式の謝罪と一〇万ポンドの支払いを、薩摩藩に対して犯人処刑と二万五〇〇〇ポンド支払いを要求し、幕府はこれに応じたものの、薩摩藩はこれに従わず、逆に着々と戦備を固めた。

幕府は生麦事件の賠償金を一八六三年六月に支払ったが、その翌日、関門海峡を通過中の米仏蘭三カ国の船を長州藩が砲撃するという事件が起こった。前年一二月に長州藩の画策によって攘夷の実行を命じる勅書が幕府に下され、攘夷はいわば国策となっていたが、この月は攘夷実行の期限にあたっており、長州藩は攘夷実行を内外にアピールしたのである。

しかし、列強の対応は素早かった。三カ国の艦隊は、翌月にかけて五度にわたって下関（馬関）を報復襲撃し、長州藩の軍艦を破壊するなど大きな被害を与えた。また、英国の駐日公使オールコック（Sir Rutherford Alcock）の主導により、英国を加えた四カ国が幕府に対して抗議を行い、さらなる武力衝突が必至という状況となった。

2　展開

一八六三年八月、英国の七隻の軍艦は、要求貫徹のための示威を目的として、鹿児島に向かった。英国艦隊は、艦砲射撃によって鹿児島の街を火の海としたものの、準備を万端に整えていた薩摩藩の砲撃によって、旗艦ユーリアラス号の艦長以下数名の死傷者を出した他、燃料・食糧の不足もあって、早々に引き上げを余儀なくされた。戦闘は、双方に数名の死傷者を出し、中途半端な結果に終わった（薩英戦争）。

日本国内では、薩摩藩の勝利であるとの見方もあったが、英国艦隊に近代兵器の威力を見せつけられた薩摩藩が再戦に

訴えることは不可能であった。薩摩藩では、もともと無謀な攘夷を避けるべきだという意見も強く、この際和平を求めて西洋文明の長所を取り入れるべきだという気運が生じ、幕府の仲介によって両者の和平交渉が行われた。一〇月に、英国が薩摩藩に軍艦の購入を周旋することを交換条件として、薩摩藩は生麦事件の賠償金二万五〇〇〇ポンドを支払うこととなった。

他方で長州藩は、報復攻撃以降も関門海峡の封鎖を続け、奇兵隊を結成するなど軍備を固めた。幕府も、横浜を鎖港するなど、攘夷論に同調する姿勢を見せ始めた。このような状況に業を煮やした四カ国は、英国海軍中将キューパー（Admiral Sir Augustus Kuper）を総帥とする連合艦隊を結成し、九月に下関を攻撃した。連合軍は、長州藩の前田・壇之浦以下の砲台を破壊した後、二六〇〇人の兵力で上陸し、砲六五門を奪って占領したところで戦闘は終了した。長州藩の完全敗北であった（下関戦争。馬関戦争、四カ国連合艦隊下関砲撃事件ともいう）。連合軍と長州藩はすぐに和平交渉に入り、関門海峡を通過する外国船の優遇、石炭・食糧などの売り渡し、砲台の新築・修理の停止、賠償金三〇〇万ドルの支払いを約した。

3　意　義

一八六三年から六四年にかけて、薩摩藩、長州藩は相次いで欧米と戦争を行い、敗北または継戦不能に追い込まれた。両藩は共に、攘夷の無謀を悟って開国論に転じ、逆に英国などとの関係改善に乗り出した。薩摩藩は、英国を通じて軍艦を購入し、留学生を派遣した。長州藩も、下関を実質的に開港して欧米との貿易を開始した。英国のグラバー（Thomas Glover）らの商人もこれに積極的に応じ、以後薩長両藩は急速に軍備の近代化を進めた。

他方で幕府の威信は地に堕ちた。幕府は、薩長両藩の行動が原因となった賠償金を肩代わりして支払う破目になり、以後その支払いは苦しい財政事情をさらに悪化させた。また横浜鎖港問題は、生糸の横浜回送措置などによって解決したが、その後兵庫開港問題、条約勅許問題などの外交問題が生じ、幕府はいよいよ統治能力不足を露呈させた。このような中で薩長両藩は、討幕運動の主導権を握って、明治維新の原動力となっていく。薩英戦争・馬関戦争は、薩長主導の明治維新の出発点として位置づけられるのである。

参考文献

石井孝『増訂　明治維新の国際的環境』吉川弘文館、一九七三年。
杉山伸也『明治維新と英国商人』岩波新書、一九九三年。
萩原延寿『遠い崖』一〜二巻、朝日新聞社、一九九八年。
古川薫『幕末長州藩の攘夷戦争』中公新書、一九九六年。
宮澤眞一『「幕末」に殺された男』新潮社、一九九七年。

（奈良岡聰智）

5　条約改正交渉（一八七一〜九四年）――近代日本外交の造型

1　背　景

条約改正交渉とは、安政五カ国条約（米蘭露英仏）をはじめとして幕末・明治初年に列国（前記にくわえ他のヨーロッパ諸国とハワイ、ペルー）との間に結ばれた修好通商条約を、日本にとってより有利なものに改正するための交渉である。廃藩置県（一八七一年）の頃から日英条約改正交渉の妥結（一八九四年）に至るまでの間、国会開設・民力休養要求が高揚した時期と、清朝・朝鮮との軍事的緊張が高まった時期を除けば、内政外交上の最大の争点であった。

条約改正交渉が、たびたびの挫折や中断にもかかわらず続けられた背景は、三つある。

第一に、対等な関係への希求である。修好通商条約には、領事裁判・協定関税にくわえ片務的かつ無条件な最恵国待遇、有効期限規定の不在、といった特徴があった。近代的な国家間関係からすればこれらは日本にとって不平等であり、これを改めることが日本側の要求となった。

とはいえ、不平等な規定をただちに撤廃させる力は日本側になく、交渉においても希望として言及する域を超えないことが、特に初期には多かった。

第二に、より一貫していたのは、行政権回復への希求であった。修好通商条約における領事裁判の規定は、外国人が被告となる民事刑事訴訟や条約・附属貿易章程の違反事件における裁判権を外国領事に委ねていたが、それ以外の行政規則に違反した場合については明確な規定がなかった。しかし幕末・明治初年の条約の運用の中で、一般的な行政規則に外国人が違反した場合も、領事が裁判することが原則となっていた。さらに、行政規則が領事に認知されるためには、その制定に際してあらかじめ各国の公使・領事と交渉しなければならない慣行となった。

行政規則を制定する権利を回復し、さらにできれば違反した外国人を処分し、あるいは軽微で日常的な訴訟を裁判する権利を回復することは、近代国家として国内秩序を保つための実務的な要請であった。これは条約を対等なものに改正するというよりは、条約の公正な運用とそれを担保する改正を求めるものであったが、広い意味の条約改正要求の出発点となり、交渉を促す恒常的圧力となった。

とはいえ、行政権に対する介入の慣行は、在日居留民の既得権益となっており、これを背景として公使・領事は、容易に日本の要求に応じようとはせず、行政規則の制定や適用をめぐる外交案件が頻発した。

第三に、そこで日本政府が終始求めたのは、列国の本国政府との間で実質的な交渉ができる関係を築くことであった。

それは容易なことではなかった。開国以来、幕府の外交に対する各国公使の影響力は強かった。公使にとって、東京での交渉にこだわる必要すらなく、東京で交渉することと幕府に使節を派遣させて本国で交渉させることの利害得失を考え、前者の場合はもちろん、後者を幕府に薦めた場合にも、この使節と本国政府との間で成立する合意内容に強い影響を及ぼしていたのである。日本の外交官が欧米に駐在するようになったのは明治維新後の一八七〇年にロンドン・パリ・ベルリン、そしてワシントンに弁務使を派遣してからであり、七二年に弁務使が公使に改められてからも数年間は、任国政府と実質的な交渉を行う人員も能力も欠いていた。

それでも、列国の本国政府が、日本現地の自国官吏や居留民ほどには行政をめぐる既得権益に固執しない姿勢を時折示したことが、本国政府へのアクセスを一層強く日本に求めさせた。公正な、あるいは対等な関係を求めて、その時々の具体的な交渉内容は変転する。その屈曲した営みが一貫して目指していたのは、外交関係と呼べる交渉形式であった。

2 展開

以下、第一・第二の背景に留意しつつ、第三の背景を軸に三期に分けて交渉の変遷を記す。

岩倉使節団の交渉

第一期は、各国政府との直接交渉を意図しつつも、成功しなかった時期である。この時期の日本側の主たる要求内容は、行政権の回復であった。

一八七一年一一月から七三年にかけて欧米に派遣された岩倉使節団は政府の中核メンバーを含んでおり、人的な側面からいえば政府が欧米を巡歴するに近かった。その狙いの一つは条約改正に好意的な世論を醸成することであり、そのための手段として、日本における条約運用の状況を列国本国政府に直接陳情するということがあった。

しかし、政府が移動すれば公使も移動する。米国公使デ・ロング（Charles De Long）や英国公使パークス（Harry Parkes）は使節団案内のため帰国し、日本側の主張に反論を加えた。英国代理公使やプロシア公使ブラント（Max von Brandt）も口実を設けてワシントンに赴き、日米交渉に圧力をかけた。岩倉使節団も、駐日公使の掣肘を逃れることはできなかったのである。

岩倉使節団時代の外務卿は副島種臣《そえじまたねおみ》であったが、副島は七三年一〇月、明治六年の政変により下野した。後任の寺島宗《てらしまむね》則《のり》は、関税自主権と貿易規則制定権の回復を目指して交渉に着手したが、任国政府との直接交渉に焦る日本公使の制御に苦労した。

まず日米交渉が、駐米公使吉田清成《よしだきよなり》とエヴァーツ（William Evarts）国務長官との間で進展する。米国は既に日本の行政権回復に好意的な姿勢に転じていた。寺島は日米交渉の突出がヨーロッパ諸国の不満を招くと警告したが、吉田は交渉を進め、七八年七月二五日、吉田・エヴァーツ協定が成立した。ただしヨーロッパ諸国の合意が発効条件であった。

寺島が恐れた通り、ヨーロッパに対する交渉は、東京でパークスの強い牽制にあった。ロンドン・パリ・ベルリンにそれぞれ駐在していた日本公使、上野景範《うえのかげのり》・鮫島尚信《さめしまなおのぶ》・青木《あおき》周蔵《しゅうぞう》は、任国政府に直接交渉した方が効果的であると考え、寺島の了解を得ずに要求内容を協定関税の引き上げへと後退させ、交渉しようとした。本省・出先の結束を維持できない寺島に対して、英国は七九年七月一五日に交渉拒絶を表明し、ドイツ、そしてフランスも同調した。

九月、寺島は外務卿を辞任し、井上馨《いのうえかおる》が後任となった。八〇年に井上が各国に提示した案は領事裁判撤廃を目指すとしつつも、実際には関税自主権回復の要求を取り下げ、最低限の要求として関税引き上げと行政規則制定権の回復を求めるものであった。これを現行条約に忠実な正論として日本公使から各国本国政府に訴えさせ、大筋了解を得たところで東京に各国全権を招集し、譲歩や代償の提供を含めて合意・調印に至るという手順を構想していた。

しかし、行政権をめぐる既得権益を失うことをヨーロッパ各国の在日公使・居留民は容易に認めようとはしなかった。しかも、井上案が大筋の了解を得るためには、やはり個別の譲歩の余地を示唆しなければならなかった。このような濃密かつ秘密性の高い交渉が、それが可能な青木とドイツ政府との間で突出して進展し、他の日本公使の嫉妬と英国の猜疑を助長することになる。しかも、やはりパークスが帰国して強硬論を展開した。

条約改正会議の開催

一八八一年中にヨーロッパ各国は、井上案が交渉の基礎として不適当であり、新たな基礎を話し合うために東京で会議を開くべきであると回答し、井上はやむなくこれを受け入れた。

第二期では、東京の会議外交が結果として各国本国政府との直接の外交関係を確立させる。交渉内容では、行政権回復が難航し、一躍、領事裁判撤廃に挑むようになる。

一八八二年一月に条約改正予備会議が開催された。日本の委員は外務卿（井上）・外務少輔（塩田三郎）であり、井上が議長となった。

主に各国公使を委員とした予備会議で基礎を審議し、細目は別途交渉するという形式は、条約改正を遷延させる可能性が高かった。本国政府を直接説得するという長年の願望は、ここで一度、完全に挫折したのである。現に会議が始まると、パークスは関税引き上げや行政権回復に対して手強い条件闘争の構えを見せた。

このままでは交渉が進まないと考えた井上は、全面的な内地開放と領事裁判撤廃という巨大な取引を四月五日の演説で提示した。井上の開明的な提案を、各国委員は歓迎した。パークスの協力を得て、関税引き上げの入枠が合意された。

交渉形式へのインパクトも無視できない。予備会議は条約改正の基礎を審議する場であるから、内地開放と領事裁判撤廃という大きな枠組みが支持されてしまうと、なすべきことは余り残っていないことになる。現に井上が具体的な裁判権条約案を提示すると、ドイツはじめ各国代表は、細目はともかくとして条約改正の基礎としては受け入れ、さらなる検討のために本国政府に送ると表明した。パークスはこれに抵抗したが、呼応する国はなかった。裁判権条約案そのものは、その個別内容への様々な批判に堪えられず、棚上げとなった。だが、より重要な進展があった。日本の重要な要求が、公使の厳しい吟味を経ずに、しかし公使の手を経て各本国政府に示されるという形式が成立したのである。

七月の閉会後、会議の成果を元に新条約の内容が各国間で交渉された。日本はその内容を正式には知らされず、それを探ることに日本公使館は奔走しなければならなかった。日英独の間で、行政権回復と関税引き上げについて一応の合意が成立したが、日本は様々な細かい代償を約束しなければならなかった。

結局、日本政府が納得できる枠組みが成立したのは、再度の東京での会議においてであった。一八八六年五月、日本政府は条約改正会議を招集した。日本の委員は外務大臣（井上）と外務次官（青木）であり、今度は具体的な新条約に調印することが各国委員に委任されていた。そこに、井上は前記の内容の日本原案を提出した。議事は難航し、日本案が日本にとっても英国にとっても不満足なものであることが明らかとなった。六月一五日、英国公使プランケット（Sir Francis Plunkett）とドイツ公使ホルレーベン（Theodor von Holleben）は、事前に日本政府の同意を得たうえで対案を提出し、これが会議原案として採択された。細かい代償請求を誘発する行政権回復を棚上げし、内地開放と引き換えに一挙に領事裁判撤廃を認めるものであった。ただし、日本は西洋主義に基づく法典を編纂して各国政府に送付したうえで施行し（英独案第二条・第三条）、外国人が関わる訴訟については外国籍法律家を任用する（同第五条）こととした。条件付きとはいえ、ある決まった時期に日本に法権回復を認めることが、初めて国際的に合意されたのである。

以後、フランス公使シェンキェウィッツ（Joseph Sienkiewicz）が繰り返す異議申し立てに苦しみつつ、具体的な条文の審議が進んでいく。最も難航が予想されたのが第五条であった。控訴・上告や再審の仕組み、陪審制の採否といった論点が、各国の法体系の間のライヴァル意識を招くことが十分に予想されたからである。

だが第五条の審議は意外に平穏であった。外国人関係訴訟の規定は、当時草案ができあがっていた日本の裁判所構成法と整合すべきものであった。条約案に対する根本的な異議申し立ては、裁判所構成法に対する修正要求につながりかねない。しかし裁判所構成法は、前述のように西洋主義に基づいて編纂され、各本国政府に送付されるはずであった。各国委員が裁判所構成法に修正を要求することは、日本の主権のみならず自らの本国政府が遠回しに得た審査権を侵すことになりかねなかったのである。法典編纂の約束は日本側の重要な譲歩であったが、これによって外国人関係訴訟をめぐる譲歩の方の負担を軽減し、その際には東京での各国代表の異議申し立てを牽制することに成功したといえよう。

ついに合意成立へ

一八八七年四月、会議において裁判管轄条約への合意が成立した。これに対し、前記の二大譲歩が司法権・立法権の対外独立を損ねるという強い異論が日本政府内から出たため、条約調印は実現せず、井上外相は九月に辞任した。だが、日本の法権回復はほぼ国際的なコンセンサスとなったのである。

第三期においては、日本政府は各国政府との外交交渉を円滑に行い、日本の事情を了解している駐日公使をむしろ活用するようになった。

一八八八年二月に後任外相となった大隈重信は、外国人裁判官を大審院にのみ任用し、西洋主義法典を編纂・実施することを一方的な宣言によって保証することとし、各国別に交渉した。大隈の厳しい督促の下、米国・ロシア・ドイツ駐在の日本公使は任国政府との新条約調印に成功していく。英国ですら、抵抗しつつもこの交渉内容と形式を受け入れようとした。ところが、井上案が受けた非難が政府内外で大隈案に対しても加えられた。八九年一〇月一八日、大隈は玄洋社の青年に襲撃されて重傷を負い、交渉はまたしても挫折した。

一二月、青木が外相となった。青木は大隈案で批判を受けた部分を除去すべく、英国公使フレイザー（Hugh Fraser）と粘り強く交渉した。英国は、国際的な合意のある日本の条約改正を停頓させた責任を負わされることを恐れ、徐々に青木の要求に応じていく。だが青木はやはり日本政府内の異論に妨げられ、九一年五月の大津事件を機に辞職した。

榎本武揚外相時代を経て、一八九二年八月に陸奥宗光が外務大臣に就任した。陸奥案の内容は青木案と大差はなかった。交渉形式においても、前公使のフレイザーと駐英公使青木がロンドンで交渉を進めた。

これに立ちはだかったのが対外硬派であった。井上時代の二大譲歩が撤回・形骸化されるなか、内容面で内地雑居反対という全否定を唱えるか（大日本協会）、条約に明記されない既得権益をまず回収すべきという条約励行論を訴えて、協調的になった政府の交渉形式に対置するか（大隈ら立憲改進党）、という選択肢があり、後者が選ばれた。この運動は一部に外国人への威嚇・暴行を伴い、英本国政府の反発を招いた。

だが駐日公使館は、第二次伊藤博文内閣が開明的かつ強力な政権であり、これと交渉妥結すべきであると本国政府に具申した。一八九四年七月一六日、日英通商航海条約がロンドンで締結された。九七年一月までに、類似の条約が列国と調印された。

3　意　義

一八九九年の七月から八月にかけて、列国との改正条約は実施された。関税自主権の完全回復は一九一一年を待たなければならなかったが、修好通商条約において不平等と目された規定の大半は一九世紀中に消滅したのである。

新条約の実施は日本社会において比較的静かに迎えられた。既に日清戦争後の対清・朝鮮政策が主要な外交争点になっていたことに加え、長い条約改正史が与えた教訓や遺産は日本外交の前提として定着しており、新条約の実施そのものは新しい画期としての実感を与えなかったからであろう。

日本は国家間の正規の外交交渉を定着させるのに長い年月を要した。米国などとの個別交渉を試みて挫折し、最も重要で難しい英国との交渉に本腰を入れ、成功した。その間長期の会議外交を経験し、大きく前進したが、条約調印という目に見える成果を生まなかったこともあり、卑屈な欧化主義のイメージとともに回顧されることが多くなった。

その後の日本外交は、華々しい会議外交よりも二国間交渉を得意とした。しかも、有力な国の頭越しに行うアクロバティックな二国間交渉ではなく、強い異論が出ないように有力国との二国間交渉の束を積み重ねた。日露戦争前後に形成した英国・ロシア・フランス・米国などと構築した同盟・協商関係は、その成果といえよう。

二〇世紀に入ると、中国・米国・ソヴィエトの自己主張によって東アジアの国際社会は多様化し、さらにパリ講和会議・ワシントン会議を経て国際連盟における会議外交に日本は直面する。日本外交にとって、新しい試練の時代であった。

参考文献

五百旗頭薫『条約改正史』有斐閣、二〇一〇年。
稲生典太郎『条約改正論の歴史的展開』小峰書店、一九七六年。
下村富士男『明治初年条約改正史の研究』吉川弘文館、一九六二年。
藤原明久『日本条約改正史の研究』雄松堂、二〇〇四年。
山本茂『条約改正史』大空社、一九九七年（復刻）。

（五百旗頭薫）

6　岩倉遣外使節（一八七一〜七三年）――一石三鳥の瓦解

1　背景

一八六八年初頭の王政復古に際して明治政府は、開国の方針を確認するとともに、いわゆる不平等条約を改正する意向を宣言していた。しかし新政府は、旧幕府勢力との戊辰戦争（〜一八六九年春）、その後は廃藩置県（一八七一年八月）に至る倒幕派雄藩との軋轢に忙殺される。

条約の規定によれば、一八七二年七月以降、改正交渉が可能であった。しかし新政府は改正要求内容の取調にすら着手したばかりであった。むしろ外国側が、内地旅行・内地商業などを要求していた。新政府としては、条約改正への意欲は示したまま、改正交渉は先送りすることが望ましかった。

2　展開

一八七一年一二月二三日、廃藩置県のわずか四カ月後に、正使岩倉具視、副使の木戸孝允・大久保利通・伊藤博文・山口《やまぐち》尚芳《なおよし》ら政府の最高幹部を中心とする総勢四六名の使節団が横浜から出港したのは、こうした状況を打開する一石三鳥の狙いがあったからであった。

第一に、重要かつ大規模な集団によって西洋文明を集中的に摂取することが企図された。使節団は海外での合流や追加の出発により、翌七二年末には約七〇名に達した。

第二に、廃藩置県後の政局が安定を取り戻し、旧藩領からの税収が確保されるまでの間、政治を休眠状態に置くことはむしろ望ましいとも考えられた。西郷隆盛・板垣退助や大隈・江藤新平らを中心とする留守政府は、使節団帰国まで大きな改革を行わないことを約束した。

第三に、使節団は新条約の調印ではなく、条約改正について自由に討議し、予備的な了解事項に署名するための全権を与えられた。討議の中で、文明化に向けた日本の努力を各国政府に説明し、謙虚に助言を求めることで、条約改正に向けた好意的な国際世論が醸成されることを期待していた。

こうした複雑な政策意図は、現実の展開に裏切られる。

まず留守政府は、使節団メンバーへの対抗意識もあって、徴兵制の導入や裁判制度の整備などの改革を推進した。これは井上馨大輔ら大蔵省と各省の対立、井上の辞任、そして士族の反発や農民の抵抗を招いた。

使節団の方も、好機あらば条約改正を推進したいという野心から自由ではなく、米国各地での熱烈な歓迎は好意的な世論が米国には既にあるという楽観を与えた。

さらに一八七二年三月からフィッシュ（Hamilton Fish）国務長官と折衝したところ、彼は政権交代や上院改選に先立つ新条約締結を望み、予備的な了解は不十分で混乱を招くと執拗に指摘し、使節団を動揺させた。使節団は、条約調印を含んだ全権を本国に請求しつつ、急ぎ交渉に着手した。

使節団は、領事裁判撤廃は困難であると自覚しており、関税自主権の回復と港規則・地方規則の制定権の回復をもっぱら要求した。米国側は次第に歩み寄るが、意外に時間がかかり、かつ開港の増設や外国人居住地域の拡大、輸出税の廃止といった代償を求めていた。当初の楽観が急速に薄れる中、ヨーロッパ諸国と留守政府の反発が伝えられた。

対米譲歩の内容をヨーロッパ諸国が最恵国待遇によって一方的に獲得するのを防ぐために、留守政府はヨーロッパで国際会議を開き、そこに米国が参加することを求めた。米国政府は交渉方式の変更を拒み、七月二二日、日米交渉は頓挫した。

渡欧した使節団は各国で予備的な交渉と視察を行い、岩倉ら使節団の主力は一八七三年九月に帰国した。

3　意義

西洋の制度・文物について岩倉使節団がもたらした知見は膨大であり、長期にわたって近代国家形成のために計り知れない恩恵をもたらした。

他方で、これがもたらした政治的・外交的混乱も、決して短期的なものにはとどまらなかった。国家統一（王政復古・廃藩置県）実現の後、対外的対等化（条約改正）の展望が描けない中で、国内は深刻な路線対立に直面する。使節団・留守政府の西洋体験がそれを助長した。大久保は、産業化の急務を確信し、帰国後これを推進した。ワシントンでの軽挙を深く悔いた木戸は、立憲制導入による秩序立った開化と長期的な国民教育を提唱した。留守政府の運営に自信を失った西郷は不平士族の不満に対し征韓論で応えようとして、一八七三年の明治六年の政変の原因を作った。七七年の西南戦争終結までの間、日本の内政外交は危機が続き、条約改正交渉は引き続き停滞することになる。

参考文献

五百旗頭薫『条約改正史』有斐閣、二〇一〇年。
石井孝『明治初期の国際関係』吉川弘文館、一九七七年。
大久保利謙『岩倉使節の研究』宗高書房、一九七六年。
久米邦武編・田中彰校注『特命全権大使　米欧回覧実記』全五巻、岩波文庫、一九九六年（一二版）。
下村富士男『明治初年条約改正史の研究』吉川弘文館、一九六二年。
Ian Nish (ed.), *The Iwakura Mission in America and Europe: A New Assessment*, Japan Library, 1998.

（五百旗頭薫）

7　台湾出兵（一八七四年）――明治政府による初の海外出兵

1　背　景

一八七二年八月、琉球使節団の上京を前に、鹿児島県から明治政府へ台湾島東部（蕃地《ばんち》）に琉球民が漂流し、殺害されたと報じられた。外務卿副島種臣は、九月に琉球藩が設置されると、その直後から、台湾先住民（生蕃《せいばん》）と交渉経験を有す米国人リ＝ゼンドル（Charles W. Le Gendre）の助けを借りて、台湾蕃地の領有を目的とした征討を計画する。明治政府は一八七三年三月、日清修好条規の批准交換を表向きの理由に副島を清国に派遣し、清国官吏より台湾蕃地は「政教ノ逮及セサル所」との発言を引き出す。これにより副島は、台湾蕃地は無主の地であるとした。しかし副島が帰国した頃、政府内では征韓論が盛んになっており、台湾出兵は後景に追いやられた。

ところで明治政府は、一八七三年に徴兵令を発布するなど士族の解体を進めており、士族の不平不満は、副島を含む征韓派の下野により一気に表面化した。士族の不平をそらすため、一八七四年に入ると台湾蕃地への出兵計画が再び政府内で論議されることとなる。

2　展　開

一八七四年一月、内務卿大久保利通および大蔵卿大隈重信に台湾蕃地処分取調が命じられる。四月四日、陸軍大輔西郷《さいごう》従道《つぐみち》が台湾蕃地事務都督に任じられ、翌五日には台湾蕃地事務局（長官は大隈）が設置されるなど、計画は着々と進められた。九州諸県から集めた徴集兵を含む約三〇〇〇名を征討軍とし、米英両国の商船を借り入れ、兵や物資の輸送に充てる予定であった。

西郷は長崎において出兵準備を進めるが、この頃より台湾出兵は迷走を始める。駐日米国公使ビンガム（John A. Bingham）や英国公使パークス（Harry S. Parkes）から清国の征討の同意なしに米英の商船や市民の雇用は認められないと批判されると、太政大臣三条実美は動揺し、出兵の一時中止を決定する。しかし西郷は、兵の士気は高く、出兵中止は不慮の事態を招く恐れがあるとして出兵を強行する。台湾蕃地での征討は短期間のうちに終了するが、以上の経緯により、台湾出兵は日清間のみならず、欧米列強も注目する国際問題に発展した。台湾出兵の成否は、清国との外交交渉に委ねられるのである。

明治政府は、柳原前光《やなぎはらさきみつ》を全権公使として清国に派遣し、交渉を開始した。交渉は当初、順調に進み、政府内では台湾蕃地からの早期撤兵を求める声が高まるが、蕃地事務局は強硬論を唱える。士族の不平をそらすことが出兵の主目的のひとつであったため、三条は強硬論を拒否することができず、七月八日、台湾蕃地を無主の地とする明治政府の基本方針は変えず、交渉が決裂した際には清国との開戦も辞さないとの決定がなされた。大隈を中心に、開戦に備えて国際法の研究や軍備増強が進められる一方で、開戦回避を望む大久保は、全権弁理大臣に就任し清国に渡る。

北京における交渉は難航するが、開戦を嫌った駐清英国公使ウェード（Thomas F. Wade）の斡旋もあり、一〇月三一日、「日清両国互換条款」「互換憑単」が締結される。台湾蕃地への出兵は明治政府による「保民義挙」とされ、清国が「撫恤銀」五〇万両を明治政府に支払うことで、大久保は撤兵を了承するのである。なお、台湾蕃地での征討では、一二名が戦死、五六一名が病死した。また当初、予算は五〇万円とされたが、蕃地事務局の集計によれば、台湾出兵にかかった費用は陸海軍の軍備増強費なども併せ約一〇〇〇万円であった。

3　意　義

台湾出兵の最大の意義は、明治政府による初の海外出兵だったことにある。また台湾出兵が、琉球帰属問題や海運事業発展の一大転換点となったこともよく知られている。国内の政治的要因によって実施された台湾出兵であるが、欧米列強も注目する国際問題へ発展したため、図らずも、明治政府にとって、近代外交とは何か肌身をもって学ぶ絶好の機会となった。

日本に有利な内容で条約を締結させた大久保の手腕は高く評価されるべきであり、不平士族対策としても一定の効果を果たしたといえる。しかし一方で、甘い目測のもと、十分に論議されないままなし崩し的に出兵が開始されたため、政府内外には当初より出兵を厳しく批判する声もあった。それは「日清両国互換条款」締結後においても変わらない。台湾出兵を正当に評価するためには、より多角的な考察が求められよう。

参考文献

石井孝『明治初期の日本と東アジア』有隣堂、一九八二年。
勝田政治「大久保利通と台湾出兵」『人文学会紀要』第三四号、二〇〇一年一二月。
坂野潤治『近代日本の外交と政治』文献出版、一九八五年。
安岡昭男『明治前期日清交渉史研究』巖南堂書店、一九九五年。
毛利敏彦『台湾出兵』中公新書、一九九六年。

（後藤　新）

8　江華島事件（一八七五〜七六年）——朝鮮の属国自主と日朝修好条規

1　背景

幕藩時代、対馬藩士が常駐した朝鮮・釜山の草梁《そうりょう》倭館《わかん》は廃藩置県にともない外務省に接収され、大日本公館（のち在釜山領事館）となった。明治初年以来、難航に難航を重ねる日朝間の交渉は、明治六年の政変を経て、一八七四年に至り新たな段階に入ろうとしていた。釜山在勤の外務少丞・森山茂理事官は、本国政府に対して軍艦派遣と威嚇による事態の打開を稟請した。また長崎から木造砲艦「第二丁卯」（排水量一二五t）と「雲揚」（二四五t）を釜山に回航させ、朝鮮半島の東海岸を威力偵察的に測量させていた。

翌七五年九月一二日に長崎を出航した「雲揚」は、清国・牛荘（営口）への航行中、同一九日に仁川沖の月尾島近海に至り、さらに北上し永宗島の砲台位置を確認しつつ同二〇日午前、江華島東南端の水道入口近海に接近した。そして同日の昼を期して艦長の井上良馨《よしか》少佐は自ら短艇を降ろして部下を率いて江華島への接近上陸を試みた。これに対して至近の草芝鎮墩台（砲台）が短艇にめがけて砲撃を行い、井上らは這々《ほうほう》の体での帰艦を余儀なくされた。翌二一日朝、前日の発砲に対する報復行為として「雲揚」は砲火を浴びせ、草芝鎮の砲台を破壊した。翌二二日にはさらに航下して済物浦対岸の永宗島に向かい、同島の守備官衛を占拠・焼き討ちし、戦利品を得た上で二八日に長崎へ帰還した。

なお、江華島には首府防衛の拠点として古くから江華府が設置され、同島は漢城方面から流れ込む大河・漢江の河口域附近に位置する平坦な島であった。陸地との距離は幾ばくもないものの、間を流れる水道は干満の差が激しい水上交通の難所であり、かつて江華島に攻撃を仕掛けたフランス艦隊（丙寅洋擾、一八六六年三月）、そして米国艦隊（辛未洋擾、一八七一年五月）も苦戦の末に退却を余儀なくされていた場所である。

2　展開

この事件が発生した後、日朝両政府ともしばし情勢を静観する状態に入った。当時の朝鮮では、国王（高宗《コジョン》）の実父であり政治の実権を掌握していた興宣大院君・李《イ》昰応《ハウン》が苛烈な攘夷策を長く続けていた。しかし、外戚で大院君を牽制する立場を取る驪興閔氏《れいこうびんし》の勢力が再び台頭し、また修好条規締結後の日清の関係が台湾出兵を経て大きく変化したことにも伴い、朝鮮政府内においても対日関係の改善を促す機運が醸成されつつあった。

日本政府は、参議・木戸孝允《たかよし》の就任辞退を経て、黒田清隆を特命全権弁理大臣、井上馨《かおる》を副大臣として発令した。翌一八七六年一月に旗艦「日進」（一四六八t）以下、中小の艦船六隻の艦隊は対馬・厳原《いづはら》を経由し、さらに釜山で汽船二艘を合流させて江華島に向かい、まずは同島周辺の測量を行いつつ、朝鮮側と下交渉を開始した。

同二月、朝鮮政府は接見大官として申櫶《シンホン》、副官・尹滋承《ユンチャスン》を派し、同月一一日、江華府内の錬武堂において両国は協議を開始した。第二日目の協議において日本側は修好条規の条文を朝鮮側に提示し、文言の修正・批准の形式に関する応酬の末、ついに二月二七日に錬武堂にて日朝修好条規（全十二款）が両国の正副代表の連署をもって調印され、朝鮮側は同日付けで批准した。さらに三月二二日付けで日本側の批准が終了したことをもって、同条規は発効することとなり、五月末にはかつての通信使を衣替えした「修信使」が、礼曹参議の金《キム》綺秀《ギス》を正使として、朝鮮側から日本へ答礼派遣されることになる。

3　意義

従来、江華島事件は日本側の意図的な挑発による砲艦外交であるとの説明がなされてきた。日本側にそうした強硬意見があったことは確かであるが、小型艦の単独行動によるものであり、かつての仏米による軍事行動に比しても規模の小さな偶発的要因が強い戦闘内容であった。また江華島事件の結果として締結された修好条規も、幾多の紆余を経たものであった。そして何より従来の説明は、朝鮮側なりの対応を等閑視、ないしは過小評価するものである。特に日朝修好条規の第一条に「朝鮮は自主の邦」と明記されたように、江華島事件は朝鮮の「宗属」と「自主」との捻《ねじ》れから表出する東アジアにおけるその冊封《さくほう》体制の動揺を可視化せしめたというより広く、かつ朝鮮国内の政治状況を見据えた視野からも省察する必要がある。

（永島広紀）

参考文献

岡本隆司『属国と自主のあいだ』名古屋大学出版会、二〇〇四年。

奥平武彦『朝鮮開國交渉始末』刀江書院、一九三五年。

亀掛川博正「江華島事件と『日本側挑発説』批判」『軍事史学』第一四九号、二〇〇二年。

鈴木淳「『雲揚』艦長井上良馨の明治八年九月二九日付け江華島事件報告書」『史学雑誌』第一一一編第一二号、二〇〇二年。

田保橋潔『近代日鮮関係の研究』朝鮮総督府中枢院、一九四〇年。

毛利敏彦『台湾出兵』中公新書、一九九六年。

9　壬午軍乱、甲申政変、天津条約（一八八二～八五年）——朝鮮半島をめぐる日清の角逐

1　背景

その一報はまず長崎から東京にもたらされた。一八八二年七月二三日に発生した朝鮮・京城の「凶変」に関する情報である。旧式軍隊への給与遅配を直接のきっかけとして朝鮮の首府で起こった暴動は瞬く間に軍民を巻き込む規模に拡大し、警備が手薄であった日本公使館は焼き打ちに遭ってしまった。弁理公使の花房義質《はなぶさよしもと》は公使館員とともに包囲を突破して命からがら仁川に脱出し、英国測量艦の協力もあり辛うじて長崎に戻ってきた。これが冒頭の凶変、すなわち「壬午軍乱」におけるその発端である。

さて、日本公使館を襲撃した暴徒は王宮にも押し入り、閔氏一族の高官を襲撃し、また堀本禮造《ほりもとれいぞう》なる日本軍人を殺害するに及び、日本国内では朝野を挙げて憤激に包まれることになる。この堀本はなぜ命を狙われたのか。彼は朝鮮政府内の開化派（閔氏派）が新式軍隊の訓練のために招聘していた土佐出身の軍事教官だったからである。「別技軍」と名付けられたこの部隊には最新の装備が支給され、給与面でも厚遇されていたため、在来部隊の兵士たちの怨嗟の的であった。そしてこうした兵士の暴動を裏面から扇動したとされるのが、閔氏政権と激しく対立していた興宣大院君《テウォングン》、その人であった。

2　展開

こうした変乱の機先を制したのは清国であった。再び朝鮮に帰任した花房と大院君との交渉が進捗をみせないのを後目に、李鴻章はすぐさま幕下の慶軍（丁汝昌・呉長慶ら）を京城に急行させ、軍部隊を進駐せしめた。呉長慶配下の馬建忠は大院君を逮捕し、そのまま清国に連行して保定に幽閉するに至り事態は急展開をみせた。一方、出遅れ感が否めない日本政府も遅ればせながら、まずは花房をして歩兵一大隊を乗船させた軍艦七隻を仁川に回航せしめ、また特派全権大使として井上馨を下関に急派し、花房に訓令を手交するとともに清国ならびに朝鮮政府との交渉にあたらしめた。結果、一八八二年八月三〇日に済物浦《さいもっぽ》（仁川）沖の軍艦「比叡」艦上にて交渉がもたれ、日本側は花房義質、そして朝鮮側の全権大臣・李裕元《イユウォン》と全権副官の金宏集《キムホンヂプ》との間で八カ条からなる「日朝修好条規続約（いわゆる済物浦条約）」が締結され、凶徒の逮捕や被害者への補償などがその約文に盛り込まれた。とこ

ろが清国側は袁世凱を総理交渉通商事宜として駐留させ続け、親清勢力の扶育に努めるとともに、軍事教練を実施することにより、これらを奇貨として清・朝間の宗属関係強化を図った。この間、日本側の弁理公使は花房から竹添進一郎《たけぞえしんいちろう》に交代し、また壬午軍乱の解決後には金玉均《キムオッキュン》や朴泳孝《パクヨンヒョ》ら開化派の若手官僚が修信使として渡日し、慶應義塾などで学ぶとともに板垣退助・後藤象二郎らと交誼を結び、国政の刷新と近代化を企図した。

この間にも漢城旬報事件（一八八四年一月）など日清の関係を悪化させる事態が進行する中の八四年一二月四日、王宮からほど近い場所に新設された郵便局の落成記念式に参列していた朝鮮政府高官の殺害を狙うクーデターが金玉均らを首謀者として発生した。いったんは政権を掌握しかけた金玉均らではあったが、発生から三日目にして袁世凱ら清国軍によって壊滅し、金玉均らは日本への亡命を余儀なくされた。そして再び日本公使館も焼かれ、竹添公使は仁川に避難した。ここで日本政府は外務卿の井上馨を全権大使として差遣し、八五年一月九日には五カ条からなる善後約定としての「漢城条約」が締結された。また同四月一八日には清国側とも甲申政変の善後処理を行うべく清仏戦争のさなかに交渉がもたれ、またロシア南下に危機感を募らせる英国が巨文島《きょぶんとう》を占拠する事件が発生するなかで同国の駐清公使であるパークス（Sir Harry Smith Parkes）の斡旋仲介により参議兼宮内卿たる伊藤博文が全権代表として清国・天津に差遣され、清国側全権の李鴻章との交渉の結果、三カ条からなる「天津条約」が締結された。この条約の発効に伴い日清両国は朝鮮より撤兵することとなった。

3　意　義

田保橋潔は壬午軍乱を評して「近代朝鮮史上一期を画する重大事件」とした。またこの延長線上にある甲申政変とともに、これらの事件は朝鮮半島の安全保障と既得権確保をめぐる日清それぞれの利害関係を浮き彫りにさせた意味でも、その意味の限りにおいて後の日清戦争の呼び水となった。また周知のとおり日清間で締結された天津条約は、朝鮮内に変乱が発生した際には事前に相互通牒を発して事に臨むことを明文化していた。これが後年にあって「東学党の乱（甲午農民戦争）」発生時に日清両国が朝鮮に派兵する法的根拠となった。

参考文献

岡本隆司『袁世凱』岩波新書、二〇一五年。
木村幹『高宗・閔妃』ミネルヴァ書房、二〇〇七年。
田保橋潔『近代日鮮關係の研究』朝鮮総督府中枢院、一九四〇年。
原田環『朝鮮の開国と近代化』渓水社、一九九七年。

（永島広紀）

10　日英・日米通商航海条約（一八九四年）――「文明国」への仲間入り

1　背　景

歴代の明治政府の宿願であった条約改正は、幾多の挫折の末、一八九二年八月に成立した第二次伊藤博文内閣とその外相、陸奥宗光に引き継がれた。

陸奥はより対等な条約の締結という任務を背負っていたが、その推進力は国内外双方からもたらされた。国内では漸進的な条約改正への反発が強く、抜本的な条約改正を求める声が高まっていた。国際関係に目を転ずると、英国が、以前の強硬な姿勢から一転し、交渉の呼び掛けに好意的に応じた。というのも、ポスト・ビスマルク期のドイツがそれまでの英露との協調を反故にし、このことが一方では仏露の接近を促し、他方では英国に新たな協力相手を模索させることになったからである。さらに一八九一年にロシアがシベリア鉄道建設に着工すると、英国は東アジアでの英露対立を警戒し、提携相手として日本の海軍力に注目するようになった。

一八九三年九月、日本はまず英国に条約改正交渉を打診した。日本は過去の交渉から、英国との交渉妥結なくして条約改正は実現できないとの教訓を得ていた。日英の利害の接近は条約改正への機運を高めていく。

2　展　開

陸奥は、(1)法権の回復（外国人判事任用のような過渡的措置を設けず、批准と施行までに五年の期間をおく）、(2)居留地の廃止、ただし外国人の永代借地権は存続、(3)相手国との協議の上決定する関税（協定関税）は英米独仏に限って認め、対象品目も限定する、との方針を掲げた。一八九三年一二月二二日、閣議で条約案と青木周蔵駐独公使の英国兼任が最終決定すると、青木は早速ロンドンに赴き条約案を提出した。

英国は、関税など優遇措置の見返りに、領事裁判権の撤廃容認へ傾いていた。英国は憲法発布といった日本の法制度整備の進展を評価しており、また列強協調に代えて、独自に有利な条約を締結しようとした。もっとも英国は、日本の排外運動（英国人牧師への暴行もあった）に抗議したり、一方的な条約廃棄への懸念を執拗に口にしたり（九三年末の議会解散後に伊藤が貴族院議員有志に送った返書が発端）、交渉に応じない素振りを見せることもあった。だが、日本政府が条約励行を謳う野党の統制に苦慮していることに理解を示し、交渉打ち切りは得策でないと心得ていた。

翌一八九四年四月、青木とバーティ（Francis L. Bertie）外務次官補は交渉を開始した。両者の間で、⑴領事裁判権撤廃前の法典実施を約束する公文書を日本が公表、⑵協定関税の維持、⑶横浜・神戸・長崎・函館で条約港間の輸送（沿岸貿易権）を英国商船に認める、⑷永代借地権の存続、⑸期間は一二年、が合意された。日英条約は七月一六日、調印された（一八九九年七月一七日施行）。国内で根強かった反対論は、その直後に勃発した日清戦争によって力を失った。

こうした日英条約改正の動向が知られるや、米国は条約改正交渉に応じることとなった。同年初頭より日本は米国に交渉を打診していたが、米国は、草案第一条（通商・移動・居住の自由）が移民政策と抵触するため、上院の理解が得られないとして交渉を遅延させていた。米国の移民政策は一九世紀後半以降のアジア系移民の増加を背景に、これを制限する方向へと移行しており、例えば中国人労働者については、すでに米清移民制限条約、排華移民法が制定されていた。

九月に交渉が開始され、グレシャム（Walter Q. Gresham）国務長官は栗野慎一郎駐米公使に、米国が国内立法で日本人移民を制限できる留保条項を条約に設けるよう求め、日本はそれを受諾した。これと引き換えに米国は協定関税を辞退し、日本は米国との関係で税権を回復した。領事裁判権の撤廃、永代借地権の存続と一二年の条約期間も合意され、日米条約は一一月二二日に調印された（施行日は日英条約と同じ）。

3　意　義

陸奥条約改正は、半主権国家が主権国家へ至る一つの道筋を提示した。一九二〇年代になって、中国の国民政府が実力行使を辞さない一方的な主権回復を目指したのとは対照的に、日本は統治機構の整備や法の支配など「文明国」としての要件を備えたことを列強に示すことで、法権回復を実現した。

たしかに英独仏伊との間で低率の協定関税が維持されたことや、日米条約交渉の焦点となった移民条項の問題は日本が未だ主権回復への道半ばという印象を与えるものだった。だが、文明開化を掲げ西洋列強に追いつくことを目標としてきた日本としては、曲りなりにも「文明国」に名を連ねたことが重要だった。条約改正によって醸成された日英の良好な関係は、一九〇二年同盟に結実する。日清戦争後の三国干渉で挫折を味わいながらも、日本はアジアの列強としての道を模索していくことになる。

参考文献

大石一男『条約改正交渉史』思文閣出版、二〇〇八年。
小宮一夫『条約改正と国内政治』吉川弘文館、二〇〇一年。

（阿曽沼春菜）

11　日清戦争（一八九四〜九五年）——冊封朝貢体制の終焉と帝国・日本

1　背景

日清間において天津条約が締結された一八八五年、清仏両国間でも別の「天津条約」が結ばれていた。すなわち、清仏戦争の幕引きとしてのそれである。阮朝ベトナムの宗主権を固守せんとする清国と、第二帝政期から引き続き、東アジアに拠点を築こうとする第三共和制政下のフランスとの戦いは、清国側の大いなる譲歩によって決着し、フランスはベトナムを保護下に置くことに成功した。

一方、これと時を同じくして、英露間ではアフガニスタンをめぐる対立が激しさを増し、英国のアフガン保護国化に対抗して、帝政ロシアも同地への駐兵を強行するなど、にわかに東西のアジアをめぐる国際情勢は緊迫の度合いを増していった。

こうした欧州列強による角逐の余波がついに朝鮮半島にも到達することになった。全羅南道の多島海域に浮かぶ巨文島(Port Hamilton)がロシアの南下を警戒する英国によって占拠される事態となったのである。巨文島は多島海の外周部に位置し、半島の陸地側と済州島を挟む海峡に位置する船舶航行上の要衝であった。英国海軍は一八八七年には撤退するものの、結果として利害を共有する日本との接近を深める要因となり、また清国は欧米各国の朝鮮への干渉に対して非常なる危機感を抱くに至っていた。特に、清国側の中心にあって国内外の動揺を収拾する役目を担ったのが李鴻章である。

北洋大臣にして直隷総督である李鴻章は、太平天国の鎮圧において安徽省出身者で編成された義勇軍（淮軍）を率いて軍功を挙げることで頭角を現した人物である。一八六〇年代から八〇年代にかけて「洋務運動」を指揮し、また「北洋軍閥」の育成に努めた。彼は山東半島東端の威海に大規模な軍港を建設し、またドイツから新鋭の装甲戦艦を購入して、とりわけ海軍力の増強に腐心した。やがて李鴻章が心血を注いで育て上げた艦隊は「北洋水師（海軍）」と呼ばれることになる。

その北洋水師が誇る四隻の巨大軍艦が遠洋航海の途次、修理と補給のため一八八六年八月、長崎に入港した。その際、上陸した清国水兵による騒動が丸山遊郭にて発生し、これが暴動にまで発展した。いわゆる「長崎事件」である。この事件処理においては清国側が圧倒的な兵力の差をもって威圧的な態度に出たこともあり、日本側官憲の対応は後手に回ってしまった。民党系の新聞は政府の「弱腰」を責め、これに煽られた日本国内の世論がそれまでの「民権」から「国権」に転換する契機になったともされる。

また、甲申政変の失敗後は日本に亡命していた金玉均《キムオッキュン》が一八九四年三月に、誘い出された上海の日本租界において閔氏政権が放った刺客によって射殺され、陵辱を加えられた遺体が清国軍艦によって朝鮮に送り返されるという衝撃的な事件が発生した。福沢諭吉をはじめとする金玉均支援者は大きく失望し、日本国内でも清国・朝鮮の「非文明」的な態度に対する批判の声が高潮していくことになる。のちに、日清戦争における宣戦の詔勅においても「文明の化を平和の治に求め」る日本が、東洋の平和を攪乱する清国と干戈を交えざるを得ないという構図でもって記述されていったことにも、日本側における日清開戦の「大義名分」が奈辺にあったのかを見て取ることができる。

2　展　開

防穀令事件

一八八九年の秋、凶作に見舞われていた朝鮮半島北東地域の咸鏡道において地方長官の権限による穀物輸出の禁止令が出された。これによって多大な損益を生じたとする元山港居留の日本商人らが損害賠償を朝鮮政府に突きつけ、これが清国までを巻き込む国際問題にまで拡大した。これが「防穀令事件」の名で呼ばれることになる。交渉は長引き、日本政府は自由党左派の出身であり、対外強硬派の政客として知られた大石正巳《おおいしまさみ》を公使に任命して交渉に当たらせたが、これは日本側の武力行使も辞さないというサインであると朝鮮側は受け取っていた。また、当時は朝鮮に駐箚中であった袁世凱に調停を依頼するも不調に終わっていた。最終的には李鴻章の口利きによって幕引きが図られ、賠償金が支払われる運びとはなったものの、さらに朝鮮における清国の発言力が強化されることにもなった。

東学党の乱

一方、朝鮮半島南部域では「東学」を名乗る新興宗教の団体がその勢力を急速に拡大させていた。東学とは一八六〇年に慶尚道において崔済愚《チェジェウ》が創始したとされる道教的な色彩を帯びた民間信仰の集団であった。王朝政府は「左道惑世」、すなわち邪教でもって社会を動揺させたとの罪状でもって東学を取り締まり、ついには教主を処刑するに至る。しかし第二代の教主に就任した崔時亨《チェシヒョン》は「教祖伸冤」と称する崔済愚の名誉回復を求める示威行動を繰り返し、また教義書（『東経大全』・『龍潭遺事』）を印行するなど教義の確立と教団の組織化を進めていた。

さらに、朝鮮半島の南西部地域は古来より「三南」地方として豊穣な穀倉地帯であったものの、当時は旱害が続発しており、限られた溜池の水利をめぐる紛争が絶えなかった。折しも全羅道・古阜郡守による水利施設への不法課税が発端となり、一八九四年初には大規模な農民暴動が発生していた。農民軍はやがて全羅北道の道都たる全州を占拠し、一種の自治コミューンを組織するとともに、王朝に対して数々の施政改善を要求するに至った。また、「斥倭洋倡義」なるスローガンを掲げており、排外的な性格を持つ集団でもあった。この農民軍側の有力者に全琫準なる東学信徒が含まれていたため、のちに「東学党の乱」の名称とともに「甲午農民戦争」なる用語も並び称されることになる。ちなみに、現在の韓国においては宗教団体側の関与を重視する「東学革命」「東学運動」なる呼び方が一般的である。これに対して北朝鮮では宗教性を極度に限定する立場から「甲午農民戦争」が使用されており、きわめて好対照をなしている。

日清の開戦

朝鮮政府はこの鎮定に手を焼き、ついに清国側に派兵を要請する事態となった。一方、日本政府は山県有朋が提唱する国家の「利益線」としての朝鮮半島との認識に基づき、朝鮮の「中立化」構想を抱いていた。一八九四年六月の段階で日清両国による共同内政改革の案を清国に提起した。この共同改革案において日本側は、「朝鮮事変に付ては速に其乱民を鎮定する事、但我政府は成るべく清国政府と勠力して鎮圧に従事する事」と東学農民軍の鎮圧に共同してあたることとともに、「財政の調査」と「冗官の整理」を求めたものの、清国政府はにべなくこれを拒否した。そこで、日本政府は天津条約の取り決め、つまり朝鮮半島有事に際しては相互に事前通告を義務づけていた条項を運用し、居留民保護の名目をもって朝鮮への派兵を決定した。

日清戦争の火蓋は七月二五日に発生した豊島沖《ほうとうおき》海戦にて切って落とされた。宣戦布告がなされる前であったが、朝鮮派遣の兵力を満載していた英国船籍の「高陞号」を巡洋艦「浪速」（艦長は東郷平八郎）が臨検してこれを沈めた一件は、英国でも国際法違反の当否をめぐって議論が紛糾することになった。かくして国際的な論議も巻き起こしつつ、八月一日には遂に宣戦布告がなされた。

これと前後して、清国側は六月から朝鮮・忠清道の牙山湾に兵力を展開しており、これに対抗して日本側も将兵を上陸させ、七月二八・二九日に両国軍が同じく忠清道の成歓邑にて衝突するに至る。混成第九旅団（旅団長・大島義昌少将）の攻撃によって敗走した清国軍は北上して平壌の城内に立て籠もるが、九月一五日における攻撃によって、一気に平壌は陥落する。

また、その直後である九月一七日には「黄海海戦」が起こっている。「連合艦隊」を編成した日本海軍は、速射砲を搭載した英国製の高速巡洋艦を中心に据えた陣形で艦隊決戦を挑み、清国の北洋艦隊を組織的な戦闘不能の状態に追い込んだ。その際、かつて長崎港に現れてその威容を誇った旗艦「定遠」は集中砲火を浴びて炎上したものの、ついに沈むことはなかった。この時の激戦は後日、「まだ沈まぬや定遠は」

と戦時歌謡『勇敢なる水兵』で唱われ、往時の流行曲となった。間もなく北洋艦隊はいったん旅順口に逃げ込むものの、遼東半島に追撃してきた日本軍の攻撃に晒され、次いで対岸である山東半島の威海への待避を余儀なくされた。

なお、日本軍の布陣としては、広島に設置された大本営の下で、山県有朋が自ら率いた第一軍とともに、黄海海戦後には新たに第二軍が編成されていた。一八九四年一〇月二四日にはその第二軍が大山《おおやま》巌《いわお》に率いられて金州（大連）に上陸し、一一月六日には金州城を攻略した。さらに一一月二六日には近郊の旅順要塞を陥落せしめた。この時、外電では旅順における民間人虐殺の風聞が流れ、日本政府としてはその対応に苦慮することにもなった。

威海衛《いかいえい》に閉塞状態となった北洋艦隊は一八九五年一月から二月にかけて日本の陸海軍共同による猛攻撃に晒され、特に水雷艇が湾内に突入することによる波状攻撃によって北洋艦隊は壊滅状態に陥る。司令官である丁汝昌は自決を遂げ、艦隊は二月一四日に降伏した。

日清講和会議

こうした戦闘の終了から間もなく、山口県の下関・春帆楼にて講和の談判が開始された。途中、李鴻章が暴漢に狙撃されて負傷するアクシデントに見舞われたものの、四月一七日に日本側の全権代表である首相の伊藤博文と外相の陸奥宗光、そして清国側の李鴻章・李経方との間で全一一カ条からなる日清講和条約が調印された。

まず、その第一条において「朝鮮国の完全無欠なる独立自主の国」たることが明記され、ついに朝鮮が清国の属国ではないことが国際条約によって確認されるに至った。これは、伝統的な冊封と朝貢によって構造化されてきた中華帝国の華夷システムが遂に瓦解したことを内外に示すものであった。

続く第二条と第三条には、「奉天省南部」、すなわち遼東半島とその付属島嶼とともに、台湾と澎湖諸島が新たに日本の国土として割譲される内容が盛り込まれた。近代の日本としては初の海外領土（植民地）の獲得となった台湾には「台湾総督府」が設置され、現役武官を台湾総督に任命するとともに「理蕃」、すなわち反抗する原住部族の掃討作戦が実施された。一方、文官の民政長官を置き、亜熱帯における衛生環境の整備に取り組んでいくとともに、旧慣調査に基づいた地方行政を展開していくことになる。

なお、「外地」として台湾を獲得したことは、廃藩置県・琉球処分以来の懸案たる沖縄の帰属問題が半ば自動的に解決したことを意味した。ただし、遼東半島の租借に関しては、四月二三日の段階で露仏独の各駐日公使らより「還付勧告」がなされ、同年一一月八日には北京において還付条約が締結されることになった。いわゆる「三国干渉」である。

さらに、第四条は「庫平銀二億両」という巨額の賠償金に関する内容であった。のちに日本政府はこれを原資として官営製鉄所の建設などのインフラ整備費に充てたことが知られる。第五条は二・三条の付則的な内容であり、割譲地の住民に二年間の猶予期間を設けて資産の処分と国外移動の自由を保障するものであった。さらに、第六条には第一から第四の枝番が付された細則から構成されており、日本商人の清国内における自由貿易と、開港地における就業の自由を約する内容となっている。なお、七条以下は全体の施行細則的な条文が続いている。

　ともあれ、本条約はかつて一八七六年に日朝間で結ばれた修好条規の第一条において「朝鮮は自主の邦」という、いまだ清国の冊封を完全に否定するには至らなかった文言を上書きした。つまり、ついに「小中華」を自任する帝国としての「大韓」が出現することを可能ならしめたのであり、まさに東アジアの国際関係史上における大きな画期であった。

3　意　義

日清戦争は、近代の軍事・外交にまつわる豊富な題材を提供してくれる研究領域であり、これまでもあまたの研究が積み重ねられてきた。日本史研究からのアプローチの傾向としては、明治政府・伊藤内閣の内政としての「外交」に焦点を当てるものが主流をなしており、かつての「帝国主義の発露」としての日清戦争像から、立憲体制の下での「帝国・日本」のあり方にその研究上の力点が移動してきている。一方で、国内の様々な出来事に関する社会史的な接近方法も、新規史料の発掘に裏打ちされることによって、着実に積み重ねられてきている。

　特に、日清戦争とは近代日本にとって初の対外戦争であり、単なる武力衝突ではなく、人員や物資の大規模な洋上移動を伴うものであった。つまり、徴兵による兵団の編成や、軍属の募集・人夫の充足、あるいは増税や外債募集による戦費の調達、軍需品の輸送に至るまで、「戦場と銃後」を跨ぐトータルな「兵站（ロジスティック）」が現出することになったのである。その意味において、一〇年後の日露戦争、あるいはそれ以降の事変・戦争において見られた様々な光景が既視的に繰り広げられていたと言えるのである。

　一方、主として東洋史（中国史）研究の場においては、やはり華夷秩序の崩壊と、近代中国の胎動期として位置づけるものが主流を占めてきている。すなわち、孫文による「興中会」の結成が一八九四年であったことに象徴される、日清戦争が清朝の凋落と辛亥革命の端緒であるとする理解、あるいは、日清戦争後における康有為を中心とした立憲制の模索とその挫折（変法自強運動／戊戌政変）に関するテーマ設定は、中国近代史研究においては古くも新しい題材である。

　さらに、従来は日本史・中国史の付属物的に扱われがちであった朝鮮史の立場からの日清戦争研究も、とりわけ戦争中から開始される近代化路線（「甲午更張（改革）」）を推進する新進官僚層と、専制を恣にせんとする高宗（光武皇帝）との角逐の様相から改めて「大韓帝国」のあり方を読み解こうとする視角の拡大に繋がっている。日本の影響が強まる中であっても、科挙の廃止を清朝に先駆けて実行し、また『経国大典』（一四八五年頒布）に規定されるいわゆる「六曹」体制（吏・戸・礼・兵・刑・工の各曹）に基づく官吏の任免・補職は、甲午改革に伴って「八衙門」（内務・外務・学務・軍務・法務・農商務・工務・度支）の体制に移行し、間もなく「部」制への移行（内部・外部・学部・法部・農商工部・度支部となる）がなされるなど、近代国家への模索が開始されたことを物語っていた。また、内閣制度の発足と、宮内府と議政府の設置による「宮中」と「府中」の区別がなされることによって抜本的な国家構造の変化が企図されたのであった。

このように、日中韓ともそれぞれに力点の置き方は異なりつつも、各々の「近代」を叙述するうえにおいて、「日清戦争」とはやはり大きな転換点であったことは確かであろう。その一方、今日における日中韓の外交摩擦の原点にも位置づけることが可能であるとも言え、その意味においても日清戦争とは、いまだにその研究的な価値をいささかも失っていないのである。

参考文献

一ノ瀬俊也『旅順と南京』文春新書、二〇〇七年。

大澤博明『近代日本の東アジア政策と軍事』成文堂、二〇〇一年。

大谷正・原田敬一編『日清戦争の社会史』フォーラム・A、一九九四年。

川島真『中国近代外交の形成』名古屋大学出版会、二〇〇四年。

信夫清三郎（藤村道生・校訂）『増補 日清戦争』南窓社、一九七〇年。

高橋秀直『日清戦争への道』東京創元社、一九九五年。

月脚達彦『福沢諭吉と朝鮮問題』東京大学出版会、二〇一四年。

中塚明『日清戦争の研究』青木書店、一九六八年。

坂野正高『近代中国政治外交史』東京大学出版会、一九七三年。

比較史・比較歴史教育研究会編『黒船と日清戦争』未來社、一九九六年。

東アジア近代史学会『日清戦争と東アジア世界の変容』上・下、ゆまに書房、一九九七年。

朴宗根『日清戦争と朝鮮』青木書店、一九八二年。

陸奥宗光（中塚明・校注）『新訂 蹇蹇録』岩波文庫、一九八三年。


（永島広紀）

12 日清戦争と国内政治――試される立憲政治と政府・政党関係の変化

1 背景

近代日本は、西力東漸という時代環境の下、対外的な危機意識に強く規定されて出発した。一八五三年のペリー（Matthew C. Perry）来航を契機とする鎖国政策の放棄は幕府権力を動揺させ、条約勅許問題を機に名目的であった朝廷の政治的地位が次第に向上していった。ここに対外政策をめぐる幕府と朝廷の二元的な政治状況が生まれ、以後、いかにして一元的な政治統合を回復するかが焦眉の問題となった。そして、両者の統合は「王政復古」と言われるように、天皇の権威を中心に「朝廷帰一」という形で実現された。

しかし、福沢諭吉が「王政維新」とも呼んだように、「朝廷帰一」は単なる「復古」に止まらず、新たな近代国家の建設を意味していた。その時、模範とされたのは「文明国」と見なされた西洋列強であった。一八六八年一月（慶応三年一二月）に王政復古の大号令を発すると、以後、新政府は大綱となる五箇条の御誓文で開国進取と公議の尊重を掲げ、海外知識の導入にも旺盛に取り組んでいった。そのなかで旧来の身分制度の廃止、秩禄処分や廃藩置県による中央集権制度の確立が進められ、さらに多くの「お雇い外国人」を用いて庶政百般を造り替えていった。総じて、「独立不羈」を維持するために急速な近代化と軍事強国化を図りつつ、西洋列強との協調を基調に大陸への発展を模索したのである。

このような「富国強兵」を目指す急激な改革は明治維新を主導した薩摩・長州両藩出身者と技術官僚を中心に進められたが、他方で、公議を尊重する天皇像から「有司専制」が批判され、「公議」の制度化が求められた。一八七七年の西南戦争によって武力反乱が終息すると、自由民権運動と呼ばれる言論による政府反対運動が高揚した。明治初頭の日本政府は改革の強力な推進とは裏腹に遠心的で不安定であり、たびたび政治危機に遭遇した。一八七三年には対外政策をめぐって（明治六年政変）、そして一八八一年には国会論をめぐって政府は分裂した（明治一四年政変）。その過程で、政府は一八九〇年を期して国会開設を約束し、他方、分裂して政府を去った維新官僚は武力反乱や政府批判の中心となった。政府が国会開設を約束したのはもとより危機への対処でもあったが、文明国と対等な国家機構を備えることで国民を動員すること、そして幕末政治の中で公議の尊重が正統性の一翼を担っていたことが重要である。

こうして国会開設に向けた競争が政府と在野勢力との間で繰り広げられる。政府は岩倉具視の信任を受けた伊藤博文を中心に、行政の効率化のため太政官制度を改めて内閣制度を創設し、議会主義を採る英国型の憲法構想を退けて君主主義の強いプロイセンを範とする憲法制定に取り組んだ。他方、在野勢力では、板垣退助が自由党を、大隈重信が改進党をそれぞれ結成した。板垣は会津戦争に従軍した経験から、国民の後援を受けない軍隊の脆弱さを痛感していた。概して、自由党は「一君万民」を理想に国民の参加による統合を図り、改進党は自ら政権を担うことを期していたと性格づけることができよう。

こうして一八八九年に制定された大日本帝国憲法（以下、明治憲法）は、天皇を統治権の総攬者と位置づけ、広範な大権事項を規定する一方で親政を否定した結果、統合力に乏しいという特徴があった。立憲政治において君主の親政が否定されることは当然であると考えられたが、他方で、天皇に代わって統合力を発揮すべき首相もまた、明治初年の経験から制度的には同輩者中の第一人者に止められた。したがってそれぞれの輔弼者が権力を分有し、各国務大臣、貴族院と衆議院からなる帝国議会、枢密院、軍部の統帥機関（参謀本部と軍令部）などの国家諸機関が制度上十分に統合されないまま牽制しあっていた。このことは明治憲法下の内閣平均存続期間が約一年五カ月であったことに象徴される内閣の不安定性とともに、憲法外機関である元老の役割を生み出していく。また、明治憲法は解釈の幅が広く、議会の権限が強い英国型の政治も、君主の権限が強いドイツ型の政治も共に許容することができた。したがって、政府が憲法をどのように運用しようとしたのか、また実際にどのように運用したのかが重要であった。明治憲法の制定とともに、黒田清隆首相、伊藤枢密院議長は、相次いで「超然主義」を表明した。それは、議会を開設する以上、政党の存在を認めながらも、政権が一党一派によって左右されることのないよう政党内閣を否定するものであり、党派に超然として国益すなわち国家理性に奉仕することを目指したのである。

一八九〇年の国会開設から一八九四年の日清戦争開戦までの議会は、一般に初期議会と呼ばれる。衆議院議員の選挙資格は、選挙権・被選挙権ともに直接国税一五円以上を納める男子で、選挙権が二五歳以上、被選挙権が三〇歳以上と定められた。この時期、薩摩・長州両藩出身者を中心とする「藩閥政府」と、自由党・改進党といった「民党」が、国家理性と納税者の利益をめぐって鋭く対立した。第一議会において、山県有朋首相は「主権線」と「利益線」という観点から膨大な軍事予算を説明した。すなわち、主権線である国土を防衛するためには、それと密接に関わる利益線を保護しなければならないと主張したのである。それはすなわち朝鮮半島であった。初めての議会から解散になることを望まなかった政府と民党の一部は妥協して予算を成立させたが、第二議会は解散され、政府内部からも批判されるほどの大干渉選挙となった。

このような税収とその執行をめぐる対立とともに、初期議会期のもう一つの焦点となったのが条約改正問題であった。徳川幕府から引き継いだ不平等条約の改正は、新政府の最初の外交課題であるとともに、国民の情念やナショナリズムを掻き立てる難しい問題であった。政府の外国人判事任用案は国内の強い反対を受けて挫折し、国権と対外硬を旗印に、かつての「吏党」「民党」といった政治地図は再編されていった。改進党や国民協会によって対外硬六派と呼ばれる非自由党大連合が成立し、現行条約を杓子定規に適用することによって外国人に不利益を与えようとする現行条約励行建議案が第五議会で可決された。条約改正交渉への悪影響を懸念する政府は相次ぐ解散で応じたが、かえって貴族院からも立憲的でないとの批判を受けた。

解散を経ても議会の勢力配置が劇的に改善されるわけではない。いわゆる金力による妥協も一時的な解決に過ぎず、大選挙干渉も問題を悪化させるだけで活路を開くわけではない。第四議会では軍艦建造費をめぐって「和協の詔勅」まで下されたが、天皇による問題解決というのは常に使える手ではない。こうして議会対策は行き詰まっていく。東アジア情勢が緊迫するなか、憲法停止すら議論された。他方、事態の新たな展開を望んでいたのは民党も同じであった。政府攻撃だけでは牽制者としての否定的な意義に止まり、減税など自らが何かを実現できるわけではなかった。自由党内では、民力休養論を脱し、民党連合からも距離を置く星亨《ほしとおる》の動きがすでに胎動していた。

2　展　開

戦時体制の構築

現行条約励行論をめぐって衆議院の再解散を決めた一八九四年六月二日、同日の閣議で朝鮮半島への出兵が決定され、事態は日清戦争へと展開していく。六月五日には、戦時大本営条例を適用し、参謀本部内に大本営が設置された。開戦時の第二次伊藤博文内閣は「元勲総出」内閣とも言われた有力者ぞろいの内閣で、伊藤首相、陸奥宗光外相、山県有朋枢密院議長、大山巌陸相、西郷従道海相、有栖川宮熾仁《ありすがわのみやたるひと》参謀総長、川上操六《かわかみそうろく》参謀次長などが開戦決定の中心となった。開戦にあたっては政府内にも硬軟両論が存在しており、なかでも明治天皇が開戦に消極的であったエピソードは有名である。

しかし一度開戦に決すると、政府は一致協力して勝利を目指した。政府は大急ぎで戦時体制の構築を進めていく。注目すべきは伊藤首相の戦争指導への参加である。明治憲法は統帥権の独立を定めており、軍隊の指揮命令については参謀本部や軍令部などの統帥機関があたり、内閣や議会の関与は排除されていた。にもかかわらず、明治天皇はすでに日清間で戦闘が始まり宣戦布告間近の七月二七日に至って、「軍事費及び外交に関し軍事動作を熟知せしむるの必要ある」との理由から、文官である伊藤首相が以後毎回大本営会議に列席することを沙汰した（『明治天皇紀』）。八月一日に宣戦が布告されると、さらに大本営は宮中に移され、九月八日には部隊発進の前線であった広島に移された。

挙国一致でまとまる日本国内

日清戦争は国内においてどのように理解されたのだろうか。戦争がいかに正当化されたのかはもとよりそれぞれの立場からの一方的な論理に過ぎないが、戦争への国民の精神的動員を促す重要な意味がある。日清戦争は、旧来の宗属関係を再編し朝鮮の内政改革を拒む清国に対する「文野の戦争」、すなわち文明と野蛮との戦いであると意義づけられた。それは「西欧的新文明」を代表する日本と「東亜的旧文明」を墨守する清国との衝突という見方であった。福沢諭吉は、文明開化の進歩を喜ばず妨げようとすらする清国に対して、日本は進歩のためにやむをえず戦うと論じた。また同時に、この戦争が東亜全局の平和に結びつくと考えられていた。

他方、宣戦布告時には解散状態にあった衆議院であるが、九月一日に総選挙が行われた。議会の構成に大きな変動はなかった。にもかかわらず議会の行動は大きく変化した。一〇月一五日、大本営所在地である広島に第七議会が召集された。その間には、日本軍が平壌を攻略、黄海海戦にも勝利していた。広島で召集されたのは、戦時下での一体感を演出するとともに、「院外団・新聞記者の煩累」を厭うためでもあった。宣戦も講和も天皇の大権事項であり、帝国議会の関与しうるところではない。帝国議会は明治二七年度の予算を可決し、日清戦争完遂の建議案を全会一致で成立させて戦争への協力姿勢を示した。また、戦局の展開は国内政治に反映され、国民世論はますます盛り上がっていった。次いで東京で召集された第八議会では、軍資に関する決議案を全会一致で可決し、さらに、広島で戦争指導にあたる明治天皇への聖徳奉頌上奏案と、国民を代表しての遠征軍の戦功表彰決議案を可決した。

このような初期議会期から戦時への展開に関しては、いくつかの興味深い事実が指摘されている。第一に、初期議会期の条約改正問題をめぐる対外硬世論が開戦によってそのまま戦時における愛国的な排外主義へと転化し、戦時中の熱狂的な「挙国一致」を支えたということである。第二に、初期議会における政府と民党のせめぎ合いの結果、使うこともできず減税もできなかった余剰金が蓄積しており、日清戦争の戦費にこの余剰金が充てられたことである。これは戦時財政上の僥倖となった。そして第三に、日清戦争は清国の朝鮮への出兵に対する日本の対抗出兵から始まったが、清国は、初期議会の混乱を見て、日本は対抗出兵を行うことはできないと判断していたようである。この分析は事実によって裏切られてしまった。

三国干渉の衝撃

このような「挙国一致」の戦意高揚に冷や水を浴びせたのが、講和条約締結後の三国干渉であった。日本は講和条約において朝鮮の独立を清国に認めさせ、あわせて賠償金と遼東半島・台湾・澎湖諸島の割譲、いくつかの交易上の利益を得た。しかしその直後、ロシア、ドイツ、フランスから遼東半島の返還を迫られ、全面的に応じる結果となった。

国民は三列強の介入に驚愕し、事態が解決すると憤慨した。「戦争における勝利は外交において失敗せり」との批判に、陸奥外相は、外交記録『蹇蹇録《けんけんろく》』の中で、講和条約に遼東半島を含めたことについて、戦勝に高揚する国内情勢からやむを得ないことであり、「進むを得べき地に進みその止まらざるを得ざる所に止まりたる」と総括した。ジャーナリストの徳富蘇峰は、三国干渉を機に、それまでの平民主義的立場から帝国主義論者へと大きく立場を変えた。このことからも国民に与えた衝撃の大きさを推し量ることができる。

3　意　義

このように日清戦争における国内政治の特徴は、第一に、導入してまもない立憲政治がこの戦争によって試されたことである。一八八九年に明治憲法が制定され、翌一八九〇年には第一回の帝国議会が開かれた。しかし一八九四年の日清戦争開戦時、立憲政治の運用はいまだ軌道に乗ってはいなかった。第二の特徴は、このことと関連して、立憲政治の要である政府と議会、なかでも政府と政党との関係が、戦争を機に目に見えて変化し、その後の立憲政治運用の基礎となったことである。そして第三の特徴は、戦争指導の特徴として、武官と文官の分業が次第に進みゆくなかにあって、伊藤博文が文官指導者でありながら戦争指導に深く関与したことである。

戦時下に形成された「挙国一致」は、戦争の終結と三国干渉によって崩れた。しかし、戦時体制は戦後の政府と政党との関係に大きな影響を残し、政府と民党は対立から相互利用、相互浸透の時代を迎える。第二次伊藤内閣は、戦後、施政遂行のため衆議院の多数党であった自由党と公然と提携した。他方、政党は政府への参入を企図し始めていた。そして、このような自由党の与党化は戦後政治に三つの連鎖反応を呼び起こした。第一に、維新官僚が政党との関係をめぐって分化し始め、政党内閣に否定的な官僚は山県有朋のもとに群集し始めた。なかでもこれまで取締の対象であった板垣退助が内相に就任し、その責任者となったことは官僚の強い反発を呼んだ。山県は陸軍と地方制度の建設に深く関わった長州出身の軍人政治家で、明治政府で伊藤と双璧をなした。そして第二に、衆議院内において、自由党への反発から進歩党が結成された。しかもこのような公然提携は伊藤内閣に止まらず、次の松方正義内閣もこの進歩党と提携した。そして第三に、このような衆議院と政府との関係の変化は貴族院にも影響を与えた。貴族院は時に政府と対決してまでも独自の役割を模索するようになっていったのである。

　このような政府と政党の関係は、相互利用を基調とする以上、対立と妥協の両面を内に含んでおり、その結果、条件が折り合わないと第三次伊藤内閣という超然内閣を生み出し、その反作用として、自由・進歩両党の合同による憲政党の結成をも生んだ。このような衆議院における絶対多数党の登場に、伊藤は自ら模範的な政党を結成することを希望したが、明治天皇を含め政府内での強い反対を受けた。そこで伊藤はついに自らの政党結成を断念し、議会対策として、一八九八年、大隈と板垣による憲政党内閣、すなわち第一次大隈重信内閣の成立に道を開いた。ここに伊藤は新たな一歩を踏み出し、山県は藩閥政府の落城を嘆くに至ったのである。

　他方、日清戦争は日本に初めての植民地をもたらした。台湾の領有である。日本政府は、基本的に明治憲法発布時点での支配地域を本土（「内地」）とし、以後の新領土を植民地（「外地」）と見なした。植民地統治では明治憲法をはじめとする本土の法システムがそのまま適用されるわけではなく、台湾では帝国議会が立法権の一部を台湾総督府に期限つきで委譲する六三法（「台湾ニ施行スヘキ法令ニ関スル法律」）が制定された。また、人材面では、児玉源太郎《こだまげんたろう》、後藤新平《ごとうしんぺい》、新渡戸稲造をはじめ台湾で実力を発揮した人材が後に大陸経営や中央政治においても頭角を現し、帝国の内地への環流を準備していくことになる。ここにもう一つの国内政治上の環が誕生することになったのである。

参考文献

伊藤之雄『立憲国家の確立と伊藤博文』吉川弘文館、一九九九年。
岡崎久彦『陸奥宗光とその時代』ＰＨＰ研究所、二〇〇三年。
加藤陽子『戦争の日本近現代史』講談社、二〇〇二年。
小宮一夫『条約改正と国内政治』吉川弘文館、二〇〇一年。
瀧井一博『伊藤博文』中公新書、二〇一〇年。
鳥海靖『日本近代史講義』東京大学出版会、一九八八年。
坂野潤治『体系日本の歴史13　近代日本の出発』小学館、一九九三年。
マーク・ピーティー（浅野豊美訳）『植民地』読売新聞社、一九九六年。
＊項目12、19、30、72の参考文献には重複して参照したものがある。併せてご覧願いたい。

（村井良太）

13　三国干渉（一八九五年）――「臥薪嘗胆」と清国分割の開始

1　背景

一八九四年七月の日清開戦以降、日本は順調に戦勝を続け、一一月には遼東半島の旅順・大連、一八九五年二月には北洋艦隊の根拠地である威海衛を占領し、清国の心臓部に迫る勢いを示した。予想を上回る日本の戦勝は、欧米列強の間に強い波紋をもたらした。

英国は、条約改正で日本に好意を示したものの、清国における重要な利権が脅かされるのを恐れ、一〇月に列強に対して干渉を呼びかけていた（各国の対清政策未定のため不成立）。ロシアは、戦争中は中立を守っていたが、朝鮮半島の現状維持を重視し、日本の行動を注視していた。一八九五年一月に露仏同盟が成立し、ロシアはヨーロッパでの立場を強化したが、この同盟で潜在敵国とされたドイツは、露仏同盟にくさびを打ち込むとともに、遅れていた東アジア進出の手がかりをつかもうと機会を窺っていた。日清両国が講和の準備を本格的に始めた二月以降、これら各国の思惑が絡み合い、露仏独三国による干渉の準備が進められていった。

2　展開

二月一日、ロシアは極東問題に関する特別会議を開催し、英仏と連合して日本に干渉し、清国分割を当面阻止する方針を固めた。ロシアのイニシアティブによって、二月から三月にかけて露英仏の三国は、朝鮮の独立と領土保全の方針で一致していった。しかし、陸奥宗光《むつむねみつ》外相の強気の姿勢と、講和条約中の通商関係特権拡大による対英配慮の意向が伝わると、英国は干渉に消極的になっていった。この転換の背景には、従来の清国に代わって、新たに日本をロシアに対する防壁とすべきだという判断も働いていた。

他方でドイツは、清国からの要請もあって、三月八日に日本に対して干渉の可能性を警告し、二三日にはロシアに共同行動に出ることを提議した。これに力を得たロシアは、四月八日、列強に共同干渉を提議し、独仏二カ国の賛同を得た（英国は拒絶）。ロシアは一一日の特別会議で、三国による干渉実行を決定し、講和条約が締結された四月一七日、独仏に干渉を正式提議した。三国の駐日公使は、二三日に日本政府に対して遼東半島の放棄を勧告するに至った。

二四日、第二次伊藤博文内閣は閣議を開き、⑴干渉を拒絶する、⑵列国会議を招請する、⑶干渉を受諾する、の三案を検討し、⑵案が採択されたが、この結果を知らされた陸奥外相は、かえってさらなる干渉を招くとしてこれに強く反対し、結局、三国干渉に対する譲歩は止むなし、ただし清国に対しては一歩も譲らず、という方針に決まった。こうして日本は三国干渉を受諾し、三〇〇〇万両の代償金を見返りとして遼東半島を還付した。

3　意　義

日清戦争の勝利は、「富国強兵」をスローガンに近代化路線を歩んできた日本にとって、一つの到達点であったが、その後の三国干渉は、日本の国力に限界があることを内外に示すものであり、国内に強い挫折感をもたらした。戦中から列強の干渉を予期し、その防止に全力を挙げた陸奥外相にとって、干渉の受諾はまさに痛恨であり、陸奥は、戦後に回顧録『蹇蹇録』の中で「当時何人を以てこの局に当たらしむるもまた決して他策なかりしを信ぜんと欲す」とその苦衷を記した。日本国民もまた、軍事的勝利にもかかわらず戦争の重要目的が果たされなかったことに強い不満を覚えた。こうして日清戦後、日本政府は「臥薪嘗胆《がしんしょうたん》」をスローガンとして積極的な戦後経営に乗り出し、軍備の増強に努めていく。

他方で、遼東半島の還付を受けた清国に対しては、列強からの圧力が強まっていった。一八九七年にドイツが膠州湾《こうしゅうわん》を租借《そしゃく》したのを皮切りとして、翌年にはロシアが旅順・大連を、フランスが広州湾を、さらには英国が威海衛を租借し、清国の本格的分割が開始した。朝鮮から中国にかけての緊張感の高まりは、やがて日露対立へと昂じていくことになる。

参考文献

大谷正『日清戦争』中公新書、二〇一四年。

岡崎久彦『陸奥宗光とその時代』ＰＨＰ研究所、二〇〇九年。

君塚直隆「イギリス政府と日清戦争」『西洋史学』第一七九号、一九九五年一二月。

古結諒子「日清戦争終結に向けた日本外交と国際関係」『史学雑誌』第一二〇編九号、二〇一一年九月。

陸奥宗光（中塚明校訂）『新訂　蹇蹇録』岩波文庫、一九八三年。
T.G. Otte, *The China Question*, Oxford University Press, 2007.
S.C.M. Paine, The Sino-Japanese War of 1894-1895, Cambridge University Press, 2003.

（奈良岡聰智）

14 小村・ウェーバー協定、山県・ロバノフ協定、西・ローゼン協定——日清戦後の対露関係調整

1 背景

清朝中国の影響力を朝鮮から排除しようと虎視眈々と機会をうかがっていた日本は、一八九四年の甲午農民戦争の勃発と朝鮮政府による清軍派遣要請、ならびに天津条約に基づく清の日本への通知という機会を捉えて、朝鮮に出兵した。日本はこの機会に一挙に朝鮮問題の解決を図ろうとしたのである。日清戦争の勃発後、日本政府は朝鮮内政改革への直接介入を考え、伊藤博文首相は井上馨内相を駐朝公使に任命して、それに当たらせることにした。井上は朝鮮側で改革を主導する挙国一致内閣を形成すべく、金弘集に内閣を組織させた。そのうえで井上は、(1)宮中の非政治化、(2)近代的法治国家体制の創出、(3)借款供与・利権獲得による朝鮮経済の対日従属化を主眼とする改革を実施させた（これを「甲午改革」という）。しかしながら、これら甲午改革は結局はうまく行かず、井上も帰国せざるをえなかった。

日清戦争の講和条約である下関条約において、日本は朝鮮が独立国であることを清に認めさせることに成功した。また、遼東半島の割譲をも清に認めさせた。しかし、後者の事態に反発したロシアが、フランス・ドイツを勧誘して日本に遼東半島の清への返還を迫った（三国干渉）。この結果、朝鮮から清の影響力を排除することに成功したのも束の間、代わってロシアの影響力が朝鮮において伸長することになる。

「甲午改革」が挫折し、また日清講和に対して三国干渉が行われた結果、日清戦争直後の一八九五年六月、日本は対韓政策として再び不干渉主義を採用することとなった。ロシアの朝鮮進出に対抗しうるだけの軍事力を日本は有していなかったため、ロシアを刺激せずに朝鮮における地歩を固めるというのが、当面の日本の対韓政策であった。

しかし、日本の出先や「壮士」と呼ばれる民間の大陸進出論者の中には、干渉政策の継続を望む者たちが決して少なくなかった。日清戦争後のロシアの朝鮮進出が日本の朝鮮における地歩を弱めている以上、それを挽回するには干渉政策を断行するしかないと彼らは考えた。それを現実化したのが一八九五年一〇月の閔妃《ミンビ》暗殺事件であった。三浦梧楼《みうらごろう》（駐朝公使）は朝鮮宮廷から親露派を一掃するため、大院君を擁したクーデタを起こして閔妃を殺害したのである。この事件は朝鮮における日本の立場を極度に悪化させた。さらに、翌一八

九六年二月、朝鮮国王の高宗がロシア公使館へ避難（「俄館播遷《がかんはせん》」）するという事件が起きた結果、日本が擁立した金弘集政権は崩壊した。このあと、国王が一年あまりロシア公使館内にとどまるという異常事態が続く。これにより、朝鮮における日本の影響力は決定的に後退したのである。

2　展開

小村・ウェーバー協定

「俄館播遷」の後始末をして、悪化した日露関係を正常化するために、小村寿太郎《こむらじゅたろう》（駐朝公使）とウェーバー（Karl I. Weber, ロシア駐朝代理公使）との間で話し合いが進められ、一八九六年五月一四日に覚書が交わされた。それが小村・ウェーバー協定である。内容は、(1)朝鮮国王の王宮への帰還勧告、(2)朝鮮国王による寛大温和な人物の閣僚への登用、(3)釜山・漢城間の日本電信線保護のための日本憲兵の駐屯、(4)公使館等保護のための漢城・釜山・元山への日露同数の軍隊駐屯、の四項目であった。日本がロシアと直接衝突する事態を回避し、日本の地位を防衛するために結ばれたものといえる。

ちょうどその頃、新たに帝位に就いたニコライ二世の戴冠式がモスクワで挙行されることになった。時の伊藤博文内閣はこの機会に日露両国の将来に関する協商を開くため、使節派遣を決定、首相自らこれに当たる決心を表明した。しかし、戦後の内政多端の折に首相が国を離れるのは得策でないとの陸奥宗光外相の反対もあって、山県有朋が派遣されることとなった。山県はモスクワ到着後、戴冠式を直後に控えた五月二四日からロバノフ（A. B. Lobanov-Rostovskii）外相と交渉に入った。

山県・ロバノフ協定

戴冠式に耳目が集まるなか、それに隠れるかのように日露交渉が行われた。現地朝鮮において小村・ウェーバー協定が既に成立していたこともあって、交渉は円滑に進み、六月九日、山県・ロバノフ協定が調印された。内容は、(1)朝鮮財政問題に対する日露共同の救済・勧告・援助、(2)朝鮮自らによる軍隊・警察の創設・維持、(3)朝鮮における日本占有電信線の管理、(4)ロシアの国境に至る電信線架設権の保有であった。さらに秘密条款として、(5)有事の際の日露両国の軍隊派遣と緩衝地帯の設定、(6)朝鮮軍隊組織までの日露同数の軍隊駐屯をも取り決めていた。このように山県・ロバノフ協定は、小村・ウェーバー協定をより高い次元で政治的に確認したものであった。これら小村・ウェーバー協定ならびに山県・ロバノフ協定は、朝鮮に対して日本が持つ権利と同等の権利をロシアが持つことを日本が承認するものであったといえよう。

ちなみにロバノフは、同じくニコライの戴冠式に参列した中国の李鴻章との間でも交渉を進めており、秘密の対日軍事同盟である、いわゆる「露清密約」（李・ロバノフ協定）をも締結するに至った。この露清密約では、日本が極東ロシア領・中国・朝鮮を侵略した場合の相互援助をロシアが認める代償として、満州（中国東北部）を通過する鉄道の建設を清に認めさせることに成功した。その結果、翌一八九七年より建設工事が開始された。これが東清鉄道である。

西・ローゼン協定

かたや、一八九七年末から列強による中国分割の動きが加速化するとともに、ロシアはその関心を韓国（大韓帝国、朝鮮国王高宗は一八九七年一〇月に皇帝即位式を挙行するとともに国号を大韓帝国と改めた）から中国へと移しつつあった。ロシアが清から旅順・大連を租借する際、日本が抗議するものと予期したムラヴィヨフ（M. N. Murav'ev）外相は、日本の関心を韓国に引きつけておこうと考えた。西徳二郎外相とローゼン（Roman R. von Rosen. 駐日ロシア公使）との間で交渉が開始され、一八九八年四月二五日に西・ローゼン協定が調印された。これは、(1)韓国の主権・独立の確認と同国内政への不干渉、(2)練兵教官・財務顧問官の韓国政府招聘前の日露の事前協議、(3)朝鮮における日本の商工業発展と日本居留民多数事実に対するロシアの承認という内容であった。

日清戦後における朝鮮半島での日本の影響力の後退は、「甲午改革」の時のような朝鮮内政改革への直接介入を不可能にさせていた。しかしながら一方で、西・ローゼン協定第三条において、朝鮮における日本の商工業発展と日本居留民が多数であるという事実をロシアに認めさせ、それを妨害しないことを約束させた。そのため日本の対韓政策は、朝鮮内政改革への直接介入から、土地買収事業および借款供与計画の実現へと、その重点を移すことになる。土地買収事業とは軍用に供する土地、あるいは艦艇の集結に有利な土地をあらかじめ確保するため韓国南岸の土地を買収するというものであり、借款供与計画とは朝鮮における経済的地歩を維持・拡張するため第一銀行を通じて韓国に借款を供与するというものであった。

以上みてきたように、日清戦後に日露の間で結ばれた小村・ウェーバー協定、山県・ロバノフ協定、西・ローゼン協定はいずれも暫定的な性格のものであり、それ以上の提携ないし同盟はこの時点では成立しなかった。よって、一八九九年に義和団事件が発生し、それに対する列国の共同出兵が行われると、東アジア国際政治状況には大きな変化がもたらされ、その変化は当然のことながら朝鮮にも波及し、三協定の根底を不安定なものとした。義和団事件後の新状況に合わせて日露両国は新日露協商の締結交渉を何度か行うことになるが、結局失敗して日露戦争に至るのである。

3　意　義

日清戦後の日本の対露政策に関する通説では、西・ローゼン協定が締結されたとき、伊藤博文首相・井上馨蔵相・山県有朋・西徳二郎外相・小村寿太郎（外務次官）・林　董《はやしただす》（駐露公使）・栗野慎一郎（駐仏公使）がそろって「満韓交換主義」を金科玉条としていたのに対し、加藤高明（駐英公使）のみが早くも日英同盟論を唱えていたとされている。しかしながら、このことから「満韓交換論」対「日英同盟論」といった図式を導くべきではないのではなかろうか。

そもそも、「満韓交換論」対「日英同盟論」という図式は、満州・韓国問題をどのように処理すべきかということと、どの国と提携すべきかということとの、次元の異なる内容を同列に論じている嫌いがある。

さらに、この図式の背後には、「満韓交換」を対露宥和的なものとする前提があるが、当時の日露関係から見ると、「満韓交換」はかなり強硬な要求であったと言ってよい。実際、日清戦後から一九〇〇年に至るまでの日露交渉では、日本は満韓交換どころか韓国問題のみをロシアと交渉し、韓国問題の枠内でギブ・アンド・テイク式に交渉を行っていた。例えば、ニコライ戴冠式参列の特派大使の命を受諾する数日前、山県は朝鮮を日露で分割する案について陸奥宗光外相に打診していた。山県・ロバノフ協定の秘密条款第一条も、当初の陸奥外相の訓令では、日露の軍隊派遣地域を南北で分割する内容だったのである（行動の自由を確保する方が得策と考えるロシア側提案を容れて、「南北」の字句は削除された）。

また、西・ローゼン協定締結の際、確かに西外相は満韓交換の提議を行った。しかしながら、ロシア側から軽く否認されると、西はただ単に皮肉なる微笑を浮かべ、残念そうに「これに関し何事も言明もしくは行うことができないのは明らかである」と答えるのみだったという。さらに、満韓交換を否認されたばかりか、西はロシアの旅順・大連租借をあっさり黙認してしまった。このように、日本は満韓交換、すなわち韓国の完全確保を目標としつつも、それはあくまで長期目標であって、現実には韓国問題のみをロシアと交渉し、韓国問題の枠内でロシアに一部譲歩する立場を取っていたのである。

しかしながら、一九〇〇年七月、義和団事件の満州波及を理由にロシア軍が満州に進撃すると、青木周蔵・小村寿太郎など外交官をはじめとした日本の政治指導者は危機感を抱くようになる。そして、満州におけるロシアの優越権を認める代償に韓国における日本の優越権をロシアに認めさせるという、いわゆる「満韓交換論」へと外交方針を硬化させることとなった。一九〇〇年以前にくらべて、日露の合意形成に至るハードルは極端に高くなってしまった。

日本政府からすれば日露協商を締結して満韓交換を実現する必要があるが、既に満州占領という既成事実を有していたロシアからの反発が予想される。そのため日本政府は、ロシアへの圧力としての日英同盟の締結も併せて目指していた。しかしながら、日英同盟の締結には成功しつつも、肝心の新日露協商の締結には結局至らなかった。それは、満州問題は基本的にロシアと清との間の問題と考えるロシアと、満州問題を韓国問題と連結して満韓交換＝韓国の完全確保を実現しようとする日本との間では、交渉スタンスに大きな差があったからである。その差は徐々に狭まりつつも、結局は完全に差がなくなることはなかった。日露協商締結の試みに挫折した結果、日本政府は日露戦争という武力的解決にふみきることになるのである。

参考文献

井口和起『日露戦争の時代』吉川弘文館、一九九八年。

海野福寿『韓国併合』岩波書店、一九九五年。

櫻井良樹「ロンドン駐箚公使時代の加藤高明」『九州史学』第一四一号、二〇〇五年六月。

千葉功『旧外交の形成――日本外交一九〇〇～一九一九』勁草書房、二〇〇八年。

千葉功「西徳治郎と近代日本」小風秀雅・季武嘉也編『グローバル化のなかの近代日本』有志舎、二〇一五年。

長岡新治郎「山県有朋の露国派遣と日露協定」『日本歴史』第五九号、一九五三年四月。

広野好彦「『山県―ロバノフ』議定書についての一考察」『大阪学院大学法学研究』第一六巻一・二号、一九九〇年三月。

前島省三「日清・日露戦争における対韓政策」『国際政治』第一九号、一九六二年。

村島滋「加藤高明駐英公使の『初期日英同盟論』をめぐって」『政治経済史学』第三三六号、一九九四年。

森山茂徳『近代日韓関係史研究』東京大学出版会、一九八七年。

森山茂徳『日韓併合』吉川弘文館、一九九二年。

和田春樹『日露戦争――起源と開戦』上・下、岩波書店、二〇〇九～一〇年。

Ian Nish, *The Anglo-Japanese Alliance: The Diplomacy of Two Island Empires, 1894-1907* (London: Athlone Press, 1966).

（千葉　功）

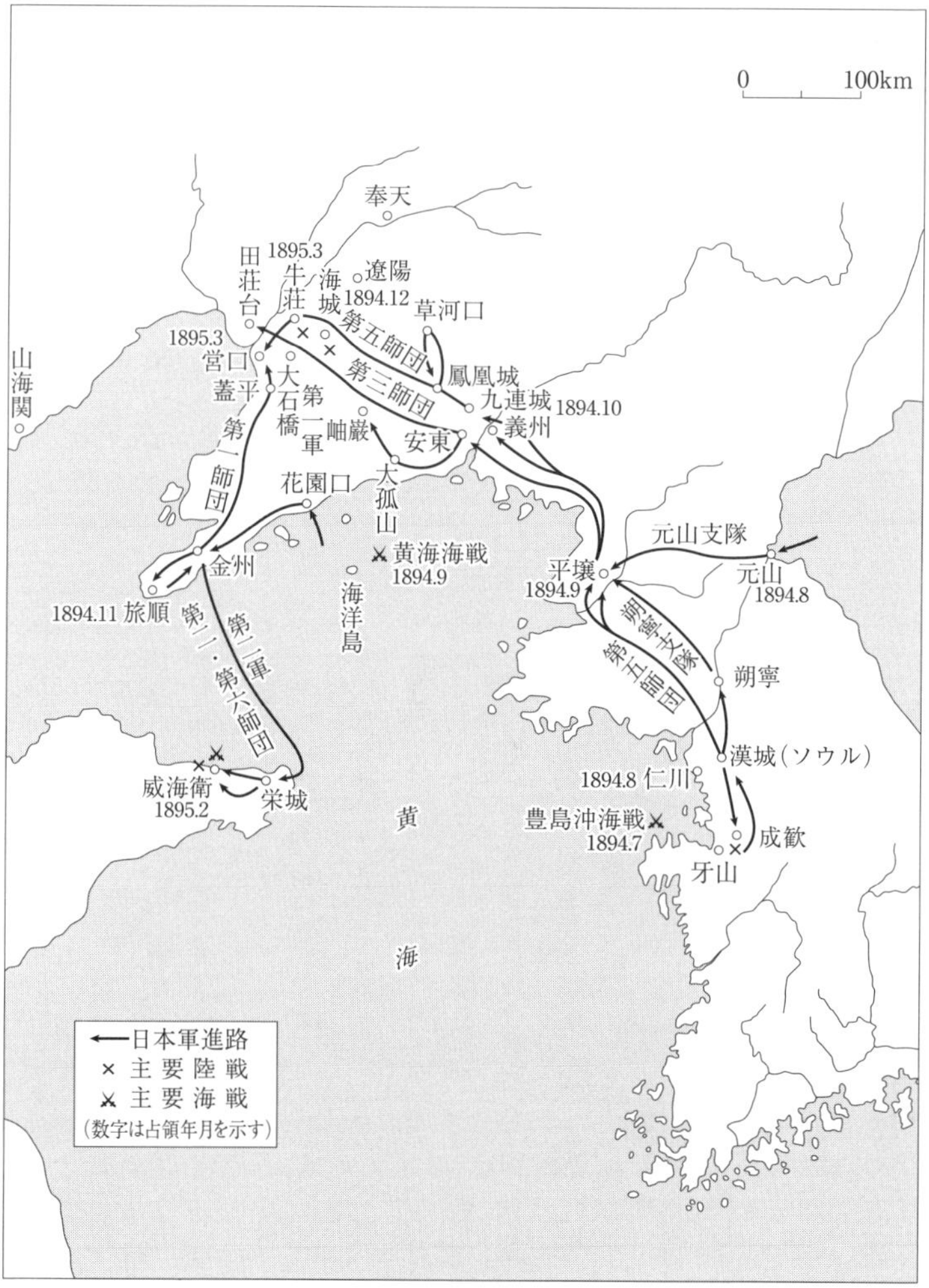

日清戦争関連地図

（出典）『明治・大正・昭和天皇の生涯』新人物往来社，2005年，より。

15　義和団事変（一九〇〇年）——列強と共同出兵した「東洋の憲兵」

1　背景

日清戦争以降、列強は競って清国に勢力圏を拡大したが、清国ではこれに対して排外意識やナショナリズムが盛り上がり、一八九八年から山東省を中心にして義和団が勃興した。義和団は「扶清滅洋《ふしんめつよう》」をスローガンに掲げ、独自の武術を持った宗教結社で、当初はキリスト教徒の排斥などを行っていたが、次第にその活動はエスカレートし、一九〇〇年六月には北京の各国公使館を包囲するまでになった。日本を含む列強の公使館は救援を要請したが、シーモア提督率いる英国海軍による救援活動は思うに任せず、ドイツ公使ケッテラーや日本公使館の杉山彬書記生が殺害される事態となった。

これを受けて、六月二一日、清国政府はついに列強政府に宣戦布告し、各国公使館の包囲戦に加わるに至った。

2　展開

清国の宣戦布告に対し、日・露・英・米・仏・独・伊・墺の八カ国は連合軍を結成し、天津から北京に向けて軍を進めた。映画「北京の五五日」で知られているように、英国のマクドナルド（Sir Claude MacDonald）駐清公使以下列強の外交団は約二カ月にわたる籠城戦を耐え抜き、八月一四日にようやく連合軍によって救出された。義和団の主力は、年内にはほとんど掃討された。

日本の第二次山県有朋内閣は、英国からの出兵要請を受けて、各国中最大規模となる総勢二万二〇〇〇人の軍を派遣し、「東洋の憲兵」たる役割を果たしたが、三国干渉への反省もあり、一貫して慎重な姿勢を堅持した。山県内閣はイギリスなど列強との協調を心がけ、突出した行動を取ることを避けたし、現地の日本軍の振る舞いは、戦闘・占領地行政のいずれにおいても模範的なものであった。もっとも、義和団事変（北清事変）による混乱に乗じて、台湾総督府と軍が中心となって廈門《アモイ》に出兵・占領を図り、列強の抗議によって撤兵を余儀なくされる事件（廈門事件）も起きるなど、出先機関が独断で冒険的行動に走る場面もあった。

事変が鎮圧された一〇月以降、北京で清国政府と関係一一カ国による講和会議が開かれた（清国全権委員は慶親王・李鴻章、日本全権委員は小村寿太郎）。翌一九〇一年九月に北京議定書（辛丑条約）が調印されたが、その内容は、清国の責任者の処罰、武器弾薬の輸入の二年間停止、各国に対する四億五千万両の賠償金支払い（日本への分配額は約八％に当たる三五〇〇万両）、清国と各国間の通商条約の改定、北京の各国公使館区域などへの守備兵駐屯（一九三七年の盧溝橋事件の当事者となった支那駐屯軍はこれにより設置された）など、清国にとって過酷なものであった。

3　意義

日本外交史上における義和団事変の最大の意義は、それが日露戦争を引き起こす布石となったということである。ロシアは、建設中の東清鉄道の保護を理由にして一九〇〇年七月に出兵し、一気に満州全土を占領した。一一月、ロシア軍司令官アレクセーエフと奉天将軍増祺の間で、満州でのロシアの権益を認める密約が締結され、ロシアはその正式承認を清国政府に迫った。この密約は列強の抗議によって翌年四月に破棄され、一九〇二年四月に露清間で締結された満州還付協約によって、ロシアは満州からの撤兵を約束したが、ロシアはその第二期撤兵を実施せず、これが日露戦争の原因となった。他方で、英国が義和団事変によって日本への信頼感とロシアへの不信感を深めたことは、一九〇二年一月の日英同盟締結の布石となった。

義和団事変は、米国が「門戸開放・機会均等」を旗印に中国問題に本格的に関与し始める一つのきっかけとなったという点でも重要である。賠償金の支払いは、一九〇二年以降三九年間にわたることとされたが、米国はその一部を清国に返還し、それは清国学生の米国への留学費用に活用されることとなった。この後米国は、中国に一定の好意を示しつつ影響力の拡大を図り、日本など他の列強とせめぎ合っていく。なお日本も、一九二三年に賠償金を対支文化事業に充てる意向を表明し、一九二九年に東京・京都に東方文化学院が設立されることとなる。

日清戦争に続く義和団事変での敗戦は、清国の衰えを内外に示した。西太后が実権を握る清国政府は、遅ればせながら内政改革に着手したが、時既に遅く反清運動が激化し、やがてそれは辛亥革命へとつながっていく。失敗に終わったものの、孫文率いる革命軍が義和団事変に呼応して一九〇〇年一〇月に蜂起した事件（恵州事件）は、その予兆であった。

参考文献

阿部洋『「対支文化事業」の研究』汲古書院、二〇〇四年。
ウッドハウス暎子『北京燃ゆ』東洋経済新報社、一九八九年。
小林道彦『児玉源太郎』ミネルヴァ書房、二〇一二年。
斉藤聖二『北清事変と日本軍』芙蓉書房出版、二〇〇六年。
佐藤公彦『義和団の起源とその運動』研文出版、一九九九年。

（奈良岡聰智）

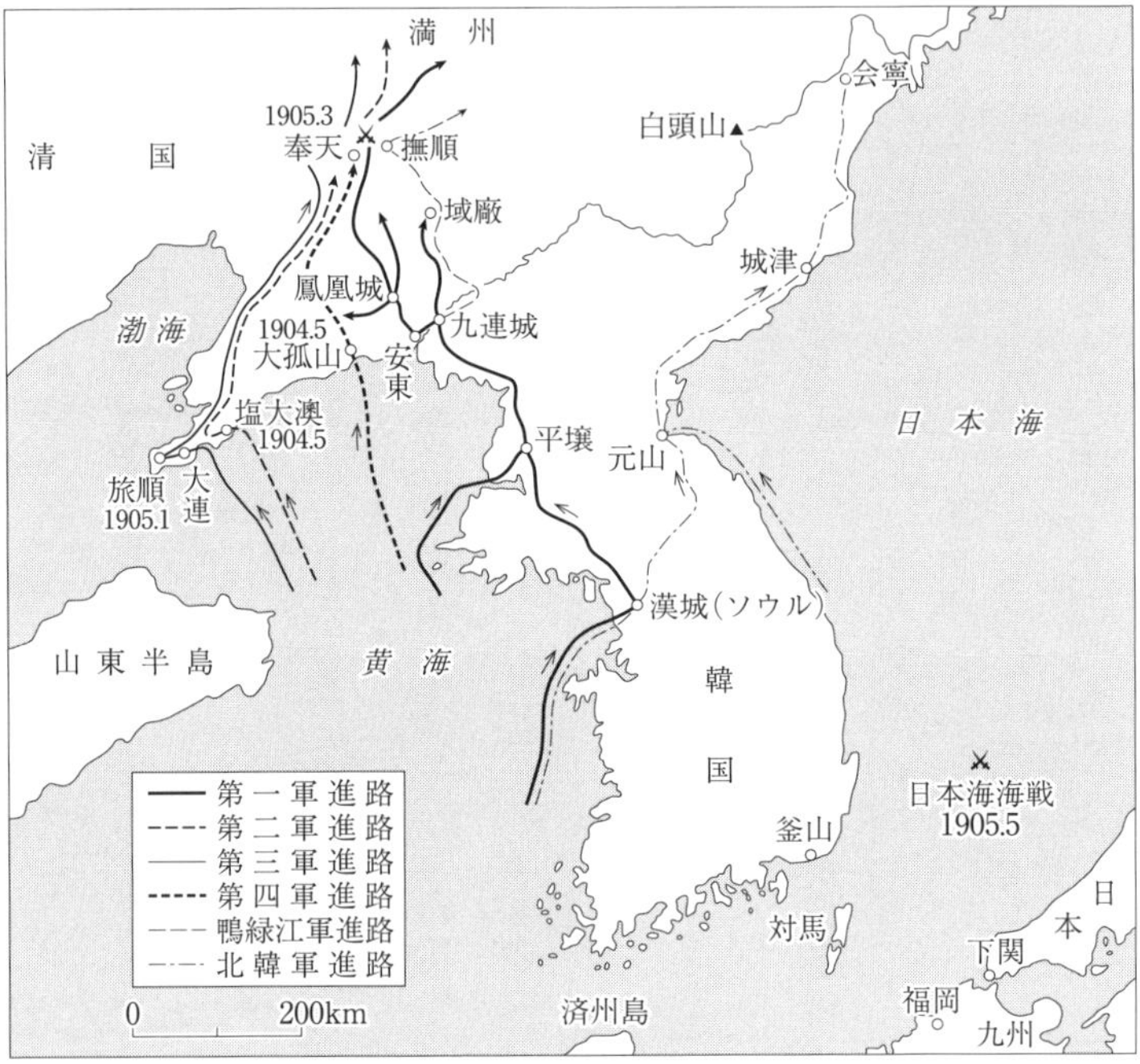

日露戦争関連地図

（出典）『明治・大正・昭和天皇の生涯』より。

第Ⅱ部　列強としての台頭と同盟時代——一九〇一〜一三年

日露戦争で用いられた28サンチ榴弾砲
（1904年12月）（毎日新聞社提供）

解　説

日本は一九世紀末から二〇世紀初頭にかけての世紀転換期に、日清戦争、日露戦争という二つの対外戦争に勝利し、東アジアの地域大国（リージョナルパワー）へと成長した。東アジア世界の盟主であった清国とヨーロッパの強国ロシアを破ったことは、日本の国際的地位を大きく向上させた。一九〇二年に大英帝国が「栄光ある孤立」の政策を放棄し、日英同盟協約を締結したこと、一九〇五年の英国を皮切りとして、欧米列強が駐日公使館を大使館へと昇格させたこと、一九一一年に日英・日米新通商航海条約が締結され、幕末以来の悲願だった不平等条約の改正が実現したことは、日本の地位向上を如実に物語る出来事であった。このように第Ⅱ部は、司馬遼太郎の言葉を借りるならば、日本が「坂の上の雲（近代化、文明化）」を目指してがむしゃらに走り続けた時期を終えて、曲がりなりにも列強の一員として認められ、欧米諸国とかなり対等にわたり合うようになった時代を考察の対象としている。

清国とロシアを破った日本は、朝鮮半島と満州への進出を本格的に開始した。日本は、一九〇五年に第二次日韓協約を締結し、韓国から外交権を奪った。初代韓国統監に就任した伊藤博文は、韓国を保護国として近代化させようと試みたが、韓国内からの抵抗と日本国内の併合論者からの批判に直面し、統監辞任に追い込まれた。一九〇九年に伊藤が暗殺されると、日本は植民地化への動きを加速させ、一九一〇年に韓国を併合するに至った。併合された韓国は朝鮮と改称され、日本は朝鮮総督府を通して朝鮮の統治を行うようになった。

満州においては、一九〇五年にロシアとの間で締結したポーツマス講和条約、清国との間で締結した北京条約（満州に関する日清善後条約）によって、日本はロシアの満州権益（旅順・大連の租借権、長春以南の東清鉄道南部支線の経営権）を継承し、開発と移民を推進していった。日本の満州進出において中心的役割を果たした機関は、一九〇六年に設立された南満州鉄道株式会社（満鉄）であった。

日本は、できるだけ欧米列強から了解を取り付けながら、朝鮮半島や満州に進出しようとした。英国とは、一九〇五年に日英同盟協約を改定することによって、韓国に対する日本の保護権とインドに対して英国が必要な措置をとる権利を相互承認した。米国とは、桂・タフト協定（一九〇五年）、高平・ルート協定（一九〇八年）を締結し、太平洋・中国における現状維持と米国のフィリピン支配を認める代わりに、日本の朝鮮支配に対する了解を取り付けた。ロシアとの間には、一九〇七～一二年に三次にわたって日露協商を締結し、満蒙における勢力圏を確定した。この他フランスとも、一九〇七年に日仏協商を締結している。

このように日本がヨーロッパ諸国との間に同盟網を構築し、米国との意思疎通にも努めていたため、欧米列強は韓国併合に異論を唱えなかった。他方で日本の満州への進出は、米国からしばしば牽制を受けた。米国の鉄道王ハリマンが満州での鉄道経営を目指したハリマン計画、タフト政権のノックス国務長官による満鉄の中立化案は、その一例である。もっとも、これらの計画が日の目を見ることはなく、満州問題も大きな紛争に発展することはなかった。

しかし、一九一一年に辛亥革命が起こると、東アジア情勢は大きく流動化を始めた。辛亥革命勃発にあたって、日本の第二次西園寺公望内閣は、立憲君主制導入によって清朝を存続させようと試みた。しかし、同盟国英国は袁世凱による事態収拾を期待し、日本と共同歩調を取らなかった。結果的に事態は日本が予期しない方向に進み、清朝は倒れ、袁世凱が中華民国臨時政府の大総統に就任した。日本国内では、西園寺内閣の対中政策への不満が大きくなり、中国への内政干渉や新規利権の獲得を求める声が次第に強くなっていった。このような声は、やがて日本が第一次世界大戦中に対華二十一カ条要求を提出し、中国と対立を深めていく伏線となる。

辛亥革命前後から、日本と欧米との間にも軋轢が目立つようになっていった。一九一一年には清朝と米英仏独四カ国との間に借款（四国借款団）が成立したが、排除されていた日露両国は借款への加入を強く要求し、翌年に日露を加えた六国借款団が成立した。これに不満を持った米国が借款を脱退したため、一九一三年に五国借款団となった。以後日本の対中国借款政策は、第一次世界大戦中から戦後にかけて、西原借款の実施、新四国借款団への参加など、欧米列強との対立と協調の間を揺れ動いていくことになる。

一九一一年には、日英同盟協約の二回目の改定が行われたが、対米戦争のリスクを避けたい英国の意向により、同盟の対象から米国が外された。一方、一九一三年にカリフォルニア州での排日運動の高まりを背景として、第一次排日土地法が成立したことから、米国との間では日本人移民問題が大きな外交問題として浮上した。移民問題はカナダやオーストラリアとの間にも存在しており、日英関係にも影を落とし始めた。こうした欧米との軋轢は、第Ⅲ部で見るように、第一次世界大戦後にも、日英同盟存続、排日移民法などをめぐって継続していくことになる。

（奈良岡聰智）

16 日英同盟協約（一九〇二、〇五、一一年）——極東からグローバルな国際政治の舞台へ

1 背景

一八九四年の日清戦争における日本の勝利は清の弱体化を白日のもとに晒し、ヨーロッパ列強の中国大陸における勢力争いを激化させることになった。ここで特に積極的に影響力の拡大に努めたのがロシアである。ロシアは独仏を伴った三国干渉によって遼東半島を日本から清に返還させる一方で、東清鉄道や南満州鉄道の敷設権、さらに旅順・大連の租借権を獲得するなど、満州における地歩を着々と固めつつあった。

列強による中国分割が進むと中国国内では排外主義が高まり、ついに義和団による反乱が勃発する事態となった。清朝政府はこれに便乗して列強に宣戦布告したが、英米仏露独墺伊日の八カ国からなる連合軍によって義和団は鎮圧された。列強は清と一九〇一年に北京議定書を結んで撤兵を約束したが、ロシアは満州での駐兵を継続しようとしたため、ロシアに対する不信感が各国において高まっていくこととなった。

2 展開

このロシアの南下に対抗するために接近したのが日本と英国であった。当時英国はヨーロッパ、アフリカ、インド、そして極東の権益をめぐり、ロシアおよび露仏同盟を結んでいたフランスと対立していた。さらに一八九九年から始まったボーア戦争で予想以上の財政負担を強いられ、極東における負担の軽減が求められていた。義和団鎮圧に貢献し、その軍事力の高さを証明した日本は、英国にとって有望な協力相手であり、日本としても英国との協調は極東での日本の地位向上に資することから望ましかった。

ただし日英接近がそのまま日英同盟へと不可逆的に発展したわけではなかった。日本ではロシアとの協調による対立緩和も模索されていた。また英国では極東に加え、ヨーロッパおよびインドにおけるロシアとの対立も考慮して、ドイツとの同盟を求める意見が根強かった。これらの代替策との競合の末、一九〇二年一月に日英同盟協約が締結されたのである。

日英の思惑の違いは、同盟を運用していく中で次第に露わになっていった。日英同盟による立場の改善を背景に、日本はロシアと満州および韓国における勢力範囲をめぐって交渉したが、最終的に交渉は決裂し一九〇四年二月に日露戦争が勃発した。日本の敗北を予想していた英国は厳正中立を宣言

し、日露戦争が英仏を巻き込んだ世界戦争へと拡大しないよう意を注ぎつつ、事態の推移を注視していた。

日露戦争における日本の優勢が明らかになった一九〇五年以降、日英同盟改定が議論されるようになった。しかし日本が同盟期限の延長のみを望んだのに対し、英国は期限延長だけでなく、適用範囲をインドに拡大し、インド防衛における日本の軍事支援を求めるなど、両国の思惑は必ずしも一致していなかった。結局韓国における日本の優越を認めることと引き換えに、同盟はインドにも適用されることになり、一九〇五年八月に第二次日英同盟協約が調印された。

日露戦争が終結すると、日英同盟と対米関係をいかに調整するかが日英両国にとって重要となった。一九一〇年には英米間で総括的仲裁裁判条約の締結が議論されるようになり、日英同盟との兼ね合いが問題視されるようになった。そこで一九一一年七月に、総括的仲裁裁判条約を結んだ国、すなわち米国を同盟の対象から除外することで日英両政府が合意し、第三次日英同盟協約が調印されたのである。

3　意　義

日露戦争後、一九一〇年の韓国併合、一九一一年の辛亥革命といった極東における国際秩序の変動において、日英間では意見の相違が目立つようになった。さらに一九一四年夏に勃発した第一次世界大戦では、日本は山東半島や南洋群島のドイツ権益を奪取したが、英国は大戦中の極東における日本の勢力拡大を警戒していた。それでも特に大戦後期における日本の軍事支援の必要性などから、日英同盟は存続された。しかし第一次世界大戦後の一九二一年に開かれたワシントン会議において、日英同盟は廃棄されることになるのであった。

日英同盟は主に極東に適用された、地域的な同盟とみなすことができる。それは極東に死活的利益を有していた日本にとっては、自明なこととみなされる。しかし実際には、日英同盟は極東だけでなく、ヨーロッパ、インド、米国といった様々な地域におけるアクターとの複雑な利害の交差を考慮して運用されていた。この点から日英同盟は、常にグローバルな国際政治の舞台で展開されていたと評価できるであろう。

参考文献

木畑洋一、イアン・ニッシュ、細谷千博、田中孝彦編『日英交流史　一六〇〇〜二〇〇〇　政治・外交Ⅰ』東京大学出版会、二〇〇〇年。
菅原健志「アーサー・バルフォアと第一次世界大戦における日本の軍事支援問題」『国際政治』第一六八号、二〇一二年二月。

（菅原健志）

17　日露開戦への道程（一九〇三～〇四年）——外交の挫折と両国の衝突

1　背　景

明治維新以降、欧米列強による東アジア進出の脅威が迫っていた日本は、「富国強兵」の理念の下、対内的には立憲君主制の確立、対外的には大陸への権益拡大を国是としていた。他方、隣国のロシアは、一八五六年のクリミア戦争での敗北などによってバルカン進出への野心を挫かれ、新たな膨張先として次第に東アジアの方へ関心を向けるようになった。こうした時代の背景から鑑みれば、東アジアの新興国日本と同地域への進出の機会を狙っていたロシアがやがて正面衝突するのは宿命だったのかもしれない。

近年の研究では、日露戦争以前のロシアの対東アジア侵攻は、対日宥和の立場にあったウィッテ（Sergei Iulyevich Witte）首相やラムズドルフ（Vladimir Nikolayevich Lamzdorf）外相らを支持していたロシア皇帝ニコライ二世（Nicholas II）の意図とは裏腹に、日露間において十分な意思疎通が取れなかったことが相互の思惑を歪曲させ、それが対立へと至ってしまった原因であったとする歴史解釈が示されている。この見解では、ロシアの東アジアへの膨張政策は、国内の財政状況が著しく悪化したことよってすでに破綻寸前まで追い込まれており、こうした状況から日露間の最大の懸案事項であったロシア軍による満州占領の継続は事実上不可能であったことが強調される。換言すれば、ロシア政府内の対日宥和派勢力との日本政府が妥協点を見出すことにより、日露戦争を回避する可能性は十分にあったとする見解である。

しかし、こうした理解は当時の状況を正確に把握しているとは必ずしも言えない。なぜなら、当時の日本の政策決定者からしてみれば、ロシアの不透明な対外政策にくわえ、優柔不断な性格で知られていたニコライ二世の過去の行動を勘案すれば、同国の対外政策の目標および目的を正確に把握するのは非常に困難なことであった。それゆえ、ロシアは対日開戦を望んではいないようであるという情報をたとえ入手したとしても、満韓問題を中心に日露間に横たわる様々な対立点が実際に解消されなければ、小村寿太郎《こむらじゅたろう》外相ら日本政府首脳の対露不信が完全に払拭されないのは当然のことであった。つまり、ロシアの東アジア外交の真意が不透明である以上、日本の安全保障政策は現実に直面している脅威のパーセプションの下に策定されなければならず、これはリアリズムに基づいた合理的な対応であった。

実際、蓋を開けてみればロシア軍の幹部には対日強硬派の人物たちは多く存在したし、その中でもアレクセーエフ（Yevgeni Ivanovich Alekseyev）極東総督は日本との開戦推進論者として大きな影響を持っており、さらにはニコライ二世の側近の一人であったベゾブラーゾフ（Aleksandr Mikhailovich Bezobrazov）皇帝尚書なども、日本を早期に叩くことを日頃から訴えていた。こうした人物たちの働きかけによって皇帝は最終的に説得され、日露衝突は不可避なものとなったのである。

その他にも、外的要因の存在がロシア皇帝の決断に影響を与えたが、その中でもひときわ大きな影響力を持ったのが黄禍論を執拗に唱えていたドイツ皇帝ヴィルヘルム二世であった。彼は、ニコライ二世への度重なる書簡を通じて、人種的な観点から日本が脅威であることを執拗に訴え、同国の台頭を阻止する必要性を説いていた。むろん、こうした言動の背景には、欧州に対するロシアの野心を削ぎたいという自国ドイツの利害が密接に絡んでいたのは言うまでもない。

2　展開

満州撤兵を拒むロシア

一九〇〇年に義和団事変が勃発し、六月に清国政府が欧米列強に宣戦布告すると、ロシアは満州における鉄道利権等の保護を大義名分として掲げ、一五万人もの兵をすぐに投入した。日本も事件勃発直後、連合国の一員として北京へ軍隊を急派させ、事件の収拾に貢献したが、こうした活躍により、日本は「極東の憲兵」の地位を確固たるものとし、近代国家としての成長ぶりを世界に誇示できた。

ところが、ロシアは義和団事変最終議定書の締結後も満州からの撤兵を拒み、同議定書での合意をあからさまに反故にしたのである。桂太郎や小村寿太郎、加藤高明ら現役大臣・公使級の政府首脳は、こうしたロシアによる満州の武力占領がさらなる膨張を助長し、いずれ朝鮮半島にも及ぶことを懸念した。当時、朝鮮半島が日本にとっての〈生命線〉であると見なされていた事実を鑑みれば、ロシアの一連の行動は日本との衝突があたかも不可避であるかのような気運を次第に醸成していった。このような、満州占領についてはロシアに対して一歩も譲歩できないという外交的アプローチを「満韓不可分論」という。

他方、伊藤博文や井上馨らの元老は、大国ロシアとの戦いに勝利の見込みはないとの合理的な情勢判断の下、外交交渉を通じて満州権益をロシアへ譲渡するひき替えに、日本が韓国を保護下に置くといういわゆる「満韓交換論」を展開した。こうして相反する政策方針に添う形で、日本の国論も二分されたが、当時の知識人の間でも「七博士建白事件」と呼ばれた戸水寛人《とみずひろんど》らの開戦論や、幸徳秋水らの非戦論といったように、対露政策の方向性をめぐっての議論が激しく交わされた。

こうした最中、一九〇一年六月二日に第一次桂内閣が発足し、「満韓不可分論」を支持する小村が外相として就任した。ロシアが日本にとって最大の安全保障上の脅威だと考えていた小村の対露政策は明白であり、ロシアの軍事的膨張に対して日本は戦争をも辞さない強い構えで臨むべきであると考えていた。その際、後ろ盾として期待したのは、対露脅威という観点から日本と利害を共有していた英国の存在であった。英国とは、同国の提案によって一九〇二年一月に日英同盟条約が締結されたが、これによって日本は孤立を回避できたのみならず、世界第一の海軍大国を味方に付けることに成功したのである。こうした強力な同盟の存在によって、ロシアに対して一定の抑止効果が期待された。

かつて、他国との同盟関係を忌避していた英国であったが、多大な戦費をつぎ込んだボーア戦争によって国家が損傷したうえに、欧州ではドイツが経済的・軍事的に勢いよく台頭してきたことにより、もはや東アジアへ積極的に介入する余裕は失われつつあった。影響力が漸減していく状況下では、懸念される東アジアにおけるロシアの南下政策の牽制は他国に託すほかない。それゆえ英国は、「栄光ある孤立（splendid isolation）」の外交伝統を放棄し、東アジアで近代化に成功した日本との同盟関係を求めたのであるが、この日英同盟は小村に政策の選択肢を拡げさせた。それゆえ、日本政府はより積極的な姿勢をもって対露政策に臨むことが可能となったのである。

他方、ロシアは日英同盟の締結に触発され、一九〇二年四月八日に清国との間で露清満州還付協約に合意した。これにより、同年一〇月以降、三期に分けて満州から撤兵を実施することを確約した。しかし、ロシアは期限が過ぎても一九〇三年四月の第二次撤兵をまったく履行しようとはせず、そのまま満州に駐留し続けたため、ロシアに対する日本の不信感は徐々に増した。さらに、ロシアは清国に対して新たな要求を突き付けたのみならず、鴨緑江を越えて新たな軍事基地建設の建設を行う土地を租借し、いよいよ朝鮮半島に本格的に進出する構えさえ見せたのである。

対露交渉方針の決定

この緊迫した状況を踏まえ、一九〇三年四月二一日に京都にある山県有朋の別邸「無鄰《むりん》菴《あん》」にて、桂太郎首相、小村寿太郎外相、そして元老の伊藤博文が集い、膝を詰めて対露政策についての議論が行われた。この「無鄰菴会議」の中で朝鮮半島における日本の優越権を認めさせることを前提とした対露交渉方針が決定された。なお、桂はこの重要な会議において、小村と自らが支持した、開戦をも辞さない強硬な対露交渉方針がこの時に合意されたと回想しているが、実際はこの時点では伊藤ら元老の慎重論の意見の方がまだ優勢であり、その後の桂内閣の対露交渉においても、ロシアとの戦争を回避する方針が中心に据えられていた。

一九〇三年六月二三日に、明治天皇、重要閣僚、そして全元老が出席した御前会議において、満州および韓国問題をめぐる日露協商の締結に向けた交渉を開始する方針が決定された。この時、すでにロシアは満州から撤退する意思はないことを明白にしており、さらには満韓国境においても森林伐採事業を発足させるために活発な動きを見せるようになっていた。このようなロシアの挑発的な行動を黙認していては、満州における機会均等主義が崩れ、日本にとって国益上、最重要の問題として位置づけられていた朝鮮半島における立場も必ず脅かされることになるであろうという考えが次第に支配するようになった。このような危機感を抱きつつ、日本政府はロシア政府との協商締結を目指した瀬戸際の外交交渉を行い、衝突を回避すべく日露間での妥協点を真剣に見出そうとしたのである。

同年八月、栗野慎一郎駐露全権公使を通して、日本政府はロシア側も日露間の協商締結には前向きであるという情報を入手した。これをまたとない機会と捉えた日本政府は、日露協商案を早速ロシア政府に示し、これにより栗野公使とラムズドルフ露国外相との間で交渉が開始されるに至った。なお、日本側が起草した協商案は、次の三点が柱となっていた。

(1)清国および韓国の独立と機会均等の保全。

(2)日本の韓国における利益、ロシアの満州における利益の相互承認。

(3)韓国の内政改革に対する助言や援助は、日本の専権に属することに対するロシアの容認。

協商案に対するロシアの対案

その後、日本の協商案に対するロシア側の対案は、一〇月三日になって小村外相に届けられた。ここでロシアは、以下の点を示した。

(1)独立ならびに領土保全は、韓国のみに限定。

(2)韓国政府に対する助言や援助は、民政のみに限定。

(3)韓国領土内の軍事目的の使用、および韓国沿岸における軍事工事は不承認。

(4)北韓三九度以北の韓国領土には、中立緩衝地帯を設ける。

(5)満州およびその沿岸は、日本の利益範囲より除外。

ロシア政府は、満州一帯の領域は同国の完全な勢力圏下に位置するとの前提から、同地域に対する日本の介入を一切認めず、さらには朝鮮半島についても可能な限り日本の活動の自由を制限するといったきわめて一方的な提案を示した。こうした傲漫な態度から、そもそもロシアは本気で外交交渉をまとめる意思があるのかが疑われたが、それでもなお日本政府は外交的な妥結を目指して、同月一六日に修正案を再提示した。

同案において日本政府は一歩踏み込んで譲歩する姿勢を示し、まず国境付近の中立化に関しては満韓国境両側の幅五〇キロの場所に中立地帯を設置することを提案した。次いで、満州におけるロシアの特殊利益を承認する代わりに、韓国に対する出兵については日本の権限内に完全に属することを容認させようとした。この修正案は三〇日に正式な協商案文として体裁を全体的に整えられたうえでロシア政府に手交された。日本政府の期待が膨らむ中、ロシアからの返答は一二月一一日になって栗野公使を介して日本政府に届けられた。だが、その対案は日本政府を大いに落胆させる内容となった。

ロシア政府が示した新提案は、朝鮮半島における日本の立場の優越性を認めつつも、満州に関しては相変わらず日本の主張を一方的に退け、同地域は日本の権益に含まれるものではないとの理由をもってこの問題をまともに取り上げようとしなかった。また、満韓国境付近の中立化については、ロシアがそもそも最初に提案していた韓国のみの中立化という内容に戻されていたため、さすがに日本政府もロシアに対して疑念の気持ちを抱きはじめ、外交交渉による妥結を欲していないのではと考えるようになった。このように、外交交渉による日露間の問題解決は、ロシア政府による非妥協的な態度によって完全に暗礁に乗り上げてしまったのである。

こうした状況を踏まえ、日本政府は一二月三〇日の閣議において、対露交渉が決裂した場合に採用する対清韓方針を決定した。その内容は、日本が清朝政府に働きかけ、同国と日本が連携する形でロシアと対峙し、次いで日露両国間で衝突があれば、その際は清国は中立政策を堅持し、決して交戦国になってはいけないといったものであった。また、これと並行する形で、日本政府は参謀総長に大山巌《おおやまいわお》を据え、戦争指導体制の構築を整え始めたが、こうした準備によって対露開戦の可能性はさらに現実性を帯びるものとなった。

3　意　義

命運が決したのは、一九〇四年一月一二日であった。同日の閣議において、対露交渉に対する最終方針が確定し、ロシアの満州における特殊利益と日本の韓国における特殊権益の相互承認を前提としたシンプルな形としてまとめられた。だが、この最終案に対するロシア側からの回答はついに届けられることはなく、苛立った桂首相は元老・閣僚たちに対して「一刀両断の決」を求めた。時を同じくして、日本はロシアが南満州方面に軍を集結させているとの機密情報に触れたことにより、誰しもが外交の局面が最終段階に近づいていることを悟るようになった。

ロシア政府の度重なる交渉の引き延ばし術にくわえ、こうした同国による軍事行動を見せつけられたことにより、ロシアとの戦争に慎重であった元老でさえも、二月三日の時点においてロシアはもはや武力をもって問題解決を図るつもりであると認めざるを得なかった。日本政府内で対露開戦に対する強い反対がこうして消滅したことにより、開戦の方針は翌日の臨時閣議、次いで御前会議にて一気に決定された。この瞬間、日露両国の衝突は現実のものとなった。そして、四日後の二月八日にロシアとの国交断絶が栗野公使を経てロシア政府に伝えられると（事前の開戦通告はなし）、同日の夜中に旅順港の外に停泊していたロシア艦隊に対する連合艦隊の総攻撃によって火蓋は切って落とされた。その少し前には陸軍の先遣部隊も仁川に上陸し、九日にはソウルを完全に手中下に収めた（二三日に日韓議定書を調印）。海軍も同日、仁川沖を航海中のロシア軍艦を二隻撃破した。なお、日本による正式な宣戦布告は、攻撃開始から二日後の一〇日に行われたものの、ロシアは日本が戦端を開くつもりであるとの情報を事前に察知していたため、日本が当初期待したような奇襲攻撃とはならなかった。

　この後も日本は戦争を終始有利に進め、一九〇五年一月二日にはロシアの極東勢力にとっての象徴的な存在であった旅順のロシア要塞が、児玉源太郎《こだまげんたろう》満州軍総参謀長の下で陥落した。ロシア国内で血の日曜日事件が起きたのは、このわずか一週間後である。その後、三月一〇日の奉天会戦、さらには五月二七〜二八日の対馬海峡沖で展開された東郷平八郎率いる連合艦隊とロシアのバルチック艦隊（第二・第三太平洋艦隊）との日本海海戦における日本側の大勝利によって、戦局の帰趨は決着した。これにより、残された問題はいかに戦争を終結させるかとなった。

　こうして日露両国は外交の局面へと再び戻ることになったが、その舞台となったのがアメリカのポーツマスであった。

参考文献

外務省編『明治百年史叢書　小村外交史』原書房、一九六六年。

角田順『満州問題と国防方針』原書房、一九六七年。

日露戦争研究会編『日露戦争研究の新視点』成文社、二〇〇五年。

古屋哲夫『日露戦争』中央公論社、一九六六年。

I・I・ローストノーフ編（及川朝雄訳）『ソ連から見た日露戦争』原書房、二〇〇九年。

和田春樹『日露戦争——起源と開戦』上・下、岩波書店、二〇〇九〜一〇年。

Ian Nish, *The Origins of the Russo-Japanese War* (London: Longman, 1985).

（簑原俊洋）

18　日露戦争とポーツマス講和会議（一九〇四〜〇五年）——台頭する日本

1　背景

昨今、その規模の大きさから「第〇次世界大戦」として称されることもある日露戦争は、東アジアの二等国の日本と欧州の大国ロシアが一戦を交えた歴史上の重大な事件であった。当時、両国の力の差は歴然であったものの、大方の予想に反してロシアは戦場で敗戦を重ね、戦局は日本にとって優位に転じた。陸上戦では、一九〇五年三月の奉天会戦にて極東ロシア軍が壊滅的な打撃を受けたことにより、勝利は大きく日本へと傾いた。とはいえ、ロシアは世界に誇るバルチック艦隊がまだ手つかずのままであった。これを切り札として日本海軍を撃破し、制海権さえ確保すれば、戦争の趨勢を逆転させる可能性は十分あった。

このように、まだ戦う余力を残しているロシアとは対照的に、日本は奉天会戦に勝利しながらも、この一戦で戦力はもはや限界に到達しつつあった。機関銃と塹壕・要塞を組み合わせた近代戦は双方にとって激しい消耗戦となったが、総合的な国力で劣る日本にとって、長期戦となればなるほど状況は不利なものとなった。戦争を継続するうえでの必需品である弾薬などの軍事物資が底を尽き始め、国内の工場はフル稼働していたものの、それでも莫大な需要を満たすことはできなかった。こうした厳しい現実に直面した日本の政策決定者たちの間では、戦争の早期終結のみが国益を保護するための唯一の現実的な策であるという気運が次第に支配していくようになった。そして、戦場において優勢を保っている今こそが、最も有利な条件で対露講和を実現できる時だと考えたのである。そうしたことから、日本政府にとって講和の成立は焦眉の急となり、この局面となって日露戦争の主役は軍人から民間人へと交代することとなる。

和平を達成するためには、まずロシア皇帝のニコライ(Tsar Nicholas II)が起死回生の期待を寄せていたバルチック艦隊を撃滅させることが肝要であった。日本の命運を決するこの一大海戦は、対馬海峡で五月二七日に火蓋が切って落とされた。この日本海海戦での勝利が、講和実現のためには欠かせない条件であったが、その後の歴史が示すとおり、この一戦で日本海軍はバルチック艦隊をほぼ壊滅させる大戦果を上げた。この日、海の藻屑となったのは、ロシアの軍艦だけではなく、戦争の形勢逆転を狙ったニコライの野望も同時に葬り去られたのである。皇帝は戦場での結末を冷静に受け入れた結果、初めて日本との和睦を真剣に検討するようになった。ここに至って、日露戦争は軍事のフェーズから少しでも有利な条件で講和を達成せんとする外交のフェーズへと移行する。

2　展　開

奉天会戦後に和議の機運　日本政府による講和の源流は、ポーツマス講和会議の約一年前の一九〇四年七月まで遡れる。この時、ドイツによる仲裁で林《はやし》董《ただす》駐英公使とウィッテ（Sergei I. Witte）蔵相との会談をベルギーで行うことが検討されたが、ロシアの反応が芳しくなかったため、計画は頓挫した。当時、ロシア国内に革命の不穏な気配はあったものの、まだ講話を真剣に検討しなければならないほど深刻な状況には追い込まれていなかった。その一方で、日本がドイツを介してロシアに接近して講和への感触を探ったことにより、ロシアがそれを日本の戦争遂行能力が限界に達しつつある証左だと認識したため、この行動は却って逆効果となった。

こうした事実から、ロシアの態度を軟化させて講和のテーブルに着かせるためには戦場での勝利しかなく、それゆえ翌年一月の旅順陥落は、講和の実現を大きく近づけさせるものとなった。日本はこの勝利を契機にローズヴェルト（Theodore Roosevelt）大統領による仲裁も選択肢として検討し始めたが、ロシアはまだ煮えきれずにいた。このロシアの姿勢の背景には、外的な要因もあった。ニコライの従兄弟であったドイツのヴィルヘルム（Kaiser Wilhelm II）皇帝が、ロシアは「黄禍論」に対する防波堤にならなければならないと執拗に訴え、戦争の継続を訴えていたからである。

しかし、日露戦争中で最大の陸戦となった奉天会戦における日本軍の勝利が、この態度に変化をきたした。敗戦を重ねる都度、政府に対するロシア国民の感情は悪化し、不穏な気配が次第に国内に漂うようになっていったため、ニコライも日本との講和を検討せざるを得なくなったのである。他方、日本側にも重要な変化があった。従来から講和に対して慎重論を唱えていた桂太郎首相と小村寿太郎外相が、ここに来て立場を軟化させ、戦争の早期終結を現実的な政策として是認するようになったのである。軍事物資の生産が追いつかず、さらに戦争を継続するために不可欠な諸外国からの資金調達がままならないという現実を踏まえ、長期戦は回避しなければならないと考えるようになっていた。くわえて、満州と朝鮮半島に対するロシアの領土的野心を挫いたのであるから、日本としては今こそが「和議の好時期」として捉えられた。

米国が仲裁に乗り出す　一九〇五年五月三一日に、こうした実態を反映させ、ローズヴェルト大統領を仲裁者としてロシアと講和に臨む決定がされた。当時の米国は、対外的には中立国であったものの、ロシアの膨張政策とユダヤ人の迫害によって、大統領の腹心は明らかに親日なものであった。そのため、日本にとって米国は理想的な仲裁者となり、英国と異なって体面上は中立であったため、ロシアも固辞できないものと思われた。

ところで、日本はかつての不平等条約改正交渉の際の苦い体験から列国会議方式を忌避しており、当事者のみによる二国間協議を切望していた。これを踏まえ、講和をなんとしてでも実現させたいローズヴェルトにとって、ロシアにその案を了承させることが残された課題となった。これについて、ローズヴェルトは意外な人物から助けられることになる。ヴィルヘルム皇帝が講和に断固反対という従来の立場を翻し、早期講和を支持するようになったのである。その背景には、自国の利益が絡んでいた。すなわち、もし戦争が長引けば、ロシアの国内情勢はさらに混乱して革命を誘発しかねず、その渦がドイツをも巻き込むことを懸念したのである。戦争の早期終結がドイツの国益と合致した瞬間、ヴィルヘルムはローズヴェルトの最大の理解者となり、各方面からこうして圧力を加えられたニコライは、六月八日に講和会議への参加を渋々決意し、講和会議の開催はその二日後に発表された。

むろん、この後も講和会議の実現は一筋縄には進まず、その中でも大きな懸案として横たわっていたのが開催地をどこにするかという問題であった。交渉を少しでも有利に導こうと考えた日本は、ホーム戦に等しい中国の芝罘《しふう》（現・烟台）を要望したが、ロシアも同様に同盟国フランスの首都であるパリを候補地に主張した。しかし、後者については、日本が開催地にロンドンを要求するに等しいほど現実性に乏しく、それを認識したロシアは次善の候補地としてまずハーグ、次いでジュネーブを打診した。これに対して日本は、欧州での開催は一切受け入れられないという態度を頑なに貫いたため、最終的に日露双方がともに合意できる場所として米国が浮上したのである。

なお、当初ローズヴェルトは、自国での講和会議の開催については消極的であったが、会議の実現を優先してこの点においては譲歩することにした。その結果、まず首都ワシントンが有力な候補地として挙がったが、もともと沼地であったワシントンの真夏は高温多湿で会議の開催には不向きであった。そこで、東部沿岸の避暑地を検討した結果、海上アクセスと警備上の観点から利便性が高いと判断されたニューハンプシャーとメインの州境にある小さな町のポーツマスにある軍港が最良の候補地として打診された。日露両国がこれを受け入れたことにより、講和会議を開始するための前提条件がようやく整った。そして、一九〇五年七月三日に小村外相を代表とする日本政府の全権委員が公表され、かくて小村外交が最終的に結実する舞台としてポーツマス講和会議が用意されるに至ったのである。

日本の対露講和条件　講和会議に臨むうえでの日本の最大の狙いは、ロシアの勢力圏から朝鮮半島を除外し、日本の長期的な安全保障を担保することにあった。くわえて、ロシアとの緩衝地帯の設置、および経済的利権を手に入れるため、南満州に対する支配権の獲得もまた重要な目的となった。こうしたことから、講和の成立には様々な困難が伴うことは最初から予見できたため、日本政府は講和を確実なものにするために可能な限り柔軟な姿勢で会議に臨む方針を採った。

なお、日本の対露講和条件についてであるが、それらは三つのグループに分類することができる。第一グループには、譲歩が全く許されない項目がまとめられた。これら重要案件には、日本がそもそも開戦に踏み切った諸理由が含まれていた。それゆえ、ロシアがこれらの要求を一つでも拒絶した場合は、日本は戦争継続もやむを得ないとする覚悟でいた。

Ⅰ　絶対条件

(1)日本の韓国に対する支配権の承認。
(2)満州からの両軍の撤退。
(3)遼東半島の租借権、及び哈爾賓＝旅順間の鉄道の譲与。

次いで第二のグループには、譲歩の余地が多少ある要求がまとめられた。

Ⅱ　重要条件

(1)賠償金の獲得。
(2)中立港に停泊中のロシア艦隊の引き渡し。
(3)サハリンの割譲。
(4)沿海州沿岸の漁業権の獲得。

そして、最終グループには、ロシアが受諾する可能性が低い要求が集約され、日本政府は、交渉を有利に進めるうえでの取引材料として用いることにした。つまり、次の条件については、譲歩・断念することと引き替えに、絶対条件をロシアに受諾させることを狙ったのである。

Ⅲ　希望条件

(1)東アジアにおけるロシアの海軍力の制限。
(2)ヴラジオの武装解除、及び商港としての転用。

列強の地位を確立した日本　小村からすれば、日露戦争は日本の一方的な勝利で終わったと確信している国内世論を納得させる必要があり、そのためには領土と賠償について譲歩する余地はないと考えた。それゆえ、交渉は予期したとおり難航し、ロシアも強硬な姿勢を貫いて継戦の姿勢をちらつかせたため、日本政府も苦渋の決断として賠償金の要求については放棄することにした。ポーツマスから帰国した小村は、この方針を国民から糾弾されるが、より冷静に見れば、日本は北サハリンの割譲など、きわめて好条件で講和を成し遂げたのである。つまり、賠償金はないものの、日本は東アジアのパワーゲームへの参加権を獲得し、その行使は講和会議中の第二次日英同盟の締結を皮切りに、一九〇七年六月の日仏協商、翌月の日露協商、そして一九〇八年一一月の高平・ルート協定の形をもって具現化されていくのである。

列強の一員としての確固たる地位を得たことの他に、講和会議の成果は日本に二つの重要な利益をもたらした。第一に、日本にとってかねてから安全保障上の懸念であった朝鮮半島からロシアを排除することができた。実際、この後、数次にわたる日韓協約を締結させ、ついに一九一〇年には韓国を併合するに至る。次いで、第二の利益は、南満州を日本の勢力圏として組み込んだことである。これにより、朝鮮半島の防衛をより容易にする緩衝地帯を得たのみならず、日本は鉄道権益と共に大きな経済市場も獲得できた。

3　意　義

日露戦争、およびその後のポーツマス講和会議は、当時の国際関係に大きな変化をもたらした。その背景には、日本という東アジアにおける新興勢力の台頭があった。ロシアの膨張を牽制し、朝鮮半島を事実上支配下に置くことによって、日本も列強の仲間入りを果たすことに成功したのである。これ以前の東アジアは、アフリカ大陸と同様に、欧州列強を中心とした覇権争いの舞台であった。列強はゼロサム的な世界観を下に、自らの勢力圏の確保と拡張を最大の目標とし、これら地域を帝国主義の渦へと巻き込んだ。そして東アジアでは、英仏独露の四カ国が中心となってそれぞれの利権の拡大を図ったが、その一角を成していたロシアが日本に敗北したことによって従来の枠組みは根底から揺らいだ。つまり、ポーツマス講和会議によって、日本はロシアの利権と引き替えに域内における帝国主義のプレイヤーになったのである。その結果、ロシアの南進政策は挫折したのみならず、同国の北東アジアにおける影響力も失墜した。

こうした日本の台頭は、国際関係の再編をもたらしたという点で、一八九八年の米西戦争後の米国の台頭に酷似していよう。後者の場合、米国の勝利はスペインの没落を決定づけるとともに、米国は新たな列強となって国際政治の舞台に登場した。くわえて、フィリピンとグアムの領土をスペインから割譲したことにより、米国はアジアにおけるプレゼンスを初めて持つことになった。こうした事実が日米関係にも本質的な変化をもたらし、従来の単純な師弟関係からより成熟した戦略的パートナーシップへと変容したのである。なぜならば、列強の米国といえども、当時の海軍力では新たに入手した領土の防衛は困難であり――実際、フィリピンは「米国のアキレス腱」と称された――利益を共有するパートナーとして日本と連携することが最も現実的な選択であったからである。

こうした戦略的互恵関係は日露戦争後においても継続し、一般的な理解とは異なり、国家レヴェルにおいて友好が日米両国における基本旋律として維持された。つまり、相互の国益に配慮しながら、自らの利権の維持・拡大を目指したのである。したがって、ポーツマス講和会議を皮切りに日米関係は摩擦と衝突の時代へと一気に突入したという歴史認識は修正される必要があろう。

ローズヴェルトを継いだタフト政権下では、日本の大陸政策をめぐって摩擦は若干生じたものの、その基調として日米関係は健全かつ堅固であり、協調の枠組みは維持された。実際、タフト大統領も、日本の勢力圏を尊重しており、日本が門戸開放政策を遵守し、フィリピンとハワイに対する領土的野心さえ有さなければ、朝鮮半島と台湾を中心とする日本の勢力圏を容認することに対するためらいはなかった。これは、同政権下で一九一一年日米通商航海条約が締結され、さらには後々日米関係を損傷させることになる排日移民問題が、この時期は完全に封じ込められていた事実からも端的に窺えよう。

このように、ポーツマス講和会議から八年経ても、日米関係はきわめて良好であった。しかし、米国がウィルソン大統領の下、「新外交」を追求して従来の現実主義外交路線から離脱していったことにより、日米関係は新たな、かつより困難な局面を迎えることとなる。

参考文献

伊藤之雄『立憲国家と日露戦争』木鐸社、二〇〇〇年。

谷壽夫『機密日露戦史』新装版原書房、二〇〇四年。

寺本康俊『日露戦争以後の日本外交』信山社出版、一九九九年。

千葉功『旧外交の形成――日本外交　一九〇〇～一九一九』勁草書房、二〇〇八年。

和田春樹『日露戦争――起源と開戦』上・下、岩波書店、二〇〇九～一〇年。

Ian Nish, *The Origins of the Russo-Japanese War*, London: Longman, 1985.

David Wolff et al. eds., *The Russo-Japanese War in Global Perspective: World War Zero*, vol. 2 (Leiden: Brill, 2007).

（簑原俊洋）

19　日露戦争と国内政治——政治指導者の世代交代と政党の効用

1　背景

日清戦争での日本の勝利は、当初の意図とは異なり、東アジア地域に平和をもたらすどころか、かえって不安定さを増す結果となった。安全保障上の「利益線」として、日本に好意的な独立国であることが期待された朝鮮は、清国に対して独立国であることが明確になったが、戦後かえってロシアの影響力が大きくなっていた。他方、日清戦争後の清国は、ドイツ、ロシア、英国などの列強が相次いで租借地を設定し、分割も近いかと危惧される状況に陥っていた。さらに義和団の乱が高じると一九〇〇年には列強に宣戦布告し、ついに日本をはじめとする共同出兵を招いた（北清事変）。

他方、日本国内では、日清戦争を経て「藩閥政府」と「民党」が対立から相互利用、相互浸透の時代を迎えていた。しかし互いを利用しあうせめぎ合いは安定せず、また憲法停止をためらうなかで、プロイセンを範とした明治憲法下でありながら一〇年を経ずして政党内閣が成立した。しかし、その第一次大隈重信内閣は、内政改革への強い意欲にもかかわらず、急遽合同した自由党と改進党の寄り合い所帯であったため、わずか四カ月余で崩壊、憲政党も、旧自由党系の憲政党と旧進歩党系の憲政本党に分裂した。

続く第二次山県有朋内閣は、憲政党との提携で地租増徴を実現し、それとひきかえに議員の地位向上を企図する議員歳費の引き上げや、選挙権の拡張を行った。この時、二五歳以上の男子帝国臣民を対象に、選挙資格は直接国税一五円以上から一〇円以上に引き下げられ、被選挙資格から納税要件が撤廃された。その一方で、山県内閣は将来の政党内閣に対する防波堤を築いた。まず、従来の慣行を制度化する軍部大臣現役武官制度を定め、陸海軍大臣には現役の大将中将があてられることになった。これによって内閣の一体性は阻害され、また陸海軍の現役組織と調和できない内閣は成立が困難となった。さらに文官任用令の改正と文官分限令・文官懲戒令の制定によって、政党の党派的任用に対する官僚の身分保障が強化された。これによって政党員が官僚組織に入り込むことによって統制する道が狭められた。憲政党にとって、これらの施策は大きな不満であった。

そこで星亨《ほしとおる》率いる憲政党は、立憲政治の望ましい運用のため自ら政党結成を決意した伊藤博文に接近し、西園寺公望《さいおんじきんもち》ら伊藤系官僚政治家たちとともに、一九〇〇年、立憲政友会を結成した。こうして政友会は藩閥勢力と民党勢力とを包摂する最初の政界縦断政党となった。伊藤は「政党の改良」と「党派の統一」を強調して、総裁専制による党指導の徹底を求めた。さらに、政友会を基礎に再びの政党内閣である第四次伊藤内閣が成立した。

第四次伊藤内閣では、衆議院多数党による内閣であることから、北清事変のための経費補充を目的とする酒税・砂糖税・海関税などの増税案が衆議院を通過した。にもかかわらず貴族院の強い反対に遭い、政府は貴族院のために停会しなければならなくなった。この危機を解決したのは、またしても明治天皇の勅語であった。さらに一難去ってまた一難というが、第四次伊藤内閣は閣内不統一を来たし、八カ月足らずで退陣した。こうして政友会内閣もまた短命に終わったのである。

次の首相選定は難航した。元老の一人でありながら首相経験のない井上馨にひとたび大命が降下したが、結局組閣できなかった。そしてついに、山県系の軍人政治家である桂太郎が首相に選ばれ、指導者の世代交代が起こった。以後、再び伊藤や山県など立憲制下の第一世代に政権が戻ることはなかった。

かといって彼らが政界を引退したわけではない。大久保利通や木戸孝允、西郷隆盛らが維新後約一〇年で相次いで亡くなったのとは対照的に、彼らは概して長命であった。彼らは元老と呼ばれ、二つの政治的役割を担った。一つは割拠的な憲法諸機関の間の調整である。元老達は時に閣議にも出席し、積極的に政治決定に参与した。そしてもう一つの役割は首相選定であった。首相指名は天皇の大権事項であったが、君主無答責原則によって正当な輔弼者の助言に基づいて行使された。助言者は時期によって異なり、退任する首相に助言が求められた例もあるが、次第に元老達の話し合いによって決められるようになった。すなわち、元老という個人が自ら相応しいと考える個人を話し合いによって決めるのである。なお元老の資格として、元勲優遇の勅語など天皇との個人的な関係に加えて元老間での相互認識が重要だったようである。

指導者の世代交代は桂内閣成立に止まらない。一九〇三年、現役の政党総裁であり元老でもあった伊藤は、東アジア情勢の緊迫化を憂慮する桂首相の求めに応じて枢密院議長に就任し、伊藤内閣下で臨時首相代理を務めた西園寺が第二代の政友会総裁を引き継いだ。これによって、桂や西園寺といった立憲制下の第二世代が国政の中心を担い、伊藤や山県らの第一世代が元老としてこれを密接に指導していく体制となった。

このような権力の二層構造は内閣による責任政治という観点からは問題であったが、状況の求めるものでもあったと言える。ロシアは北清事変後も満州地域から撤兵せず、地域の緊張が高まっていたからである。こうしたロシアの南下傾向を危惧する日本政府は、一方では日露間での直接の問題解決に期待し、他方ではロシアを牽制する目的で日英同盟の締結を模索した。後者を推進したのが内閣の桂首相や小村寿太郎外相らであり、最後まで日露協商に未練を残したのが元老の伊藤であった。しかしこのことが逆に刺激ともなって一九〇二年一月、日英同盟が締結された。日英同盟にはロシアを牽制する効果が期待され、事実、同年四月にはロシアと清国との間で三期にわたる撤兵を約する満州還付協約が結ばれ、その後ロシアは第一期撤兵を行った。

しかしロシア内部で政局の変化があり、一九〇三年四月からの第二期撤兵は行われなかった。そこで日本政府はロシアとの間で直接交渉を進め、満州地域でのロシアの優越的地位を認める代わりに韓国を日本の勢力範囲とすることを求める満韓交換論の立場から問題解決を図った。しかし、ロシアは応じず、かえって韓国問題にも干渉する姿勢を見せた。

他方、国内では、ロシアの満州占領に触発されて対露強硬論が強く唱えられるようになっていた。戸水寛人をはじめとするいわゆる七博士は桂内閣の外交政策を批判し、主戦論を説いた。また近衛《このえ》篤麿《あつまろ》貴族院議長を中心に結成された国民同盟会は対外硬派を結集し、清国保全論の喚起に努めた。日英同盟締結と露清間の満州還付協約締結を受けて一度解散したが、ロシアが第二期撤兵期限を破ると対露同志会を結成し、開戦機運を盛り上げた。

2　展開

対露宣戦布告

こうして日露の交渉ははかばかしい進展を見せなかった。開戦するのであればロシアの戦争準備が整う前に行うことが日本の利益であり、政府指導者は次第に開戦を決意していった。ロシアは未だ交渉を試みていたが、日本政府はついに開戦を決意する。日露戦争は、内閣の桂首相、小村外相、寺内正毅《てらうちまさたけ》陸相、山本権兵衛海相とともに、伊藤、山県、井上、大山巌（参謀総長）、松方正義ら元老達が戦争指導の中心を担い、伊東祐亨軍令部長、児玉源太郎参謀次長らが帷幄《いあく》に参した。陸軍大国ロシアとの戦争は日本にとって見通しの立たない戦争であり、死活的な意味をもった。そこで金子堅太郎を米国に、末松謙澄《すえまつけんちょう》を英国にそれぞれ派遣し、親日的な世論の形成に努めさせた。そして何より困難が予想された戦時財政問題では、高橋是清《たかはしこれきよ》日銀副総裁を欧米に派遣して外債募集にあたらせた。

他方、二月一〇日の宣戦布告時において、またも衆議院は解散中であった。奉答文事件と呼ばれるが、憲政本党の河野《こうの》広中《ひろなか》衆議院議長が勅語奉答文に政府を弾劾する文言を忍び込ませ、政府は慌てて解散していた。三月一日には総選挙が実施され、再び政友会が第一党を占めた。三月一八日に臨時議会が東京で開かれたが、「軍国の急務」を議するために日曜日に開院式が行われ、明治天皇が臨幸した。衆議院は、「国民意志ノ在ル所ヲ表明」するとして戦費の供給に十全を尽くすことを全会一致で決議し、非常特別税法を制定した。

国内では、この度の戦争は門戸開放を阻む「文明の敵」ロシアに対する戦争と位置づけられ、さらには専制国に対する立憲国の戦いと見なされた。喧伝される黄禍論に対しては、西洋文明国以上に文明国であることが自戒された。他方、日露戦争では必ずしも国内が戦争支持の声で埋め尽くされたわけではなく内村鑑三や幸徳秋水の非戦論が知られている。

講和条約をめぐる国論分裂

日本軍は旅順を攻略し、奉天会戦で勝利したが、ロシア軍を殲滅することはできなかった。表面の華やかさとは裏腹に継戦能力は限界に近づいており、文武官ともに講和を望んだ。そこで日本海海戦の決定的勝利を受けて米国に友誼的斡旋を求め、ローズヴェルト（Theodore Roosevelt）大統領は門戸開放の保障と清国への満州還付を条件に斡旋に乗り出した。

ポーツマス講和条約では、韓国の指導権を獲得し、関東州租借地と東清鉄道南満州支線を清国の同意を条件に譲り受けた。しかしその一方で、賠償金と領土獲得の問題については、結果的に樺太の南半分が得られたものの賠償金を得ることはできなかった。戸水寛人は講和反対論を展開し、河野広中もまた講和条約に反対する国民大会の議長を務めた。そして、日比谷焼打事件と呼ばれるように、国民大会に集まった民衆は暴徒化し、交番や派出所などを焼き打ち、東京に戒厳令が公布されるに至った。

このように「外交の失敗」を叫ぶ威勢のいい講和反対論が充満する中、政友会の西園寺公望総裁は政府の講和方針を支持する演説を行い、党内の消極論も省みず新聞に掲載させた。

3　意　義

日露戦争における国内政治の特徴は、第一に、政治指導者の世代交代に伴い、日本政治の構造的な変化が進んだことである。このことが戦争指導とともに、戦後政治を規定していたことである。そのことは民衆騒擾として講和時に爆発する。第二の特徴は、日露戦争が国民に大きな負担と緊張を強いたことである。また、戦後も長きにわたって財政的な負担を強いることになり、このような強度の動員の代償として政党を基礎とする国民の政治参加が進んだ。そして第三の特徴は、戦争指導の特徴として、政略と戦略の一致がひときわ強く要請されるなかで、政府指導者による一元的な戦争指導が行われたことである。

日露戦争においても日清戦争と同様、戦争は戦争の論理として、外交は外交の論理として展開されたが、日比谷焼打事件によって国民の存在は否が応でも意識させられ、穏健な外交論を唱える政友会の価値を高めるとともに、戦後の財政的困難はその地位をさらに押し上げた。戦争末期には桂首相と政友会の原敬《はらたかし》との間で戦後を見据えた政権授受交渉が始められた。また、日露戦後には日清戦後とは異なり選挙権の制度的拡張は行われなかったが、非常特別税の恒久化などによって選挙権者は大きく増加した。こうして政治参加は質量ともに拡大していく。

第一次桂内閣は、日韓協定と満州に関する日清条約締結という外交上の区切りをつけた後、政権授受の約束に従って、政友会を与党とする第一次西園寺内閣に政権を譲った。この時、桂は西園寺内閣の組閣に積極的に介入し、政党内閣を標榜しないこと、人材を広く集めることなどを実行させている。西園寺内閣は政党党首を首相としたが、第二次大隈内閣や第四次伊藤内閣とは異なり、政党員の入閣者は少数に止まった。

第一次西園寺内閣下では、日露戦争の国内的な後始末が相次いだ。第一に一九〇六年の満州問題をめぐる協議会である。日本はロシアの南満州権益を継承したが、英米両国からは門戸開放に反する行為があると苦情が寄せられていた。これに危機感を抱いた韓国統監伊藤博文は、西園寺首相を促して満州問題協議会を開催させ、軍政廃止に道筋をつけた。以後、後藤新平《ごとうしんぺい》が「文装的武備」と呼んだように、南満州鉄道を用いての大陸経営が進められた。第二に一九〇七年の帝国国防方針の策定である。軍が作成した国防方針の内覧を許された西園寺首相は、方針の妥当性を認めつつも外交の重要性と財政上の限界を付言した。そして第三に、同じく一九〇七年の行政制度改革とその帰結である。従来の公文式に代えて公式令が制定され、内閣官制が改正された。これによって首相の施政全般に対する権限が強められ、副署によって軍の統帥事項にすら及んでいた。これに対して約半年後に軍令が制定され、従来の慣行を維持し、独自に軍令を発することが可能となった。

以後、第二次桂内閣、第二次西園寺内閣、第三次桂内閣と、二人の指導者の間で交互に政権が推移し、互いの名前から桂《けい》園《えん》時代と呼ばれた。一九一一年には「情意投合」が語られ、それは「憲政有終の美」に寄与するものと論じられた。その時期は、西園寺への政権交代からでも約七年、第一次桂内閣からであれば約一一年半にも及ぶ。桂園時代の特徴として、第一に権力構造上の相互補完関係があった。桂は「貴族院は我物なり、衆議院は西園寺のものなり」と述べたと言われるが、明治立憲制下で貴衆両院は基本的に対等と位置づけられており、憲政運用上両院からの支持が必要であった。くわえて議会外の官僚や軍からの支持も重要であり、これらの利害を、伊藤山県の両元老を背景として桂と西園寺が調整し、妥協することによって安定した政権運営が可能となった。この間、一九〇八年と一九一二年の総選挙が任期満了選挙であったことは象徴的である。

第二の特徴として、桂園時代には、日露戦後経営という課題を共有しつつ、内政外交にわたって政策的な相互補完関係があった。社会主義運動について西園寺はかえって運動を激化させるとの理由から過度の取締に消極的であったのに対し、桂内閣は厳しい取締とともに社会政策を進めた。また外交では、小村外交が帝国主義的外交で積極的に権益確保を目指したのに対して、西園寺内閣の林董外交は国際関係をより重視し、慎重であった。

そして第三に、元老との関係において、当初の強い影響下から次第に自律性を高めていくことである。一九〇九年には伊藤がハルビンで暗殺され、山県が元老中の第一人者となったが、両元老の強力な後援によって始まった桂園時代も、伊藤が死に、桂が山県からの自立を模索するようになると、次第に元老以後の政治像を視野に含むようになっていった。この時期、退任する首相がまず後継首相を指名し、実質的に元老の首相選定機能を形骸化させている。

日露戦争の勝利は、明治維新以来の課題に一つの区切りをつけた。近代日本は強い対外的危機意識から出発したが、すでに日本の独立を脅かす国はなく、日本自身が植民地帝国となっていた。また、不平等条約も改正され、名実ともに列強の一員となった。さらに、一九一〇年には韓国を併合し、朝鮮問題にもひとまず決着を付けた。しかし、朝鮮統治の要請は隣接する南満州地域への関心をますます高めていき、政治上の困難も増していくことになる。そしてまた、桂園時代の安定は次第に閉塞感を醸し出していき、新たな政治の胎動を促していくのである。

桂は、第二次内閣辞職の際、明治天皇に元老がすでに頼りにならないことを語り、「他日の材を養成」したいと述べた（『明治天皇紀』）。側近若槻《わかつき》礼次郎《れいじろう》の説明では、「これから先は国民全体が陛下を扶翼し奉って、帝国の政治をやっていくようにしなければならんと思います。それにはどうしても政党を持たないといけないと、かねがね考えております」とのことであった（『明治・大正・昭和政界秘史』講談社、一九八三年）。こうして藩閥官僚勢力と国家的政党との対抗と依存の政治体制は、政党の漸次的な地位向上を背景として、複数政党制による国家運営へとゆるやかな歩みを始めることになる。

（村井良太）

参考文献

五百旗頭薫『大隈重信と政党政治』東京大学出版会、二〇〇三年。
伊藤之雄『立憲国家と日露戦争』木鐸社、二〇〇〇年。
岡義武『岡義武著作集』第一～六巻、岩波書店、一九九二～九三年。
小林道彦『桂太郎』ミネルヴァ書房、二〇〇六年。
清水唯一朗『政党と官僚の近代』藤原書店、二〇〇七年。
千葉功『桂太郎』中公新書、二〇一二年。
三谷太一郎『近代日本の戦争と政治』岩波書店、一九九七年。
御厨貴『日本の近代3　明治国家の完成』中央公論新社、二〇〇一年。

20　韓国の保護と併合（一九〇四〜一〇年）——韓国統監府の設置から朝鮮総督府の施政へ

1　背景

累次の露土戦争において黒海の制圧に失敗し、ボスフォラス・ダータネルス両海峡突破の悲願に挫折した帝政ロシアは、次なる目標として中央アジア・北東アジアへの南進を目論んだ。中央アジアではアフガニスタンをめぐって英国と対立し、また北東アジアにおいては清から沿海州を獲得してウラジオストック港を建設し、また日清戦争後には東清鉄道の敷設権とともに遼東半島を租借《そしゃく》し、大連・旅順の両港を手中に収めた。ロシアの悲願の「南下政策」は着々とその地歩を固めていたのであった。

さらに北清事変（義和団事件）の終結後、満洲から撤兵を行わないロシアの朝鮮半島への南下策と、いまだ不安定な同半島における地歩の確立に汲々とする日本政府との間における緊張関係はいやがうえでも強まっていった。そして対露の利害を共有することになる日英両国は双方の清国と韓国とにおける権益確保を確認する条文にて書き出される攻守同盟を一九〇二年一月に締結する。すなわち「日英同盟」である。

さて、一八九七年一〇月に李氏朝鮮王朝は国号を「大韓」とし、元号を制定するとともに国王が皇帝に即位することにより帝政への移行を内外に宣するが、正妃（閔妃《ミンビ》）を三浦梧楼《みうらごろう》公使以下の日本人壮士集団に殺害された皇帝（高宗《コジョン》）が、その前年には駐韓ロシア公使館に長期逗留（俄館播遷）するなど、宮廷の内外に親露勢力が扶植されつつあり、またその一方で独立協会をはじめとする立憲政体の創出を目指す政治集団の活動を勅令で禁止するなど、政情の不安定さに拍車がかかっていた。さらに一九〇〇年三月の秘密協定の結果、半島南端の馬山が特別居留地として分割され、また一九〇三年八月には清韓の西部国境地域である鴨緑江下流に位置する龍岩浦の租借契約が韓露間で締結されるに至っていた。

2　展開

日韓議定書

日露の交渉が不調に終わり、一九〇四年二月にはついに日露開戦の火蓋が切って落とされる。

日本政府及び駐韓日本公使館はその前年末から年初にかけて韓国皇帝及び外部（外務省に相当）との間において累次の交渉をもち、特に一九〇三年一二月三〇日の閣議決定に基づく対韓方策、すなわち日露開戦後における日韓間の攻守同盟ないしは保護的協約締結の方針が定められた。これに伴って東京の小村寿太郎外相は漢城の林権助《はやしごんすけ》公使に対して同一月二一日付けの電信にて議定書の締結を訓令した。これに対して韓国の王宮側は外部大臣李址鎔《イジヨン》の発出による局外中立の宣言を清国内の芝罘《チーフー》から各国宛に打電することにより日韓の交渉を無力化させることを狙ったが、二月九日に仁川沖で日露の両海軍が交戦状態に入ることにより状況が一変することとなる。

　まずこれに先だって同八日には四個大隊からなる先遣の臨時派遣隊が仁川に上陸し、翌日には漢城に入城することにより軍事的な威圧が増すなか、同二三日に漢城において林と李址鎔との連署による「日韓議定書」が締結された。なお、同議定書は第四条において第三国の侵攻に際して「軍事上必要ノ地点ヲ臨機収用スルコトヲ得」と明記しており、これが法的根拠となって爾後、日本軍の韓国駐剳《ちゅうさつ》、そして漢城と新義州とを連結する鉄道線（京義線）の建設、あるいは半島北東部の咸鏡道における軍政と対露軍事行動が展開されることになる。

日韓協約（第一次）　戦局が徐々に南満洲での攻防に移行していくなか、日本政府は三月には枢密院議長の伊藤博文を特派大使として韓国に派遣し、韓国皇帝に国書を奉呈せしめた。また五月末には元老会議を経て日韓議定書以降の対韓方針が閣議決定される。その「綱領」によれば、防衛・外交・財政に加え、交通機関・通信機関の掌握、そして拓殖に関する農林鉱漁の各業種にわたる細かな指針を明記している。これに伴い八月二二日に調印される日韓協約は三条からなる条文において、日本人財務顧問の傭聘に加えて、日本政府が推薦する外交顧問を迎え入れることを約した。

　そして、財務顧問として大蔵省主税局長の目賀田《めがた》種太郎《たねたろう》が、そして外交顧問として外交官出身の米国人スティーヴンス（Durham W. Stevens）が起用されることとなった。さらにこれを踏まえて翌一九〇五年四月一日には「韓国通信機関委託に関する取極書」が取り交わされ、ここにおいて日本政府による韓国の内政把握は加速していくことになる。

日韓協約（第二次）　二〇三高地での激戦の末、日本軍は一九〇五年一月に旅順要塞を陥落せしめ、また同三月の奉天会戦により、鉄路要地たる奉天を占領するに至った。こうした中で日本政府は四月八日の閣議において韓国に対する保護権の確立を目指す計画を決定する。五月の対馬沖における日本海海戦において東郷平八郎率いる連合艦隊はバルチック艦隊を壊滅させ、これとともに米国の斡旋による日露の講和が日程に上るなか、戦後における日本の対韓政策も講和会議の俎上に載せられていった。

　日本政府は再び伊藤博文を特派大使として韓国に派遣し、韓国皇帝ならびに各大臣高官と折衝せしめ、遂に一一月一七日に新たな日韓協約が締結された。今日の韓国で「乙巳保護条約」と異称されるように、この協約は韓国を日本政府の保護下に置き、さらに韓国統監府を設置するに伴い韓国の外交権を韓国に常駐する日本人統監が管掌すること、また日韓間の外交関係が解消されることに伴い、朝鮮半島内の各開港地・日本人居留地における領事業務を理事庁・理事官の職務として移管せしめることをその内容とした。これに伴い韓国政府が諸外国との間にて締結した一切の国際条約は無効となり、また領事官を残して各国の外交団は漢城から撤退することになった。そして一二月二〇日には「統監府及び理事庁官制」が勅令第二六七号として公布された。伊藤博文が初代の韓国統監に親任されるとともに、また曾祢荒助（副統監）・鶴原定吉（総務長官）以下の補任発令がなされた。なお、伊藤は翌一九〇六年三月に漢城に着任し、一九〇九年六月の離任までその職にあった。

　なお、この間の韓国内の情勢は混乱を極めた。まず儒生・崔益鉉《チェイッキョン》が皇帝に対して政府高官の親日行為に対する抗議を上疏し、また義兵を称して武装蜂起をなすも、逮捕されて対馬に遠流されるなど、各地で保守知識層を核とする反日武力抗争が相次ぐこととなった。また、政府内においても「乙巳五賊」と後年において指弾されることとなる朴斉純《パクチェスン》（外部大臣）、李完用《イワニョン》（学部大臣）以下の条約推進派の五大臣が日本側の説得工作に応じるなか、侍従武官長の閔泳煥《ミンヨンファン》は抗議の服毒自殺を遂げる。また皇帝は条約の締結推進を妨げようとする一方で、自ら修正案の提示を主導して反対派を押さえ込もうとするなど迷走を繰り返していた。さらに、独立協会系の弊政改革要求集団であり、かつての東学の教団組織をバックに持つ一進会が一九〇五年一〇月には日韓協約の促進を声明として公表するなど、いわゆる「親日派」と呼ばれていくことになる集団・組織の活動も活発化していくこととなった。

日韓協約（第三次）

第二回の万国平和会議がオランダのハーグを舞台に開催中であった一九〇七年六月、韓国皇帝の密使を名乗る韓国人が突如現れ、第二次日韓協約の不当性をアピールし、会場は騒然となった。密使たる李相卨《イサンソル》（元・議政府参賛）と李儁《イジュン》（元・平理院検事）はおのおのウラジオストックからシベリア鉄道を経由し、途中のサンクトペテルベルグで李瑋鍾《イウィジョン》（元・駐露公使館参事官）と合流してハーグ入りを果たすが、同会議からは門前払いされ、失意の中で李儁は同地に没し、残りの二人は亡命を余儀なくされた。

　この報が統監府に達するや、伊藤はすぐさま当該事件の処理に関する廟議を稟請し、韓国皇帝を譲位せしめて改元（「光武」→「隆熙」）を行うとともに、ついに七月二五日に三たびの日韓協約締結に至った。この協約により、さらに韓国政府に対する統監府の指揮監督権が強化されたが、とりわけ裁判所・監獄の制度を確立するとともに法院判事・典獄に日本人を多く登用させ、また従来は顧問の形で傭聘されていた日本人を韓国政府機関における次官以下の正規官吏として任用しうることとなった。なお、このときに禁衛の一大隊を存置するのみでの軍隊解散が断行されるが、これに反旗を翻した一部の部隊が地方各地にて武装蜂起をなした。これらは順次に韓国駐剳軍によって鎮定されていったが、一方で郵便局をはじめとする地方官衙、あるいは一進会員ら親日人士を襲撃する「義兵闘争」が続発し、さらに一部は韓清国境を越え、間島地域において活動を継続した。

韓国併合ニ関スル条約　一九〇八年三月には外交顧問のスティーヴンスがサンフランシスコで韓国人の刺客に暗殺されるなど、引き続き政情は穏やかならざる状態にあったが、そうした中にも日本政府・韓国統監府は各種の法令を矢継ぎ早に整備し、貨幣の整理を急ぐとともに、発券銀行としての韓国銀行を設立していく。かつこれと前後して東洋拓殖会社などの国策会社を設立し、また臨時土地調査局を設置することによって土地所有・不動産の形態を網羅的に把握することに努め、これらの事業は併合後にも引き継がれていくことになった。

こうした中において、日本政府は一九〇七年の日露協商を通じて朝鮮半島における日本の優位を最終確認するとともに、米英等の列強各国への根回しにも腐心し、将来の併合に向けての事実上の黙認を得ていたが、一九〇九年の春頃よりその韓国併合に関する具体的な政治日程が討議されはじめる。そしてこれが閣議の了承を経て、明治天皇に上奏されるのが同年七月六日のことであった。この閣議決定により「適当の時期に於て韓国の併合を断行」することが規定の路線となったが、しかしその「断行」の時期に関しては、漸進論者たる伊藤と山県有朋・桂太郎・寺内正毅らの積極派との間にはいまだその考えに開きがあった。

この状況を一変させるのが一九〇九年一〇月の伊藤博文暗殺事件の発生である。すでに韓国統監を退き枢密院議長の肩書きに戻っていた伊藤は、第二回の日露協商に向けて満州・ハルビン駅にロシア蔵相のココツェフ伯（Vladimir N. Kokovtsov）を出迎えた際、韓国人・安重根《アンジュングン》によって狙撃され、まもなく息絶える。この凶変により、韓国社会には大きな衝撃が走り、韓国政府も慰問使節を急派し、謝罪を繰り返すなど朝野に動揺を隠せなかった。さらに大韓協会・西北学会との三派提携による反・李完用／連立政権樹立の構想が破れた一進会は、一九〇九年一二月に「合邦請願書」を皇帝・内閣・統監府に提出し、ここにプロイセン式の連邦制、もしくは二重帝国制による韓国皇室・内閣の保存を念頭に置く「政合邦」運動を開始する。ただし、「合邦」の意味するところがうまく韓国社会に周知されずに売国行為として非難されるのみならず、併合に伴う既得権の喪失を嫌う在韓の日本人居留民社会からも強い反感と顰蹙《ひんしゅく》を買い、やがて沙汰已みとなる。

しかし桂内閣はこれを一つの足掛かりとして一九一〇年六月三日に閣議において併合後の韓国に対する施政方針を決定する。そして伊藤の後任として統監に昇格していた曾祢が病気を理由に退任帰国し、かわって陸軍大臣の寺内が第三代の韓国統監として漢城に乗り込むのが七月二三日である。そして寺内は李完用首相に対して併合に関する覚書を示し、八月二二日を期して「韓国併合ニ関スル条約」が締結された。同条約は一週間後の二九日に公布され、即日施行された。これにともなって国号が廃され、あらためて地域的な呼称としての「朝鮮」が使用されることとなった。かつ、朝鮮総督府が設置され、統監たる寺内がそのまま初代の朝鮮総督に横滑りした。また同条約の施行に伴い、旧韓国皇室は「李王公家」として皇族待遇を受けることとなり、かつ「朝鮮貴族令」の施行により王族ならびに併合「功労者」に対して爵位が授与された。

3　意　義

今日、韓国の「保護」と「併合」とをめぐって、日韓の学界ではその諸条約の有効性に関する論議が久しく紛糾している。とりわけ韓国側は、日本側研究者が主張する「強圧の下に結ばれた条約も、その不当性はともかくとして、法的ないしは手続き論的には『合法』である」との説明に対して強く反発することが多い。

かつての一九五〇～六〇年代における日韓国交正常化交渉が妥結する過程においても、日本の朝鮮統治に対する評価をめぐって大いに紛糾した挙げ句、日韓基本条約において一九一〇年の併合条約は「すでに無効」なる玉虫色の表現で収拾が図られたのは有名である。特に韓国側は、日本による玉爾偽造疑惑にはじまり、ひいては条約締結時における皇帝の批准がないことをもって一連の諸条約におけるその「不法」ないし「不成立」を説くが、これに対して日本側は国際法上、君主の批准は必須条件ではないとの論駁を行っている。

その一方で、保護国化以来、併合に至る時期における韓国内の状況に関する実証研究は驚くほど少ない。今後は、比較的豊富な外交史の研究成果と接合しうる政・官・民の各分野にまたがる総合的な研究が望まれており、おのずからこれが各条約の成立／不成立問題にも反映されていくことであろう。

参考文献

内田良平文書研究会『内田良平文書』第一巻、芙蓉書房出版、一九九四年。

海野福寿編『日韓協約と韓国併合』明石書店、一九九五年。

海野福寿『韓国併合史の研究』岩波書店、二〇〇〇年。

海野福寿編集・解説『外交史料 韓国併合』不二出版、二〇〇三年。

葛生能久『日韓合邦秘史』上・下、黒龍会出版部、一九三〇年（復刻版・原書房、一九六六年）。

小松緑『朝鮮併合之裏面』中外新論社、一九二〇年（復刻版・龍溪書舎、二〇〇五年）。

新城通彦『朝鮮王公族』中公新書、二〇一五年。

朝鮮総督府『朝鮮ノ保護及併合』一九一八年（復刻版・龍溪書舎、一九九五年）。

長田彰文『セオドア・ルーズベルトと韓国』未來社、一九九二年
原田環「第二次日韓協約調印と大韓帝国皇帝高宗」『青丘学術論集』第二二号、二〇〇四年。

森山茂徳『近代日韓関係史研究』東京大学出版会、一九八七年。

森山茂徳・原田環編『大韓帝国の保護と併合』東京大学出版会、二〇一三年。

山辺健太郎『日本の韓国併合』太平出版社、一九六六年。

李英美『韓国司法制度と梅謙次郎』法政大学出版局、二〇〇五年。


（永島広紀）

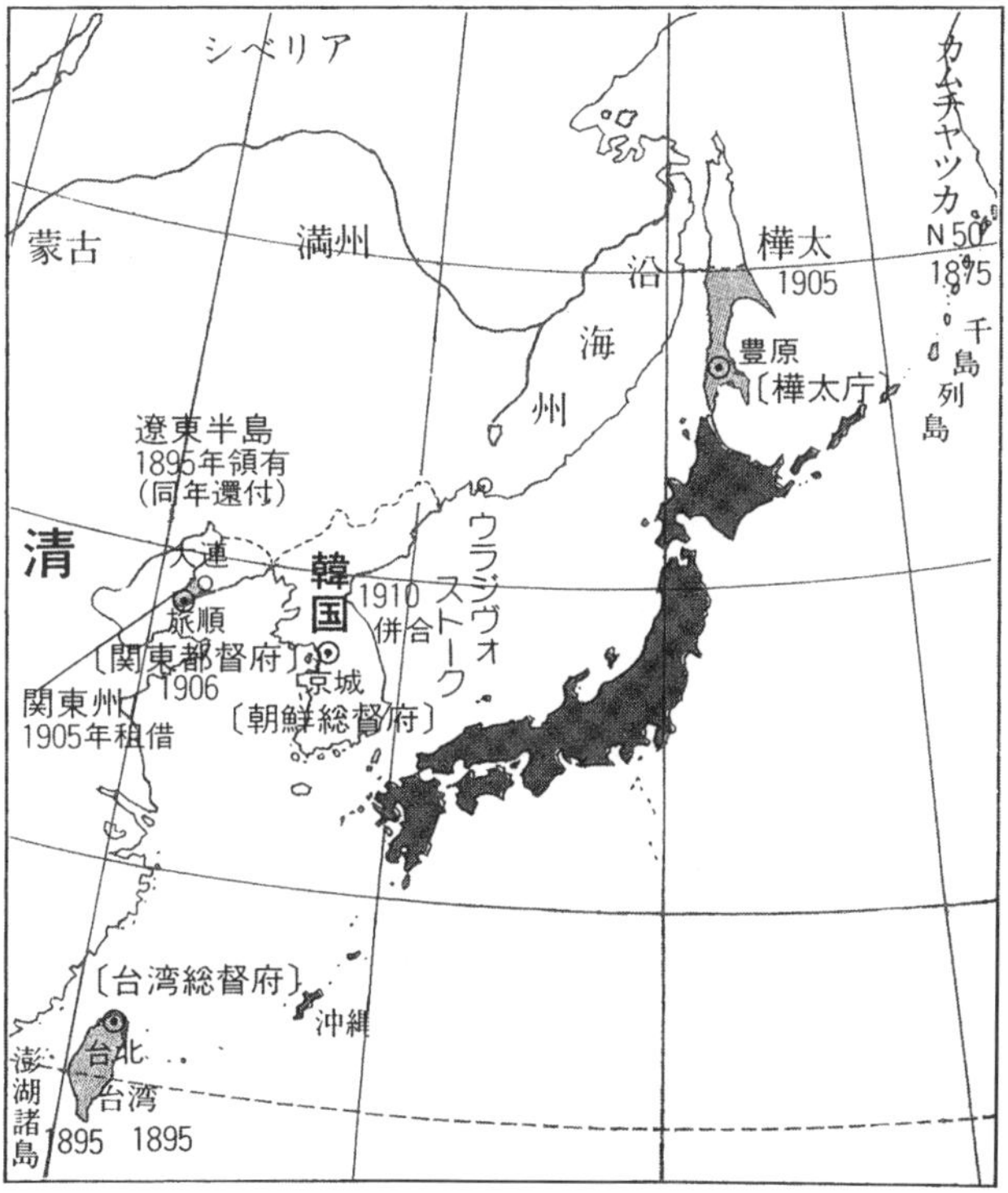

帝国・日本と外地（植民地）（明治期）

21　桂・タフト協定（一九〇五年）――韓国とフィリピンをめぐる「帝国主義的協調」の成立

1　背　景

日露戦争中、米国のローズヴェルト（Theodore Roosevelt）大統領は、ロシアの満州占領という懸念材料を抱えた極東での日本の立場に理解を示し、日本の勝利のためにあらゆる努力を惜しまなかった。米国が、単なる外交面での側面支援に止まらず、戦債購入をはじめとする財政面での援助を日本に与えたことが、日本の勝利に大きく貢献したのである。ローズヴェルトの米国は、日露戦争を終結へと導いたポーツマス講和会議を斡旋し、日露の勢力均衡に極東国際政治の安定を見出した。

しかし、皮肉にもその日露戦争終結前後から、米国は極東での日本の勢力拡大に対して徐々に警戒感を示し始めていた。当時、フィリピンは米国にとっての「アキレス腱」（T・ローズヴェルト）と受け止められており、そのフィリピンに対する日本の領土欲に、米国は危惧を抱いていたのである。一方日本は、むしろ日露講和方針の一環として、韓国の保護権設定を目標に掲げており、米国が、日本のフィリピンへの野心という疑念を解消することを望んでいた。そうした日米双方の思惑が一致して、協議の場がもたれることになったのである。

2　展　開

一九〇七年七月二五日、米国陸軍長官タフト（William H. Taft）を筆頭に、大統領令嬢アリス（Alice Roosevelt）と上下両院議員団で構成された総勢八十数名からなる随行団が、フィリピン視察の途上、日本を訪問することとなった。翌七月二六日、タフト一行は日本各地の訪問先で盛大な歓迎を受けた。明治天皇との会見に加えて、政府主催による帝国ホテルでの晩餐会に招かれ、七月二八日以降は関西に立ち寄りフィリピンへと向かった。

その前日、桂太郎首相とタフト陸軍長官は会見し、桂・タフト協定を日米両国の間にとり交わした。この覚書は、韓国が日本の保護領となったことを米国が承認する一方、日本はフィリピンに関する米国の優越権を認めるという内容からなっていた。くわえて、米国は極東の平和維持に関して日英と同様の見解を有し、協力を惜しまないことを表明した。

米国側は、日本がフィリピンに対して攻撃的な意図をもたず、米国によるフィリピン領有への支持を確約することを何よりも希望していた。日露戦争を機に、海軍力の急速な強化を目指していた日本の矛先が、フィリピンに向けられることを米国は極端に恐れていたといえよう。一方日本側は、タフトの訪日を利用して、米国が韓国問題に介入しないとの言質を取ることを至上命題としていた。桂首相によれば、そもそも韓国問題が日露戦争の直接的原因であり、日本の主導による半島問題の解決が実現しない限り、韓国は外国と関係を結んで、再び同様の国際紛争を招くことになると考えられた。したがって日本側は、韓国問題が再度国際紛争に拡大することのないよう、米国が韓国を日本の監督・保護の下に委ねることを受け入れ、それによって日本の手で極東の秩序維持を図ることを切望していたのである。

3 意義

桂・タフト協定は、行政府主導による秘密覚書であったため、国際法上の効力は曖昧であった。しかも当時はポーツマス講和会議の最中という微妙な時期でもあったため、その内容は明らかにされず、米国で公表されたのは一七年後の一九二四年であった。くわえて、米国側政策決定者の対日認識にはかなりの隔たりがあった。ローズヴェルトは、将官会議の進言を受けて、フィリピン防衛の脆弱性がもたらす日米戦争の可能性を理由に、米国のフィリピン統治の継続に消極的姿勢を示した。一方、タフトは日本によるフィリピン攻略の可能性は低く、日本の狙いは中国での通商権益の確保にあるとして、マニラ湾要塞の強化のために会議に予算化を求め、フィリピン独立を拙速に認めるべきではないと大統領に進言したのである。にもかかわらず、この覚書が交わされたことによって、極東での権益をめぐる日米両国の相互不信が相当程度解消され、日米関係の改善に貢献したことは少なからぬ成果であった。

もっとも、この覚書では満州や中国の問題には言及していなかった。そのため、日露戦争後、満州問題や日米移民問題が良好な日米関係にとって阻害要因となり始めると、日米両国は新たな解決策の模索を迫られることになる。

参考文献

寺本康俊『日露戦争以後の日本外交』信山社、一九九九年。
長田彰文『セオドア・ルーズベルトと韓国』未來社、一九九二年。
Tyler Dennett, *Roosevelt and the Russo-Japanese War*, Garden City, NY: Doubleday, Page, 1925.
Raymond A. Esthus, *Theodore Roosevelt and Japan*, Seattle, WA: University of Washington Press, 1966.

（高原秀介）

22　学童隔離事件と日米紳士協定（一九〇六～〇八年）——外交問題としての排日運動の始まり

1　背景

日米移民問題の原点に位置する学童隔離事件とは、サンフランシスコ市教育委員会（San Francisco Board of Education）（以下、教育委員会）が、一九〇六年一〇月一一日に市内における全ての一般公立学校から日本人学童を隔離したうえで、既存の東洋人学校に強制的に通学させる決議を採択したことに端を発する事件である。事件の原点には、前年の四月一日に市教育委員が行った東洋人学校の整備・拡張するための市議会に対する予算請求があった。実は、この時点からすでに日本人学童を東洋人学校にいずれ通学させるという意図はあったのであるが、この時は予算請求自体が財政難を理由に却下された。

しかし、その後、教育委員会は「蒙古人と触れあうことで、白人学童に悪影響が及ばぬよう、日本人学童を他の学校施設に移す」という新決議を五月六日に採択した。この決議に「蒙古人（Mongolian）」という字句を使用したのは理由があった。当時のカリフォルニア州教育法には、「インド人、中国人、ならびに蒙古人の学童は、公立の教育施設から隔離できる」という条項がすでにあったため、日本人を「蒙古人」に含めることによって、教育委員会の行動は法的根拠を得たのである。ただ、実際問題として市全体でわずか九三人しかいない日本人学童を隔離するという行動は、実質的な利害を欠くものであり、その根底にあったのは日本に対する根強い人種差別意識であった。ところが、日本人学童の隔離決議が採択された後も、それはすぐに実施されなかった。そうした中、一九〇六年四月一八日のサンフランシスコ大震災の発生が、この状況を急転換させる。

地震による被害は甚大であり、倒壊を免れた建物もその後の大火災によって焼け落ち、市街地の多くが瓦礫の下に埋没した。この災害の報に接した日本政府は、いち早くサンフランシスコに救援の手を差しのべ、最終的に募られた災害見舞金の総額は、各国の中でも日本は群を抜いて多かった。こうした日本国民から寄せられた厚意は、サンフランシスコ市民のみならず、米国市民からも感謝され、日米両国は友好的な気運に包み込まれた。しかし、教育委員会からすれば、震災はまさに好機会を提供するものであり、実際一〇月一一日に、地震の被害によって教室数に不足が生じたという理由をもって日本人学童に対する隔離決議を採択したのである。

教育委員会による「一〇月一五日以降、日本人学童の公立学校への通学は認めない」という決議は、小学一年から中学二年までの計九三人の日本人学童しか該当せず、その影響はさほど大きいものではなかった。にもかかわらず、この事件はやがて日米両政府を巻き込み、二国間関係を一気に緊張させる外交問題へと発展する。

2　展　開

総領事達の対応

隔離決議の報に接し、直接的な被害者となるサンフランシスコ市の地元日本人コミュニティは、日本人移民を二級市民として扱う措置に憤った。むろん、現地の日本人コミュニティは必ずしも一枚岩ではなかったものの、その多くは日本人協議会を通して連携を取り合っており、日本人協議会と地元の日本領事館は太いパイプで結ばれていた。他方、日本人移民が「永遠に同化せざる移民」として米市民から不信と警戒心をもって見られていた一因として、他のアジア系移民にはなかったこの在外公館との官民一体の特殊な関係があったことが挙げられる。

こうした特殊な関係を後ろ盾に、サンフランシスコ総領事の上野季三郎《うえのすえさぶろう》は、問題解決に向けて奔走することになる。総領事は早い段階で教育委員会が相手では事態の打開は望めないと判断し、より現実的な手段としてカリフォルニア州知事のパーディー（George C. Pardee）に抗議書を送った。しかし、州知事からの返答は、自分には教育委員会の立場を翻すための法的権限はないという総領事を失望させるものであった。当然、知事にも組合労働党の政治的影響力は及んでおり、同問題に真剣に対応する意志は毛頭なかったのである。

そうした中、教育委員会と知事の対応を知った林董外相は、総領事レベルでは問題はもはや解決できないと悟り、国務省に対して直接抗議をする指示を青木周蔵《あおきしゅうぞう》駐米大使に訓令した。こうして一地方都市の問題として発生した学童隔離事件は、瞬く間に日米両政府を巻き込む外交問題へと発展したのである。むろん、日本政府は終始冷静に状況を見ており、実質的利害を欠く問題によって日米関係を損傷させるのは賢明ではないという現実的感覚を常に有していた。

米政府の介入

他方、米国政府が学童隔離事件の事実を知ったのはかなり遅く、教育委員会の決議が採択されてから一〇日も経過した一〇月二一日であった。実は、日本の新聞報道によって事件について初めて知ったライト（Luke E. Wright）駐日米国大使は、ことの重大さをすぐ把握し、同事件に関する第一報を国務省に急電したのである。この電報を見たルート（Elihu Root）国務長官は驚き、ただちにローズヴェルト（Theodore Roosevelt）大統領に事件について報告するとともに早急に政府の対応を練ることにした。青木大使が、前述の日本政府の抗議書を携えて国務省を訪問したのは、その四日後であった。

事件の全容が明らかになった時点でも、ローズヴェルトは未だ教育委員会の行動を理解できないでいた。つまり、米国の一地方都市における一部局が、些細な理由を根拠として日米関係を損傷しかねない事件を惹起し、連邦政府をも巻き込む事態へと発展させたことが信じがたかったのである。むしろん、ローズヴェルト自身も、当時の平均的なアメリカ人がそうだったように、東洋人一般に対して差別意識を持っていたし、カリフォルニア州における日本人移民の増加は気がかりでもあった。だが、他方で、彼は一個人としていかなる人種も平等に扱える雅量を必要な徳目としても考えていた。それゆえ学童隔離事件の際には、「事態を深刻に受け止めており、米国にいる日本人の人権を守るためならいかなる行動も辞さない」という親書を日本政府にすぐに送ったのである。

さらに、大統領を憂慮させたのが、東アジア地域における米国の地位の脆弱性であった。グアムなどの太平洋諸島は未だ要塞化されておらず、米国の重要拠点であったフィリピンですら無防備に等しかった。つまり、安全保障上の観点からも日本との友好関係の維持は不可欠であり、教育委員会の無謀な行動によって米国の国益が損なわれるような事態は看過できなかった。

そのため、大統領はカリフォルニア州への介入を躊躇せず、一〇月二六日に同州出身のメトキャフ（Victor H. Metcalf）商務労働長官を現地に赴かせた。カリフォルニア州議会で長年にわたって下院議員を務めたメトキャフであれば、州議会に影響力を行使し、教育委員会の決議を無事に撤回できるのではという期待がローズヴェルトにはあったのである。

そのメトキャフは、五日後にカリフォルニア州に到着し、ただちにシュミッツ（Eugene E. Schmitz）市長や上野総領事などの関係者から事情調査を行って状況把握に尽力した。その結果、メトキャフは事件の根底には一般的に言われていた経済問題や労働問題などは存在せず、実際は人種差別が横わっているとの事実を認識するに至った。同時にこれは、ローズヴェルトが期待していた「事件の早期解決」はきわめて困難であることをも暗示していた。

州民の憤慨

事態をさらに困窮させたのが、ここまで事件にさして関心を示さなかった州民世論が、いざ連邦政府の介入を知るや、突如態度を改めて教育委員会の擁護に回ったことであった。もとより、ローズヴェルトは安全保障など国家にとっての重大事項に関しては、州が連邦政府の意向を尊重するのは当然であるという考えを持った政治リーダーであり、彼からすればこのたびの「カリフォルニア州のバカども」の行動は言語道断でしかなかった。

サンフランシスコ市での二週間にも及んだメトキャフによる調査が終了し、最終報告書という形で大統領に提出されたのが一一月二六日であった。この報告書をもとにローズヴェルト大統領は一二月三日、特別議会の開会演説において事件の経緯を説明し、カリフォルニア州を非難した。日本でも大々的に報じられたこの演説の中で、ローズヴェルトは「日本の文明はここ五〇年で著しく進歩し、その近代化のおかげでいまや欧米の一等国と肩を並べるまでになった。そのうえ、日米両国は歴史的に友好関係を有してきたのだから、一つの州によってそれを台無しにするのは容認できない」と述べ、日本を絶賛したのである。

他方、カリフォルニア州はこの演説を聞いて憤慨し、教育委員会、そして市政府は態度を硬化させて、ワシントンと全面対決する姿勢を見せた。こうした状況をさらに煽動させたのが地元の新聞メディアである。連邦政府との対立を誇張して報道し、州民世論に排日を訴えたのである。その結果、いつの間にか「日米開戦近し」という流言が広がり、「戦争の脅威論（war scare）」が盛んに騒がれるようになった。実際には、日本政府はこの事件が戦争にまで発展するとは全く考えておらず、冷静に妥協点を模索する姿勢に終始していた。結局のところ、「日米開戦説」は、カリフォルニア州による一種の集団的ヒステリーでしかなかったが、感情がここまで昂揚すると問題の解決はより一層困難となり、連邦政府にとっては頭が痛い状況となった。

日米交渉による決着

この難局を打開するために、ルートとメトキャフは、一八九四年の日米通商航海条約の最恵国条項（条項一）に規定されている「居住の自由」という表現に着目した。同条文には、「居住と旅行に関して」としかなく、「教育」に関する最恵国待遇については明示的な規約は存在しなかった。しかしルートは、日本人学童の隔離は日本との「条約の精神に反し」、かつ「居住は教育をも含む」という法解釈の下、最終的な判断を最高裁に委ねればいいと考えた。

しかし、法的解決を探る国務長官をよそに、大統領はこの問題が司法によって容易に解決し得る性質のものではないと直感していた。それゆえ、日本政府との直接交渉が正攻法であると捉え、切り札として持ち出したのが日米相互労働者移住停止条約の締結であった。つまり、日本人移民による入国を停止することが移民問題の抜本的な解決策となり、さらには、将来における排日運動も防止できると考えたのである。しかし、この計画にはすぐに大きな壁が立ちはだかる。

「面目外交」を何よりも重視する日本にとって、こうした一方的に不利な条約は到底受忍できるものではなかった。なぜなら、米国から日本への移住を希望する労働者はなきに等しいため、同条約は事実上、日本人移民だけを排斥する不平等なものであった。開国直後に締結した不平等条約の苦渋の原体験を有していた日本からすれば、この案は最初から選択肢にはなり得なかったのである。そのため、日米交渉は難航し、さして進展がないままローズヴェルトは教育委員会と市長の一行をホワイトハウスへと招いて「サンフランシスコ市が満足できる形で日本人移民を制限する協定を日本と結ぶ」と約束した。そのうえで、問題解決を米政府に委ね、くわえて移民制限が実施されれば、学童隔離決議を撤回させる確約をカリフォルニア州側から獲得することに成功した。

これにより大統領は、日本政府に対して何としてでも移民制限案を呑ませなければならなかった。そこで、大統領は妥結策として日本人移民による米国への移住を自粛させるのと引き替えに、すでに米国に居住する日本人移民には帰化権を与える方向を模索した。帰化権に関しては、大統領自身がその必要性を訴える演説を以前から行っていたため、日本政府は同問題については米政府の支持を得ていると理解していた。しかし、一見すると実現可能に思えたこの案に対し、ルート国務長官は「帰化権を付与する条約が現時点で連邦議会を通過する見込みはない」との理由で反対した。そもそも、帰化権は立法府の所管であり、行政府が交渉材料として独断で利用できる性質のカードではなかった。

そこでルートは、あくまでも帰化権に固執する日本政府に対して警告を発した。すなわち、日本が交渉妥結に応じなければ、一八九四年通商航海条約の留保条項第二条を用いて、日本人労働者を一方的に排斥する権利を行使すると通告したのである。こうなっては、すでに移民が排斥されている清国の二の舞とならぬよう、帰化権に対する要求を取り下げる方が得策となり、日本政府は米国の要求に応じる姿勢に転じた。そして、日本人移民の多くがハワイを経由して米国本土に渡るという状況を踏まえ、「ハワイから米国本土に転航する日本人移民の入国規制にも同意する」という日本政府の譲歩によって交渉は一気にまとまったのである。

3　意　義

日本の賛同をついに引き出した米国は、連邦議会で当時審議中だった一九〇七年移民法（Immigration Act of 1907）に「ルート修正」と呼ばれる新条項を追加し、「米国本土以外を目的地とした旅券を所持している者が米国本土に入国する際、それが合衆国の労働事情を損なうと認められれば、大統領はその者の入国を拒否」することを可能にした。

この新しい修正を含んだ移民法は、二月一八日に連邦議会を通過し（七月一日より施行）、それを見届けたローズヴェルト大統領は、三月一四日に行政命令を発令した。これにより、ハワイ、および米国と国境を接するメキシコとカナダの両国から米国本土へ合法的に入国する日本人移民の流れは途絶した。なお、この行政命令は日本人を名指ししていたものの、日本政府は同措置が労働事情の混乱を防ぐことを目的としているという理由から、差別的行為として見なさなかった。これに続いて、最重要であった日本から直接米国本土への渡航移民に関する問題についての協議が開始された。

日米両国は建設的な態度をもって真摯に交渉し、その成果は一九〇八年二月一八日の日米紳士協定という形をもって結実した。この日米紳士協定とは、米国が日本人移民を一方的に排斥しないという約束と引き替えに、日本は米国本土へ移民する労働者を毎年五〇〇人に制限するという内容の相互合意であった。同協定はあえて条約という体裁は採用せず、意図的に行政協定として起草されたのであるが、その背景には、条約としての連邦議会による承認が見込めなかったうえ、日本政府も条約となれば移民規制が自主的措置ではなくなり、不平等条約の性質を帯びてしまうという事情があった。このように両政府双方にとって最終的に好都合の解決策になったとはいえ、日米紳士協定が結局のところ条約としての効力を有さなかったことが一七年後の排日移民法の成立を導いたという事実も看過してはならない。

教育委員会は、新移民法の通過を見届けたのち、一九〇七年三月一三日に、一九〇六年一〇月一一日付の決議を修正し、「中国人、および韓国人学童に適用される部分を除き、無効」とする新決議を採択した。これは大統領との約束であった日本人学童に対する隔離決議の撤回を意味し、この行為によって同事件はようやく終幕を迎えた。なお、学童隔離事件では、日本政府のみが一方的に譲歩したように見えるが、日米紳士協定と同年の高平・ルート協定（一一月三〇日に合意）によって満州における日本の特殊権益を米国に認めさせているため、両者は関連していると考えるのが妥当である。すなわち、移民問題で譲歩する代わりに、国益の核心部分においては米国政府から代償を獲得することに成功したのである。同様の行動は、後の人種平等案をめぐる一九一九年パリ講和会議での交渉過程においても再現される。ともあれ、学童隔離事件が引き起こした日米危機は、日米紳士協定と高平・ルート協定によって過ぎ去り、日米両国は再び友好的な関係に回帰することとなる。

参考文献

簑原俊洋『カリフォルニア州の排日運動と日米関係』有斐閣、二〇〇六年。
若槻泰雄『排日の歴史』中央公論社、一九七二年。
Thomas A. Bailey, *Theodore Roosevelt and the Japanese American Crises* (Stanford UP: 1934) [reprinted, 1964].
Roger Daniels, *The Politics of Prejudice: The Anti-Japanese Movement in California and the Struggle for Japanese Exclusion* (University of California Press: Berkeley and Los Angeles, 1962).

（簑原俊洋）

23　日仏協商（一九〇七年）——日露戦争後の欧州列強と日本

1　背景

日露戦争後、フランスでは極東におけるその地位を確保する何らかの日仏間の取り決めを熱望する声が一部であがっていた。それを踏まえ、一九〇六年一一月初めにピション(Stephen J. M. Pichon)仏外相から栗野慎一郎駐仏大使に協約案の打診があった。これに対して、日本政府はフランス政府の希望する協商内容はどのようなものなのかをまず内密に確認し、示された条件次第によってこれに応じるかどうかを決めたかったため、消極的な態度をとった。その背景には日本政府が英仏両国の市場において五分利付公債を発行する計画があり、一九〇七年三月中に発行するためには、日仏協約の問題に先んじて公債問題を解決する必要があったからである。

しかし、フランスは同盟と友邦との関係上、日本政府の公債発行の問題をロシアと英国とに内告する義務があり、この事実を両国に伝えたところ、英国政府はもとよりなんら異議はなかったものの、ロシア政府はその公債発行を日露間に協議中の諸問題解決後に譲ってほしいとの立場を示した。それゆえ、日仏協商問題は、当初ロシアが難色を示したことによって暗礁に乗り上げてしまったかのようにみえた。

2　展開

栗野大使を介してピション外相に日本政府は次のように返答した。まず、日本公債の延期発行は日本にとってきわめて不利益を生じさせるため、フランス政府には速やかにその発行に同意してほしいこと。次いで、ロシア政府が日仏協商締結に関して悪感情を持っているわけではなく、日本の軍備拡張等に対してのみ猜疑を抱いているのであると理解してほしいこと。そのため、日本においてポーツマス条約に基づき、ロシアと締結した条約の内容を問わず、日本の態度に関してはロシアに安心感を与えられなければ日仏協商はもちろんのこと、公債募集もただちに成立するのだということ。このように、日本政府は外債募集のために高橋是清財相を渡欧させるほど熱心であった。

ロシアの杞憂に関しては、本野《もとの》一郎《いちろう》在露公使よりも報告があったため、日本はロシア政府に対して極東におけるロシア領土を少したりも侵略する意思はなく、またその安全を保障することに躊躇はないと約束した。こうして当初は日本公債発行自体は承諾するものの、ロシア公債の発行と重なるのを回避させるため、その発行期日を約二カ月間猶予してほしいと申し入れていた。他方のロシア政府も、栗野大使がフランス政府に対し二カ月間の猶予は時期を逸するとの考えを伝え、さらに本野公使がロシア政府に日本公債発行がロシア公債発行に累を及ぼすものではない旨を説明したことにより、ようやくロシア政府は日本公債発行に関して異議なしと回答した。かくして、ロシア政府の対日疑念を氷解できたのである。

一九〇七年三月初めまでに、英仏両国資本家の協議もまとまり、高橋はロンドンとパリで公債発行の仮契約の調印に漕ぎ着けた。これにより、日仏間で正式に協商締結交渉が開始されることになった。三月一五日、ピション外相は栗野大使と面会し、日仏協定に関しては日英同盟に盛り込まれた清国の領土保全および現状維持を大筋とし、また別に英仏仲裁条約と類似の条約をも締結する目的をもって草案を考慮中であると伝えた。他方、三月二二日に、在東京フランス大使ジェラールをして日仏協定に関する帝国政府の所見を問うという形をもって同協商を一意迅速に締結する努力もなされたのである。

なお、同月末日付のフランス案は、清国の安全および独立を尊重し、両国が主権および保護権を有し、かつ清国領土と直接境界を接する地域の秩序と平和的発達の維持を明記したものであった。両国が主権、保護権を有する地域にはインドシナおよび韓国が含まれることは明らかな一方、問題の福建省を「境界相交する清国地域」に含めるとなると、同地域中の台湾までもが含まれることになり、台湾の平和を確保するためにフランス側の援助を仰ぐおそれがあった。そこで四月末に、日本側の対案として、福建省については秘密文書をもって解決することに合意し、一方、従来日本人が不当な境遇を受けていたインドシナについては、日仏通商条約の適用外とした。さらに、現状では日本の通商発展は難しいとして、相互に最恵国待遇を与えることを提言した。日本にとって都合の良いことに、五月初旬フランス各紙が秘密裏に進行していた協約の内容を暴露したため、交渉はかえって促進された。最終的に最恵国待遇に関する部分はフランス側の希望によって宣言書の形式に改められ、福建省に関しては秘密説明書扱いとなった。

六月一〇日、パリでピション外相と栗野大使の間で協商本文、宣言書および秘密説明書が調印された。なお、本文で重要なのは次の項目である。

(1)両国は清国の独立、領土保全、機会均等主義の尊重。
(2)両国の主権、保護権または占有権を有する領域に近邇する、清国の諸地方における秩序および平和自体の確保。
(3)アジア大陸における相互の地位ならびに領土権保持のため右諸地方の平和、および安寧の確保。

他方、付属宣言書では、次の事柄が謳われた。

(1)日本の管理および臣民には、仏領インドシナにおいて身体および財産の保護に関する最恵国待遇の付与。

(2)仏領インドシナ臣民および保護民の日本国内で同一の待遇の付与。

(3)日本と仏領インドシナとの関係に関する通商条約の締結は他日に譲る。

なお、秘密説明書は協約解釈上の誤解を避けるため、福建省は台湾に近接するので、秩序平和の維持への希望から、特に清国の領土内に含むと宣言した。そして、協商調印後、日本はドイツと清国には、協約本文と宣言書のみを通告した。

3　意　義

日仏協商とは清国の領土保全、現状維持を約すとともに相互の勢力を確認した日仏間の政治的取り決めであった。日本としてはフランスとの協約締結には弊害はさしてなく、むしろインドシナに関してフランスを安堵させ、その友好と信頼を得ることは将来のアジアにおける日本の行動に関してプラスとなるばかりか、現在のフランス資本を利用するに際しても都合が良かった。つまり、対仏接近を機に、フランスの余剰資本を日本へ導入でき、また清国福建省におけるフランス側の活動は、鉄道経営や樟脳《しょうのう》事業をはじめ日本の利益と対立したため、フランス側をして同省が日本の利益範囲に属すことを承認させる好機になるとも考えられたのである。

他方のフランスは、日仏接近によってアジアにおける権益の保障が得られ、さらに清国に対しては政治的に協力する方針を採ることができたため、同国における日仏商工業上の利益増進を狙うようになった。くわえて、同盟国であるロシア、さらには協商関係にある英国との関係強化のためにも日露提携を促進させ、新興勢力の日本を三国協商側に組み入れるのみならず、三国同盟に属するドイツ側勢力に対抗せんとするものであった。こうして日露戦争後の日本は、極東の一国でありながら欧州の複雑な国際政治のなかに巻き込まれていくことになる。

参考文献

日本外交文書『日仏協約関係一件』一九〇七年。

寺本康俊『日露戦争以後の日本外交』信山社、一九九九年。

千葉功「満韓不可分論＝満韓交換論の形成と多角的同盟・協商網の模索」『史学雑誌』第一〇五巻第七号、一九九六年。

Auguste Gerard, *Ma Mission au Japon, 1907-1914*, Paris: Plon, 1919.
E.W. Edwards, 'The Far Eastern Agreements of 1907,' *The Journal of Modern History*, vol. 26, no. 4 (December 1954), University of Chicago Press.

（簑原俊洋）

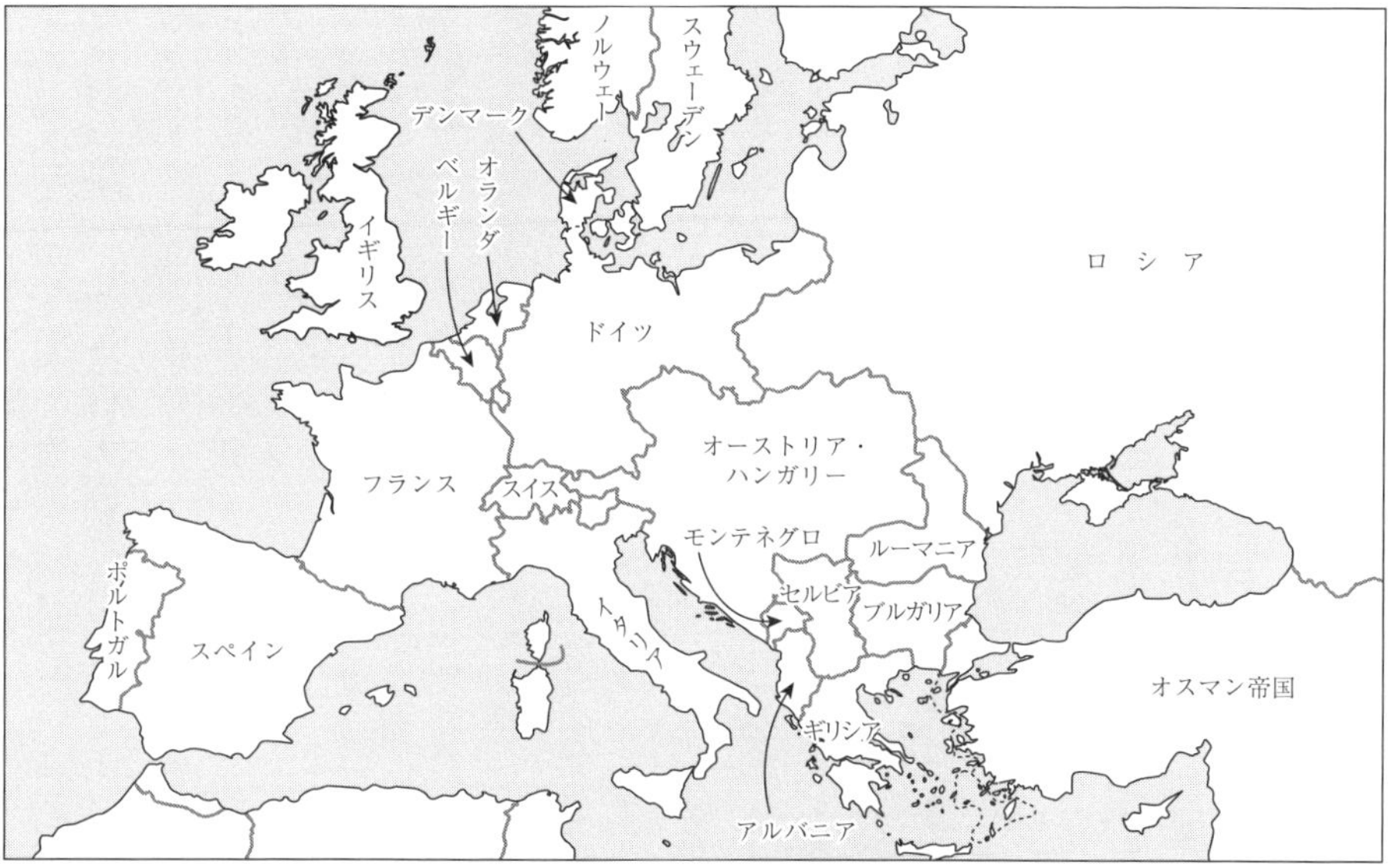

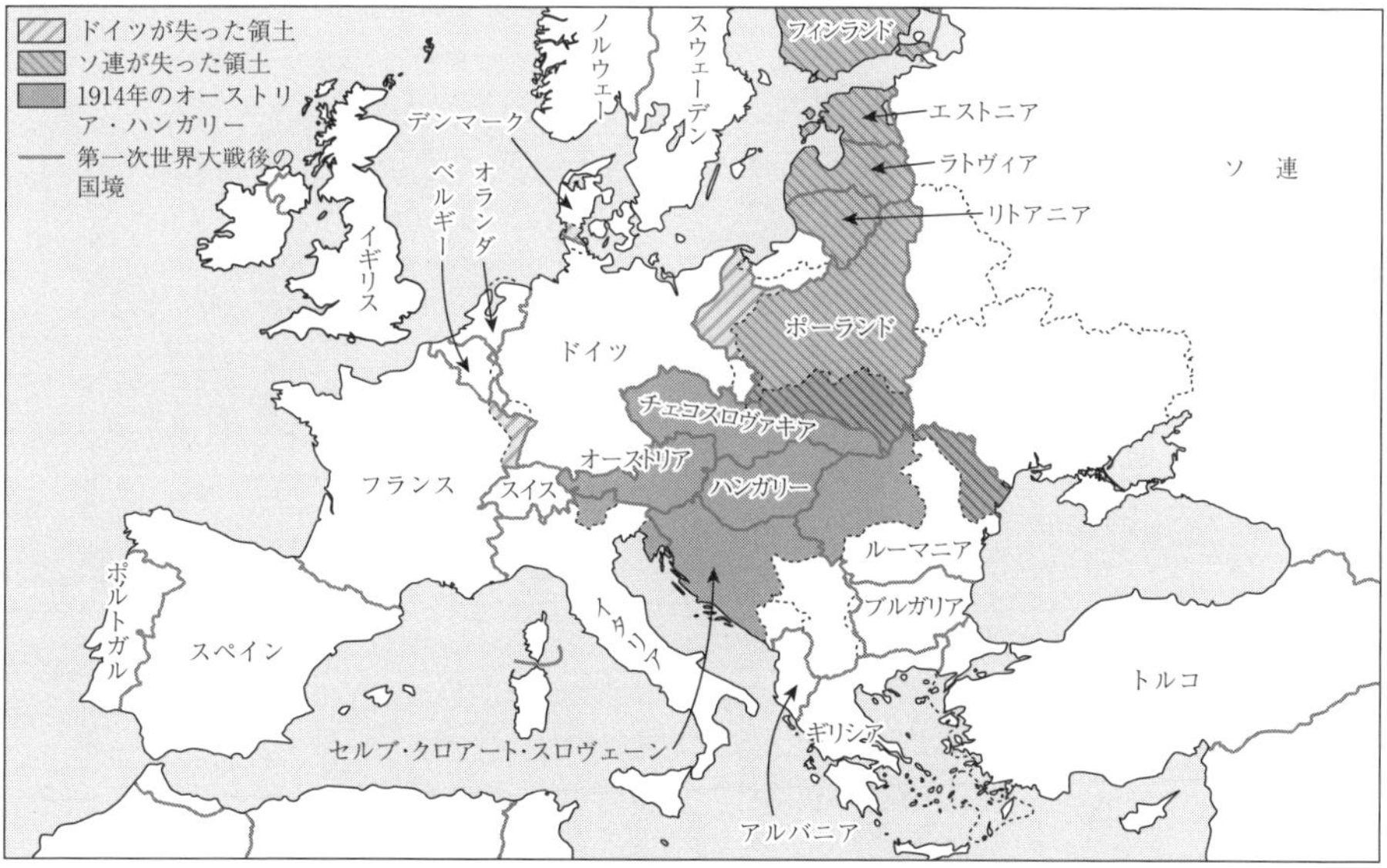

第一次世界大戦前後のヨーロッパ（上：1914年，下：1919年）

（出典） Zara Steiner, *The Lights that Failed: European International History, 1919–1933* (Oxford University Press, 2005), pp. 2–3.

24　第一〜四次日露協商（一九〇七〜一六年）——対立から提携へ

1　背　景

一九〇四〜〇五年にかけて、日本とロシアは戦争を戦った（日露戦争）。しかし、「無差別戦争観」の時代である以上、友好関係から敵対関係への転換と同様に、敵対関係から友好関係への転換も容易である。そのうえ、一九〇六年には、日露の満州からの撤兵作業が進展していた。よって、日本国内ではロシアに対する警戒感が持続しつつも、一方で日露関係の改善を志向する発想も徐々に見られるようになる。実際、日本外務省でも、ロシア外務省でも、日露提携への外交転換を行う環境が整いつつあった。

もちろん陸軍を中心として、ロシアを脅威として捉える見方は依然存在したが、他方で日露戦後に日中間で紛争が生じ始めると、満州において共通の利害を持つ国同士として日露提携のメリットも現われ始めた。それは、陸軍長老かつ元老である山県有朋の意見書「対清政策所見」（一九〇七年一月）にも表れている。山県は日露戦後の中国におけるナショナリズムの勃興に対抗するため、「露国と互に意見を交換し両国商議協定の上清国に談合して之れを遂行するは、今日の形勢に於て最も緊要なる事件に非さるなからんや」として、日英同盟の明文や精神に背反しない範囲での日露提携を主張するようになっていたのである。この日露提携路線の延長線上として、一九〇七年七月に日本とロシアは第一次日露協商を締結した。

満州における日露のすみわけに対して挑戦したのが、米国であった。一九〇九年三月、ローズヴェルトの後任としてタフトが大統領に就任、いわゆる「ドル外交」を展開していく。タフト政権期の東アジア政策は、日米二国間の協調関係を重視したローズヴェルト政権期の方針を逆転させるもので、現実に存在する東アジアにおける日本の立場への配慮を欠く一方、列強に蝕まれた中国をドルで支援し、そこでの大国間の協調を図ろうと試みた。ドル外交は一九〇九年一二月における満州鉄道中立化提案として具体化することになったが、これは逆効果であって、日露の提携をより強化する結果に終わったのである（第二次日露協商締結）。

満州において新たな局面が現出したのは、一九一一年一〇月、中国において辛亥革命が勃発したときであった。一二月に外蒙古が独立宣言を行った際、ロシアは独立宣言を支持する声明を発表したが、蒙古に対するロシアの特殊関係を述べるにあたって外蒙古に限定されていないところがあった。危機感を抱いた日本陸軍首脳部は、満州権益の擁護に関心を集中させて満州への出兵を主張するとともに、第二次日露協商では何ら規定されていない内蒙古の勢力範囲設定が必要と唱えた。満州出兵に消極的な内田康哉《うちだやすや》外相も、内蒙古における勢力範囲設定には賛成していた。結局、日本とロシアは第三次日露協商を締結して、新たに内蒙古においても勢力範囲の設定を行った。

　この三回にわたって締結されてきた日露協商は、第四次においてついに同盟関係にまで踏み込むこととなった。日本が第一次世界大戦への参戦を模索していた一九一四年八月、さらに翌一九一五年一月、ロシアないしフランスから日英同盟への参加希望が日本ないし英国にもたらされた。日英同盟に参加することによって、フランスはフランス領インドシナの安全を強固にすることを、ロシアはシベリア駐留兵力を対独戦争に振り向けることを、それぞれ目的としていた。

　元老の山県有朋や井上馨は、ロシアやフランスの日英同盟参加に大賛成であった。特に山県は大戦終了後において、皇帝ヴィルヘルム二世自らが黄禍論を唱えるドイツと、国内で親独勢力が伸張しつつあると考えられたロシアとが白色人種連合（露独同盟）を形成することを警戒して、ロシアをドイツから引き離して日本に引き寄せるためにも日露同盟を強く主張していた。

　それに対して加藤高明外相は、ロシア・フランスの参加によって日英同盟の効力が薄弱となり、一種の協商と化してしまうことを恐れていた。また、ロシアへのコミットメントの度合いが強い本野一郎（駐露大使）を除いて、石井菊次郎・井上勝之助などの外交官も加藤に同調していた。例えば、小村俊三郎《しゅんざぶろう》いわく、たとえ「地方的日露協商」を同盟化したとしても「一般的日英同盟」の代替物とはならないのである。結局、加藤が外相の期間は日露同盟問題が進捗することはなかった。しかし、加藤に代わって石井菊次郎《いしいきくじろう》が外相となると、石井は加藤のような強い個性も、権力基盤となる政党（立憲同志会）の背景も持たなかったため、日露同盟締結を唱える元老や陸軍に引きずられてしまうことになる。

2　展開

第一次日露協商

　第一次日露協商の起源は日仏協商にあり、日仏協商の起源はパリにあった。一九〇六年、日本がパリにおける外債発行を希望するなか、フランス側は日仏協商の締結を日本側に示唆した。しかし一九〇七年に入るとフランスが、公債発行は日本の軍備拡張を利するとのロシア（特に陸軍）の反対に鑑み、公債発行に躊躇し始めた。露仏同盟の関係上、日仏協商締結には、前提として日露接近が必要とされたのである。フランスの積極的仲介の結果、ロシアのイズヴォルスキー外相は二月、本野一郎（駐露公使）に、日露協商の締結を提案した。

日露協商に対しては、日仏協商に消極的であった小村寿太郎（駐英大使）も含めて、外交官や元老・政治家たちは賛成であった。ただし、日露協商の範囲内に日本が韓国問題を持ち出してきたことに対抗して、ロシアが蒙古問題を持ち出してきたため、両問題の兼ね合いが日本側では問題となった。

日本側原案にある日韓関係の「将来ノ発展（further development）」という語句が「併合（annexation）」に及ぶことを明確にさせるべきだというのが本野や伊藤博文（韓国統監）の意見だったが、代償として蒙古を韓国と同様の地位に置くことをロシアに認めることは日英同盟の規定に抵触しかねず、結局は断念した。かたや蒙古問題では、ロシアの特殊利益範囲を「蒙古」ではなく「外蒙古」に限定することをロシアも同意した。また、満州を南北に分ける分界線については、ロシア側の希望により東経一二二度で止めることで合意に至った。一九〇七年七月、第一次日露協商が締結された。

第二次日露協商

第二次日露協商の直接的なきっかけは、一九〇九年一二月におけるノックス（Philander C. Knox）国務長官の満州鉄道中立化提案だった。この米国の提案は、特定国の勢力範囲の存在を自明の前提としていたヘイ国務長官の門戸開放宣言からは完全に逸脱して、日露の勢力範囲自体を否定するものであった。よって、日本の外交官からすれば、突飛な提案として受け取られた。

結局、同提案に強く反発する日露は共同して拒否したが、それだけにとどまらず、日本とロシア、さらにはロシアの同盟国フランスとの親密的雰囲気の醸成に立ち至った。ロシア政府内部でも、一九〇九年末には対日緊張感が頂点に達しつつも、極東において日本に対抗しうる戦備状況に復帰するには時間が必要なこともあって、日本との関係調整を望んでいた。一九一〇年一月、イズヴォルスキー外相は第一次日露協商をより一歩進めた新協商締結を日本側に打診した。

一九一〇年三月、新日露協商案が桂太郎内閣の閣議決定と元老会議決定を通過するが、これは第一次日露協商の分界線をもって両国の勢力範囲を確定し、その範囲内での自由行動権を相互に承認するという内容であった。日露交渉では協商案の修正が数回行われたが、大きな対立は見られず、七月、第二次日露協商が締結された。

第三次日露協商

一九一一年、中国における辛亥革命の勃発と外蒙古の独立は、日本陸軍や政治家・外交官に内蒙古における日露の勢力範囲設定の必要性を痛感させた。一九一二年一月の閣議では、東経一二二度にとどまっていた日露協商における満州分界線を西へ延長して、内蒙古の勢力範囲を日露間で確定するためロシアと交渉を開始することが決定された。

日露交渉で特に問題となったのは、分界線の位置であった。

日本側は内田康哉外相の考えに基づいて北京—張家口—庫倫（現在のウランバートル）間街道で内蒙古を東西に分割する案を提示したが、ロシアは直隷省に接触できなくなるとして拒否、結局、ロシア側が提示した東経一一六度二七分による内蒙古分割で決着した。七月、第三次日露協商が締結されたが、これによって第一・二次日露協商の分界線を西へ延長して、日露で内蒙古を東西に分割した。

第四次日露協商

第一次世界大戦下、加藤高明に代わって外相となった石井菊次郎は、ロシアの連合国からの離脱を阻止するため日本のロンドン宣言（一九一四年九月に英露仏が行った単独不講和の宣言）加入を行ったが、日露同盟の締結には消極的だった。しかし、一九一六年一月、ロシアからゲオルギー・ミハイロヴィッチ（Georgie Mikhailovich）大公が来日すると、元老の山県有朋ないし陸軍は日露同盟締結の好機と考えた。結局、石井は元老・陸軍に押されて、妥協せざるをえなかった。

一九一六年二月以降、日露間で交渉が行われた。日露交渉の争点の一つは、ロシア側対案の秘密条約第五条（締約国の一方はあらかじめ他方の同意を得なければ、「中国本部」に関する一切の政治条約・協定を第三国と締結しない）であったが、束縛を嫌う日本側の頑強な反対によって、第五条削除で決着した。かたや、東支鉄道の譲渡問題においては、日本側の求めるハルビン〜松花江間の鉄道譲渡にロシア側が強く反発、結局、松花江南岸〜長春間鉄道の譲渡で日露は妥協した。七月、第四次日露協商が締結され、日露は同盟関係にまで踏み込んだ。しかし、翌一九一七年一一月（ロシア暦一〇月）にロシア十月革命が勃発し、ボリシェヴィキ政権は日露協商を破棄したため、日露同盟は一年弱の短命に終わってしまったのである。

3　意　義

第一次日露協商によって満州において分界線が引かれたが、これは当時の日本の外交指導者の意図としては必ずしも積極的な満州分割を意味するものではなく、むしろロシアの南下に対する南満州権益の予防的措置を出ないものであった。しかしながら、日露協商締結による対露警戒感の低下は、日露戦争直後におけるような対露警戒意識に基づく日独提携論の有用性を低下せしめ、逆に、日露・日仏協商は英露協商（一九〇七年八月）とあいまって、国際政治における対ドイツ包囲網、すなわち日英仏露の「四国協商（Quadruple Entente）」を形成することになった。これを日本の観点から見ると、日露戦前から模索してきた多角的同盟・協商網の枠組が、林董外相の外交によってほぼ形成されたことを意味していた。

第二次日露協商は、条文上は第一次日露協商の分界線をもって両国の勢力範囲を確定するものであったが、具体的な影響としてはそれだけにとどまらなかった。桂内閣は既に韓国併合方針を決定（一九〇九年七月）していたが、ロシアの反対を慮ってすぐに韓国併合を断行することはなかった。よって、第二次日露協商の締結は韓国併合のための最終的な必要条件の充足を意味するものであって、協商成立の翌月に日本は韓国併合を断行したのである。

辛亥革命の勃発と外蒙古の独立は内蒙古における勢力範囲設定の必要性を日本の政治家・外交官に痛感させることになり、第三次日露協商が締結された。これによって第一・二次日露協商の分界線を西へ延長して、日露で内蒙古を東西に分割した。この結果、日本にとっての「満州問題」は、東部内蒙古とあわさって「満蒙問題」へと発展することになる。また、日本が構築してきた多角的同盟・協商網の中でも、中軸であったはずの日英同盟が辛亥革命時における日英の方針の行き違いによって動揺を見せ始めたのに反比例して、日露協商の比重が上昇したのである。

そして、この提携を深めていた日露両国は、四国協商が擬似「連合国」化するといった第一次世界大戦の特殊環境のもとで、ついに同盟関係にまで踏み込むことになった。第四次日露協商（日露同盟）によって日英同盟と日露同盟が並立することになり、多角的同盟・協商網の中軸たる四国協商の関係性は強化された。しかし、ロシア十月革命によって、ロシアはドイツと休戦を結び、連合国から離脱した。また、ロシア革命によって成立したボリシェヴィキ政権は第四次日露協商（日露同盟）を破棄したうえで、同条約の秘密条文における「第三国」＝敵国が英米両国を指すとの前置きを付したうえで公表してしまった。これらの事態によって、日本の多角的同盟・協商網にとって日英同盟と並んで中軸となっていた日露同盟が無効化したのみならず、今や敵国ドイツ・オーストリアの勢力がロシアから中国にかけてまで波及しつつあると日本側には感じられるようになった。ここに、シベリア出兵問題が浮上することになるのである。

参考文献

バールィシェフ・エドワルド『日露同盟の時代　一九一四～一九一七年』花書院、二〇〇七年。

北岡伸一『日本陸軍と大陸政策　一九〇六―一九一八年』東京大学出版会、一九七八年。

高原秀介『ウィルソン外交と日本』創文社、二〇〇六年。

千葉功『旧外交の形成　日本外交一九〇〇～一九一九』勁草書房、二〇〇八年。

角田順『満州問題と国防方針』原書房、一九六七年。

寺本康俊『日露戦争以後の日本外交』信山社、一九九九年。

原暉之『シベリア出兵――革命と干渉一九一七―一九二二』筑摩書房、一九八九年。

森山茂徳『近代日韓関係史研究』東京大学出版会、一九八七年。

ワシーリー・モロジャコフ（木村汎訳）『後藤新平と日露関係史』藤原書店、二〇〇九年。

シュラトフ・ヤロスラブ「朝鮮問題をめぐる日露関係（一九〇五―一九〇七）」『スラヴ研究』第五四号、二〇〇七年。

⋯⋯ 第1次日露協商における分界線　━━ 第3次日露協商における分界線

1911年当時の朝鮮・満州

（出典）　千葉功『旧外交の形成』勁草書房，2008年。

吉村道男『増補　日本とロシア』日本経済評論社、一九九一年。
Ian Nish, *Alliance in Decline: A Study in Anglo-Japanese Relations, 1908-23* (London: University of London, Athlone Press, 1972)

（千葉　功）

25　新日英・日米通商航海条約（一九一一年）――「一等国」日本のディレンマ

1　背景

法権を回復した日本にとり、今なお残る課題は関税自主権回復であった。英仏独伊との現行条約では、付属協定で日本が一方的に低い関税を受け入れており（協定関税）、日本政府はその不公平さを問題にした。当時主流の議論では、税権回復には単独で定める国定関税の適用が必要とされた。これは税収増加が見込めるため、財政面からも歓迎された。

一九〇八年に外相に就任した小村寿太郎も、条約改正の方針に国定関税の適用を掲げた。ただし、相手国の反発が予想されるため、互恵的な性質の関税協定であれば、例外的に認めるとした。つまり保護関税を採用する仏独伊とは協定関税を維持しつつ、英国には原則通り国定関税を要求すると決めた。当時、英国は欧州諸国に対し一方的に自由貿易を行っており、日本政府は日本に対しても同盟を背景に欧米に準じた扱いを期待したのである。

日米間では関税問題は解決済みだったが、移民条項が懸案であった。現行条約は両国民の居住の自由を謳う一方、米国が日本人移民の制限を国内法で規定できる留保条項を設けていた。対等な関係を望む日本は、同条項の削除を望んだ。米国ではカリフォルニア州を中心に日本人移民に対する反発が存在する反面、連邦政府は東アジア政策での日本との協力を模索しており、日本は米国の譲歩を引き出せるとみていた。

こうして小村の条約交渉は、日本が他の欧米並みに扱われるかどうかの試金石として位置づけられた。

2　展開

一九一〇年二月、日本は英国に交渉を打診し、七月から加藤高明駐英大使とルウェリン・スミス（Hubert Llewellyn Smith）商務省事務次官で折衝が始まった。日本側の予想を裏切り、英国は協定関税廃止に反発した。商工業者が激しく反対し、自由党政権としても英国が保護貿易国より不利となる事態を避けねばならなかったからである。

そこで英国は、日本が英国の主要輸出品に協定関税を認める間、英国が日本のそれに自由貿易を保証する案を示した。交渉が難航する中、日本では同盟への悪影響が懸念された。実際、八月に米国が英国に仲裁条約を打診したことから、一九一五年に満期を迎える日英同盟の先行きは不透明であった。

互恵主義に拘った小村も同盟への影響を考慮し最終的には英国案に同意し、一九一一年四月三日、日英は改正条約と付属関税協定に調印した（七月一七日施行）。

一方、日米の交渉は一九一〇年一〇月より開始された。内田康哉駐米大使はノックス（Philander C. Knox）国務長官に、移民条項削除を求め、日本が米国への移民を自主的に制限する紳士協定の遵守を提示した。ノックスは移民条項の削除に理解を示したが、排日世論に配慮する必要を説き、協議の結果、日本が紳士協定の継続を公文書で宣言することで決着した（一九一一年二月二一日調印、七月一七日施行）。カリフォルニア州の排日世論は連邦政府と州・市の協力により抑えられ、上院ではタフト（William H. Taft）大統領らの上院外交委員長への働きかけが功を奏し、条約は無事批准された。

3　意　義

小村条約改正の成果は、日英では関税自主権の回復及び沿岸貿易の廃止、日米では移民条項の削除である。これにより、日本は条約改正という年来の大仕事に終止符を打った。

しかし、交渉の過程では日本は米英の国内事情に配慮せざるを得ず、条約の対等性は形式的なものに留まった。

その事実は、日本に冷厳な国際政治の現実を突きつけた。欧米とより対等な関係に近づくことで、皮肉にも日本は彼我のパワーの差、彼らの用いるダブル・スタンダードに直面した。その一例が一九一三年にカリフォルニア州で成立した日本人の土地所有を禁止する外国人土地法である。日本政府は通商条約に違反するとして抗議したが、米国は同法はあくまで経済問題であり、人種問題ではないとする立場を譲らなかった。

自由貿易の堅持と移民問題は英米の各政府が抱える国内政治の難題であったが、日本が英国に対し他国が認めていない協定関税を維持しなくてはならなかったことや、米国の日本人移民規制に人種的偏見が見え隠れすることは、長い目で見れば欧米主導の国際秩序に対する日本人の疑念を培ったとは言えまいか。こうした疑念が生じるところに、国際社会における日本の位置づけの曖昧さが反映されていた。

参考文献

阿曽沼春菜「日本の関税自主権回復問題にみる『もうひとつの日英関係』（一）（二）（三・完）」『法学論叢』第一六三巻二号・四号・六号、二〇〇八年五・七・九月。
佳知晃子「日米通商航海条約とカリフォルニア土地法」『国際政治』第一七号、一九六一年。
本宮一男「一九一一年関税改正の意義」高村直助編『日露戦後の日本経済』塙書房、一九九九年。
簑原俊洋『カリフォルニア州の排日運動と日米関係』有斐閣、二〇〇六年。

（阿曽沼春菜）

26 辛亥革命（一九一一～一二年）——日本を含む列強の反応

1 背 景

清朝は、欧米資本の支援を得て、盛宣懐《せいせんかい》郵伝大臣のもと鉄道国有化政策を進めた。これに対して、清国内では不満が高まり、四川省を中心に同政策に反対する保路運動が起こった。くわえて、清朝打倒を主張するいわゆる革命派が反政府運動を活発化させた結果、一九一一年一〇月一〇日、長江中流域の中心都市である武昌（現在の武漢）で武装蜂起が発生した。これは武昌起義（首義）と呼ばれている。

一方、当時の第二次西園寺公望内閣は日英同盟や日露協約の存在から、清国の「独立・領土保全・機会均等主義」にそくした対中国政策を展開しており、清朝主導の鉄道国有化政策を支援した。犬養毅《いぬかいつよし》や大陸浪人など個別に革命派と強いパイプを持つ人物による革命派支援が行われていたが、政府の基本的な方針は「欧米協調・清朝支持」であった。

2 展 開

欧米や日本は、武昌蜂起以後も「欧米協調・清朝支持」の姿勢を崩さなかった。しかし、長江流域に多大な利害関係を持つ英国政府内には、混乱状況の拡大への警戒感を背景に、蜂起直後からジョーダン（John Newell Jordan）駐清英国公使を中心に、袁世凱《えんせいがい》に対し時局収拾を期待する考えが存在していた。英国政府の支援のもとで誕生した袁世凱内閣は、一二月、革命派と停戦協定を締結する。

英国外交に「出し抜かれる」形となった日本政府は、立憲君主制の採用を清朝に助言し、内政干渉を始めた。一方、さらなる内政干渉や清国における新規利権の獲得を期待し、政府に積極的な対中国政策を求める声も国内では高まった。なかには中国の南北分割や満州出兵を唱える軍人もおり、彼らは日英同盟を日本の対中国政策を制約する要因と捉え、批判を強めた。第二次西園寺内閣は、英国外交と国内の対中国強硬論の両者に対処し得る対中国政策の実行を迫られていた。

一九一二年一月一日、南京で革命派の孫文を臨時大総統とする中華民国臨時政府（南京政府）が成立した。だが成立直後から、南京政府は軍資不足にあえいでいた。そのため日本側には南京政府に資金援助を行い、英国主導の南北（官革）和平を妨害し、南京政府から新たな利権を獲得しようとの動きが存在していた。欧米協調の枠内で、中国利権の獲得を目指す日本政府はこうした動きを事実上黙認していた。

こうしたなか、清朝の袁世凱内閣と南京政府との間で、宣統帝溥儀《ふぎ》の退位を盛り込んだ、両政府の合流という妥協案が合意に至った。一九一二年二月一二日、宣統帝は退位し、清朝は崩壊した（ただし、清室優待条件により溥儀はこの後も紫禁城に居住することが許された）。三月一〇日には、袁世凱が北京で中華民国臨時政府の臨時大総統に就任した（首都の所在から北京政府と呼ばれる）。以上のように、辛亥革命は袁世凱を大総統とする北京政府の成立でいちおうの決着を見るが、その後、大総統権限の強化を目指す袁世凱と革命派との間で対立が深まり、第二革命へと繋がっていく。

日本国内では、利権獲得の失敗や北京政府の成立という結果に対し、世論・軍部はもちろん、与野党の間で第二次西園寺内閣の対中国政策に対する批判・不満が高まっていった。

3　意　義

辛亥革命は、当事者の中国はもちろん、東アジア全体に大きな影響を与えたが、ここでは隣国日本に与えた影響を中心にまとめておきたい。辛亥革命はアジアで初の共和制国家を誕生させ、政治体制の刷新を目指す日本国内の政治勢力を刺激した。特に、立憲政友会総裁であった西園寺とともに、「桂園体制」の一翼を担っていた桂太郎が新党（立憲同志会）を結成する大きな契機となった。辛亥革命は、第二次西園寺内閣総辞職から第一次山本権兵衛内閣の成立に至る大正政変という日本政治の一大転機に少なからぬ影響を与えたのである。

また辛亥革命前後では、それまで日本外交の最も重要な引照基準であった日英同盟への見方が大きく変わった。欧米協調や内政不干渉では、積極的な対中国進出を展開できないと主張する日英同盟不要論が高まり、より能動的な対中国政策が求められるようになった。すなわち、こうした辛亥革命期の対中国観・東アジアの国際情勢観の変化は、第一次世界大戦期の日本の参戦、対華二十一カ条要求など積極的な対中国政策の起源としても位置づけられるのである。

参考文献

臼井勝美『日本と中国——大正時代』原書房、一九七二年。
川島真『近代国家への模索——一八九四～一九二五』岩波書店、二〇一〇年。
久保田裕次「辛亥革命一〇〇年と日本近代史研究の現状と課題」『歴史科学』第二一二号、二〇一三年五月。
櫻井良樹『辛亥革命と日本政治の変動』岩波書店、二〇〇九年。
千葉功『旧外交の形成——日本外交一九〇〇～一九一九』勁草書房、二〇〇八年。

（久保田裕次）

27　対中国借款（一九一二〜二〇年）――混迷深まる中国の政治・経済をめぐる攻防

1　背　景

日本の満州権益の確立　一九〇五年九月の日露講和条約と同年一二月の満州に関する日清善後条約の調印により、日本は満州における諸権益を法的に確立した。翌年一一月、日本は南満州鉄道株式会社（いわゆる満鉄）を設立して満州経営に本格的に乗り出す一方で、中国（清朝）における欧米列強間の鉄道敷設の権利獲得・投資競争に直面することにもなった。とりわけ米国が、日本の競争・対立相手として立ち現われるのである。

当初、日本がロシアから継承した東清鉄道南満州支線（長春以南）については、日米共同で経営する構想があった。日露講和条約の締結とほぼ時を同じくして訪日した米国の鉄道王ハリマン（Edward H. Harriman）は日本側首脳と会談を重ね、桂太郎首相との間で予備協定覚書を交わすに至った。しかし、日露講和条約をまとめた小村寿太郎外相の強い反対を受け、覚書は満州に関する日清善後条約の成立後に破棄されたのである。

米国の攻勢と四国借款団の結成　以後、米国は「門戸開放・機会均等」の観点から日本の大陸政策の行方に警戒感を募らせるとともに、中国の鉄道事業への積極的な進出を目指す。一九〇九年三月に発足したタフト（William H. Taft）政権は「ドル外交」と称される経済外交を展開する。その成果の一つとして、一九〇九年一〇月に英国とともに清朝政府との間で締結した錦愛鉄道敷設契約（南満州の錦州―北満州の愛琿《アイグン》間）が挙げられる。この契約が締結された翌月、ノックス（Philander C. Knox）米国務長官は英・仏・独・露・日の五国に満州鉄道の中立化案を提議する。ノックスの提議は、満州鉄道の所有権を清朝側に移転して鉄道経営の任にあたる国際借款団を組織しようとするものであった。

満州鉄道の中立化案自体は日の目を見なかったが、国際借款団を組織するという構想は別の形で実を結んでいく。その契機となったのは、中国中南部の湖広鉄道（広東―漢口間および四川―漢口間の諸鉄道）借款への米国の参加であった。本来、湖広鉄道借款契約は英・仏・独三カ国の銀行団と清国との間で成立したものであったが、米国も参加を望んだことから、一九一一年五月に四カ国の借款契約に切り替えられたのである。また、米国は清朝政府との間で幣制（通貨制度）改革と満州開発を目的とする借款交渉も進め、この借款契約は英・仏・独も参加する形で同年四月に成立していた。湖広鉄道借款および幣制改革・満州開発借款の成約を踏まえ、米・英・仏・独は中国に対する借款を共同で行う四国借款団を同年一一月に成立させたのである。ただ、四国借款団の活動は、借款団結成の前月に起こった辛亥革命の動乱に直面し、さらには第一次世界大戦による国際政治の変動に見舞われていく。

2　展開

日本の四国借款団参加

ノックスの満州鉄道中立化提議から四国借款団の成立に至る過程で、日本はロシアとの接近・提携を深めていった。満州鉄道中立化提議の際、日本は南満州権益の存立を脅かしかねないと考え、北満州に利害関係を有するロシアとともに拒否回答を送った。また、四国借款団の成立が伝えられると、日露両国は満州権益の保全という観点から警戒感を強めた。ただ、四国借款団に対する日本の姿勢はロシアと比べて異なっていた。ロシアはフランス銀行団を脱退させて露・日・仏・英による借款団を作ることさえ主張したが、日本はロシアほど強硬に反対しなかった。というのも日本は当時、債務国であって国際収支状況も悪化し続けていた。経済力と資本供給能力に乏しい日本は欧米列国に対抗し得る地位になく、列国との関係を悪化させることも好ましくはなかったからである。

しばらくの間は四国借款団の成りゆきを注視するのみであったが、一九一二年三月に第二次西園寺公望内閣は借款団への参加を希望する。四国借款団は同年二月、清朝崩壊後に誕生した中華民国の袁世凱政府の申し出を受け、調印が予定されていた改革借款の前貸金の交付を開始した。この改革借款の規模・目的は広範なものであった。日本は、中国の行財政が将来的に欧米列国の「国際共同管理」に置かれる事態も考慮し、借款団の一員となることを得策として借款団参加を申し入れたのである。そこで日本は、満州における自国の権利・権益を留保しつつ、ロシアとともに借款団構成国代表者との会議に臨んだ。日本は満州権益に対する列国の黙認を取り付けながら借款団参加を果たし、外国為替資金を取り扱っていた横浜正金銀行が日本側代表銀行となった。これにより、四国借款団は一九一二年六月に日露両国を加えた六国借款団として再編成されたのである。

しかし、六国借款団は二つの事態に直面する。第一の事態は、米国が一九一三年三月に借款団を脱退したことである。タフト政権に代わったウィルソン（Woodrow Wilson）政権は借款団が中国の主権と行政的独立を脅かすものとし、米国銀行団は借款団から脱退するに至ったのである。このため、改革借款の調印は米国を除く五カ国の間で行われることになった。また、米国の脱退後、他の五カ国は借款団の業務を政治・行政借款に限定し、経済的な実業借款については業務外として各国の自由にすることを決議した。しかし、第二の事態、すなわち一九一四年七月の第一次世界大戦の勃発と長期化を受け、対中国政治借款を担う借款団の活動は停滞気味になる。英仏露の交戦国となったドイツは借款団から離脱し、英仏露の三国も対中国借款に関わる経済的余裕を失っていくからである。このような状況の中、日本は他の借款団構成国と立場を異にしていた。第一次世界大戦では英国の同盟国として対独参戦を果たす一方、大戦景気と呼ばれる好況に沸く。日本の貿易収支は輸出の増進で入超（赤字）から出超（黒字）に転じ、債務国という地位も債権国へと様変わりしたのである。「天佑《てんゆう》」とも言われた第一次世界大戦下の経済成長を背景として、日本は積極的な対中国借款政策に乗り出すが、その政策は次第に国際借款団の枠組みを踏み外したものになっていく。

西原借款の展開

一九一六年一〇月に成立した寺内正毅内閣は、袁世凱の死去後にますます深まっていった中国北方派（北京）政権と南方派の対立に対して、当初は内政不干渉方針を打ち出した。しかし、寺内内閣は対南方派武力統一を目指す北方派の段祺瑞《だんきずい》政権を援助する方針を次第に鮮明にし、いわゆる援段政策を推し進める。このとき、対中国借款交渉に携わったのが西原亀三《にしはらかめぞう》という人物である。西原は日露戦争後に朝鮮・満州で貿易事業を営む中、中国経済への関心を深めていった。その時に、西原は、朝鮮総督を務めていた寺内と朝鮮銀行総裁を務めて寺内内閣で蔵相に就いた勝田主計《しょうだかずえ》の知遇を得ていた。寺内内閣の成立後、西原は寺内首相および勝田蔵相の私的ブレーンとして対中国借款政策に深く関わったのである。それゆえ、寺内内閣の対中国借款で彼が関わったものは西原借款と呼ばれている。

西原借款とされるのは、一九一七年から翌一八年にかけて結ばれた計八口の契約で、金額にして総計一億四五〇〇万円にのぼる。西原借款は借款団の範囲外とされた実業借款の体裁をとっていたが、段祺瑞政権を援助・強化するという政治的色彩が濃厚なものであった。実際、供与された借款は段祺瑞政権の政治・軍事資金に回されていた。一方、借款交渉を担った西原には、彼独自の対中国政策構想もあった。西原は第一次世界大戦後の国際経済・通商競争をにらんで、中国における「開発」の推進と「日中経済提携」による経済力強化を試みようとしていた。そこで、西原は段祺瑞政権を中国における「開発」の担い手および「日中経済提携」の相手として多額の借款供与を推し進めたのである。

寺内首相・勝田蔵相・西原の三者が中心になって秘密裏に展開した対中国借款は、国際借款団の取り決めに抵触して欧米諸国の対日不信を引き起こすものであった。それゆえ、横浜正金銀行の借款団業務を後押ししてきた外務省では反発が強まっていく。また、寺内内閣の下で一九一七年六月に設けられた臨時外交調査委員会でも批判の声が上がる。首相を総裁とする臨時外交調査委員会には主要閣僚に加え、枢密院の顧問官を務める政界有力者（伊東巳代治《いとうみよじ》・牧野伸顕《まきののぶあき》）と政党党首（立憲政友会の原敬と立憲国民党の犬養毅）も委員となっていた。外交の「ご意見番」を自認していた伊東、対米協調を重視していた原と牧野は、一私人に過ぎない「密使」を使って対中国借款を進めたことを強く非難したのである。対中国借款政策批判の風圧が強まる中、寺内内閣は一九一八年夏に各地に広まった米騒動の混乱にも直面して退陣を余儀なくされる。

新四国借款国の結成へ

代わって、同年九月に成立したのが原敬内閣である。原内閣は速やかに対中国借款の停止を閣議決定して寺内内閣期の援段政策の転換に着手し、大戦期に損なわれた国際協調の回復、とりわけ対米協調を重んじる対中国政策へと舵を切っていく。その代表的な事例が新四国借款団設立交渉であった。新四国借款団交渉の発端は、七月にウィルソン政権のランシング（Robert Lansing）国務長官が日英仏の三国に呼びかけたことにある。正式な提案は一〇月になされたが、米国は新借款団の業務に政治借款だけでなくて実業借款も含むことを求めた。寺内内閣期の西原借款が、旧四国借款団における実業借款の自由を悪用したものと捉えたからである。この提案に対して原内閣は原則的に賛同の意を示すことで、日本側の政策転換を印象付けようとした。

ただ、借款団設立交渉の過程で最大の争点となったのが、日本が権益を有する南満州・東部内蒙古の取り扱いであった。日本としては両地域については借款団の事業の範囲外に留め置こうとする。その際、「列記主義」と「概括主義」の二つの方式が考えられた。列記主義とは条約などの確固たる取決めにもとづく既得の権益を列挙して除外する方式で、概括主義とは一定の地域をまとめて除外する方式である。この二つの方式をめぐって政府および臨時外交調査委員会で議論が交わされた。田中義一陸相は陸軍参謀本部からの圧力を背景にして概括主義の貫徹を強く主張した。しかし、内田康哉外相は旧四国借款団への参加交渉時の経験に照らして難色を示した。内田は、旧四国借款団参加を果たした第二次西園寺内閣でも外相を務めていた。内田によれば、日本が満蒙について概括主義的除外の意向を表明したがゆえに列国が除外に反対したのであった。

そこで原首相は、当初は田中陸相の主張に配慮した交渉指示を発して列国の反応を注視しつつ、政府内では列記主義除外の合意形成を巧みに指導していった。原内閣の満蒙に関する列記主義除外方針は、一九二〇年五月に横浜正金銀行頭取の梶原仲治《かじわらちゅうじ》と米国銀行団代表のラモント（Thomas W. Lamont）の間で交わされた往復文書で確認された。これを受けて同年一〇月、新借款団の規約がニューヨークでの四国銀行団会議で結ばれ、米英日仏の新四国借款団が設立されたのである。

3　意　義

一九〇〇年代末から一九一〇年代にかけて、清朝の弱体化と辛亥革命の動乱へと向かう中国に対する借款は、各国間の対立と協調が複雑に交錯しながら展開した。くわえて、中国の政治・経済的混迷が深まるにつれ、対中国借款上の争点も鉄道敷設事業以外の権益獲得と経済開発、政治的・財政的安定、通貨制度改革などへと多元化していった。

日本の対中国借款政策も欧米列国との対立と協調の間を揺れ動いていくが、とくに注目される点は借款をめぐる日米関係である。そもそも米国の対中国政策は、経済・通商上の門戸開放・機会均等および主権と行政的独立の保全を基本的な方針としていた。一九一一年の旧四国借款団も、一九二〇年の新四国借款団も、米国側では門戸開放・機会均等を対中国借款という場面で実現しようとするものであった。一方、日露戦争後に確立した満州権益の維持・強化に努めていく日本は、満州も含めて中国への積極的な進出に乗り出した米国と競合・対立することになった。

それゆえ、日本の旧四国借款団参加によって、対中国借款において日米両国は対立から協調へと歩み出すかに見えた。

しかし、米国自身が旧四国借款団を脱退したことに加え、第一次世界大戦期に日本が単独かつ秘密裏に対中国借款を推し進めたことで日米の対立関係は深まってしまう。米国からすれば、西原借款は中国における門戸開放・機会均等と主権・行政的独立の双方を脅かすものであった。こうした経緯に鑑みるなら、原内閣が新四国借款団交渉をまとめた意義は大きい。満蒙権益の維持・強化という点では伝統的な政策方針を引き継ぎながらも、対米協調を重視して中国の政治・経済をめぐる国際協調の枠組みを構築したからである。

ただ、借款団の業務を実際に担う各国の銀行団・金融資本家にとっては、行財政が不安定な中国には資金を投下しにくかった。国際協調による共同借款を通して中国の政治的安定や経済開発を促すという任務が、ビジネスの理論によって制約されてしまうのである。その後、満州事変による東アジアの変動の中で新四国借款団は揺らぎ始め、日中全面戦争の勃発を受けて消滅する道を辿っていく。結局、新四国借款団の下で具体的な借款事業が行われることはなかったのである。

参考文献

井上勇一『鉄道ゲージが変えた現代史』中公新書、一九九〇年。

北岡伸一『日本陸軍と大陸政策』東京大学出版会、一九七八年。

中谷直司「勢力圏外交秩序の溶解」『同志社法学』第五九巻四号、二〇〇七年一一月。

服部龍二『東アジア国際環境の変動と日本外交　一九一八～一九三一』有斐閣、二〇〇一年。

平野健一郎「西原借款から新四国借款団へ」細谷千博・斎藤真編『ワシントン体制と日米関係』東京大学出版会、一九七八年。

三谷太一郎『増補　日本政党政治の形成』東京大学出版会、一九九五年。

三谷太一郎『ウォール・ストリートと極東』東京大学出版会、二〇〇九年。

森川正則「寺内内閣期における西原亀三の対中国『援助』政策構想」『阪大法学』第五〇巻第四号、二〇〇一年一月。

（森川正則）

新四国借款団に提供された借款優先権

日本銀行団関係	英国銀行団関係	米国銀行団関係	旧四国借款団関係	五国借款団関係
洮南・熱河線および本線の一地点から海港に至る鉄道建設（満蒙五鉄道の一つ）	江蘇省（南京）・河南省間の浦信鉄道建設	満州の錦愛鉄道建設	第二次湖広鉄道借款およびその続借款（湖北省・湖南省・広東省間）	続善後借款
南満州および東部内モンゴルにおける鉄道敷設および同地方における各種税課を担保とする借款引受	南京・湖南省間の寧湘鉄道建設	シームス・カレー借款（南京・湖南省間及び湖北省・雲南省間の鉄道建設）	幣制改革及工業発展借款	
山東の済順，高徐二鉄道建設		大運河改修借款		
山東の芝罘・濰県鉄道建設		第一回烟酒借款		

（出典）堀川武夫『極東国際政治史』有斐閣，1958年，360～364頁より作成。『日本外交文書』大正九年第二冊上巻二六〇文書の附記も参照。

28　カリフォルニア州の排日運動と第一次排日土地法（一九一三年）——移民問題をめぐる日米危機

1　背景

一九一三年は、排日運動にとって重要な転換点となった。これは、今まで連邦政府の介入によって幾度となく挫折を余儀なくさせられた排日運動がようやく結実した年だったからであり、また、それは日本人移民に対する勝利であるとともに、連邦政府に対する勝利をも意味した。

第一次排日土地法（一九一三年外国人土地法）を成立へと導いた背景には、三つの要因があった。第一は、一九一二年の大統領選挙で民主党のウィルソン（Woodrow Wilson）が、共和党のタフト前大統領に勝利し、クリーヴランド（Grover Cleveland）元大統領以来、実に一六年ぶりとなる民主党政権が誕生したことである。ウィルソン新大統領は、カリフォルニア州での選挙戦中、共和党とは違って州権を尊重すること、および日本人移民の排斥を支持することを州民に訴えていた経緯があった。第二は、中央政府の政権交代とは対照的に、カリフォルニア州ではジョンソン（Hiram W. Johnson）知事を中心とした革新派共和党勢力が、州議会を引き続き支配していたことである。そして第三の要因は、日本人移民が増え、彼らの多くが農地を積極的に購入して、白人農業労働者と競合するようになっていたことである。

日本人移民の人口が急増した理由には、女性の日本人移民の多くが出産適齢期であったため、出生率が自然に増加したことが挙げられる。くわえて、日米紳士協定そのものの欠陥もあった。つまり、同協定では、米国に居住している日本人労働者は、日本に在住する妻を呼び寄せることが許されていたが、その規定を利用しての写真見合いによる婚姻が後を絶たず、大量の「写真花嫁（picture brides）」がカリフォルニア州に押し寄せるようになったのである。そして、その写真花嫁もまた出産したため、必然的に人口の自然増加に寄与した。その結果、日本によって日米紳士協定は遵守されていないという認識が拡がり、排日運動は再燃したのである。

こうした中、一九一三年の州議会では、一月六日の開会と同時に三〇余件の排日法案が提出された。これらの排日法案は、日本人移民による企業所有を禁止するものや、日本人移民を別地域に隔離するものなど、多種多様に及んだ。そして、それらの中には、日本人移民の農地所有を制限する排日土地法案も含まれていた。それは、過去に共和党連邦政府の圧力によって、そのつど排日土地法案の成立を阻まれてきた民主党州議員の怒りの産物でもあった。

彼らは、州権を尊重する民主党の大統領が政権に就いたことで絶好の機会が訪れたという期待感を持ち、一斉に排日法案を提出したのである。事実、一九一一年に排日土地法案を提出した際、その成立を阻止されたサンフォード（John B. Sanford）民主党州上院議員はこの好機を逃すまいと、「帰化資格のない外国人」という字句を盛り込んだ法案を州議会に提出した。さらに、一九一一年の時とは対照的に、ジョンソン知事は排日土地法が提出された事実を連邦政府にはあえて伝えようとはしなかった。共和党の知事と民主党の大統領とでは、州と連邦による協調関係の構築は困難だったのである。

2 展　開

大統領と州知事の対立　この時点での米国政府は、問題の解決が困難であるとはまったく考えていなかった。大統領は、カリフォルニア州の有力民主党議員に協力を依頼すればこと足りるとたやすく理解していた。むろん、当時の民主党にとって州権の尊重が共和党との明確な差異の一つであり、一九一二年の大統領選挙でもウィルソンを中心に過去の共和党政権によるカリフォルニア州への介入を厳しく非難していたため、以前の共和党政権と違って、州への直接介入には慎重となる傾向が顕著となった。

こうした事情から、大統領は知事に対して協力を直接求める道を回避する方針を決めた。そのため、カリフォルニア州の民主党上院議員で、かつ旧知の仲であったキャミネティー（Anthony Caminetti）に協力を求め、彼から排日土地法案の再検討を知事に促すことを要請した。この決定に異議を唱えたのが、ブライアン（William Jennings Bryan）国務長官であった。彼の見解では、ローズヴェルト系共和党（Roosevelt Republican）の知事が、政敵である現政権の要求に素直に応じる可能性はほとんどなく、逆に弱みにつけ込まれる可能性があると考えたのである。くわえて、自尊心がきわめて強い知事の性格からすれば、大統領自ら接触する方がまだ幾分かの成果が期待できると思われた。

しかし、傲岸不遜のウィルソンは、国務長官の意見を退け、キャミネティーに協力を打診した。これは、キャミネティー議員を大いに困らせることになる。彼は地元で強硬な排日主義者として知られており、実際一九一二年の選挙の際には、共和党革新派に対抗するために排日土地法の必要性を強く訴えたという実績があった。しかし、協力すれば連邦政府の要職に抜擢されるであろうという誘惑に負け、彼は従来の立場を翻して大統領の要望どおりの書簡を知事に送った。

それを読んだジョンソン知事は、背後で大統領が暗躍していることに激怒し、「大いに満足できる興味深い事態〔排日土地法案の州議会提出——引用者注〕」を引き出すことを誓ったのである。このように、第一次排日土地法の運命は、知事の協力を失ったこの瞬間に決定づけられたといえよう。しかし、そうとは知らず、ウィルソンは四月七日に再び間接的な手段をもって引き続き知事に協力を求めた。次は、カリフォルニア州選出のケント（William Kent）民主党連邦下院議員を介して知事に接触してきたのである。そして、大統領の要望に快く応じたケント議員は、「土地法案は日本人移民を差別しない形をもって制定されるべきである」と進言する書面をただちに知事に打電し、さらに別電にて「国の最高権力からの要望であり、従って前便の内容は極秘扱いにせよ」と念を押した。

この二つの電報を読んだジョンソンは憤激し、返信の中で「大統領が私に何か申したいことがあるのなら、前政権のように私に直接伝えよ」と不快感を露わにした。続いて知事は、「機密」に指定されていた電信を側近に示し、「臆病者のウィルソンが偽善的な行為をしていることを公の場で認めさせる」とさらに怒りをぶちまけたのである。

だが、知事が憤っていることをまったく知らなかった大統領は、自分の「偽善的な行為」を表面化させるのは相変わらず避け続けたが、折しも四月一七日に東京の国技館で大規模な反米抗議集会が開催された。群衆らは、カリフォルニア州議会における排日法案の提出は「国の名誉に関わる」として日本政府に強硬な姿勢で臨むことを強く求め、さらには「日本の主力艦隊を直ちに米国西海岸へ回航させせよ」と熱く騒ぎ立てた。

ウィルソンは、この事実を駐日代理大使から知り、初めて事態の深刻さを悟った。同様に緊迫感をもった米軍当局は、日米開戦に備えるため「対日戦争の可能性（Possibility of War with Japan）」と題した作戦計画の起案作業にただちに取りかかったが、ここに至ってウィルソンは知事と直談判する以外に現実的な解決策がないと認めざるを得なかった。

そこで、四月二二日に大統領は初めてジョンソンに連絡を取り、「現在カリフォルニア州議会で審議中の排日土地法案は、日本人だけを差別せぬように改められるべきである」と理解を求め、「排日土地法案は、日本との通商航海条約に抵触しているため、知事の拒否権発動を大いに期待している」とも付言した。その他にも、「排日土地法案の成立には、同意できない」とする教書をカリフォルニア州両院に送付し、大統領としての見解を初めて表明したのである。

ブライアン国務長官の現地入り

次なる切り札として、四月二四日にウィルソンは国務長官をカリフォルニア州へと急派させた。なお、ブライアンは出発直前に「成功する可能性の少ない、最も報われない任務を与えられたものだ」と海軍長官の友人に愚痴を漏らしているが、この情勢判断に誤りはなかった。

知事は当初、大統領が国務長官を介して何か具体的な妥協案を提示するのだと期待して待ちわびていたものの、実際ブライアンは手ぶらで赴いたのである。その背景には、カリフォルニア州議会での排日土地法案の審議においては、その立法については一切介入してはならないと大統領から厳命されていたという事情があった。すなわち、ウィルソンより「忠告（advise）するのではなく、助言（advice）するのが唯一の目的である」と釘を刺されていたため、ブライアンには州の立法行動を矯正しようなどという意思は、最初から持ち合わせてなかったのである。この理由は、民主党政権の連邦政府は、党是どおり州権を尊重しているという姿勢を堅持したかったからであるが、一方でそれは州政府による良識ある行動にすべて託すということをも意味していた。むろん、日本政府に対して連邦政府は問題解決に真摯に対応しているという印象を与えるという効果を期待した面もあったが、結局のところウィルソンの行動は政治的ジェスチュアでしかなかったのである。

そのブライアンは、四月二八日にサクラメント入りしたものの、州議会は彼の到着を待たずしてすでに民主党議員を中心として大統領が指摘した箇所の修正を試みるべく、審議中であった。その結果、ウェブ（Ulysses S. Webb）州検事総長とヘニー（Francis J. Heney）州上院議員は、一九一一年の通商航海条約に抵触することなく、かつ日本人移民を特定して差別しない修正案を州議会に提出した。これがヘニー・ウェブ法案（Heney–Webb Bill）であり、第一次排日土地法の原型を成す法案であった。

この修正法案は、日本との条約に抵触せぬよう「帰化資格のない外国人は、米国との間に締結されている条約の規定に沿ってのみ土地の所有を認める」という新たな条項が設けられ、さらには、日本人移民に対する差別的な字句を改めて「帰化資格を有する外国人は、市民同様に土地所有の権利を与えるものとする」と字句も若干変更された。

到着と同時に州議会の特別秘密会議の開催を知事に要請したブライアンであったが、この会議の中において彼は連邦政府の従来の立場を繰り返すだけであり、現実的な妥協案の提示を期待していた議員一同の期待は裏切られた。これを見た知事は、皮肉たっぷりに「ブライアンがわざわざここへ来なくても、ワシントンから電報一つで済む内容だった」と言い放つほどであった。

他方、ブライアンはヘニー・ウェブ法案の中の土地所有権を規定する「帰化資格を有する外国人」という文言は、以前の「帰化資格のない外国人」と同様に、日本人移民を差別しているのになんら変わりはないという見地から、民主党の各州議員と個別に会見して連邦政府への協力を求めた。排日を選挙公約に掲げていた民主党議員からすればそれは政治的リスクを伴う要請であったが、連邦政府からの見返りを期待し、ヘニー・ウェブ法案の審議を先延ばしするカーチン上院決議案（Curtin Resolution）への支持を確約したのである。

しかし、五月二日に投票が行われた結果、決議案は二六対一〇と共和・民主両党に割れる形で否決され、ブライアンの試みは挫折した。ここに来てヘニー・ウェブ法案の字句はさらに修正され、「帰化資格を有する外国人は、あらゆる土地の所有権を持ち、帰化資格のない外国人は米国との条約に従い、居住、および商業目的に関する土地の所有権を持つが、農業目的の土地は三年以内の借地権に限って許与する」という文言に改められた。この修正によって、国際法の観点からは、日米通商航海条約との齟齬は解消されたことになる。

知事は、この修正ヘニー・ウェブ法案の可決を支持する旨を発した後、州憲法の一時停止措置までを行使して法案採択が強硬に行われ、異例の四日間という早さで同法案は両院を通過した。こうして第一次排日土地法は成立へと導かれたが、そこには日本人移民に対する制裁という性質の他にも、連邦政府に対する反骨心も存分に籠められていたのである。

3 意　義

第一次排日土地法が成立したことにより、サクラメントに踏み留まる理由をもはや失ったブライアンは、翌日ワシントンへの帰路についた。それを見届けた知事は、一九日にヘニー・ウェブ法案に署名し、これによって同法は第一次排日土地法として八月一〇日より施行されることとなった。度重なる敗北を嘗めてきた排日運動家たちにとって、これは初めて手にした勝利の瞬間でもあった。

とはいえ、同土地法には農地の所有に関して複数の法的抜け道があり、不便を強いられながらも、日本人移民はそれらを利用することによって、どうにか農業で生計を維持していくことができた。知事はそもそも、四月一一日の時点で第一次排日土地法の効果が不完全となることを知っていた。しかし、ローズヴェルト元大統領が二八日に旧友のジョンソンに対して「日米友好関係の維持は、国益に関わる問題であり、排日土地法案の問題に関しては慎重に対処しなければならない」と注意を喚起したことにより、彼は法案をあえて脆弱なものにしたうえで、連邦政府に対する象徴的な勝利に満足することにしたのである。

なお、第一次排日土地法が議会を通過した約一カ月後の六月二一日、知事は同法の審議過程の詳細とそれに対する率直な気持ちを綴った長文の書簡をローズヴェルトに送ったが、その中で彼は排日土地法を強引に成立させた理由として、次の二点を挙げている。

第一に、一九一二年の選挙では、民主党だけが排日土地法の成立を政党綱領として掲げ、それによって同党は善戦した。しかしながら、民主党の連邦政府が誕生して、その政府が排日土地法の成立阻止に協力を求めると、州の民主党議員は今までの態度をこぞって豹変させた。これは看過しがたい行為で、彼らが望む結果を阻止するために行動する必要があった。そして、第二に、民主党の連邦政府が強調している「州権の尊重」は、現実には虚偽でしかなく、その偽善的態度を暴くことは共和党の利益に適うものになるからである。

このように、排日土地法の実際的な効果よりも、同法を成立させること自体がジョンソンにとっての最大の政治使命であり、連邦政府に対する彼の反抗的精神の礎ともなった。すなわち、日本人移民の土地所有を全面的に禁止せずとも、第一次排日土地法は成立した事実だけをもってその政治的役割を十二分に果たすことができたのである。そして、ジョンソンの見解では、排日土地法は「排日の亡霊」を鎮める効果が期待され、逆に同州での排日運動の沈静化に寄与するものだった。

だが、歴史が示すとおり、知事はこの点については将来観測を大きく見誤ることになり、第一次世界大戦後に「排日の亡霊」は再びうねりを上げて、以前よりも勢いを増した形で蘇生されるのである。

参考文献

飯野正子『もう一つの日米関係史』有斐閣、二〇〇〇年。
高坂正堯『不思議の日米関係史』ＰＨＰ研究所、一九九六年。
簑原俊洋『カリフォルニア州の排日運動と日米関係』有斐閣、二〇〇六年。
若槻泰雄『排日の歴史』中央公論社、一九七二年。
Ichioka, Yuji. *The Issei: The World of First Generation Japanese Immigrants, 1885-1924*. New York: Free Press, 1988.
Kachi, Teruko O. *The Treaty of 1911 and the Immigration and Alien Land Law Issue between the United States and Japan, 1911-1913*. New York: Arno Press, 1978.
Minohara, Tosh. "The Clash of Pride and Prejudice: The Immigration Issue and US-Japan Relations in the 1910s," in *The Decade of the Great War: Japan and the Wider World in the 1910s*. Leiden: Brill, 2014.

（簑原俊洋）

第Ⅲ部　第一次世界大戦とワシントン体制——一九一四～二九年

国際連盟第１回総会
（1920年１月16日）（Keystone／時事通信フォト）

解　説

人類が未だかつて経験したことのない未曾有の被害と殺戮をもたらしたのが、第Ⅲ部の始まりの第一次世界大戦（もっとも、これはだいぶ後になってからの名称だが）であった。この世界秩序を大きく変革させる国際政治の重大局面において、日本が選択したのは英米仏露側との連携というきわめて賢明な選択であった。当時、日本の多くの政策決定者は、欧州を主戦場とするこの大戦争を千載一遇の好機として捉えていたが、その背景にあったのは既存の秩序に対する挑戦者であるドイツの台頭を抑えこみ、さらにはアジア太平洋域内における同国の権益を奪う絶好の機会だという情勢認識であった。それゆえ、日本は欧州戦に巻き込まれる事態を忌避し、むしろドイツを犠牲にする形での利権奪取を最優先させた。その結果、青島攻略を皮切りに、サイパンやパラオなどの旧ドイツ統治領を手に入れることに日本は専念したことにより、ドイツはプレイヤーとしてアジア太平洋地域から駆逐されたのである。

くわえて、欧米列強が戦禍に巻き込まれる状況において、日本は対外政策において以前よりもフリーハンドを与えられるようになった。対華二一カ条要求やシベリア出兵はこのような潮流から理解できよう。こうして自主外交を積極的に展開させた大戦中の日本の行為は、英国に取って代わって世界のリーダーとして躍り出た米国の対日不信感を増大させた。不幸にも、これが米国に居住していた日本人移民にも暗い影を落とす。すなわち、一九一三年以降、比較的沈静化していたカリフォルニア州を舞台とする排日運動を激化させ、日本人移民を標的とする州政府の立法によって彼らの境遇はさらに苦しいものとなった。また、不平等条約を近代化の原体験に置いていた日本政府にとっても、こうした人種に基づく差別的行為は国家の面子に関わる重大問題であり、座視できる性質のものではなかった。このような懸念が、戦勝国によるパリ講和会議での国際連盟規約での「人種平等条項」の要求に繋がったのである。

他方、日本政府は平等に扱われること以上に、講和会議で実利の獲得に躍起となっており、戦争の果実として見なされていた山東半島の租借権や旧ドイツの太平洋上の所領も獲得した（後者は委任統治という形にして）。しかし、欧州の戦後体制についての重要案件には沈黙を守り、自らの利権が関わる問題にのみ関心を示すといった身勝手な態度によって、後に「サイレント・パートナー」と揶揄されることになる。こうしてパリ講和会議を経て悲願であった「五大国の一員」の座を手にした日本であったが、不幸にもその新たな地位に見合うほどの成熟した外交力はまだ備わっていなかった。それゆえ、第一次世界大戦後の日本は、かつてのドイツがそうであったように、各国から不審の目で見られるようになり、その後の日本外交の展開に少なからず影響を及ぼしていく。その一例が、日本警戒論から端を発した、米連邦議会での「好ましからざる国からの移民」を締め出す様々な法案の審議であろう。こちらは、ついに一九二四年に「排日移民法」として成立し、感情的な側面から日米関係に深い傷を負わせた。このように五大国にまで上り詰め、列強クラブに仲間入りした日本ではあったものの、その中において唯一の非白人国家であるという事実は、人種の観点から様々な困難を日本に投げかけたのである。

日本の台頭に伴い、新参者を受け入れるためには世界秩序の再編成が余儀なくされたが、これによって摩擦が多少生じるのは必至であった。幸い、この時代はまだリアリズムが支配しており、こうした事実は日本＝欧米列強関係の文脈からも顕著に見て取れた。すなわち、相互利益を重視する立場より、**第Ⅲ部**の時代ではワシントン会議での軍縮条約の締結のみならず、九カ国条約という形で中国に対する共同歩調の合意までもが達成された。この一九二〇年代という時代を象徴する「ワシントン体制」は、英米との国際協調を重んじる日本外交の既定方針となり、そこに存在したのは「霞ヶ関正統外交」に回帰する日本の姿勢であった。

もっとも、この時代の日本外交は、何も英米だけに傾倒するものではなかった。ロシア革命の混乱期を経て誕生したソ連という新国家との二国間関係の調整が示すように、この時代において日本外交はより多角化し、その過程で東アジアにおいて確固たる地位を築きあげることに成功した。

その一方で、やがて日本を躓かせることになる種子も**第Ⅲ部**の時代に蒔かれたのもまた事実である。すなわち、大陸中国に対する日本の政策は、日本人の生命と財産、さらには日本の経済的利益の保護という観点を何よりも重視したため、以前に増して介入主義的な様相を呈するようになった。これが後に日米間での火種となるが、この時、両国関係での将来における困難を暗示した最たる出来事が日本軍による一九二八年六月の張作霖爆殺事件であろう。軍部がより独断的に行動するようになったことにより、次第に日本の外交政策に重大な影響を及ぼし得る変数として介在するようになった。そして、**第Ⅲ部**の後半にかかる一九二九年の大恐慌は、世界をブロック経済化へと向かわせ、その結果として各国が狭い自己利益のみを追求する姿勢に徹した瞬間、一九二〇年代を支えたヴェルサイユ＝ワシントン体制は崩壊し、一つの時代に幕が下ろされることになった。こうして日本は一九三〇年代という、より苦難に満ちた時代に直面していくこととなる。

（簑原俊洋）

29 第一次世界大戦への参戦（一九一四年）——大正日本の「天佑」

1 背景

第一次世界大戦（以下大戦）とは、一九一四年七月に勃発し、一九一八年一一月まで世界の主要国の多くが加わった戦争である。事の発端は、「ヨーロッパの火薬庫」と言われたバルカン半島をめぐる情勢にあった。バルカン半島では、オーストリア＝ハンガリー（以下オーストリア）とセルビアが、オスマン帝国領のボスニアをめぐって長年争っていた。一九〇八年、オーストリアがボスニアを併合すると、セルビアは強く反発し、一九一四年六月二八日、オーストリアの皇位継承者夫妻がセルビア人青年によって暗殺されるという事件が起きた（サラエボ事件）。

オーストリアはこの機にセルビアを屈服させようとし、同盟国ドイツの支持を得た。当時オーストリアは、ドイツ、イタリアと三国同盟を結んでいた。他方で、セルビアは同じスラブ系民族の盟主であるロシアの支援を頼った。ロシアの背後には、三国協商（露仏同盟、英仏協商、英露協商）を結んでいる英国、フランスが控えていた。七月末にかけて、バルカン半島情勢は緊迫の度合いを増し、英国による調停も不調に終わった。七月二八日、ついにオーストリアがセルビアに宣戦布告を発し、大戦が勃発した。

開戦当初、戦争はオーストリアとセルビアの二国間戦争にとどまる可能性もあった。しかし、セルビアを支援するロシアの姿勢は強硬であった。一方、露仏同盟が存在するため、戦争になると二正面作戦を強いられる可能性が高かったドイツは、かねてからシュリーフェン・プランと呼ばれるフランス侵攻計画を立てており、これに従って積極的攻勢をかける決意を固めた。ドイツは、八月一日にロシア、三日にフランスに対して宣戦布告を発し、四日には中立国ベルギーへの侵入を開始した。ベルギーの対岸に位置する英国はこれを看過できず、同日ドイツに対して宣戦布告を発した。

こうして、バルカン半島をめぐる局地紛争は、八月四日までにヨーロッパの五大国を巻き込む大戦争へと発展した。このドイツ、オーストリアを中心とする同盟国と、ロシア、フランス、英国などの連合国による戦争は、やがて日本（一九一四年八月）、オスマン帝国（同年一〇月）、イタリア（一九一五年五月）、米国（一九一七年四月）、中国（同年八月）などの参戦によって、世界戦争へと拡大していった。

2　展開

日本はただちに参戦

大戦勃発直後の各国の対応は、⑴参戦意思を有さず、中立を宣言した「中立堅持路線」（オランダなど西欧諸国、デンマークなど北欧諸国、米国、中国など）、⑵中立を宣言しつつ、有利な参戦の機会を窺った「参戦準備路線」（イタリア、オスマン帝国など）に大別されたが、日本はこのいずれの道も取らず、ただちに参戦するという、思い切った選択をした。

日本の参戦において中心的役割を果たしたのは、第二次大隈重信内閣の加藤高明外相であった。八月四日、大隈内閣は臨時閣議を開催した。加藤外相はこの閣議で、戦局が拡大し、英国もやがて参戦するという見通しを示したうえで、戦火が東アジアにまで及ぶ場合、日本が日英同盟を基礎として行動することを主張した。加藤外相は、同日に英国のグリーン（Sir Conyngham Greene）大使と面会し、英国を支援する考えを伝えた。そのため日本政府は、公式に中立を宣言することはなかった。

その後、英国は四日（日本時間では五日）に参戦し、日本に対ドイツ参戦を依頼した。英国の意図は、インド以東の植民地やシーレーンの防衛の脅威となるドイツに対抗するため、日本海軍からの支援を獲得することにあった。しかし、日本政府内では、英国の思惑をはるかに超えて早期参戦論や権益拡張論が高まった。特に積極的だったのは、この機会に中国での影響力拡大をもくろむ陸軍であった。大隈内閣は七日に再び閣議を開催し、日英同盟の情誼と日本の地位向上を理由として、参戦を決定した。この参戦方針は、八日に大正天皇に上奏され、元老にも伝えられた。元老のうち山県有朋、松方正義は、慎重な行動を求めたものの、参戦自体には反対しなかった。他方で井上馨は、参戦による権益拡張に積極的だった。井上が大隈内閣に送付した意見書に含まれる次の有名な一文は、日本の積極姿勢をよく示している。

「今回欧州の大禍乱は、日本国運の発展に対する大正新時代の天佑にして、日本国は直に挙国一致の団結を以て、此天佑を享受せざるべからず。」

加藤外相は、八日の閣議後、対ドイツ最後通牒案を練り上げた。それは、ドイツに山東半島の武装解除を迫るとともに、その中国への返還を要求する内容であった。加藤外相は、山東半島の返還と引き換えに、租借期限が迫っていた満州権益（遼東半島の租借権、南満州鉄道の経営権）の問題を解決しようと考えていた。最後通牒の回答期限は、八日間とされていた。

日本が大戦に便乗して中国権益の拡張に乗り出すのを見て、英国政府は一〇日に日本への参戦依頼を取り消した。しかし加藤外相は、正式決定を覆すことは不可能だとして、英国からの申し入れを拒絶し、参戦に向けて突き進んだ。大隈首相や陸軍も、加藤外相を支持した。こうして、日本は八月一五日にドイツに最後通牒を発し、二三日にドイツとの戦争に突入した。

加藤外相は、参戦を急ぎ過ぎたように見えるかもしれない。しかし、当時の日本では大戦が早期に終結するという観測が多く、ただちに参戦しなければ、権益拡張の好機をみすみす逃すという意見が有力であった。日本の政財界の有力者のほとんどは、戦争終結に要する期間を半年から一年と予想していた。加藤外相も、数カ月以内に戦争は終結すると予想していた。加藤は、日本が早期参戦するリスク（欧米や中国との間に軋轢が生じる）と、大戦が早期終結するリスク（日本が何も権益を獲得できない）を天秤にかけ、後者の方が大きいと判断して参戦を急いだものと思われる。

列強や中国の動向も、加藤外相が参戦を急ぐ原因となった。中国の袁世凱政権は、八月六日に中立を宣言した後、山東半島をドイツから取り戻すために、列強に様々な働きかけを行った。米国やドイツにも、日本の権益拡張を阻止するため東アジア情勢に介入しようとする動きがあった。しかし、日本が早々にドイツに宣戦布告を発したため、こうした動きは水泡に帰した。中国の外交努力と列強による介入を封じ込めるという意味においては、日本の早期参戦には合理的な計算が働いていたと言える。

国内の反応

日本の参戦には、国内の政治状況も無視し得ない影響を与えていた。大隈内閣は、与党（立憲同志会など）が衆議院の過半数を占めていなかったため、予算成立や政策実現の見通しを持っていなかった。加えて、与党内では人事や党首の地位をめぐって内紛が続いていた。こうしたなかで、大隈内閣は早期参戦を決断することによって、挙国一致の旗印のもとで政争を棚上げし、政権への求心力を得た。大隈内閣にとって、早期参戦は政権運営の行き詰まりを打開する意味も持っていたのである。

日本国内の大戦に対する反応は、(1)積極論、(2)慎重論、(3)反対論に大別されるが、圧倒的多数は(1)積極論であった。与党、陸軍や財界の主流は、早期参戦と権益拡張を積極的に支持した。財界の意向を反映した『東京経済雑誌』などの主要経済雑誌も、参戦積極論であった。『東京日日新聞』『大阪朝日新聞』など日刊の全国紙は、ほぼ全紙が参戦に積極的に賛同した。『太陽』『外交時報』『中央公論』など、主要な総合雑誌、政治雑誌もほぼ全てが参戦を支持した。

(2)慎重論の中心は、衆議院第一党の野党政友会であった。政友会の原敬《はらたかし》総裁は、日本の軍事作戦は成功するものと予想したが、その後に大きな外交問題や経済問題が浮上することを懸念していた。日英同盟に基づいて英国に最低限の協力を行う以外は、対外拡張を抑制するべきだというのが原の考えであった。高橋是清《たかはしこれきよ》ら政友会幹部、政友会の機関紙『中央新聞』も、原の方針を支持していた。もっとも、日本がドイツと交戦状態に入った後は、原・政友会もやむなく政府に協力する姿勢を示した。やがて政友会の一部からは、権益拡張を積極的に求める声すら噴出するようになっていった。

(3)反対論はきわめて少なかった。その代表格は、経済雑誌『東洋経済新報』であった。当時同誌では、石橋湛山ら自由主義者が、帝国主義外交や軍拡を批判していたが、大戦勃発にあたって明確に参戦反対の論陣を張り、以後も中国大陸での権益拡張に反対を表明し続けた。しかしこのような意見は、少数派にとどまった。

青島要塞への総攻撃

日本がドイツに宣戦布告を発すると、日本陸軍は慎重に準備を行ったうえで、一〇月三一日に英国陸軍とともに青島要塞への総攻撃を開始した。日本軍総兵力は約二万九〇〇〇人、ドイツ軍総兵力は約五〇〇〇人であった。要塞攻略にあたり、日本陸軍は白兵戦ではなく砲撃戦による敵の圧倒を作戦の基軸とし、可動式の四五式二四センチ榴弾砲など、最新鋭の兵器を惜しみなく投入した。飛行機も初めて戦闘に使用された。あまり知られていないが、約一週間の青島攻撃に要した砲弾数は、日露戦争で半年近くにわたって続いた旅順攻囲戦に要した砲弾数の四割にものぼっている。この結果、青島要塞は甚大な被害を受け、一一月七日にドイツ軍は降伏した。戦死者は、日本軍約四〇〇名、ドイツ軍約二〇〇名であった。

日本海軍も、順調に作戦を展開した。九月三日、南遣支隊が南洋に派遣され、一〇月三日にはヤルート島のドイツ軍を降伏させた。また、一〇月一四日にかけて、ヤップ島、パラオ島、サイパン島などを占領し、グアム島（米国領）を除く赤道以北の南洋諸島は日本の占領下に入った。九月二四日までには、オーストラリアとニュージーランドの艦隊が赤道以南の南洋諸島も占領しており、太平洋のドイツ海軍の根拠地は一掃された。

捕虜の処遇

青島で降伏した約四七〇〇名のドイツ兵は、捕虜として来日し、日本各地の捕虜収容所に入れられた。日本は、日露戦争の際と同様に、ドイツ人捕虜の人道的処遇に努めた。捕虜収容所は、当初一二カ所に設置され、やがて板東《ばんどう》（徳島県）など六カ所に統合された。終戦まで長い捕虜生活を送ったドイツ人が、日本に様々な技術や文化を移転する役割を担ったことはよく知られている。例えば、このとき捕虜となったドイツ人によって、パン、洋菓子やソーセージ製造の技術が伝えられているし、一九一八年六月には、日本初のベートーヴェン「第九」の全曲演奏が板東で行われている。

大戦勃発当時、ドイツには六〇〇名近い日本人がいた。その大半は、日独開戦とともにドイツから退去したが、逃げ遅れた一二六名がドイツ政府によって拘束され、最長約三カ月間の抑留生活を送った。なかには、連合国の兵士と一緒に捕虜収容所に入れられた者もいた。大戦では五〇〇万人以上の捕虜が発生し、敵国民間人の抑留も大規模に行われた。ドイツにいた日本人も、否応なくこのような「総力戦」の現実に触れたことになる。

大戦と日本の直接的関わりは、日独戦争のみにとどまらない。大戦勃発以降、フランス、ロシアなどは、しばしば日本陸軍に派兵を要請した。日本政府はこれを拒絶したが、代わりに日本赤十字社を通じて看護婦を派遣し、連合国側の後方支援を行った。また英国などは、日本海軍に地中海やバルト海への艦隊派遣を要請した。日本政府は、当初インド洋で連合国側の輸送船団護衛を受け持つにとどめていたが、一九一七年二月以降、合計一八隻の艦船を派遣し、兵員輸送の護衛を行った。この作戦中、駆逐艦「榊」がUボートの攻撃によって大破するなどしたため、日本海軍は合計七八名の犠牲者を出している。

3　意　義

このように日本は、大戦の勃発を「対岸の火事」ではなく権益拡張のための「天佑」と捉え、積極的に参戦した。日本は、ドイツがアジア太平洋地域に持っていた植民地を占領し、権益を拡張するという所期の目的を達成した。

大戦が勃発した一九一四年八月以降、金融市場の混乱や物資輸入の途絶により、日本経済は一時的な不況に陥った。しかし、軍事需要の増大、ヨーロッパにおける生産の停滞により、翌年に入る頃から日本経済は上向いた。この傾向は、海運業、造船業、鉄鋼業、化学工業などにおいて顕著で、やがて「成金」と呼ばれる富豪が多数出現する未曾有の好景気が出現した。大戦は、日本に多大な経済的恩恵をもたらしたのであった。

連合国側に立って参戦し、戦勝国の一員となったことは、大戦後の日本外交の立場を強化した。戦後に創設された国際連盟において、日本は常任理事国となり、欧米列強と肩を並べる存在となった。日独戦争で獲得した赤道以北の南洋諸島は、国際連盟の委任統治領となったが、日本はその受任国となり、事実上日本領の一部として統治を行った。

他方で、日本が早期参戦によって権益を拡張したことは、新たな外交問題の火種ともなった。日本は、ドイツから獲得した山東半島の帰属問題の他、満州問題などについて交渉するため、一九一五年一月に中国に対して対華二十一カ条要求を提出したが、中国側の巧みな抵抗により交渉は難航し、妥結のために多大な労力を要した。山東半島の帰属先の最終的決定は、大戦後の交渉まで持ち越され、以後日中対立の一つの焦点となった。

日本が参戦した当初から、欧米では日本の権益拡張に対する警戒感が存在した。その後、対華二十一カ条要求、反袁政策、援段政策、シベリア出兵といった形で日本が勢力拡張政策を推進すると、欧米の対日不信感は高まった。こうした不信感は、やがて戦後のワシントン会議において表面化することになる。

参考文献

片山杜秀『未完のファシズム』新潮選書、二〇一二年。

黒沢文貴『二つの「開国」と日本』東京大学出版会、二〇一三年。

斎藤聖二『秘大正三年日独戦史別巻2　日独青島戦争』ゆまに書房、二〇〇一年。

等松春夫『日本帝国と委任統治』名古屋大学出版会、二〇一一年。

冨田弘『板東俘虜収容所』法政大学出版局、二〇〇六年。

平間洋一『第一次世界大戦と日本海軍』慶應義塾大学出版会、一九九八年。

奈良岡聰智『「八月の砲声」を聞いた日本人』千倉書房、二〇一三年。

奈良岡聰智『対華二十一ヵ条要求とは何だったのか』名古屋大学出版会、二〇一五年。

山室信一『複合戦争と総力戦の断層』人文書院、二〇一一年。

山室信一・岡田暁生・小関隆・藤原辰史編『現代の起点　第一次世界大戦』第一巻、岩波書店、二〇一四年。


（奈良岡聰智）

板東俘虜収容所（鳴門市ドイツ館提供）

30　第一次世界大戦と国内政治——元老以後の国家像と政党内閣制

1　背　景

日露戦後政治の一つの帰結点として、一九一三年二月まで、一〇年以上にわたって桂太郎と西園寺公望《さいおんじきんもち》の二人が国政を担い合う桂園《けいえん》時代が続いた。しかし、辛亥革命の翌一九一二年に明治が終わり大正に改元される頃から、日本政治は急速に流動化していった。桂園時代はシステムと見るには桂と西園寺という個人的要素が強く、また自己超克的なシステムであることに特徴がある。つまり、桂園時代は、元老による支持と元老の管理という二つの性格を併せ持ち、さらに、陸軍・官僚・貴族院勢力を基盤とする桂と、衆議院の多数党政友会を基盤とする西園寺が、日露戦後の課題を共有し、互いの領域を尊重しあいながら妥協点を見出していく政治構造となっていた。しかし桂園時代が進むほどに両者は元老からの自律性を高め、互いからも自立し、さらに相手の領域への進出が試みられるようになっていた。ここに妥協政治批判と、東アジア情勢の緊迫化が加わり、均衡は崩れていく。

一九一二年、第二次西園寺内閣は陸軍の二個師団増設要求によって倒れた。戦後、海軍の軍艦建造技術の飛躍的発展を受けて、西園寺は厳しい財政事情のもと海軍軍備を優先していた。対して上原勇作《うえはらゆうさく》陸相は帷幄上奏を行い辞任、陸軍は後任の陸相を出さなかった。

後継首相の選考は難航したが、結局、桂に再び大命が下った。西園寺もまた桂の出馬を促していた。しかし、第三次桂内閣の成立は世論の強い批判にさらされ、「閥族打破」「憲政擁護」を標榜する第一次憲政擁護運動が起こった。そこで桂は二つの手を打った。一つは、自ら新党結成に乗り出すことである。しかしこのことは政友会の強い反発を招くばかりで多数派獲得の目処は立たなかった。そこでもう一つは、西園寺に政友会を慰撫するよう勅語を得た。しかし、いずれも決定打とはならず、ついに解散か総辞職かを迫られた桂は、総辞職を選んだ。

内閣退陣後、桂は早々に死去し、桂新党は加藤高明を総裁とする立憲同志会として発足した。立憲同志会の成立は複数政党制が本格的に機能し始める契機となる。他方、西園寺もまた政界の現役を退き、以後ますます党務から遠ざかった。勅語に背く結果となった違勅問題が直接の原因だったが、西園寺は自らの臣下としての務めと、政友会の政党としての本分とは異なると考えており、このことをそれほど重く受け止めてはいなかった。ただ党内での世代交代を促し、自らは次第に元老の役割を担うようになる。こうして政友会は原敬へと受け継がれていった。

　次いで成立した第一次山本権兵衛内閣もまた世論の強い批判の中で発足した。長閥陸軍内閣退陣後に薩閥海軍内閣が登場したと見なされたからである。しかし、政友会は内閣を支持し、その条件として政友会員から閣僚をとるか、閣僚が政友会に入るかのいずれかを求めた。後に政党内閣の首相となる高橋是清蔵相はこの時に入党している。このことは政友会の実務能力を人材面から高めることになった。また、山本内閣は行政制度改革にも取り組み、軍部大臣現役武官制を改正して、予備役後備役にも資格を広げた。このような改革は軍部や枢密院の反対を押し切るかたちで行われたことから、内閣の国政における統合力を高め、政党の一層の地位向上を準備した。

　にもかかわらず、山本内閣はシーメンス事件によってあっけなく倒れた。今度は先の政変で批判された立憲同志会が攻撃にまわった。しかし、衆議院では与党政友会が多数を占めており、内閣の支持基盤は盤石であった。このように世論の反発にもかかわらず、衆議院では内閣が倒れない状況を突き崩したのが貴族院であった。貴族院は海軍拡張予算を削減し、内閣を退陣に追いこんだ。

相次ぐ政変に次なる首相を誰にするかは難しい問題であった。軍に対する世論の反発は強く、軍人からは出せない。そこで貴族院を基礎とする内閣が構想されるも、徳川家達《とくがわいえさと》は拒絶し、清浦奎《きようらけい》吾《ご》は組閣できなかった。他方、政友会と国民党は超然内閣反対を決議していた。そこでついに、元老井上馨の肝煎によって立憲同志会を基盤とする第二次大隈重信内閣が成立した。井上は大隈内閣に海軍拡張と政友会の優位を崩すことを期待した。

2　展開

参戦を強行した大隈内閣

　ところが、内閣成立から時をおかずしてヨーロッパで大戦が勃発した。井上は大戦勃発を「大正新時代の天佑」と喜んだ。対外債務に長く苦しんできた日本は大戦景気に沸きたち、戦時期を通じて一気に債権国へと成長した。

　第一次世界大戦への日本の参戦を主導したのは、加藤高明外相であった。加藤は日英同盟を重視し、協商国側の勝利を確信していた。したがって、英国の参戦依頼が届くと、日英同盟の情宜と、ドイツ勢力を東アジア地域から一掃することで日本の地位を高めることを理由に参戦を決めた。加藤のもう一つの特徴は国内政治上のものであった。加藤は立憲同志会の総裁であり、英国型の政党政治確立を目指していた。したがって、責任政治を阻害する元老の政治介入を嫌い、従来重要文書を回覧していた慣行を否定し、情報漏洩を恐れて電報も自ら日本語に訳しながら読み上げる有様であった。元老山県有朋は対ドイツ参戦に消極的であったが、一九一四年八月、政府は参戦決定を強行したのである。

日本の戦闘は年内には目処がついた。陸軍は山東半島のドイツ勢力を駆逐し、海軍はドイツ領南洋群島を攻略した。一九一五年には、中国との間で戦後を見据えた交渉に入った。対華二十一カ条要求と呼ばれる。また総選挙では政府与党が勝利し、政友会は第二党に転落した。しかし、対華二十一カ条要求は中国のみならず英米両国の非難を招き、加藤は元老からの信頼を失う。そして大浦兼武《おおうらかねたけ》内相の選挙違反事件を機に、連帯責任論を唱えた加藤は若槻礼次郎内相などとともに辞職した。

ところが、大隈内閣は戦時を理由に政権に留まった。加藤なき大隈内閣では尾崎行雄などの影響力が高まったが、対中政策は迷走していった。そしてそれ以上に影響力を高めたのは元老達であった。一方では中国政策の調整に取り組みながら、他方ではロシアをはじめとする協商国との関係を強化した。政権の継続は山県ら元老の希望でもあったが、後には希望を越える居座りとなった。大隈は山県系の軍人政治家である寺内正毅《てらうちまさたけ》と政権授受交渉を行い、与党を引き継ぐことを希望したが、寺内は中国政策の転換を理由に拒絶した。そこで大隈は、元老の意向を無視して、退任する首相として加藤を後継首相に奏薦するという荒技に出たが、山県によって阻まれた。

批判にさらされる寺内内閣

こうして寺内内閣は、特定の与党をもたない超然内閣として発足し、大隈内閣の与党は憲政会を創立した。一九一七年の総選挙では政友会が勝利し、憲政会は第二党に転落した。寺内首相は戦時下の「挙国一致」を標榜し、臨時外交調査委員会を設置した。政党の支持を調達するため各党党首の参加を求めたが、原と犬養毅《いぬかいつよし》（国民党）の参加に対して、加藤は外相の責任を阻害すると断った。こうして原は戦時外交指導の一翼を担うとともに政友会は寺内内閣の事実上の与党として勢力を回復していく。シベリア出兵に際して原は単独出兵論を批判し、米国との協調を訴えた。

他方、寺内内閣に対する批判は戦時下でも止むことはなかった。「非立憲内閣」と揶揄されたように、超然内閣であることが強く非難されていた。さらに一九一七年にはロシア革命が起こり、ウィルソン（Woodrow Wilson）大統領率いる米国が参戦するなど、大戦が長期化する中で次第に「デモクラシー」の圧力が強まった。政治学者の吉野作造は、天皇主権下でも国民本位に政治を行うことを主張する「民本主義」を唱え、ある内閣が倒れたら、議会の新たな多数勢力を代表する内閣がこれに取って代わるという「政党内閣制」の実現を期待した。あげくに米騒動が起き、内閣は退陣した。

元老達は戦時下の「挙国一致」という観点から、次期首相には西園寺が望ましいと考えたが、西園寺は受けることなく世代交代を促した。こうして一九一八年九月に初の「本格的政党内閣」と呼ばれる原敬内閣が成立した。陸・海・外相を除く全ての閣僚が政友会員で占められ、また軍部大臣や外相も意思統一の可能な人物であった。二度の西園寺内閣とは異なり、政党内閣としての実質を備えたのである。原内閣は世論から歓迎され、野党憲政会も政党内閣を支持した。そしてすぐに第一次世界大戦は終局し、政党内閣の下、課題は戦後経営へと移っていった。

3　意　義

第一次世界大戦における国内政治の特徴は、第一に、国内政治上の対立が戦時中も基本的に維持されたことである。大戦中に内閣を率いた寺内正毅首相は、折々に「挙国一致」を唱えたが、このことは一面において当時の政治状況がいかに「挙国一致」から遠かったかを表している。第二の特徴は、東アジアの国際政治秩序と日本の国内政治秩序がともに流動化するなかで戦争に突入し、その戦争も予想外に長期化しつつ内外における新たな価値の体制化を促したことである。一九一一年の辛亥革命、一九一四年の第一次世界大戦勃発、一九一七年のロシア革命と、この時期、日本の周辺環境は波状的な大変動に見舞われ、国内政治をも揺さぶった。そして内外の不安定さは日本の対外政策における機会主義的行動を助長し、一層の不安定化を招くとともにさらなる国内政治の変革に結びついていった。そして第三の特徴として、政党指導者が戦争指導の一翼を担うに至った。

原内閣は戦後の新たな内外環境への適応を目指した。外交では戦時に傷ついた日本の対外的信用に配慮し、台頭する米国をはじめ列国との協調を重視した。それは一九二〇年に大正天皇が発した平和克服の大詔に示された大戦後日本の国家方針でもあった。内政では、教育改善、産業振興、交通機関整備、国防充実の四大政策を掲げるとともに、政治体制の政党化を進めた。すなわち、選挙権の納税資格を直接国税三円以上に引き下げ、予定されるワシントン会議では海軍大臣の事務管理を文官である首相自らが務めた。また、植民地長官武官専任制を廃止し、さらには司法の民主的統制のための陪審法に取り組んだ。皇太子訪欧など、元老と協働して国際的視野に富む開明的な宮中を模索したのも原内閣であった。

原内閣は三年一カ月余存続し、明治憲法下の内閣平均存続期間が約一年五カ月であったことを考えると長期政権であった。こうした原内閣の施政を支えたのは、第一に衆議院における政友会の一党優位状況であり、第二に貴族院多数派である研究会からの恒常的支持を獲得したことであった。そして第三に元老山県との信頼関係があり、最後に原自身も当面政党間での政権交代を考えてはいなかった。

原を選んだ元老も原自身も政党間での政権交代を考えていなかった点で、原内閣は政党内閣制の否定の上に成立した政党内閣であった。しかし他方で将来的な政党内閣制を準備した。すなわち、政党内閣として長期政権を担ったことで統治主体としての政党の信頼を高め、同じく重要なことに野党憲政会の統治政党化を促したのである。憲政会は大隈内閣退陣後、「苦節十年」と呼ばれる野党時代を過ごした。その憲政会にとって大戦の終結と原内閣の成立は大きな機会であった。憲政会は大戦後、内にデモクラシー体制の確立、外にデモクラシー諸国との協調を重視し、与野党間での政権交代を訴えた。また、原内閣下にあって、内政外交ともに政策を陶冶し、党の統一性を高めた。憲政会は国際連盟をはじめとする戦後の国際秩序を肯定し、また次第に男子普通選挙要求に踏み込んでいった。

原首相が暗殺されると日本政治は再び動揺した。いくつかの可能性の中から高橋が次期首相に選ばれたが、党内の混乱から早期に退陣した。以後、加藤友三郎《かとうともさぶろう》、山本権兵衛、清浦奎吾と三代の非政党内閣が相次ぎ成立した。一九二四年に清浦内閣が貴族院を中心に組閣するとついに第二次憲政擁護運動が起こるが、この内閣が明治憲法に違反していたわけではない。護憲運動とはあるべき憲政像を求める運動であり、それは政党内閣制の確立であった。他方、元老は山県をはじめ相次いで亡くなり、西園寺一人が残された。この間、元老という個人が彼らが相応しいと考える個人を選ぶという属人的な首相選定が批判され、選定基準としての「憲政常道」論が議論されるようになった。清浦内閣への態度をめぐって政友会が分裂すると、総選挙では憲政会が第一党となった。

こうして憲政会、政友会、革新倶楽部からなる第一次加藤高明内閣が成立した。以後、一九三二年の犬養毅内閣崩壊まで政党内閣が連続し、このような政権交代は「憲政の常道」と呼ばれて世上に歓迎された。加藤内閣は納税資格を撤廃する男子普通選挙制度を導入し、あわせて貴族院改革を行った。貴族院は以後、政党内閣の下で事実上二院化していった。

ここで興味深いのは加藤内閣があくまでも護憲運動に対する緊急避難として選ばれながら、西園寺が以後も政党内閣を選び続けたことである。西園寺は外交を重視しており、従来、対華二十一カ条要求を行った加藤を忌避していた。しかし、加藤首相の穏健な議会運営と、何より幣原喜重郎《しではらきじゅうろう》外相による外交政策（幣原外交）を高く評価し、以後、政党間での政権交代を促すに至った。

加藤が議会中に死去すると首相代理を務めていた若槻礼次《わかつきれいじ》郎《ろう》が首相に選ばれた。第一次若槻内閣下では汚職事件など政党のスキャンダルが相次ぐ中で、初めての男子普通選挙を非政党内閣で実施すべきではないかとの議論が、牧野《まきの》伸顕《のぶあき》内大臣ら新たに首相選定に加えられた宮中官僚の間でも共感を持って受け止められていた。西園寺はこれをたしなめ、解散や政界再編などあくまで政界内での解決を求めた。結局、若槻内閣は解散することなく退陣に追い込まれたが、一九二七年、政友会の田中義一内閣が成立した。この度の選定で、牧野は首相選定の基準として「憲政常道」に言及した。そして直後に憲政会と政友本党が合同して立憲民政党が結成された。以後、二大政党間で政権交代が行われていく。

他方、第一次世界大戦のもう一つの側面が総力戦としての側面であった。すなわち戦争が単に軍事力の優劣ではなく国家の総力によって決せられる時代が訪れたと見られた。このことが陸軍に与えた影響は大きく、もはや国防も政治と独立した領域ではなくなった。しかしこのことは必ずしも軍部による政党政治の否定を導かない。事実、田中や宇垣一成《うがきかずしげ》ら一九二〇年代の陸軍首脳は政党政治に適応しつつその下での組織利益追求を目指した。

原の事績に立って加藤が政治体制の政党内閣制化（二大政党制化）に尽力したのに対して、西園寺は政治体制の脱個人化を模索した。西園寺は「憲政常道」に則ることによって首相選定を自動化するだけでなく、政党内閣が枢密院など他の国家諸機関を統合することに助力し、さらには政治関与を慎むことで政党内閣制に適合的な天皇・宮中像を指導した。こうして一九二七年には政党内閣制、二大政党制、男子普通選挙制からなる新たな政治体制が成立していたのである。それは、元老の果たしていた二つの役割を政党内閣による統合と自動的な首相選定によって代替する元老以後の国家像であり、ヴェルサイユ＝ワシントン体制と呼ばれる第一次世界大戦後の国際協調路線の国内基盤となった。

（村井良太）

参考文献

雨宮昭一『近代日本の戦争指導』吉川弘文館、一九九七年。
伊藤之雄『日本の歴史22　政党政治と天皇』講談社、二〇〇二年。
猪木正道『軍国日本の興亡』中央公論社、一九九五年。
川田稔『原敬と山県有朋』中央公論社、一九九八年。
黒沢文貴『大戦間期の日本陸軍』みすず書房、二〇〇〇年。
黒野耐『参謀本部と陸軍大学校』講談社、二〇〇四年。
フレドリック・R・ディキンソン『大正天皇』ミネルヴァ書房、二〇〇九年。
奈良岡聰智『加藤高明と政党政治』山川出版社、二〇〇六年。
坂野潤治『大正政変』ミネルヴァ書房、一九九四年。
三谷太一郎『増補　日本政党政治の形成』東京大学出版会、一九九五年。
村井良太『政党内閣制の成立　一九一八～二七年』有斐閣、二〇〇五年。

31　対華二十一カ条要求（一九一五年）――日中対立の原点

1　背景

対華二十一カ条要求とは、一九一五年一月に日本が中国に対して提出した権益拡張要求のことである。この要求が出された起源は、日露戦争にまで遡ることができる。

日本は、日露戦争への勝利によって、初めて中国大陸に植民地を獲得し、大陸国家となった。一九〇五年、日本はロシアとポーツマス講和条約、清国と北京条約（満州に関する日清善後条約）を締結し、ロシアが満州に持っていた権益（遼東半島の租借権、長春以南の東清鉄道南部支線の経営権など）を継承した。日露戦争で大きな犠牲を払ったにもかかわらず、賠償金が取れなかったため、日本国民の間では満州権益に対する期待感は非常に高かった。日本は、南満州鉄道（東清鉄道を改称）の支線を建設し、沿線で鉱山や炭鉱を開発するなど、権益を拡大していった。それに伴い、日露戦前に四〇〇〇人未満だった満州の在留日本人の数は、一九一〇年には七万六〇〇〇人を超えるまでに膨れ上がった。また、満州は「一〇万の英霊、二〇億の国帑（国の財産）」を代償に勝ち取った地として、感傷あるいは郷愁の対象としても見なされるようになっていった。

しかし、満州権益の基礎は、はなはだ不安定であった。満州の租借期限は、遼東半島に関しては一九二三年、南満州鉄道に関しては一九三九年に設定されており、それ以降の租借延長は保証されていなかった。そのため日本では、日露戦後一貫して、満州権益の租借期限延長の達成が外交課題として意識されていた。一九一一年に辛亥革命が勃発すると、中国では列強権益の回収が取り沙汰された。日本の満州権益もその対象とされたため、日本国内では危機感が高まり、陸軍や対外硬派を中心に、武力干渉をしてでも満州権益を維持すべきだという強硬論が唱えられるようになった。

当時の日本の有力外交官の中で、満州問題の解決を最も強く意識していた一人が、加藤高明であった。加藤は一九〇八年から駐英大使の任にあったが、一九一三年一月に第三次桂太郎内閣の外相に就任するため、英国から帰国した。帰国に先立って、加藤はグレイ（Sir Edward Grey）外相と会談し、一〇年後に迫っている満州権益の租借期限延長への理解を求めた。グレイは、日本が満州に優先権を持つのは当然だと考え、加藤からの申し出に肯定的に応じた。桂内閣がすぐに倒れたため、加藤はこの問題に着手できなかったが、やがて翌年に第二次大隈重信内閣が成立すると、加藤は再び外相に返り咲き、満州問題の解決を目指すことになった。このように二十一カ条要求提出のきっかけとなったのは、満州問題であった。

もっとも、満州権益の租借期限延長は日本に一方的に有利で、中国にとってはメリットがまったくなかったため、これを認めさせることは大変困難であった。中国にこれを認めさせるためには、何らかの「取引材料」が必要であったが、それを突如日本に提供したのが第一次世界大戦（以下、大戦）であった。

一九一四年七月に大戦が勃発すると、加藤は大隈内閣をリードする形で早期参戦を実現した。日本は、一一月までに南洋諸島、山東半島（膠州湾周辺）を占領して、東アジアのドイツ勢力を一掃し、参戦の所期の目的を達した。

しかし、加藤の参戦の主目的は、ドイツ勢力の一掃やドイツが持つ権益の獲得ではなかった。加藤の最大の狙いは、ドイツから獲得した山東半島の返還を取引材料として、満州問題を解決することにあった。もし日本が奪取しなければ、ドイツは一八九八年締結の膠州湾租借条約により、膠州湾周辺を九九カ年（すなわち一九九七年まで）租借できることになっていた。加藤は、これを一定の条件のもとで返還するという「好意」を中国側に示すことによって、満州権益の租借期限延長を中国側に迫ろうと考えた。すなわち、山東問題を取引材料として、満州問題を解決しようとして出されたのが、二十一カ条要求であった。こうして加藤外相は、参戦のいわば必然的帰結として、翌年に中国に二十一カ条要求を提出し、山東問題と満州問題の決着を目指すことになった。

2　展開

二十一カ条要求の政策過程　一九一四年八月二三日以降、日本国内では、権益拡張を求める声が澎湃として沸き起こった。新聞や雑誌は、かつて日本が三国干渉によって大陸進出を妨害されたと書きたて、ドイツに対する復讐心を煽った。新たな権益獲得に対する期待感も高まり、山東半島や南洋に関する文献が大量に出版された。陸軍では、大陸への進出論が日増しに強くなっていった。

一一月七日に青島が陥落すると、大隈内閣は一一日に閣議を開催し、日中交渉の基礎となる対中要求事項一七カ条をまとめた。加藤は、月末にかけて陸海軍その他各方面との調整を進めた。元来加藤は、中国大陸での強引な権益拡張に批判的であったが、外務省へは様々な権益拡張の要求が持ち込まれた。国粋主義者の内田良平を中心とする黒龍会や対支連合会からは、中国を事実上併合するかのような強硬な要求案が出された。与党立憲同志会内部でも、山東半島の返還にすら反対する意見が強くなっていった。こうして、加藤の予想をはるかに上回る「対外進出圧力」が、政府を圧迫する事態が現出した。世論をリードして早期参戦を実現した加藤は、参戦後は逆に、暴走し始めた世論に突き上げられることになったのである。

加藤・外務省は調整を進めたが、各方面からの強硬な要求を、十分に緩和することができなかった。その結果、一七カ条の要求事項の一部が削られた一方で、陸軍などから出された要望の一部が新たに盛り込まれたため、大隈内閣が一二月三日に決定した要求事項は、全部で二十一カ条に膨れ上がった。

要求は、第一号から四号までの「要求条項」と第五号の「希望条項」に大別されていた。第一号は山東省に関するもので、ドイツが持っていた山東省の権益を日本が継承することを要求していた。第二号は満州に関するもので、遼東半島や南満州鉄道の租借期限を九九カ年に延長することなどを要求していた。第三号は漢冶萍公司の日中合弁化を、第四号は中国沿岸部の不割譲を求めていた。以上の「要求事項」は、全部で一四カ条あった。

第一号から四号までは、強圧的なものではあったが、当時の帝国主義外交の慣行に照らせば、常識的な内容であった。実際、日本は一月一八日にこれらの要求を中国に提出した後、列強にも要求内容を内示したが、英国のグレイ外相は、要求は「妥当の措置」だと応じ、何ら異議を唱えなかったし、ロシアの駐日大使も「日本の要求は合理的」だと語った。誤解を恐れずに言えば、二十一カ条要求は、第一号から四号までだけであれば「洗練された帝国主義外交」であり、中国からの激しい抵抗は不可避だったものの、英国をはじめとする列強からは異議なく承認されたものと思われる。

しかし実際は、日本の要求には「希望条項」とされた第五号が含まれていた。これは、第四号までとは別に中国に「勧告」する事項とされ、中国政府への日本人顧問の招聘（一）、日中警察の一部合同（三）、日本への鉄道敷設権の供与（五）、中国における日本人の布教権の承認（七）など、雑多な七項目から成っていた。各方面から出された多様な要求が苦し紛れに盛り込まれたものであったが、第四号までと異なり、中国への内政干渉と言ってよい内容であり、欧米の既得権と抵触するという点でも、大いに問題であった。「希望条項」とされたのは、加藤外相自身が「要求事項」との質的相違を認識し、中国や欧米列強に認めさせるのが相当困難だと認識していたからであろう。加藤は、強圧的な案を取引材料として活用することも考えていたと思われるが、それらをどのように取り扱うか具体的な指示は一切出しておらず、第五号の位置づけは曖昧であった。

加藤は、第五号が列強の強い反発を招くことを懸念していた。そのため、第五号の存在自体を列強に秘匿することにし、中国に要求を提出した後、英米、ロシア、フランスに、第五号を除いた要求内容を内示した。一方加藤は、中国には要求内容を他国に絶対漏洩しないよう申し入れた。加藤は、中国側による情報漏洩の可能性を軽視し、英国など列強には、最終決定を事後通知することで乗り切れると踏んだ。しかし、第五号が列強にとっても重大な内容を含んでいたこと、辛亥革命を経て中国で世論の影響力が非常に強まっていたことを考えると、加藤の見通しはきわめて甘かったと言わざるを得ない。この後、二十一カ条要求をめぐる日中交渉は、第五号が最大のネックとなって暗礁に乗り上げていく。

二十一カ条要求をめぐる外交交渉

一九一五年一月一八日、北京の日置益《ひおきえき》駐華公使は、袁世凱に二十一カ条から成る要求を提出し、受諾を迫った。加藤は交渉を秘密裏に進め、早期に決着することを目指したが、袁世凱は徹底的に抵抗した。

袁世凱はまず、中国国内の反日世論を醸成するため、すぐに要求内容を新聞にリークした。そのため中国では、一月末までに、日本の要求が二十一カ条から成るという報道が開始された。二十一カ条要求という呼称は、この後こうした報道が繰り返される中で定着していったものである。梁啓超ら知識人も激しい日本批判を展開し、それはやがて中国各地で反日運動に発展した。

袁世凱政権は、海外でも反日世論を醸成した。中国政府のリークにより、米国の新聞でも、一月末までに、日本が二十一ヵ条から成る強圧的な要求を中国に強要しているという報道がなされた。日本側がこれに積極的に反論を行わないうちに、誤報を含む様々な報道が続き、日本は中国で大々的な権益拡張を図っているという「噂」が拡散していった。

このように対日不信感を煽って、列強からの介入を招来することこそが、袁世凱の狙いであった。袁世凱政権は、一月末から列強の外交官に、日本の要求内容を少しずつリークした。二月に入ると中国による情報漏洩が明白になったため、加藤はやむなく、二月一〇日以降、英米、ロシア、フランスに第五号の存在を明かした。ここに至り日本は、中国の日本批判と欧米の対日不信に包囲されるという苦しい立場に追い込まれた。

海外の日本批判が日本の新聞で紹介されると、日本の世論も硬化した。日本の新聞紙上では、当初要求内容が正確に伝えられないまま、「不誠実」「無理解」な中国政府が日本の交渉に応じていないという批判が展開された。やがて海外の報道が流入し、要求内容が日本でも知られるようになっていったが、中国批判は逆にエスカレートしていった。二十一カ条要求を現実主義的外交の観点から冷静に分析、批判したのは、野党政友会総裁の原敬らごく少数にとどまった。

二月三日に始まった日中交渉は、中国側が粘り強い抵抗を続ける一方で、日本側が交渉方針に一貫性を欠き、譲歩条件を効果的な形で示すことができなかったため、三月には行き詰まった。加藤は、中国に駐屯する兵を一時的に増強し、武力的威圧を加えることによって、交渉の打開を図ったが、交渉は進展しなかった。日本の新聞各紙は、大隈内閣の「軟弱外交」を批判し、対中開戦も辞さずという論陣を張った。こうして四月末には、交渉は暗礁に乗り上げた。

交渉の妥結

最終的に交渉を妥結させたのは、武力的威圧をバックにした最後通牒であった。五月三日、大隈内閣は、第五号のいくつかの条項を残した最後通牒案を決定したが、翌日の元老を加えた閣議の場で、山県有朋らは加藤を叱責し、日中開戦を回避するため、第五号の削除を求めた。英国からも、要求の緩和を求める強い申し入れがなされた。その結果大隈内閣は、第五号を事実上撤回して（他日の交渉に留保するという文言を付した）、中国に最後通牒を発することにした。最後通牒は、五月七日に、四八時間の期限付きで提出された。中国側には拒絶すべしという意見もあったが、第五号が削除されていたことと、英米が妥協を働きかけたことから、九日に要求を受諾するに至った。

五月二五日、二つの条約（山東省に関する条約、南満州・東蒙古に関する条約）と一三の交換公文が締結され、日中交渉は終結した。これによって、日本は念願の満州権益の租借期限延長を実現した。他方で、山東半島の最終的帰属は大戦後の交渉に委ねられたため、以後も「山東問題」として日中間の火種となった。この後中国では、日本の要求を受諾した五月九日が「国恥記念日」と称され、反日運動の原点として記憶されていくことになる。

3　意　義

大戦が勃発した当時、日本を取り巻く外交環境は必ずしも悪いものではなかった。日露戦後に日本が大陸に進出するにつれ、日本と英米との関係はぎくしゃくし、緊張感をはらんで推移したものの、英米との間に深刻な利害対立は存在しなかったし、他の列強との関係は良好であった。一九一三年に南京事件（第二革命に際して、南京で張勲部下の兵によって日本人居留民三名が惨殺され、日本商店が掠奪を受けた事件）が発生するなど、日中関係も悪化の徴候を見せていたものの、日中両政府が正面から衝突するような事態は起きていなかった。

ところが、日本の参戦は、このような状況を一変させた。日本は、参戦以降積極的に権益拡張に突き進んだが、この過程で日本の外交環境はかつてないほど悪化した。二十一カ条要求の提出によって、中国では、日本が新国家建設を妨げる存在として急浮上した。日中関係は、日露戦後に多くの留学生が来日するなど、それなりに良好な面もあったが、これ以後対決色が強くなった。二十一カ条要求は、その後の日中対立の原点になったと言っても過言ではない。

英国は、同盟国としての信義を裏切る形で権益を拡張する日本に対して、警戒感を深めた。韓国併合や辛亥革命への対応をめぐって、英国の日本への信頼は相当揺らいでいたが、大戦勃発後の日本の行動は、対日不信を一層強めた。一九二二年の日英同盟廃棄の一因は、ここに胚胎していた。

　米国は、一九一五年五月一一日に、二十一カ条要求を否認する第二次ブライアン・ノートを発表した。米国は、この後も領土保全、門戸開放といった原則を掲げて中国をしばしば支援し、日本を牽制した。それはやがて、満州事変以降の「不承認政策」に繋がっていく。こうして見ると、参戦から二十一カ条要求に至る外交は、欧米との関係においても、まさに日本外交の転機になったと言えるだろう。

　日本は、連合国側に立って参戦することで海外権益の拡張を実現し、戦後に「五大国」の一員として処遇される素地を築いた。その反面、二十一カ条要求の提出やその後の反袁政策、援段政策、シベリア出兵は、中国や列強の対日不信を強める結果を招いた。大戦中に日本が推進した勢力拡張政策は、戦後に原敬内閣のもとで修正されていくことになる。

日支交渉漸く解決す
▽極東和平の精神より日本大讓歩
▽最後通牒に接して支那全部承諾
支那の正式回答
最後通牒承諾
支那回答諒牒
支那承認書交付
要求全部承認
支那政府承諾
一週間内に調印
回答書交付實況
總統府大會議列席者
總統府會議決要領
回答文修正
廟議一決
問題解決公表
最後通牒と袁の思惑
滑稽化せる通牒
米國態度公表
英國當局の先見
回答後の閣議

二十一カ条の外交交渉がまとまったことを報じる新聞（『朝日新聞』1915年５月10日）

参考文献

伊藤之雄編著『原敬と政党政治の確立』千倉書房、二〇一四年。
臼井勝美『日本と中国』原書房、一九七二年。
川島真『近代国家への模索』岩波新書、二〇一〇年。
高原秀介『ウィルソン外交と日本』創文社、二〇〇六年。
奈良岡聰智『対華二十一ヵ条要求とは何だったのか』名古屋大学出版会、二〇一五年。
堀川武夫『極東国際政治史序説』有斐閣、一九五八年。

（奈良岡聰智）

32 日華条約（一九一五年）――成立と取り決めの具体的な実行

1 背景

一九一五年一月、第二次大隈重信内閣が中華民国の袁世凱《えんせいがい》政権との間で始めた対華二一カ条要求にかかる交渉は約四カ月に及び、日本側が発した最後通牒を中国が受諾することで終結した。その結果、五月に以下の諸条約ならびに交換公文が調印された（外務省編『日本外交年表竝主要文書』上）。

「山東省に関する条約」（全四条で、条約に関連する交換公文が別に二つある）。

「南満州及東部内蒙古に関する条約」（全九条で、条約に関連する交換公文が別に八つある）。

「漢冶萍公司《かんやひょうこんす》に関する交換公文」。

「膠州《こうしゅう》湾租借《そしゃく》地に関する交換公文」。

「福建省に関する交換公文」。

日華間でこれらの取り決めが成立したとはいえ、中国側では武力による脅迫で結ばれたものゆえ無効であるとの主張が強まっていく。一方、日本側でも対華二一カ条交渉を主導した加藤高明《かとうたかあき》外相に対する批判が噴出していた。交渉の進め方については加藤自身も非を認めるところがあった。ただ、日露戦争後に確立した満州権益の法的安定性を強化するとともに、ドイツの山東省権益を手にしたこと自体は成功であるとの態度をとっていた。

よって加藤は、大戦終結後における日華条約の履行を確実にすることを見据えていた。しかし、一九一五年一〇月に外相を辞して以降、一九二四年六月に首相の座を射止めるまで加藤が公職に就く機会はやってこない。一方で、加藤が締結を指導した日華条約上の取り決めの実施あるいは実体化に向けた動きが第一次世界大戦中に進んでいく。

2 展開

「山東省に関する条約」と「膠州湾租借地に関する交換公文」では、日本が無条件でドイツから諸権益を継承することが記されていた。

一九一五年九月、外務省に日独戦役講和準備委員会が作られ、講和問題の検討が行われていく。翌年九月に発足した寺内正毅内閣に提出された委員会報告書では、山東半島などのドイツ権益については無条件譲渡方針が謳われていた。そこで寺内内閣は、戦後の講和会議において山東権益の無条件譲渡を確かなものとすべく、他の連合国の同意を秘かに取り付けようとする。その手がかりとしたのは、一九一七年一月に英国から要請があった地中海への軍艦派遣であった。日本は軍艦派遣に応じる代わりに、山東半島をはじめとするドイツ権益の無条件譲渡の保障を求めた。英国政府は駐日英大使を通じて日本の要求を支持する覚書を本野《もとの》一郎《いちろう》外相に提示した。また、フランスとイタリアも日本の要求に同意していったのである。

一九一八年の九月、寺内内閣の下で条約実施策がさらに推し進められる。後藤新平《ごとうしんぺい》外相（四月に本野に代わって就任）と中国の駐日公使との間で二つの交換公文が交わされた。「山東省に於ける諸問題処理に関する交換公文」と「済順及高徐両鉄道に関する交換公文」（済順は済南・順徳間、高徐は高密・徐州間）である。くわえて、「満蒙四鉄道に関する交換公文」も交わされた。これは、南満州における日本の鉄道敷設優先権を認める「南満州及東部内蒙古に関する条約」第七条に基づくものであった。これら三つの交換公文の成立から四日後、山東二鉄道予備借款契約（二〇〇〇万円）と満蒙四鉄道予備借款契約（二〇〇〇万円）が調印されたのである。

3　意　義

加藤高明が外相を辞した後、大隈内閣の対中国政策は反袁（袁世凱政権への反発）と対南方派支援を基調とする方向に傾斜していった。一方、後継の寺内内閣は、大隈内閣の政策路線に批判的な立場にあった人材が集まった政権であった。それゆえ、寺内内閣では、袁世凱の死後に北方の北京政府で重きをなした段祺瑞《だんきずい》政権への援助を強化する政策路線が採られていく。いわゆる西原借款と呼ばれる多額の借款は援段政策の象徴に他ならない。ただし、大隈内閣期に締結された日華条約上の取り決めを踏まえた施策を打っていったのも寺内内閣であった。山東・満蒙鉄道に関する予備借款契約も、西原借款に数えられるものである。

一方、日華条約とこれに関連する政策に対して、中国国内の猛烈な反発は強まりこそすれ、弱まりはしなかった。同じことは、第一次世界大戦期に強まった米国の対日不信感にも当てはまる。来たる一九一九年一月のパリ講和会議で日本は、山東問題をはじめとして、中国および米国からの批判に直面することになる。

参考文献

井上勇一『鉄道ゲージが変えた現代史』中公新書、一九九〇年。
井上光貞ほか編『日本歴史体系16　第一次世界大戦と政党内閣』山川出版社、一九九七年。
外務省編『日本外交年表竝主要文書　一八四〇～一九四五』上、原書房、一九六五年。
奈良岡聰智「加藤高明の外交構想と憲政会」『国際政治』第一三九号、二〇〇四年一一月。

（森川正則）

33　石井・ランシング協定（一九一七年）——大戦下における極東問題をめぐる日米間の暫定合意

1　背景

日露戦争後、とりわけタフト政権以降、日米は満州での利権をめぐって次第に対立の度を深め始めていた。第一次世界大戦勃発後、日本は日英同盟を根拠にいち早く参戦し、中国・山東半島の青島や赤道以北のドイツ領太平洋諸島を攻略・占領した。日本は、これら戦時中に獲得した権益の確保と、既存の関東州租借権や南満州鉄道経営権などの期限延長の必要に迫られていた。そのため翌一九一五年に、日本は、中国に対していわゆる「二十一カ条要求」を突きつけ、第五号を除く大半の要求を中国側に受諾させた。

ところがその際、米国政府が中国の立場を擁護する姿勢を次第に強め、日中間の交渉に干渉したことから、交渉は予想外に難航した。この教訓から日本は、大陸における日本の優越権について米国の承認を早期にとりつける必要性を強く認識するに至ったのである。

2　展開

日本側が米国の真意を質す目的から対米交渉を必要としたのに対し、米国側は、対独戦時協力や日本の大陸膨張政策への牽制といった異なる理由から、対日交渉に積極的姿勢を示した。

一九一七年五月一二日の佐藤（愛麿《よしまろ》、駐米大使）＝ランシング（Robert Lansing. 国務長官）会談において、日本側が移民問題の解決を求めたところ、ランシングは、太平洋での戦時協力や中国問題など、より包括的な議題を逆提案するとともに、特派使節の派遣を日本に要請した。この提案を受け、日本は石井《いしい》菊次郎《きくじろう》を代表とする訪米使節団を送り、日米交渉を通じた諸問題の解決を決断する。

一九一七年九月六日、石井とランシングによる日米交渉が始まった。まず、ランシングが中国での門戸開放・機会均等・領土保全を求めた勢力範囲撤廃案を示し、欧州列強諸国の動向を牽制しつつ、日米による共同宣言を提案した。当初、石井はこの提案に賛成したが、本国政府には勢力範囲撤廃案を受け入れる余地はなく、臨時外交調査委員会の大勢はあくまで中国での日本の特殊地位を米国側に承認させることで一致した。

九月中旬以降、交渉の焦点は宣言案の内容審議に移った。

日本側は、中国における日本の優越権を含む協定文の完成を狙っており、Paramount Interest（至高の利益）やPre-eminent Interest（優越的利益）といった文言を盛り込ませることを要求した。一方、米国側は、Special Relation（特殊関係）という表現を用い、あくまで中国での日本の優越的地位を容認しない姿勢をとった。結局、両者はSpecial Interest in China（中国における特殊利益）という表現で妥協した。妥協回避を求める日米両国政府の拘束が徐々に強まる中、石井とランシングは共同宣言案に議定書を加えることで、一一月二日に交渉はようやく妥結した。

第一次世界大戦終結後、極東での新秩序の構築と軍縮を掲げたワシントン会議（一九二一～二二年）において九カ国条約が締結されると、米国では石井・ランシング協定の存在理由が問われることとなった。同年五月に米国は同協定の破棄を提案し、これを受けて翌一九二三年四月に、日米両政府は交換公文を取り交わし、石井・ランシング協定の破棄が正式に決定された。

3　意　義

石井・ランシング協定は、戦時下の日米関係の改善や極東の現状維持という成果をもたらした一方、中国問題に関する日米合意をいわば先送りにし、その意味で課題を残すものであった。日米は、協定の成立によって太平洋の警備問題や戦時物資供給問題を通じて日米協調の機運を高め、対独戦を円滑に遂行することが可能となった。しかし、その一方でこの協定は、米国側が中国での日本の特殊利益を地理的位置に依拠したものとして理解する一方、日本側はこれを政治的意義を含む特殊利益と受け止めたように、各々にとって都合のよい解釈が可能な玉虫色の解決策という色彩が強かった。

換言すれば、石井・ランシング協定は、あくまで極東問題の現状維持を図るために日米両国が相互の了解に基づいて選択した、戦時下における妥協的次善策であったといえる。したがって当然ながら米国は、大戦終結後、中国での日本の優越権を「地理的」な意味ではなく「政治的」な意味で容認したという印象を自国民に対して極力与えないように腐心した。パリ講和会議において対日強硬姿勢に転じる米国は、対日妥協の象徴ともいえるこの協定の扱いに一層敏感となる。ワシントン会議後の同協定破棄提案も、こうした一連の流れのうえに位置づけられるといえよう。

参考文献

高原秀介『ウィルソン外交と日本』創文社、二〇〇六年。
Burton F. Beers, *Vain Endeavor: Robert Lansing's Attempts to end the American-Japanese Rivalry*, Durham, NC.: Duke University Press, 1962.

（高原秀介）

34 シベリア出兵・撤兵（一九一八～二二年）——日米関係と協調的拡張主義

1 背 景

シベリアへの共同軍事干渉計画を最初に熱心に提案したのは、連合国内部でロシアの欧州戦線撤退を恐れた英国とフランスであった。ロシア革命勃発からひと月もたたない一九一七年一二月三日、パリでの連合国最高軍事会議の席上にてフランスからの最初の共同出兵計画（日米両国軍がシベリア鉄道を共同占領するという内容）が持ち出された。そして、一九一八年一月一日に、英国より日本軍を主力とする連合軍の兵力を派遣することはできないだろうかと日本に打診してきたのである。

ロシア革命後の日本政府は、事態の発展を注視しながら連合国の出方を見きわめるという方針をとっていたが、英仏側から共同出兵の打診を受けてからはシベリアへの出兵策が本格的に議論されるようになる。日本側でとりわけ積極的な共同出兵論を説いたのは、ボリシェヴィズムの登場によって脅威を感じていた本野一郎外相であった。さらに陸軍の参謀本部内でも、参謀次長の田中義一を中心に革命直後から強気な派兵計画が作成されていた。それはロシア革命に乗じて、日本の国防に対する伝統的な「ロシア脅威」を払拭し、東部シベリア方面において日本の勢力拡大を図るというもので、居留民の保護を大義名分として沿海州から北満方面に日本軍を派兵すべきであるといった見解が示されていた。一方、本野外相や陸軍の積極論に対して慎重論を唱えたのは、寺内正毅首相や元老山県有朋、さらに臨時外交調査会のメンバーである原敬や牧野伸顕らであった。これからの国際社会の中心となると目されていた米国と歩調を合わせることの重要性をきちんと認識していただけに、ワシントンの同意なしに出兵することは非現実的な外交的選択であると考えていたのである。

混乱を極めるロシアの状況をめぐり、各国の外交合戦が繰り広げられる中、派兵を頑なに拒みつづけていた米国であったが、五月一四日に発生したいわゆる「チェコ軍団事件」が米大統領ウィルソン（Woodrow Wilson）を出兵論へと傾かせた。これは三月以来、ウクライナ戦線からヨーロッパ西部戦場に向けてシベリア鉄道を移動中であったチェコスロバキアの軍団が、チェリヤビンスク駅でボリシェヴィキ軍と小競合いを起こした事件であったが、英仏両国はこれを危機的な事態として大きく取り上げたことにより、米国の関心を引き寄せることに成功した。連合軍の一員として西部戦線に向かう誇り高きチェコ軍団が、遠いシベリアの地でボリシェヴィキ軍を相手に孤軍奮闘するそのありさまに心打たれたウィルソンは、一刻も早い軍団の救出が急務であると考えた。そこで、七月六日に陸海軍合同会議を開き、席上でウィルソンはこれまでの態度を翻して、日米共同のオペレーションという形をもってシベリアへ派兵する新方針を示し、一同の理解と協力を求めた。

　そして、ついに八月二日、米国政府は日米軍を中心に据えたうえでのシベリア派兵を宣言し、続いて翌日には日本政府も派兵宣言を行ったが、日米間の出兵認識はこの時からすでに大きく食い違っていたといえよう。一方の米国は、日本と協同してウラジオストック周辺を中心とする限定出兵を行うことを企図しており、チェコ軍団を救援するための後方掩護《えんご》に当たるために必要と考えられた日米同数の七〇〇〇名による陸軍部隊を派遣することを柱としていた。それゆえ、チェコ軍の救援目的を達成した後はただちに撤兵を宣言し、そのとおりの行動に出た。これに対して日本は、陸軍当局が「米国の提議を利用して速やかに出兵」し、チェコ軍の後方守備はウラジオストックに制限されるものではないという基本方針を決定していた。

　これを踏まえ、日本政府が米国の提案に対して表明した出兵方針は、これを勘案した曖昧な内容のものとなった。つまり、米国の限定出兵方針に「欣然応諾《きんぜんおうだく》」するとしつつ、他方で「チエッコ〔ママ〕軍支援のためにウラディヴォ〔ママ〕ストック以外に出動し、かつ形成の発展に伴い増援するの必要あるべきを予想する」との文言を入れた自主的行動の含みを残したものとなった。こうしたことから、この回答を受けた米国政府は、日本は限定出兵に「欣然応諾」したものと自ずと解釈したのである。

　一九一八年八月一二日に米国陸軍が、次いで一九日には日本陸軍がそれぞれウラジオストックに上陸した。そして、連合国による共同出兵という体裁を保つために、英仏伊加中の各国からもわずかな兵が派遣された。日本軍はウラジオストックに総司令部を置き、大谷喜久蔵大将を総司令官とした。また、在米大使館参事官の松平恒雄が、各国派遣軍との間の連絡の任にあたる政務部長として着任した。日本国内では、デモクラシーや民族自決などといった「世界の趨勢」に影響された世論の反対を押し切る形でのシベリア出兵のニュースは米騒動を引き起こし、寺内内閣は総辞職に追い込まれることになったのである。

2　展　開

出兵後の日米関係

このような背景を下に実施されたシベリア出兵は、当然ながら問題が生じるたびに日米間での外交問題へと発展していく。米国政府をまず驚かせたのが、日本の派遣軍の規模とその派兵地域であった。日本軍の行動範囲はウラジオストックをはるかに越え、一〇月中旬までには北満から極東ロシアの三州（バイカル湖以東のザバイカル、アムール、沿海の三州）一帯にかけて約七万三〇〇〇の軍隊を展開する大規模なものとなり、日本が独自の政治目的をもって行動している意図が鮮明となった。さらに、地域一帯の政治経済の中心的役割を果たしていた東支鉄道についても、現地の日本軍は米国側の技師団の関与を拒否し、これを日本の独占的支配下に置こうとしているかのような姿勢を見せた。こうした行動を憂慮した原敬首相（一九一八年九月二九日に内閣発足）は、田中義一陸相を介して陸軍を牽制しながら内田《うちだ》康哉《やすや》外相とともに減兵措置に出た。そして、一〇月中旬に一万四〇〇〇名程度の第一次減兵を決め、ついで一二月中旬には第二次減兵案を決定したことによって派遣軍の総数を約二万六〇〇〇名にまで削減したのである。

　この間にも、米国では一一月一六日、ランシング（Robert Lansing）国務長官から石井菊次郎駐米大使に日本軍の過大な兵力数と北満州およびザバイカル東部で日本が行っている独占的管理を抗議する書簡が手交されたことにより、原首相はさらなる対米譲歩に腐心した。陸軍参謀本部が、東部シベリアおよび北満への進出に欠かせないと考えていた東支鉄道の管理問題について原は、アメリカに形式上の主導権を与えることにし、宥和を試みたのである。その結果、一九一九年二月一〇日に成立したシベリアおよび東支鉄道の管理協定では、管理運営の母体となる技術委員会を米国側に任せ、一方の軍事輸送委員会を日本側が担当する国際管理方式を採ることで現実的な妥協点を見出した。

　くわえて、日米間でとかく紛争の種となったのが、日本軍が出兵以前から金銭および物資面において後押ししてきたセミョーノフ（Grigorii M. Semenov）ら、コサック勢力による目に余る振舞いであった。これは、グレイブス（William Graves）米派遣軍司令官が、「日本軍が破廉恥なコサック指導者に武器、金銭その他を供給している限り、東シベリアでは生命、財産の保証はありえない」と嘆くほどの有様であった。原内閣はこの問題についてセミョーノフらの無法な行動を抑制させるようにと現地軍に指示したものの、こうした中央の懸念は遠く離れたシベリアの地まで十分に伝わることはなかった。

　その他にも現地では様々な問題が発生し、これらが積み重なってやがて米派遣軍は日本軍に強い猜疑心を抱くようになる。たとえば派遣軍の任務範囲についても、これを鉄道の守備以上に拡大することを拒む米軍と、水路、鉱山、鉄道両側の一定地域も任務範囲としていた日本軍の認識との間では大きなズレがあった。その結果、日米両派遣軍の連携が問われるパルチザンの討伐作戦の場において日本軍が求める緊急援助に対し、米軍がこれをただ傍観するという事態が生じたりした。

そのころ西シベリアでは、一九一八年一一月一八日、帝政ロシア時代の大物コルチャーク（A. Kolchak）提督によるオムスク政権が登場し、露国復興の中心勢力として英仏のみならず、日米両政府の期待も担うようになっていた。パリ講和会議が開催されていた一九一九年の三月から四月にかけては、コルチャーク軍はウラル山中でボリシェヴィキ軍を撤退せしめ、モスクワにまで進撃する勢いを見せていた。そこで日本政府は、各国に一歩先んじて同政権に仮承認を与え、五月二三日には衆議院議員の加藤恒忠《つねただ》をオムスク政権への大使として早々に内定させるほどの機敏な対応を見せた。米英仏伊の各国は、この段階ではまだオムスク政権承認にまでは踏み切れずにいたが、日本の動きに触発され、ついに援助強化の方針を決めた。そして五月二六日に、五カ国の講和会議首席代表の名をもって、その旨をコルチャークに通告したのである。

だが、この頃既にボリシェヴィキ軍の猛反撃にあっていたコルチャーク軍は敗走を重ね、一一月中旬にオムスクから撤退していたコルチャーク自身も東進の途中、イルクーツクで社会革命党系勢力に囚われ、翌一九二〇年二月に銃殺された。

一時はシベリア復興の要となるかに見えたオムスク政権であったが、ボリシェヴィキ軍の勢いを前に脆くも崩れ去ったのである。これを機に一九一九年一二月、第一次大戦を終えて疲弊しきっていた英仏両国はシベリアでの武力干渉を中止する方針を決定し、ついで一九二〇年一月九日、米国もこれにならい、撤兵方針を日本政府に通告した。そして、一九二〇年四月、チェコ軍の撤兵完了とともにシベリアの地を去った米軍の後に残されたのは日本軍のみとなった。

日本軍の単独駐兵と撤兵

連合国による共同干渉が破綻し、国内のみならず国際社会が日本軍の撤兵か駐兵かの行く末に注目する中、日本政府が選択したのは拡大駐兵でもなく完全撤兵でもない中途半端なものとなった。それは、日本軍の占領地域を縮小し、あくまでも東部シベリアの一部に兵力を残留せしめつつ、陸軍の当初の構想の部分的実現を図るという縮小された形で単独駐兵策なるものであった。さらに一九二〇年三月二日の閣議では、ザバイカル、アムール両州からの兵力撤収とウラジオストックを中心とする沿海州南部と東支鉄道沿線に重点的に兵力配置を行うという新方針が決定された。

こうした軍の再配置を実行する矢先の一九二〇年三月一二日、いわゆる「尼港の惨劇」とされるニコラエフスク事件が起きた。ニコラエフスクはアムール河口の北洋漁業の中心都市で、パルチザン部隊の襲撃にあった同市の日本軍守備隊および在留邦人七〇〇名あまりが囚われ、そのうち約一四〇名をのぞいた全員が虐殺された後、生き残った者も六月上旬の日本救援軍の到着を前にして処刑されるという凄惨な事件の場となった。このとき石田虎松副領事も領事館に火を放ち、家族を道連れに自らの命を断っている。この事実が日本国内で報道されると、同事件は国民に大きな衝撃を与え、軍部や右翼をはじめ、干渉継続派は有効な名分として世論を誘導するのに利用した。その結果、シベリア駐兵軍の縮小および再編はいったん棚上げにされ、さらに七月三日には保障占領という大義の下に北樺太への出兵が新たに開始された。

この時期、日本軍の撤兵を遅らせたもうひとつの理由として、ウィルソン大統領の一四カ条に刺激された朝鮮の独立運動が挙げられる。一九〇五年以来、極東ロシアや北満では朝鮮人による民族解放運動が盛んであり、その活動拠点を探し出し、取り締まるためにシベリアに駐兵する日本軍が活用され、一九二一年一〇月の朝鮮隣接地域における反日運動の一掃を狙った間島出兵などの成果を上げた。

しかしながら、国際情勢と日本の国力から総合的に判断した結果、日本政府はザバイカル方面からの撤兵を実行する方針をついに固め、レーニンの傀儡《かいらい》政権「極東共和国」との交渉を開始した。そして、七月一五日と一七日の極東共和国の前身であるザバイカル西部のヴェルフネウディンスク政権との交渉においては、日本軍撤退後のザバイカル方面での赤軍の進出を一切認めない中立地帯の設置を取り決めた。かくして日本軍はゴンゴタ協定に基づいて八月中にザバイカルからの撤兵を完了させ、九月にはハバロフスクからの撤兵も表明した。一方、日本軍の支援を失ったセミョーノフによる恐怖支配は終焉し、極東共和国は都をチタに移した。

その後、海軍軍縮と太平洋極東問題を議題とするワシントン会議の開催が決まると、日本政府はシベリアでの駐兵が国際的非難を浴びることをおそれ、極東共和国と交渉中であるという事実のみを重視した大連会議（一九二一年八月〜一九二二年四月）を開いた。こうして原首相と田中陸相のイニシアティブによって一九二一年五月に撤兵政策は決定されていたものの、撤兵を完了させる期日の明示自体は回避され続けられた。その原は、同年の一一月四日に東京駅にて暗殺者の手にかかって最期を遂げ、一方の田中は撤兵の決定を機に陸相を辞任した。原の後を継いだ高橋是清内閣によっても既定方針である撤兵の実施が実行されなかったため、日本の単独出兵は次第に列国の対日感情を悪化させ、また国内における反対論にも抗せない状況となり、さらに政府の財政状況も次第に苦しくなっていた。

シベリア撤兵の実施に本格的に動き出したのは、一九二二年六月に成立した加藤友三郎内閣となってからであった。大連会議の不調、およびワシントン会議、ジェノア会議に見られる国際情勢の変化、その後の長春会議（一九二二年九月）で経済権益の確保を画策したものの、同会議も暗礁に乗り上げたことにより、一〇月二五日、最後の日本兵がシベリアを引揚げ、シベリア出兵はついに幕を閉じる。

3　意　義

シベリア出兵とは、第一次大戦中の一九一七年一一月に起こったロシア革命に対して連合国がとった軍事行動であり、その性質は東部シベリアで行われたロシア内戦への干渉戦争というものであった。それは一九一八年八月、最初は日米を中心とした連合国軍による共同軍事干渉として始まったものの、一九二〇年一月以降は日本軍のみの単独出兵という形態となり、一九二二年一〇月末まで継続した。この四年三カ月の間に日本は、約一〇億円を費やしつつ、延べ二四万人の兵を派遣し、死者は三三〇〇人以上にも及んだ。

シベリアの地へ大規模な派兵を展開した寺内正毅内閣が退陣を余儀なくされた事実が端的に示すように、出兵の行方に世論が及ぼした影響は決して小さくない。武力に頼る強硬な大陸政策は内外から厳しい批判に晒され、第一次大戦という未曾有の戦争の現実を目の当たりにした国民による軍部への反発が強まったのもちょうどこの時期である。それゆえ、一九一八年九月二九日に世論の後押しによって新内閣を発足させた原敬は、日米間の親密の緊要さを重視する協調的拡張主義と呼べる外交方針を採る。それは、米国主導の第一次大戦後の新しい国際社会が容認できる新たな大陸進出の方法を模索することであり、シベリアでは領土獲得に代わるものとして居留民の保護を名目にした駐兵、傀儡政権の擁立、保護領の樹立、土地・鉄道・漁業・鉱業・森林伐採・河川や海の航海権などの経済利権の獲得、邦人の移住、そして金融投資などの観点からあらゆる可能性が探られた。

しかしながら、一九二〇年の春に米国をはじめとする連合各国が撤兵し、日本軍が単独駐兵を続けることによって日本のシベリア政策の思惑と野心はむき出しとなり、原内閣の協調的拡張主義は逆に米国との溝を深めることになってしまう。原内閣は撤兵方針を決めながらも撤退の期日を公表できずに単独駐兵が二年半以上もの長期に及んだ理由としては、陸軍参謀本部の駐兵工作、そして朝鮮独立問題への対応などが挙げられる。他方、撤兵へと日本を追い詰めていったのは、極東共和国の誕生、ワシントン会議などが形成した戦後の新しい国際秩序、田中義一陸相の辞職、原首相の死、さらには国内外の世論などが介在した。

最終的にシベリア出兵は失敗したものの、原の編み出した列強や広い意味での国際社会との協調的拡張主義は、この後もいわゆる「幣原外交」として継承されていくこととなる。

参考文献

井竿富雄『初期シベリア出兵の研究』九州大学出版会、二〇〇三年。
川田稔『原敬　転換期の構想』未來社、一九九五年。
原暉之『シベリア出兵』筑摩書房、一九八九年。
細谷千博『シベリア出兵の史的研究』岩波現代文庫、二〇〇五年。
百瀬孝「シベリア撤兵政策の形成過程　大正九年十二月　十年五月」『日本歴史』第四二八号、一九八四年一月。

（簑原俊洋）

35 パリ講和会議および諸条約（一九一九年）――五大国の一員としての栄光と挫折

1 背景

一九一八年一一月、三国同盟側のオーストリアとドイツが、英仏などを中心とする三国協商側に降伏し、第一次世界大戦は終結した。四年余りに及ぶ世界を巻き込んだ総力戦は、オーストリア＝ハンガリー帝国・ドイツ帝国・ロシア帝国を崩壊へと導いた。欧州での封建的政治体制の没落は、旧外交を標榜する伝統的な古典外交の衰退を予感させるものであった。一方、新たな勢力として、まったく対極的なイデオロギーを前面に掲げた米国とソ連が登場した。米国の大統領ウィルソン（Woodrow Wilson）は軍国主義的専制政治を排しつつ、自由主義・民主主義・国際主義を提唱する一方、ソ連のレーニン（Vladimir Lenin）は農民・労働者を中心とする社会主義・共産主義体制の実現を訴えた。

以上のように国際環境が劇的な変化を遂げつつあるなかで、望むと望まざるとにかかわらず、日本は大戦後の国際秩序構築の過程に様々な面で関与していくことになる。まさにその最初の舞台となったのが、大戦後の世界のありかたを討議すべく列強諸国の首脳が一堂に会したパリ講和会議であった。

2 展開

原敬内閣の外交方針　一九一八年九月に発足した原敬《はらたかし》内閣は、寺内正毅内閣の「援段（＝段祺瑞政権支援）政策」を改め、中国の南北両政府に妥協を呼びかけ、列強諸国との協調によって中国での日本の支配権を強化する方針をとった。

原内閣による外交方針の転換を促したのは、何よりも国際環境の劇的な変化に他ならなかった。一九一七年一一月には、帝政ロシアの崩壊に伴い日露協商が無効となり、日英同盟のみに立脚した日本外交の基軸は揺るがざるを得なかった。くわえて、一九一八年一月に発表された米国のウィルソン大統領による「一四カ条」は、秘密条約廃止や民族自決を提唱しており、旧外交のルールに忠実に従ってきた日本の外交方針に根本的な修正を迫るものと受け止められたのである。

日本の講和準備　実のところ、来たるべき大戦後の講和会議に備えて、日本国内では対独参戦直後から準備作業が進められていた。一九一四年一〇月には、外務省内で講和会議準備資料の収集が始まった。その後、一九一五年九月には、外務省内に日独戦役講和準備委員会が設置され、外務・陸海軍・法制局から省庁横断的に委員が招集されるとともに、一九一六年末まで講和準備のための調査研究・調書の作成が進められた。

一方、寺内内閣成立後の一九一七年六月には、臨時外交調査委員会が新設され、外交・国防問題を審議する国家の最高意思決定機関として機能した。翌一九一八年に成立した原内閣においてもこの方針は踏襲され、日独戦役講和準備委員会により提供された調書に基づいて日本の講和会議方針が策定されたのである。

一九一七年一一月、日本の講和基本方針が決定した。参戦の目的でもあった大国としての地位向上を図りつつ、極東における旧独権益の確保を足がかりに中国大陸での勢力拡大をめざすことに主眼が置かれていた。その具体的な内容は、(1)山東における旧独権益の譲渡・赤道以北の旧独領南洋諸島の割譲、(2)日本に直接利害関係のない問題についての討議の留保、(3)連合国と利害を共有する案件に関して連合国と共同歩調をとること、からなっていた。

しかし、大戦終結後、ウィルソンの「一四カ条」が講和会議における討議の前提となることが判明すると、日本はそれらに対応すべく追加的準備に着手した。その概要は、国際連盟に関する具体的討議を極力回避するよう努力し、万一連盟設立を見た場合には人種的偏見によって日本に不利が生じないよう保証を取りつけることを求めたものであった。一二月二二日に日本政府が最終決定を下した訓令の内容は、(1)赤道以北の旧独領南洋諸島の割譲、(2)山東における旧独権益の譲渡、(3)人種的差別の撤廃、(4)その他の問題については大勢順応する、というものであった。

講和会議における日本全権団

パリ講和会議は、大戦後のドイツとの講和条約を結ぶため、一九一九年一月から同年六月まで開催された。この講和会議では、ドイツ・オーストリア＝ハンガリーをはじめとする敗戦国を抜きにして審議が行われ、講和条約案がある程度まとまった段階で敗戦国に提示されるという異例の形式が採られた。また、協商側の一員として大戦に関与していたロシアが、革命によってソ連となり戦線を離脱したことから、会議に招かれない事態となった。

日本は、講和会議に首席全権の西園寺公望をはじめ、牧野伸顕枢密顧問官、珍田捨巳《ちんだすてみ》駐英大使、松井慶四郎《まついけいしろう》駐仏大使、伊集院彦吉《いじゅういんひこきち》駐伊大使を全権に任命し、総勢約六〇名からなる全権団を送った。講和会議の主要議題は、当初英・仏・米・伊・日からなる五大国の代表で構成された十人会議や五人会議で取り決められた。日本は第一次世界大戦で協商側に立って参戦した結果、いわば大国として国際的に認知されるに至ったのである。

ところが会議開始後、日本の全権団は概して積極的に発言を求めようとしなかった。その背景には、本国からの訓令によって、自国に直接的利害関係がない案件に関しては、特別な場合を除き発言を控えるよう指示されていたという経緯があった。こうして日本全権団は「サイレント・パートナー」と揶揄されることになる。そして、講和会議の諸問題に積極的な関心を示さない日本の全権は、いつしか会議での重要議題を扱う五人会議に招かれなくなった。

一方、会議後、全権団の一員であった有田八郎、堀内謙介など当時若手の外交官達は、講和会議で露呈した日本の準備不足を深刻に受け止め、外務省革新同志会を結成した。こうして、以後、彼らの運動が日本の外交力強化のための外務省改革へと繋がっていくことになる。

国際連盟の設立と日本の対応

講和会議が始まると、ウィルソンは早速国際連盟の設立と連盟規約の審議を提案した。そして、領土問題の討議を優先するよう執拗に求める英仏の主張を排除した。領土問題で要求が満たされれば列強諸国が国際連盟の設立に関心を示さなくなるであろうことを、ウィルソンは憂慮したのである。結局、列強諸国は、ウィルソンの主張を受け入れ、一九一九年一月から二月にかけて審議が行われ、国際連盟の成立および同規約原案が採択された。

講和会議における諸懸案(1)——旧独領南洋諸島問題

一方、国際連盟規約の審議と並行して扱われていたのが、旧独領植民地の処分問題であった。その際、日本が割譲を求めたのは、赤道以北の旧独領南洋諸島であった。しかし、この問題についてウィルソンは、戦勝国による南洋諸島の併合が旧秩序への回帰という誤った印象を世界に与えかねないことを危惧した。したがって、彼は併合主義を排し、国際連盟がいったん植民地を領有し、その施政を委任統治として小国に担わせる方策を提案したのである。だが、この問題に直接的利害が絡むオーストラリアやニュージーランドはなお併合論を展開し、ウィルソンの提案に強く反発した。

局面を打開したのは、植民地を文化的程度や地域性に応じてA・B・Cの三等級に分けて委任統治を行うという南アフリカ代表スマッツ（Jan Smuts）による妥協案であり、英首相ロイド＝ジョージ（David Lloyd George）の斡旋によって対立はようやく解消した。結果的には、剝き出しの併合論でも民族自決主義でもなく、マーシャル諸島やカロリン諸島などをはじめとする当該諸島が、国際連盟の付託に基づくC式委任統治領として日本の施政下に置かれることとなった。この方式は、形式上は委任統治であったものの、実質的には限りなく併合に近く、日本の主張が、事実上受け入れられたのである。

講和会議における諸懸案(2)——人種差別撤廃問題

連盟規約案の修正審議に合わせて、日本が追求したもう一つの懸案は、人種差別撤廃条項を連盟規約の中に挿入することであった。連盟が人種の相違を理由に欧米列強による取引の場となることを阻止するとともに、移民問題の解決を図ることが、この提案の主な狙いであった。一方、ウィルソンも、自らの理想主義に合致した日本の人種平等案に当初は好意的姿勢を示していた。

だが、人種平等条項に関する予備折衝と並行して進められていた国際連盟規約案の作成過程において、日本移民の流入を懸念したオーストラリアの反対を受けた英国がこの条項の削除を求めたため、規約案の早期成立を優先したウィルソンは英国の要求に応じざるを得なかった。

一方、牧野伸顕を中心とする日本全権は、移民に関する条項を削除することで妥協策を図ろうとしたものの果たせず、最終的には人種平等の主義・原則を連盟規約の前文に掲げることで事態の打開を目指した。四月一一日の日本提案に関する採決の結果、不投票の議長を除く一六票中一一票が賛成票となったにもかかわらず、議長のウィルソンは重要案件の決定には全会一致が必要として提案を否決した。牧野全権は、人種平等の原則が将来連盟において採用されるよう求めた内容を議事録に残すことで本案件に幕を引かざるをえず、日本の人種差別撤廃要求は否決される結果となったのである。

講和会議における諸懸案(3)——山東問題

日本の講和条件の中で最も重要な案件とされ、同時に最も審議が紛糾した問題が、山東の旧ドイツ権益の無償譲渡をめぐる要求であった。

日本は一九一五年の日中条約や英仏との秘密条約等に従い、膠州湾《こうしゅうわん》租借地の自由処分権を講和会議で得たのちにこれを中国に返還（間接還付）するとし、鉄道と鉱山からなる山東の旧独権益の譲渡と青島居留地の設定を要求した。これに対し中国は、膠州湾租借地と山東における旧独権益の直接還付を日本に求めた。ウィルソンは中国の主張を当初支持したものの、対独宣戦布告後に結ばれた山東鉄道の処分を規定した一九一八年の日中協約を無効にすることは不可能であることを認め、中国側にも譲歩を促した。

中国に対するウィルソンの全面的支持が徐々に揺らぐ一方、日中の主張が互いに平行線を辿るなか、日本側は要求が容れられなければ講和会議を離脱することを明言し、ウィルソンの決断を迫った。ちょうどイタリア代表がフィウメに対する領土的要求が認められず会議を一時離脱したこともあって、この場に及んで日本までもが会議を脱退する事態は何としても回避する必要があった。かくしてウィルソンは、国際連盟の設立を優先する立場から、英国の仲介案であるバルフォア覚書の趣旨に従い、熟慮の末に日本の要求を受諾したのである。

ただし、ウィルソンは、日本の要求に関する条文の内容と規定については最後まで安易に妥協せず、中国の「主権」を侵害しない範囲内で、バルフォア覚書の趣旨、すなわちドイツが所有していた経済的権利と青島居留地の設定のみを日本に認めることでようやく了解したのであった。

中国では、山東問題の処理が戦勝国である中国にとって有利に解決されなかったことに憤激した市民・労働者による反日・日貨ボイコット運動が激化した（五・四運動）。このように、山東問題の解決は、結果的に日中双方に大きな傷跡を残す結果となった。

3　意　義

パリ講和会議において、日本は戦勝国・五大国の一員として、講和目的の達成という点では、少なからぬ外交上の果実を手にした。日本の領土的要求は、戦時中に交わされた協商国との秘密条約に支えられ、その大半が容れられた。中国側の強い反発にもかかわらず、山東の旧独権益の対日譲渡は認められ、赤道以北の旧独領南洋諸島が日本による併合に限りなく近いC式委任統治の対象に指定された。いわば旧外交のルールに基づく、戦勝国による領土の収奪や勢力範囲の拡大といった点で、第一次世界大戦終結直後の日本は、おおよその成果を収めたといえる。

しかし、同時に、講和会議での懸案処理をめぐって、日本が将来解決を迫られる様々な課題に直面したことも事実であった。それらは、五・四運動に見られるような中国の反発であり、大戦終結後に移民問題や太平洋の安全保障をめぐって日米関係が急速に悪化したことにも現れていた。

換言すれば、日本はパリ講和会議において、錯綜する秘密条約と権力政治に立脚した旧外交の術を駆使しつつ、最大限にその恩恵を享受したものの、大戦終結前後に帝国主義後の国際政治ルールとして登場した新外交に直面し、とりわけ米国主導の新外交に柔軟に対処し得る知恵を必ずしも十分に持ち合わせていなかったということができよう。これらの諸懸案を解決すべくワシントン会議が開催されるのは、実にパリ講和会議から二年後のことであった。

さらに、最後に付言しておくべきは、大戦後の国際的恒久平和に対する日本の「当事者意識の欠如」である。欧州諸国や米国は欧州の主戦場を直接経験しており、大戦の原因究明と再発防止は、彼らにとっていわば使命感を伴った内発的な義務とならざるをえなかった。これに対し、欧州の主戦場を経験せず勢力圏の拡大に邁進してきた日本には、当然ながら欧州諸国や米国と同様の姿勢を期待することは困難であった。と同時に、世界大戦の教訓を真の意味で共有できなかったことは、その後の日本にとってある種の不幸であったともいえよう。

もっとも、講和会議以後、日本においても正義・人道を重んじる「ウィルソン主義」に対する受容と反発が同時平行的に急速に広がった。これにより、国際的恒久平和に対する日本人の意識が以前にも増して少なからず高まりを見せ、それらが一九二〇年代の国際協調主義路線へと導く原動力となったことは指摘しておかねばなるまい。

参考文献

外務省百年史編纂委員会編『外務省の百年』上・下、原書房、一九六九年。

高原秀介『ウィルソン外交と日本』創文社、二〇〇六年。

Thomas W. Burkman, *Japan and the League of Nations*, Honolulu, HI: University of Hawai Press, 2008.

（高原秀介）

パリ講和会議（1919年）（朝日新聞社提供）

36　国際連盟加盟（一九二〇年）――「五大国」の地位と自覚

1　背　景

未曾有の惨劇となった第一次世界大戦に際し、欧米では、崩壊してしまった勢力均衡政策に代わる新たな国際秩序として集団安全保障体制が模索され、平和強制同盟会（米国）や国際連盟会（英国）といった団体が次々と組織されていった。これらの活動を背景にして、一九一八年一月、米国のウィルソン（Woodrow Wilson）大統領は、その戦後構想を「世界平和のための十四カ条」にまとめ、その最終項にて国際機構設立を提議した。これを受けて戦勝国は、講和会議において国際連盟（以下、連盟）創設を議論するに至った。

2　展　開

一九一九年一月に開催されたパリ講和会議において、米英仏伊日からなる五大国会議は、国際連盟委員会を組織することを決定した。そして、英米両国専門委員による原案を基礎に、四月には連盟規約案が成立し、これがヴェルサイユ平和条約の第一編となって、一九二〇年一月一〇日に同条約が発効すると同時に、連盟は誕生した。もっとも、連盟成立を主導した米国は、上院の反対により加盟することができなかった。

第一次世界大戦に参戦した日本も五大国会議に列席し、国際連盟委員会に参画した。だが、原敬内閣は国際連盟の設立に対して当初から消極的であった。「このような大円卓会議で我が運命を決せられるのは迷惑至極」と幣原喜重郎外務次官が語ったといわれるように、日本は、とりわけ中国に対する特別な利害関係に対し、連盟が普遍的原則をもって介入してくることを危惧していた。実際にも、人種差別撤廃問題では積極的提案を行った日本であったが、英米が提案した徴兵制度撤廃問題に対しては強く反対するなど、集団安全保障体制を強化しようとする動きには消極的態度に終始した。

だが、ひとたび連盟が成立するや、常任理事国たる日本は、総会審議、各種委員会、国際労働機関、常設国際司法裁判所等の多岐にわたる活動に積極的に協力した。とりわけ理事会においては、ヨーロッパに必ずしも強い利害関係を持たない日本が、上部シレジア問題やオーランド群島問題、コルフ島事件などの国際紛争に対し議長や報告者として仲介の労を執り、公正な立場からその解決にあたった。また、連盟のアジア太平洋地域における国際保健事業をリードしたのも日本であった。こうした活発な連盟外交を支えたのが、日本政府の代表として活躍した石井菊次郎、安達峰一郎、佐藤尚武ら多彩な人材群であった。くわえて、日本人連盟職員の名声も高く、連盟事務次長の要職にあった新渡戸稲造は連盟の宣伝啓発に務め、その後任の杉村陽太郎は国際紛争解決に尽力した。こうした連盟で活躍する日本人は「礼儀正しく、勤勉で且つどこまでも仕事に完全さを遂げた点で他の模範であった」（ウォルタース連盟事務局政務部長）と高く評価された。

3　意　義

連盟加盟の最大の意義は、日本が「主タル同盟及ビ連合国」（国際連盟規約第四条）として、常任理事国に就任し英仏伊と肩を並べる大国の地位を確立したことである。それは、連盟が全世界的な国際機構になるには不可欠であったと同時に、明治維新以来、西欧列強に追いつくことを目標としてきた日本にとっては、一つの到達点であったといえよう。また、常任理事国の地位は、そうした名誉にとどまらず、実質的な大国的特権をも付与するものであった。たとえば、長く連盟日本理事を務めた石井菊次郎は、「余の一挙手一投足は深く列国官民の注意を延くが故に、余の責任の只《ただ》ならぬを常に痛感した」と回想している。日本はそのような「列国の羨慕」を集めた地位を生かし、上述のとおり自国とは直接関係のない問題の解決にもひたむきに貢献したのであった。

しかし日本は、相互援助条約やジュネーブ議定書などのように、連盟を中心とした集団安全保障体制を強化する取り組みに対してはことごとく消極的であった。その根底には、連盟が東アジアにおける日本の特殊利益に介入することへの危惧が依然としてあった。日本が直接利害関係のないヨーロッパの紛争解決に尽力したのも、それにより、あらかじめ連盟加盟国の信頼を得ておけば、将来、中国問題が連盟において取り上げられたときに日本に有利となると考えていたことも大きかったのである。

参考文献

海野芳郎『国際連盟と日本』原書房、一九七二年。

佐藤尚武監修『日本外交史14　国際連盟における日本』鹿島研究所出版会、一九七二年。

塩崎弘明『日本と国際連合』吉川弘文館、二〇〇五年。

篠原初枝『国際連盟』中公新書、二〇一〇年。

細谷雄一編『グローバル・ガバナンスと日本』中央公論新社、二〇一三年。


（村上友章）

37　カリフォルニア州の排日運動と第二次排日土地法（一九二〇年）——蘇る「排日の亡霊」

1　背景

第一次大戦の勃発により、カリフォルニア州での排日運動は小康状態にあった。さらに、一九一五年二月一〇日にサンフランシスコ市で開催されたパナマ運河開通記念万国博覧会（Panama–Pacific International Exposition）において、戦争によってヨーロッパからの展示が相次いで中止される中、日本の展示が博覧会を成功へと導いたこともあり、カリフォルニア州の排日感情は大幅に緩和された。

しかし、それも束の間であった。「対華二一カ条要求」で知られる加藤高明外務大臣による帝国主義的外交の実態が中国政府が展開する広報外交によって誇張されて米国の世論に伝わると、米市民の多くは姉妹共和政体（Sister Republic）への不当な攻撃と見なし、中国に同情を寄せるようになった。この反射として、「無垢な中国に対して帝国主義の牙をむき出す日本」と現地日本人移民のイメージが折り重なったため、一時下火となっていた排日運動は再燃した。つまり、ジョンソン（Hiram W. Johnson）知事がかつて鎮めたはずの「排日の亡霊」が蘇ったのである。

状況がさらに悪化した背景には、一九一三年の第一次排日土地法の施行後、日本人移民の土地所有面積が減少に転じず、逆に一・五倍にまで増加したという事実があった。そのため、法的抜け道を巧みに利用して農地を着々と獲得する日本人移民に対して危機感を抱いた白人農業労働者は、その怒りを地元政治家にぶつけた。その結果が、一九一五年のシャーテル法案（Shartel Bill）の州議会への提出である。同法案の狙いは、日本人移民の農地所有を禁じた第一次排日土地法を、より効力のある土地法に修正することにあった。

この時、カリフォルニア州のジョンソン知事は、ローズヴェルト（Theodore Roosevelt）元大統領と「政治的目的で排日問題を二度と利用しない」との約束を、二年前に交わしていた。さらに知事の下には、「欧州での大戦が終結するまで、我々の最大の目標は日本との間で深刻な問題となり得る事態を極力避けて通ることにある」と念を押した元大統領の親書も届いていた。そのため、知事は現行の排日土地法の強化は不要という立場を堅持し、修正案を審議するための特別州議会（Special Session of the State Congress）の開会も峻拒した。こうした知事の頑な抵抗に直面し、審議する場を失ったシャーテル法案は難なく葬られたのである。

むろん、この法案の成立を妨害する知事の行動に対しては、州議員からの反発も予想されたが、時期を同じくして米国がヨーロッパの大戦に参戦する気配が濃厚となり、カリフォルニア州民の関心も必然的にそちらへ移行したため、それは杞憂となった。実際、全米各地における排日運動もなりを潜めた。こうした世論の動向を察知した排日派の州議員は、この時期に排日法案を提出しても支持は得られないと考え、日本人移民を差別する法案を自主的に控えた。それゆえ、戦争終結まで州議会において排日法案が提出されることは一度もなかった。

しかし、パリ講和会議が閉幕すると、州民世論の感心は再び排日運動に戻った。この好機会を逃さぬよう、排日の政治的利用を兼ねてから目論んでいた三人のカリフォルニア州の政治家たちによって排日運動は劇的な形をもって再展開されることになる。彼らの名は、元サンフランシスコ市長にして、現カリフォルニア州選出の民主党連邦上院議員フィーラン（James D. Phelan）、共和党の州上院議員インマン（J. M. Inman）、そして共和党の州会計官チェンバーズ（John S. Chambers）の三名である。

2 展開

排日問題が党派的イシューに

フィーランにとって、一九二〇年は民主党の連邦上院議員として任期満了の年であった。そのため、カリフォルニア州の代表として上院に留まるには、その年の選挙での勝利がどうしても必要となった。しかしながら、この時期のカリフォルニア州における民主党の影響力は減退しており、フィーランはこの趨勢を逆転させるためにも、大きな集票効果が望める「排日」を選挙戦に活用することにしたのである。

他方、インマン州上院議員とチェンバーズ州会計官も、それぞれ現職の任期が迫っていた。一九二〇年の州選挙において、インマンは連邦下院議員の共和党候補として出馬しており、他方、チェンバーズは知事の座を狙っていた。こうした政治的野心を満たすために、フィーランと同様、彼らもまた「排日」を州民に訴えることが最も有効的であると考えたのである。このため、一九二〇年の州選挙では、以前と打って変わって排日問題が超党派的な政治イシューとして大々的に再登場することになった。

そのフィーランは、一九一九年一月のカリフォルニア州議会開会での演説を皮切りに、あらゆる機会において排日を州民に訴え、「カリフォルニアを白く保とう（Keep California White!）」などのスローガンを用いて選挙運動を展開した。さらに彼は、日本人移民は「経済的、軍事的、そして社会的」にも脅威であると主張し、当選すれば日米紳士協定の廃止、排日移民法と新排日土地法の成立、日本を意識しての州沿岸の防御強化、そして米海軍の拡張を求めていくことを公約とした。

排日協会などの活動

ただ、フィーランはこうした排日カードを独占することはできず、インマンやチェンバーズもまた、排日の政治的果実を意識して精力的に「排日」を各々の選挙運動に利用したのである。その一環として、インマンはチェンバーズと提携し、一九一九年九月二九日にストックトン市においてカリフォルニア州排日協会（Anti-Japanese Association of California）〔以下、「排日協会」と略記〕を結成し、初代会長としてインマンが就任した。

この排日協会は、早速、実行委員を任命し、次の三点を組織の目標として掲げ、その実現を目指した。

(1)最も酷烈な排日法案の起草。
(2) Initiative Petition をもって州民により該法制定の発議。
(3)一九二〇年の投票用紙に排日土地法案の掲載。

この中からインマンは(1)を任せられ、彼は早速第二次排日土地法（一九二〇年外国人土地法）の前身となるインマン法案（Inman Bill）を起草する作業に取りかかった。ところで従来は、フィーランが連邦議会の上院議員であったため、自ら州議会に法案を提出することができず、そのため、インマンと共謀して、一九一九年の州議会にインマン法案の提出を企図したとされる。しかし、この解釈にはいくつかの問題点がある。まず両者は、対立する政党に所属していたうえ、フィーランはウィルソン派の革新主義者（Wilson Progressive）であったのに対し、インマンは共和党の中でも保守派を構成していた。こうした状況下では、両者が相互に協力・連携するような余地は乏しく、また政治信念が異なるフィーランの再選に貢献するような行動をインマンがあえて取ったとは考えにくい。これらを勘案すると、フィーランに対抗する意識を持って排日法案を起草したというのが実のところであろう。

そのインマンは、法案を審議するための十分な日程を確保するため、第一次臨時州議会の閉会間際に第二次臨時州議会の開会を求める決議案を議会に提出したが、これは州の上下両院によって難なく採択された。そのため、この時点まで全て万事順調であるかのように見えた。しかし、ここに来てジョンソン前知事を継いだスティーヴンズ（William D. Stephens）新知事が決議を突如拒絶したのである。むろん、知事は日本人移民の排斥に反対して第二次臨時州議会の開会を拒否したわけではなく、その背景には次の理由があった。

第一に、知事は、インマンとフィーランの政治的野心に加担したくないという思いが強かった。第二次臨時州議会を開会すれば、インマン法案はほぼ間違いなく通過するだろうし、そうなれば「排日」を訴えていた二人がその政治的恩恵を全面的に甘受することは確実であった。第二に、州域内における日本人移民の土地所有に関する実態調査報告書が完成した後に、現行の排日土地法に対する修正案を審議するのが筋であると思えた。第三に、日本人移民に関する問題は、外交問題にまで発展し得る性質のものであり、したがって連邦政府に一任すべき事柄であると認識していた。そして、第四に最も重要な理由として、欧州において講和会議が開催され、そこで多数の重大案件が日米両政府間で議論されている最中に、もしカリフォルニア州議会がインマン法案を一方的に可決したならば日米交渉にも累を及ぼしかねないと憂慮したことが挙げられた。

実際、スティーヴンズ知事は、ランシング（Robert Lansing）国務長官より、「この時期に、議会にて排日法案を審議するだけでもその結果は〔日本との交渉において——引用者注〕大惨事となりかねない」と警告する書簡を一九一九年四月の時点で受領していた。結局、連邦政府の意向を尊重したスティーヴンズ知事の政治決断によって第二次臨時州議会は開会されず、インマン法案もついに審議の場を与えられないまま廃案となった。しかし、これをもって排日法案を成立させる道がすべて閉ざされたわけではなかった。実際、インマンは次なる手段として州民による直接投票という形をもって排日土地法修正案を成立させることを決意したのである。

第二次排日土地法の成立　こうして直接投票に付せられることになった一九二〇年排日土地法修正案は、一九一九年の州議会に提出が試みられたインマン法案を基礎としつつ、インマンと『サクラメント・ビー（*Sacramento Bee*）』編集長のミクラッチー（Valentine S. McClatchy）が共同で起草したものであった。なお、当時のカリフォルニア州憲法では、以下の三種類の直接投票が規定されていた。

(1)法案を直接人民投票に付すもの。
(2)法案を一旦州議会に附し審議・採決の後、可否にかかわらずその後に一般投票に付すもの。
(3)州議会を通過した法律を一般投票に付すもの。

インマンが目指したのは、この中の(1)である。これを実施するためには、州憲法の規定により、前知事選挙における投票総数の八％にあたる有権者からの署名が必要となった。その結果、選挙日から数えて九〇日前と定められていた署名提出期限の一九二〇年八月二日までに、約五万五〇〇〇人もの署名を集める必要があった。直接投票の実現は、多大な労力を要する大変な作業だったが、他方、直接投票によって法案が成立さえすれば、州議会による修正はおろか、知事も拒否権を発動することは許されなかった。

期日までに署名を集めるため、排日を標榜する全ての圧力団体およびインマンを中心とする排日政治家たちは、地元の新聞と連携して署名運動をカリフォルニア州全域において精力的に展開した。その努力の甲斐によって、署名は着実に集まり、その総数は八月二日までに八万五〇〇〇人にも上った。そして、有効な署名が規定数に達したことを確認したスティーヴンズ知事は、カリフォルニア州憲法に従い、排日土地法修正案〔後に、提案第一号（Proposition No. 1）と改称〕を直接投票に付すことを容認せざるを得なかった。こうして、一九二〇年の州選挙にて提案第一号が告示されると、それまで署名運動に身を投じてきた各排日団体と新聞は、「ジャップからカリフォルニア州を救え、提案第一号には、『イエス』と投票しよう（Save California from the Japs, Vote "yes" for Proposition No. 1）」とのスローガンを大々的に謳って州民世論に支持を訴えかけた。その成果のほどは、カリフォルニア州の一〇〇余りの日刊紙と週刊誌の中で、提案第一号に反対する記事を掲載したのはわずか五紙であったという事実がはっきりと示していよう。

排日運動家たちが汗を流した結果、提案第一号は、一一月二日に六六万八四八三対二二万二〇八六、すなわち三対一の圧倒的多数をもって可決された。これを踏まえ、一二月四日に州副知事が投票結果の有効性を宣言し、これをもって第二次排日土地法は五日後の九日より施行されることとなった。

3　意　義

第一次排日土地法の実質的な抜け道を多く塞いだ第二次排日土地法の成立は、同法をさらに強化した一九二二年の修正とともに、一九〇六年の学童隔離事件以来より続いたカリフォルニア州における排日運動の諸勢力にとっての大勝利の象徴となった。他方、第二次排日土地法の成立は、排日問題に対してカリフォルニア州が州として有する全ての立法的権限を使い果たしたことをも意味した。それゆえ、排日運動の最終勝利である日本人移民の「完全な排斥」の実現のためには、次に連邦議会へと舞台を移す必要があった。一九二四年の排日移民法は、こうした潮流の中から成立への一歩を踏み出すのである。

では、このような不本意な形で決着がつくまで、移民問題の建設的な解決を模索する外交努力は一切なかったのだろうか。否、日本には一等国であるという自負があり、その国家的体面を保つためにも移民問題はどうしても解決しなければならない問題であった。他方、米国は、些細な問題で日米関係をこじらせるのは愚行であるというリアリズムがあった。くわえて、外交を担う国務省では、日本が移民問題を米国に対する有効なカードとして利用し、中国問題において妥協を要求したりするなど、交渉を有利に進めるカードとして用いるのではないかという懸念が存在した。つまり、移民問題については両国政府の利害の一致があったのである。にもかかわらず、移民問題をめぐる外交交渉は最終的に挫折し、根本的な解決までには辿り着くことができなかった。

　それは、なぜか。その理由は、まず移民問題の性質にある。そもそも移民問題とは、米国に居住する日本人移民の処遇の問題である。そのため、移民問題の根幹には、日本人移民を特定して差別的な待遇の付与を目指す排日運動があった。さらに、この排日運動は地元自治体という行政単位で発生し、最終的に州レベルでの立法という形をもって効力を有した時点で初めて外交問題として顕在化した。したがって、次の三点から移民問題の解決は困難となったのである。

　第一に、移民問題が州レベルの問題であるがゆえに、日本政府は外交交渉などの手段をもって直接的に対処できなかった。その結果、日本は連邦政府を介する形で、間接的なアプローチしか採れない。しかし、ここに第二の問題が生じる。すなわち、「州権の尊重」という米国の政治伝統である。これはとりわけ民主党によって重視され、政党綱領にも掲げられていた。そのため、民主党下での連邦政府は、州の問題には積極的に介入しようとはせず、排日立法は既成事実化してしまう傾向が顕著となった。そして、第三は、排日運動の淵源にある人種主義の存在である。当時の優生学における常識として、黄色人種が白色人種よりも劣ることは揺るぎない事実として一般的に捉えられていた。こうした諸要因により、全米レベルにおいて意識の大変革がない限り、移民問題の抜本的な解決はきわめて困難であったといえよう。

参考文献

鹿島平和研究所編『日本外交史13　ワシントン会議及び移民問題』鹿島研究所出版会、一九七一年。

日米修好百年委員会『南加州日本人七十年史』南加日系人商業会議所編、南加日系人商業会議所、一九六〇年。

簑原俊洋『カリフォルニア州の排日運動と日米関係』有斐閣、二〇〇六年。

Daniels, Roger. *The Politics of Prejudice: The Anti-Japanese Movement in California and the Struggle for Japanese Exclusion.* Berkeley and Los Angeles: University of California Press, 1962.

Hennings, Robert E. *James D. Phelan and the Wilson Progressives of California.* New York: Garland Publishing, 1985.

（簑原俊洋）

38　ヤップ島問題（一九二〇～二一年）——C式委任統治と日米交渉

1　背　景

第一次世界大戦に際して日本が日英同盟を理由に参戦し、山東半島におけるドイツ権益を獲得したことはよく知られている。だが、日本の占領地は、山東半島に限られなかった。特に米国との関係では、太平洋の南洋諸島も重要であった。大戦中に日本海軍は、ドイツ領のマリアナ諸島、カロリン諸島、マーシャル諸島を占領して、軍政を敷いていたのである。パリ講和会議において原内閣は、英国との協調を通じて山東権益のみならず、旧ドイツ領の南洋諸島を日本に編入した。

パリ講和会議を経て南洋諸島には、委任統治制度が適用された。この委任統治とは、ドイツやトルコの旧領土について、国際連盟が受任国に統治を委任するものであった。統治には民度や地理、経済状態などに応じて、A式、B式、C式があった。A式は中東の旧トルコ領に適用され、B式が東アフリカと中央アフリカの旧ドイツ領に当てられ、C式は西南アフリカと太平洋の旧ドイツ領に使用された。A式では受任国の権限は小さいが、C式は事実上の併合に近いものである。

C式委任統治のうち日本に委任されたのは、赤道以北の太平洋にある旧ドイツ領の南洋諸島であった。なかでも、西太平洋のカロリン諸島西端に、ヤップ島という小さな島がある。このヤップ島が日本の委任統治となることを、米国は快く思わなかった。ヤップ島は、海底電線の要衝だからである。このため、第一次大戦後の日米関係には、シベリアからの撤兵などとともにヤップ島という争点が残された。

2　展　開

ヤップ島問題の交渉に当たったのが、駐米大使の幣原喜重郎であった。幣原が一九一九年一一月にワシントンへ着任すると、その直後にヴェルサイユ条約の批准が米国の上院で否決された。ヤップ島をめぐって日米間に軋轢があっただけに、批准拒否の悪影響が懸念された。このころ米国では、民主党のウィルソン政権が末期に差しかかっていた。米国は、ヤップ島の海底電線を国際管理とする方針であった。

幣原は一九二〇年一〇月に、ヤップ島をめぐって米国国務次官のデイヴィス（Norman H. Davis）と激論を戦わせた。デイヴィスを議長として国際通信予備会議がワシントンで開催されると、幣原は、信頼できる部下の佐分利《さぶり》貞男《さだお》とともに出席した。ここでも米国は、日本の委任統治区域からヤップ島を除外しようとした。コルビー（Bainbridge Colby）国務長官は一九二一年二月、国際連盟理事会議長あてに抗議書を提出した。

一九二一年三月には、米国でハーディング（Warren G. Harding）新政権が誕生した。八年ぶりの共和党政権であった。国務長官はヒューズ（Charles Evans Hughes）である。そのハーディング政権も、日本によるヤップ島の委任統治をなかなか認めなかった。

そこで幣原は、米国が日本のヤップ島委任統治に異議を唱えないのなら、日本は海底電線の陸揚げと運用を列国に開放するという案を内田康哉外相に具申した。これにはヒューズ国務長官も、強硬な姿勢から転じて、少しずつ妥協点を探り始めた。幣原とヒューズは、ようやく一九二二年二月にヤップ島を含む委任統治の日米条約に調印したのである。

3　意　義

ヤップ島を含む委任統治に関する条約は、こうして締結された。米国が日本のヤップ島委任統治を承認する代わりに、日本は米国に対して、現存のヤップ―グアム線と将来ヤップ島に接続される海底電線の陸揚げと運用を許可したのである。さらに日本は、南洋諸島での軍政を廃止し、一九二二年四月には南洋庁を西カロリン群島パラオ諸島のコロール島に設置した。

この南洋庁とは、南洋群島を管轄するものであり、ヤップやサイパンなどの六カ所に支庁を置いた。日本の委任統治は、連盟脱退後も「連盟と協力関係にある非連盟国」という名目で続けられた。南洋諸島は、太平洋戦争において日本の戦略的拠点となり、一九四二年には大東亜省の管轄下となった。太平洋戦争の末期に南洋諸島は米国軍の攻撃にさらされており、戦後には国連の信託統治で米国に受任される。

（服部龍二）

参考文献

高原秀介『ウィルソン外交と日本』創文社、二〇〇六年。
等松春夫『日本帝国と委任統治』名古屋大学出版会、二〇一一年。
服部龍二『幣原喜重郎と二十世紀の日本』有斐閣、二〇〇六年。
Paul H. Clyde, *Japan's Pacific Mandate*, New York: Macmillan Company, 1935.

39　ワシントン会議（一九二一〜二二年）——ワシントン体制の成立と変容

1　背景

一九二一年三月、米国に共和党のハーディング政権が誕生した。ハーディング政権は、「平常への復帰（Return to Normalcy）」を唱えて戦時体制からの転換を意図した。ウィルソンの一四カ条にも盛り込まれていた軍縮については、ハーディング政権も財政的な観点から積極的であった。そのハーディング政権が七月に大規模な国際会議を提唱したことに、日本は少なからず当惑した。なにしろ議題には、海軍軍備制限のみならず、極東問題や太平洋問題が含まれていたからである。

このとき日本の政権は、政友会の原敬内閣であった。かつて原内閣は、パリ講和会議に際して山東権益や南洋諸島の獲得を主眼とし、英国との協調によって旧ドイツ権益を継承した。だが、山東問題の解決を不満とした中国代表団は、ヴェルサイユ条約への調印を拒否した。

このため、山東問題をめぐる日中交渉は滞り、ワシントン会議に持ち越された。ワシントン会議に向けた原内閣の基本方針は、米国外交の原則を主義としては積極的に受容しながらも、山東問題などの具体的な懸案についてはできるだけ議題から除外して、既得権益を擁護するというものであった。

こうした方針のもとで原首相は、海軍大臣の加藤友三郎を首席全権に任命した。第二次大隈重信内閣で海相に就任した加藤は、寺内正毅内閣と原内閣でも海相に留任していた。そのほか、駐米大使の幣原喜重郎、貴族院議長の徳川家達、外務次官の埴原正直《はにはらまさなお》も全権としてワシントン会議に出席した。

日本のみならず、英国、フランス、イタリア、中国、ベルギー、オランダ、ポルトガルの各国代表団が、ハーディング政権の呼びかけに応じてワシントンに詰めかけた。

この九カ国によってワシントン会議は一九二一年一一月から開催され、翌年二月まで続いた。だが原首相は、ワシントン会議の開会直前に暗殺された。原亡き後の政友会総裁には高橋是清が就任し、高橋内閣が成立した。原内閣の全閣僚を留任させた高橋内閣は、対外的には原内閣の路線を継承しつつも、内政的には軍縮に移行しようとしていた。原敬暗殺の余韻も冷めやらぬままに、ワシントン会議は開会の日を迎えた。

2　展開

五カ国条約

ワシントン会議の主要な議題は、海軍軍縮、太平洋問題、極東問題であった。これら三つの議題が、それぞれ五カ国条約、四カ国条約、九カ国条約に結実する。会議の主役は、米国のヒューズ国務長官であった。

ワシントン会議は一九二一年一一月、ヒューズの「爆弾提案」で幕を開けた。ヒューズは会議の冒頭で、大胆にも海軍軍備制限の具体案を発表したのである。ヒューズの提案とは、一〇年もの間に及んで建艦を禁止し、主力艦の比率を米英日で五対五対三にするというものであった。外務省欧米局第二課から派遣されていた天羽英二《あもうえいじ》は、「『ヒュース《（ママ）》』ノ提案ハ青天ノ霹靂《へきれき》」であったと日記にしたためた。

このヒューズ案は、日本にとって主力艦の対米六割を意味した。海軍首席随員の加藤寛治《かとうひろはる》は、これに反発して対米七割を主張した。だが加藤友三郎は、加藤寛治や随員の堀悌吉《ほりていきち》を前にこう説き始めた。

日本ハ米国トノ戦争ヲ避ケルヲ必要トス
日本ハ八八艦隊計画スラ之カ遂行ニ財政上ノ大困難ヲ感スル際ニ方《あた》リ米国カ如何《いか》ニ拡張スルモ之ヲ如何《いかん》トモスルコト能ハズ

加藤友三郎の言う八八艦隊とは、戦艦八隻と巡洋戦艦八隻を基幹とする建艦計画であった。この建艦計画は、一九〇七年の帝国国防方針に掲げられたものであり、その予算案は、加藤を海相とする原内閣のときにようやく議会を通過していた。ヒューズの「爆弾提案」を受諾するなら、加藤自ら手がけた建艦計画は放棄せざるをえない。それでも加藤は、日米協調や財政という大局的な見地から、対米六割を冷静に受け入れた。

それまで海軍の方針であった八八艦隊の整備は、経常費だけで六億円を要するものであり、当時一五億円ほどの国家財政には負担が大きすぎた。米国が推進した海軍軍備制限条約は、国家財政に適した規模への修正という点では、日本の国益に合致してもいた。そのことを加藤友三郎は見抜いたのである。

こうして一九二二年二月にはヒューズの提案どおり、海軍軍備制限の五カ国条約が日米英仏伊各国の間で調印された。その代わりに加藤は、太平洋島嶼《とうしょ》における要塞や海軍根拠地を建設しないことを五カ国条約の第一九条で了承させた。

四カ国条約

加藤友三郎と並ぶ日本側の中心人物は、駐米大使で全権の幣原喜重郎であった。もともと英国に理想の外交像を見出していた幣原だが、ワシントン会議ではむしろ日英同盟の廃棄を推進し、四カ国条約を締結した。会議での日英同盟廃棄は、英国首席全権のバルフォア

(Arthur James Balfour) 案、駐米大使の幣原喜重郎案、米国国務長官のヒューズ案という三段階で進んだ。

このうちの英国案は、軍事同盟を日英間に復活させる余地を残していた。すると幣原は、米国側の承諾を容易にするよう大幅に英国案を修正した。幣原案の特徴は、日米英三国協商が日英同盟に取って代わると明記したことであった。日英同盟の実質的な存続を盛り込んだ内容では、米国が納得しないと幣原は予期したのである。幣原から修正案を得たヒューズは、中国を適用外としたうえで、フランスを加えた四カ国条約とする方針を進めた。

こうして会議序盤の一九二一年一二月には、早くも四カ国条約の締結に至った。四カ国条約の第四条には、日英同盟の廃棄が明文化された。そのほか四カ国条約には、太平洋における相互利益の尊重や、国際会議による紛争の解決などが記された。幣原は四カ国条約の適用範囲について付属協定案を起草し、日本本土を除外することに成功した。

米国との緊張緩和を優先するなら、幣原の方策は間違っていない。ヒューズは日英同盟の更新に神経をとがらせており、米国との関係において、日英同盟存続の可能性は制約されていた。英国といえども、日米対立となれば日本側には立たなかったはずである。そのことを幣原は見越していた。幣原が実践したのは、信頼関係の確立を第一義とする手法であり、いわば現実を直視した正直な外交といえようか。

幣原が国際的な名声を馳せたのは、少なからずこうした外交スタイルを身につけていたためであろう。幣原のスタイルは、とりわけ米国と適合的であった。かつて義兄の加藤高明外相が対華二十一カ条要求によって日米関係を深く傷つけたことに、幣原は学んでいたはずである。一方の内田康哉外相は、日本外交の骨髄ともされていた日英同盟の終焉に際して、「日英同盟に対する強い愛惜と尽きざる追憶」にひたった。

九カ国条約

中国をめぐっては、まず中国首席全権の施《し》肇《ちょう》基《き》が一〇原則を提起した。この施肇基一〇原則には、中国の領土保全、門戸開放、機会均等などが盛り込まれていた。これに対して米国全権のルート (Elihu Root) は、四つの原則を提案した。すなわち、主権の独立と領土的行政的保全、安定政権の樹立、機会均等、友好国の権利などを害する行為を慎むこと、である。ルートの主張は現状維持的なものであり、「ルート四原則」と呼ばれた。

このようにルートの路線は、現状維持的対日協調策ともいうべきものであったが、それは必ずしも米国の総意ではなかった。実際のところ、ヒューズ国務長官は門戸開放原則を再定義する方針を打ち出し、門戸開放に関する決議案を提出した。ヒューズの案には、門戸開放原則に関する調査機関の設立が盛り込まれていた。しかし、幣原がこれに反論したため、門戸開放原則についての決議案は採択されたものの、その内実には乏しかった。

一九二二年二月には、九カ国条約が調印された。九カ国条約の第三条が門戸開放と機会均等を規定している半面で、第一条には「ルート四原則」が盛り込まれた。門戸開放や機会均等の原則について、日本や英国は会議前から主義としては受容する方針であり、会議での争点とはならなかった。日本が神経をとがらせたのは、それらの原則が既得権益にまで適用されるかどうかであった。九カ国条約は、各国の既得権益に急激な変更を求めるものではなかった。米国によって日本外交が転換を余儀なくされたわけではないのである。

幣原は、九カ国条約のうち第三条を重視し、米国外交の理念を中国への経済進出に結び付けようとした。その発想を幣原はヒューズに語っており、幣原の理解では大陸への「経済的発達」に機会均等が必要なのである。

その一方で、日本にとっての門戸開放条項に、中国の領土的行政的保全という第一条第一項の文脈はあまり想定されていないように思える。もちろん、主義として中国の保全を否定するわけにはいかない。しかし、現実の外交は別であった。ワシントン会議では、北満州に位置する東支鉄道の国際管理がこれに当たった。

東支鉄道は、シベリア出兵のときから日米英仏などによって、国際管理のもとに置かれていた。米国はワシントン会議において、その国際管理を強化する方針であった。そこで、ヒューズ国務長官は、東支鉄道問題に関する委員会を設置した。だが日本は、中国とともに東支鉄道の国際管理化を阻止した。幣原は米国主導の東支鉄道国際管理に傾きかけたものの、内田外相の消極論にも影響されて、最終的には米国案を拒んだ。日本としては、米国が満州に介入することを避けたかったのである。

山東条約など

日本や中国は、第一次大戦以来の懸案として、山東問題をワシントン会議でも重視していた。この問題をめぐって日本と中国は、ワシントンでの交渉を経て、一九二二年二月に条約を締結した。山東懸案に関する条約では、一五年賦の国庫証券によって鉄道財産を日本に償却し、国庫証券の償還期間中は運輸主任と会計主任に日本人一名ずつを任用して、鉱山経営については日中合弁にすると規定された。

この山東問題をめぐる日中交渉に際しては、米英がオブザーバーを派遣していた。とりわけ、米国務省極東部長のマクマリー（John Van Antwerp MacMurray）らは、停滞しかけていた日中交渉を打開して妥結に導いた。マクマリーは、日本側の意向を重視しつつも、日中間の公正なる仲介者として振る舞い、巧みに妥協点を提示した。これに英国の支持が加わったとき、第一次大戦期からの難問はようやく解決したのである。

つまり日中間の交渉は、マクマリーらの実務外交的な対日協調策によって復活した。そのことは、中国を調印拒否に追い込んだパリ講和会議との決定的な相違ともいえよう。

同じく一九二二年二月には、中国関税問題についての条約も調印された。これによって、関税率を速やかに五％とし、地方政府の課す通行税である釐金《りきん》を廃止するため、特別会議を条約実施後三カ月以内に開催することになった。ただし、中国関税自主権の回復について、ワシントン会議では合意に至っていない。

くわえて中国は、対華二十一カ条要求に関連した諸条約について、改廃を求めた。そのような中国の主張に日本は批判的であり、形式的な譲歩にとどめた。会議では、シベリアからの日本軍撤兵についても議題となった。これについて幣原は、沿海州からの撤兵を極東共和国と交渉中だと演説している。

3　意　義

このようにワシントン会議では、いくつもの条約が成立した。会議を経て形成された国際秩序は、一般にワシントン体制と称される。すなわち、ワシントン体制とは日米英三国による協調外交の体系であり、そのもとでは中国が従属的な地位に位置づけられており、ソヴィエトは体制から排除されていた。

ワシントン会議で日本は、米国による東支鉄道管理体制の強化を阻止したため、やがて東支鉄道は中ソの共同管理となった。日本は、米国の進出を防いだ代償として、ソヴィエトに東アジア政策の拠点を与える結果を招いたのである。それでもワシントン体制は、満州事変に至るまで東アジアの秩序となった。

加藤友三郎とともに、ワシントン体制を日本側から最も体現していたのが幣原喜重郎である。幣原は、ワシントン会議の前後から、対米関係を重視する人脈を形成していた。すなわち、出淵勝次《でぶちかつじ》、佐分利貞男、木村鋭市らである。駐米大使期における出淵や佐分利との関係は、幣原派の萌芽といってもよい。

やがて加藤高明内閣で外相となる幣原を、出淵らは局長や次官として支えた。幣原外交の理念とは、中国に対する不干渉を堅持し、機会均等主義のもとに両国民の経済的な関係を深め、ワシントン会議の精神に依拠した国際秩序を形成しようというものであった。出淵や木村は、ワシントン会議後に北京を訪れて、山東条約の細目交渉にも当たっていた。

ワシントン体制の支柱となったのは、中国をめぐる九カ国条約と、海軍軍縮についての五カ国条約であった。

このうちの九カ国条約に即していうならば、概してワシントン体制下では、ソ連や中国、さらには日本陸軍の動向が不安定要因となった。ワシントン体制下の国際秩序は、北京関税特別会議や北伐、奉ソ戦争とよばれる一九二九年の中ソ紛争、中国「革命外交」などへの対応を試金石として変容し、一九三一年の満州事変で崩壊した。

もう一方の柱である五カ国条約は、主力艦の軍備制限であり、補助艦については規定がなかった。このため各国は、やがて補助艦をめぐる建艦競争に至った。一九三〇年の第一次ロンドン海軍軍縮会議では、補助艦などについても軍備制限が補強された。だが、こうした軍備制限に対して、日本国内ではワシントン会議の頃から批判も根強かった。

加藤友三郎の系譜に当たる穏健な「条約派」に対して、強硬な加藤寛治らは「艦隊派」と呼ばれる。やがて「艦隊派」は「条約派」に対して優位に立ち、日本は一九三六年一月、第二次ロンドン海軍軍縮会議に脱退を通告した。翌年に日本は、海軍軍縮については無条約となる。

なお、米国は、ワシントン会議で日本の外交電報を解読していた。

参考文献

麻田貞雄『両大戦間の日米関係』東京大学出版会、一九九三年。
入江昭『極東新秩序の模索』原書房、一九六八年。
川島真『中国近代外交の形成』名古屋大学出版会、二〇〇四年。
服部龍二『東アジア国際環境の変動と日本外交 一九一八―一九三一』有斐閣、二〇〇一年。
服部龍二『幣原喜重郎と二十世紀の日本』有斐閣、二〇〇六年。
細谷千博・斎藤眞編『ワシントン体制と日米関係』東京大学出版会、一九七八年。

（服部龍二）

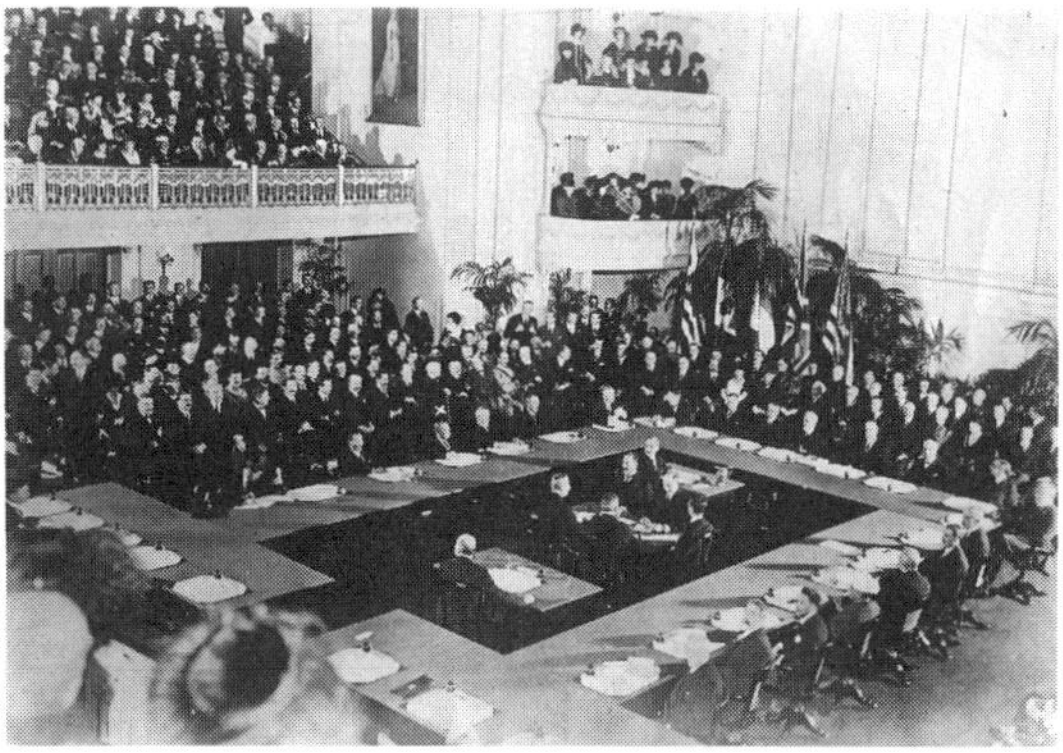

ワシントン海軍軍縮会議開会式

（1921年11月12日）（朝日新聞社提供）

40　奉直戦争、郭松齢事件（一九二二〜二五年）——不干渉政策の「危機」

1　背　景

ワシントン会議の成功とは対照的に、第一次世界大戦後の中国では、国内政治の混乱が続いていた。特に北京政府内では軍閥間の内戦が頻発し、やがて戦火は満州に及ぶ形勢を見せる。同地には日露戦争以来の日本の諸権益が存在するだけでなく、多くの居留民（一九二五年で約一九万人）がいた。また日本政府は、条約上の権利だけにとどまらない「特殊権益」を保持していると一貫して主張していた。このため日本外交は、原敬内閣以来、内外に表明していた対中国内政不干渉主義と、満州権益の保持の間で、苦しい対応を迫られる。

2　展　開

五・四運動により、それまで北京政府の実権を握っていた安徽《あんき》派の段祺瑞の求心力は衰え、代わって台頭したのが、曹《そう》錕《こん》・呉佩孚《ごはいふ》の直隷《ちょくれい》派と、満州を根城とする張作霖《ちょうさくりん》の奉天派であった。両派は、まず提携して安徽派を北京から追放した（安直戦争）が、今度は互いに二度にわたる激しい内戦（奉直戦争）を展開する。

第一次奉直戦争（一九二二年四月）で奉天派は満州への撤退を余儀なくされた。ただし戦火は山海関《さんかいかん》（満州と華北の境）を越えず、高橋是清内閣は不干渉政策を堅持した。

一九二四年九月、張が再度の北京進出を企てたことで第二次奉直戦争が勃発するが、戦局は再び直隷派有利に進んだ。ついには呉の軍隊の満州侵入が危ぶまれる状況となり、第一次加藤高明内閣に動揺が走った。満州への戦火の拡大と、満蒙権益維持の提携相手として、特に陸軍が支援していた奉天派の壊滅が憂慮されたのである。しかし、幣原喜重郎外相は不干渉政策を譲らず、日本政府は中立を維持した。やがて直隷派の馮玉祥《ひょうぎょくしょう》のクーデターで、呉は潰走し、最悪の事態は回避される。もっとも馮の奉天派への寝返りの背景には、陸軍の在華特務機関などの工作があった。

その後、北京では張と馮の連合政権が成立するが、両者の微妙な関係から、執政に段祺瑞をあてるなど、政権は安定していなかった。こうした中、一九二五年一一月、奉天派の郭松齢《かくしょうれい》が反乱を起こす。南方の革命派と提携した馮もこれに呼応し、張はみたび満州へ敗走した。

奉天軍は敗北を重ね、郭軍の奉天入城が確実視される事態となった。ここに至って第二次加藤内閣は、絶対不干渉政策を一部改める。関東軍の欠員補充を前倒しして事実上の増兵を行うとともに、同軍司令官の名で二度の警告を両軍に発したのである。その内容は郭軍の作戦行動を著しく阻害するものであり、張軍は反転攻勢に出て勝利した。

3　意義

満州近辺での度重なる内戦により、日本政府内では不干渉政策の維持をめぐり厳しい政策論争が行われた。特に第二次奉直戦争で、陸軍の工作が馮の寝返りを誘導したにもかかわらず、不干渉を貫いた自身の功績を誇る幣原外相と、それを日記で皮肉った宇垣一成陸相の対立は有名である。

もっとも両者は「ワシントン会議の精神」を根幹とする外交の基本路線では一致していた。宇垣の主張は日本による奉直両軍の調停であり、張への武器供与を求める関東軍などをよく統制した（くわえて最新の研究によると、幣原は陸軍の工作の少なくとも一部を把握していた）。

また加藤首相の安定したリーダーシップにより、閣内の動揺や対立が実際の政策に反映されることはなかった。加藤は第二次奉直戦争では幣原の不干渉方針を支持したが、郭松齢事件では閣内をまとめて限定的な干渉を行った。その対応を分けたのは、基本方針の変化ではなく、事態の深刻さであって、第二次奉直戦争でも戦火が満州に拡大していれば、加藤は同様の対応をとったと思われる。さらに在満権益に危害が及べば、恐らく本格的出兵に踏みきっただろうが、ここで重要なのは状況と政策のバランスがよく保たれていたことである。

ただし、課題も残った。一つは、居留民の保護である。今回は避けられたが、居留民に被害が出て世論が激昂した場合、状況と政策のバランスを保つことは格段に難しくなる。二つに、中原《ちゅうげん》制覇を悲願とする張作霖との提携の不安定さである。張が関内への進出を画策するたびに、日本の不干渉政策は動揺を免れない。くわえて、奉天派との提携に反対する意見も陸軍内で台頭しつつあった。

参考文献

菊池秀明『ラストエンペラーと近代中国』講談社、二〇〇五年。
小林道彦『政党内閣の崩壊と満州事変——一九一八〜一九三二』ミネルヴァ書房、二〇一〇年。
塚瀬進『満州の日本人』吉川弘文館、二〇〇四年。
戸部良一『日本陸軍と中国』講談社、一九九九年。
奈良岡聰智『加藤高明と政党政治』山川出版社、二〇〇六年。

（中谷直司）

41 排日移民法（一九二四年）——排日運動の不幸な結実

1 背景

一九二四年に開会した第六八米連邦議会では、失効目前の一九二一年緊急移民制限法に取って代わる恒久的な移民法をめぐる審議が展開されていた。争点の一つは、黄色人種で唯一未だ排斥されていない日本人移民の処遇にあった。当時の米国社会では人種主義が蔓延し、こうした気運にも後押しされた連邦下院議会はさして議論をせずに、排日移民法案を先に可決していた。他方、伝統的に対外関係を重んじる連邦上院議会では、日米関係を損傷しかねない排日移民法案への支持はさほど強くなく、日米両政府も上院による良識ある行動を確信していた。

実際、上院において日本人移民の排斥を強硬に求めた勢力は、カリフォルニア州を中心とする西部諸州議員にほぼ集約された。意外にも、自ら「黒人問題」を抱えていた南部諸州議員は、西部諸州議員の説く「日本人問題」にまったく同調しようとせず、排日移民法案には冷ややかな態度を取った。

2 展開

しかし、排日移民法の成立は困難という大方の予想に反し、情勢は急展開を見せることになる。両院に四月一四日に回付されていた埴原正直《はにはらまさなお》駐米大使からヒューズ（Charles Evans Hughes）国務長官宛の書簡が物議を醸し、上院を大きく揺るがしたのである。実は、同書簡は大使が綿密に国務省と打ち合わせたうえで作成された日米合作に等しい文書であった。全体的に穏やかな表現で綴られた「埴原書簡」の目的は、連邦議員の間に誤った情報が錯綜していた日米紳士協定の内容を正確に示すともに、日米関係の重要性を説くのが目的であった。

だが、そうした切実な思いをよそに、共和党の重鎮のロッジ（Henry Cabot Lodge）上院外交委員長は、「埴原書簡」の末尾にあった「重大なる結果（grave consequences）」の言葉尻を取り上げ、それを米国に対する「覆面の威嚇（veiled threat）」だと糾弾して、排日移民法の可決を強硬に訴えたのである。その結果、当初排日移民法に消極的な姿勢を見せていた議員も、忽然と立場を翻して排日移民法の支持に回った。

それは、まるでロッジ議員の一言によって排日移民法の成立が決まったかのようであったが、意外にもその責任を負わされたのは「悲劇の外交官」とも称される埴原大使であった。

　この排日移民法案（リード修正案）は、七一対四（棄権二一）の圧倒的多数をもって一六日に可決され、両院協議会で下院の法案と一本化された後、五月二六日にクーリッジ（Calvin Coolidge）大統領の署名によって一九二四年移民法（Immigration Act of 1924）として成立した（七月一日に発効）。なお、日本で同法が排日移民法として呼ばれる所以は、「帰化資格のない外国人」を排斥対象とした一三条c項が存在したからであり、これによって日米紳士協定は失効して、米国への日本人移民の流れは途絶えることになった。換言すれば、それは日本人が他のアジア人と同等の扱いを受けることを意味し、一等国を自負していた日本の国家的体面を損傷させる行為であった。

　この一九二四年移民法は、米国史上、最も規制的な移民立法となり、割当制度《クォータ・システム》によって東・南欧からの移民も大幅に制限された。この割当制度がもし日本に適用されたなら、移民できたのはわずか一四七人でしかなかったが、日本が許容範囲と感じたこの方策も、連邦議会には退けられた。

3　意　義

　では、ロッジは、本当に日米友好の堅持を呼びかけていた「埴原書簡」を「覆面の威嚇」として解釈したのだろうか。否、実は真相はまったく違っていた。当時、米政府はティーポット・ドーム油田疑獄によって大いに揺れており、共和党は苦境に立たされていた。くわえて、大統領選挙が接近していたため、共和党議員による結束が特に肝要となった。そこで、排日移民法に消極的であった米東部の共和党議員は、共闘を理由に同問題で西部諸州議員に妥協することにした。その背景には、西部諸州議員を束ねていたジョンソン（Hiram W. Johnson）議員が、同僚議員が提出していた南部を標的とする反リンチ法案の撤回と引き替えに、南部民主党議員の排日移民法への支持を取り付けたという事実があった。

　これによって、法案は可決に必要な票数に達し、排日移民法不支持派の共和党議員による抵抗は水泡に帰した。ここに来て残された問題は、議員の立場の豹変をいかに説明するかだけとなり、このためにロッジ議員は一四日の朝に緊急の共和党秘密会議を開催し、「埴原書簡」の中にあった「重大なる結果」を利用することを提案した。すなわち、国内政治を優先した結果、排日移民法は成立へと導かれ、その結果として犠牲に供されたのが日米関係であった。

参考文献

簑原俊洋『排日移民法と日米関係』岩波書店、二〇〇二年。

（簑原俊洋）

42 日ソ基本条約（一九二五年）——社会主義国ソ連との国交樹立

1 背　景

一九一七年のロシア革命によって、初の社会主義政権であるソヴィエト政権（ソ連）が誕生した。ソ連が日露協商などの秘密条約を暴露し、ポーツマス講和条約などロシアが締結した条約や債務の無効を主張したのに対し、日本はソ連を承認せず、翌一八年八月には英米と共にシベリア出兵を断行した。ここに、日露戦争以降の日本とロシアの提携は崩壊し、日ソ両国は敵対関係に入った。

しかし、同年九月に首相の座に就いた政友会総裁の原敬は、既に開始されていた出兵を継続しつつも、参謀本部の強硬論の抑制と出兵規模の不拡大に努め、近い将来にシベリアから漸次撤退することを目指した。一九二〇年三月の尼港事件（ソ連のパルチザンがアムール川河口の尼港〔ニコライエフスク〕で日本人の捕虜や一般市民を大量に虐殺した事件）によってそれは困難となり、日本が対抗措置として北樺太を保障占領する事態となったが、原首相は国内世論の鎮静化を待ち、同年七月にウラジオストック派遣軍と極東共和国（一九二〇年三月にソ連が日本との緩衝国として建国）との間で停戦協定調印に漕ぎ着けた。

また翌二一年五月には、非公式に通商開始の名目で極東共和国との交渉を始めること、交渉成立後に沿海州と北満州から撤兵することを閣議決定した。交渉の主目的はあくまでも通商で、ソ連ではなく極東共和国を交渉相手としていた他、非共産民主制の保証、日本と朝鮮における過激派宣伝の禁止、日本の既得権の尊重、ウラジオストックの非軍事化、北樺太占領の継続など多くの撤兵条件を列挙し、かつ撤兵時期を明示しないという、ソ連と妥結するには程遠い内容ではあったものの、この決定こそが日ソ国交樹立交渉に先鞭をつけるものであった。

しかし、以後の日ソ間の交渉は、難航を極めた。一九二一年八月、日本代表のウラジオストック派遣軍松島肇政務部長（外務省から出向）と極東共和国代表（ユーリン外相、次いでペトロフ副首相）の間で大連会議が開始された。日本は前の閣議決定に沿った一七カ条の協定案を提示したが、極東共和国側はソ連の交渉参加、日本の全面撤兵とその時期の明示などを主張して対立し、三〇回近い会談を経た後、翌二二年四月に会議は決裂した。対華二十一カ条要求の再来ではないかという印象をソ連側の一部に与えたように、この時点での日本側の主張は頑なであったが、同時にソ連側の主張も尼港事件の責任を認めないなど硬直しており、両国政府が互いに歩み寄りの姿勢を見せなかったことが交渉決裂の主因と見るべきであろう。

一九二二年六月、加藤友三郎内閣は、同年一〇月までに北樺太を除いたシベリアから撤兵する旨を声明した上で、九月の長春会議に臨んだ（日本代表は、松平恒雄外務省欧米局長と松島肇）。この会議では、極東共和国代表（ヤンソン外相）が沈黙を保つ一方で、参加を認められたソ連代表のヨッフェ（中国駐在ソ連全権代表）が、尼港事件の責任を否定し、北樺太からの撤兵期日明示を要求するなど、ソ連側の攻勢が目立った。日本側はこれらの要求を受け容れず、一三回に及んだ会談は同月内に決裂した（なお一一月に極東共和国はソ連に統合された）。

こうして政府間交渉が膠着状態に陥る中で、日ソ交渉の打開に動き出したのが、東京市長で日露協会会頭も務めていた後藤新平であった。かつては寺内正毅内閣の外相としてシベリア出兵を主導した後藤であったが、この頃は日本と中ソ両国との連携による英米への対抗を構想しており、交渉の難航を危惧して局面打開に乗り出したのである。後藤は、一九二三年一月にヨッフェを病気治療の名目で日本に私的に招待し、以後政府と連絡を取りながら非公式交渉を重ねた（後藤・ヨッフェ会談）。

ヨッフェは日ソ交渉の基本条件として相互の平等権利、法律上のソ連承認、北樺太撤兵時期の明示を要求したが、日本政府は対ソ承認の前に尼港事件の解決と国際義務の履行が先決、北樺太撤兵は尼港事件の解決後という主張を指示し、正式交渉は先送りとなった。しかし、ヨッフェとの信頼関係を築き、対ソ承認による利益を政府に説いた後藤の役割は大きく、この交渉は、同年六～七月に川上俊彦ポーランド公使とヨッフェの間で行われた非公式折衝（川上・ヨッフェ会談）に受け継がれることとなった。ヨッフェは川上との会談で、再び日本の対ソ承認と北樺太撤兵の期日明示を求めたが、日本側はそれに踏み切ることができず、結局、足かけ半年に及んだ東京会議も目立った成果を生み出すことなく終了した。もっとも、川上が持論である北樺太の売却または長期利権の付与を提案したのに対し、ソ連側が利権供与を基本的に了解するなど、両国が徐々に歩み寄りの姿勢を見せ始めたのは、交渉妥結に向けて明るい材料であった。

2　展　開

国交樹立への世論

日ソ間の交渉が難航する中で、日本国内ではソ連との国交樹立を求める声が徐々に強まっていった。憲政会総裁の加藤高明は、原内閣期から一貫してシベリア撤兵を主張し、日ソ国交樹立に前向きな姿勢を表明し続けた。加藤友三郎内閣が行ったシベリア撤兵にも、強い反対はほとんど存在せず、むしろ新聞や雑誌の間では歓迎の声が強かった。また、ソ連の不承認と尼港事件の補償問題に固執しているうちに、ソ連が着実に国際的地位を向上させていたことも、日本側に国交樹立の必要性を認識させることになった。ソ連は一九二二年四月のジェノア国際経済会議に参加し、同会議中にドイツとラパロ条約を締結して国交を樹立し、世界を驚嘆させた。また一九二四年二、三月には、英、伊、ノルウェー、オーストリアなどヨーロッパ諸国が相次いでソ連を承認した他、五月には中ソ協定が締結された。さらに米国は、ソ連と国交こそ結ばなかったものの、両国の通商関係は徐々に密接化していた（米国の対ソ承認は一九三三年）。ソ連はこのような国際的地位の向上を背景に、一九二四年二月にウラジオストックの日本総領事館など在外公館の職権否認、日ソ間の郵便停止を通告するに至った。

より深刻だったのは、石油、漁業を柱とする天然資源問題であった。第一次世界大戦を境にして、艦船の燃料は石炭から石油へと急速に移行し始めていた。日本海軍も石油への関心を深め、一九一九年には北樺太の油田開発を進める日本企業のシンジケート・北辰会の設立を強く後押しした。北辰会は、日本の北樺太占領後に積極的に油田の試掘を進め、その既成事実化を目指した。他方でソ連もこの状況を黙視していたわけではなく、英米の企業と利権契約を結び、日本を牽制した。日本海軍にとっては、油田の確保こそが北樺太からの撤兵に際して絶対条件と言えた。

他方で、北洋漁業も不安定な状態が続いていた。北洋漁業は、一九〇七年締結の日露漁業協約によって、ロシアが競売によって日本人に漁区を貸し付ける形で行われていたが、同協約はソ連によって一方的に破棄され、しばらく海軍軍艦の保護による日本船の自由操業が続いていた。後藤・ヨッフェ会談以降は、暫定協定を結んで日本船の操業を認める形が取られたが、根本的な解決とは言えなかった。さらに、北樺太の石炭や森林資源開発に対する期待感も存在した。これら天然資源の開発を進めるためには、対ソ不承認と北樺太への駐留継続という不安定な状態は大きな障害であり、対ソ国交樹立は、経済的な観点からは焦眉の課題となりつつあった。

加藤高明内閣の対ソ交渉　このような中で、一九二三年九月から北京会議が開始された（翌二四年五月までは予備会談、五月以降は正式会議）。この会議は、芳沢謙吉駐華公使、カラハン駐華大使を全権とする正式な外交交渉であり、日ソ両国がいよいよ日ソ国交樹立交渉に本腰を入れ始めたことを示していた。もっとも、正式会議に臨んだ清浦奎吾内閣の姿勢は以前よりもむしろ強硬であり、松井慶四郎外相は、撤兵問題、利権問題などの解決を国交樹立に優先させようとしたのみならず、対日利権供与の期限九九年間、北樺太の不割譲、東シベリアにおける利権供与という過大な要求案を作成した。これは、陸軍の要求をそのまま取り入れた結果であった。決裂を恐れる芳沢全権は、要求の過大を指摘して松井外相と対立し、交渉は行き悩むかと思われた。

こうした状況を打開したのが、同年六月の日本の政権交代であった。この月、清浦内閣に代わって第一次加藤高明内閣（護憲三派内閣）が成立したが、加藤首相は、内閣成立前の総選挙時から日ソ国交樹立に前向きな姿勢を示していた。また外相に就任した幣原喜重郎は、ワシントン体制を軸とする東アジアの国際秩序の安定を重視しており、反英米を志向する後藤新平とは逆の立場からソ連との関係改善を目指していた。この立場は、英米との協調と対外貿易を重視する与党第一党・憲政会の政策とも合致していた。こうして加藤内閣は、成立後間もなく芳沢全権を日本に帰国させて交渉方針を統一するとともに、北京への帰途には北樺太に立ち寄らせて、現地の実情を把握することに努め、交渉の準備を進めた。また、七月の第四九臨時議会では、幣原外相が日ソ友好とソ連の内政に対する不干渉の方針を表明し、国交樹立への意欲を国内外に示した。

芳沢が北京に戻った後、七月に北京での正式会議が開始された。会議に際して日本は、清浦内閣が提起した過大な要求を全て撤回し、ソ連の尼港事件に対する遺憾の意の表明、北樺太の石油利権供与五五年など最低限の要求を提示することによって、交渉の妥結に努めた。他方でソ連側も、国交樹立を実現させるため、日本側の要求を基本的に受け容れる柔軟な態度を取った。最大の懸案であった石油利権の比率をめぐって交渉が行き悩んだ際には、幣原外相が交渉妥結を最優先して譲歩案をまとめた。こうして、六一回の会談を経て交渉はまとまり、日ソ基本条約が一九二五年一月二〇日に締結され、二月二五日に批准・発効に至った。主な係争点について見ておくと、ポーツマス講和条約の効力の存続、日本軍の五月までの北樺太からの撤兵完了、両国政府が互いに相手国の秩序・安寧を危うくするような行為を取らないことなどが確認され、北樺太の油田地積の五〇％が四〇～五〇年間日本人に供与されることとなった。ただし漁業問題については、日本側の漁業権の存在が確認されたものの、日露漁業協約の改訂は持ち越しとなった（一九二五年一二月からモスクワで交渉が開始され、一九二八年に日ソ漁業協約締結）。ここに約八年にわたって続いた日ソ間の国交断絶状態は、ようやく解消されたのであった。

3 意義

シベリア出兵以降、政治体制の相違、尼港事件の責任問題、天然資源に対する思惑などが複雑に絡み合った結果、日ソ両国は国交を断絶した敵対状態が続いた。加藤高明内閣は、ソ連に対する国内の強硬論や感情論を抑え込み、要求事項を的確に整理することによって、このような事態を打開し、日ソ国交樹立に成功した。かつて加藤首相は、過大な要求事項を盛り込んだ対華二十一カ条要求提出の責任者となり、国内外で大きな紛糾を招いた。日ソ国交樹立に際して加藤が見せた慎重で現実主義的な態度には、かつての失敗に対する反省が働いていたように思われる。また、日ソ国交樹立はワシントン体制を一定程度補完し、安定化する効果を持ったが、これは東アジアの国際秩序の安定化を図る幣原外相の構想に沿ったものであった。一九二五年に日ソ国交樹立が実現した一つの要因は、このような加藤首相と幣原外相のリーダーシップに求められると言えよう。

もっとも、日ソ国交樹立によって日本政府が社会主義への警戒感を増し、それが同年の治安維持法成立の一つの要因となったこと、コミンテルンの活動が「相手国の秩序・安寧を危うくするような行為」に該当するかどうかに関して、日ソ双方で正反対の解釈が取られたこと（ソ連は政府とコミンテルンを別個の組織だとしたが、日本はそれを同一視する解釈を取った）からも明らかな通り、国交樹立をきっかけにして日ソ両国が日露協商時代のような提携関係に入るということはあり得なかった。

両国を国交樹立に向かわせた最大の要因は、ソ連の国際的地位の向上に対する日本側の危機感、「油と魚」の確保という実利的な必要性であった。その後の日ソ関係は幾多の変遷を経ることになるが、政治的関係が深化しないまま主に経済上の必要から付き合いを続けるという構図は、基本的に今日まで受け継がれている。その意味で、日ソ基本条約の成立は、現代にまでつながる日露関係の起点として位置づけることができるかもしれない。

なお、一九二六年に北樺太石油株式会社が設立され、同社は利権契約と北辰会の財産を継承して石油開発を積極的に進めた。採油高は一九二八年度に一〇万トン、三三年度には二〇万トン台に迫るなど良好であった。漁業に関しては、一九二八年の日ソ漁業協約締結時の日ソ租借漁区の比率は、日本約八六％、ソ連一四％で、日本側が圧倒的な優位に立っていた。その後ソ連が積極的に極東漁業経営に乗り出したため、日本の優位は漸減していったものの、一九三二年の交渉によって、日本側は現有租借区の八〇％を条約期限満了（一九三六年）まで無競売で継続租借する権利を確保した。

このように、日本は日ソ基本条約の締結以降しばらくの間、当初の狙い通り石油と漁業資源を確保することに成功した。しかし、一九三六年の日独防共協定の締結などによって日ソ関係が悪化する中で、日本はいずれの問題においてもその立場を後退させていくことになる。

参考文献

小澤治子「日ソ国交樹立交渉における幣原外交の再評価」『政治経済史学』第二五〇号、一九八七年二月。
北岡伸一『後藤新平』中公新書、一九八八年。
エリ・エヌ・クタコフ（ソビエト外交研究会訳）『日ソ外交関係史』

第一巻、刀江書院、一九六五年。

小林幸男『日ソ政治外交史』有斐閣、一九八五年。

富田武『戦間期の日ソ関係』岩波書店、二〇一〇年。

奈良岡聰智『加藤高明と政党政治』山川出版社、二〇〇六年。

藤本和貴夫「ロシア革命と日ソ基本条約の締結」ロシア史研究会編『日露二〇〇年』彩流社、一九九三年。

三島康雄『増補版　北洋漁業の経営史的研究』ミネルヴァ書房、一九八五年。

村上隆『北樺太石油コンセッション』北海道大学図書刊行会、二〇〇四年。

ワシーリー・モロジャコフ（木村汎訳）『後藤新平と日露関係史』藤原書店、二〇〇九年。


（奈良岡聰智）

シベリア出兵関係地図（『図説日本史』東京書籍，より）

43 北京関税特別会議（一九二五〜二六年）——大戦後「国際協調外交」の蹉跌

1 背景

一九二五年一〇月、ワシントン会議で結ばれた中国関税条約に基づき、北京関税特別会議が開始された。本来はワシントン会議後すぐに開催されるはずであったが、義和団事件賠償金の支払いで中国と対立したフランスが関税条約の批准を渋ったため、この時期までずれ込んでいた。

主な目的は二つあった。一つは、不平等条約の下、従価五％ときわめて低率に抑えられていた中国の関税率を引き上げることである。関税は、厳しい財政状態が続く北京政府（執政は段祺瑞）の主要な歳入源であったが、その多くが外債の返済に消えていた。このため、まずワシントン会議後に関税表の改訂による事実上の引き上げが行われており、関税会議でさらに二・五％（奢侈《しゃし》品は五％）の付加税が承認される予定であった。もう一つは、釐金《りきん》の廃止を中国に約束させることである。釐金とは各軍閥が課していた国内通行税のことで、商品流通の大きな妨げとなっていた。つまり、関税会議の開催は、北京政府の財政基盤を強化すると同時に軍閥の地方支配を弱め、中国国内の統合に大きく貢献するはずであった。

2 展開

会議の冒頭で、日本代表団は中国の関税自主権承認に前向きである旨を声明し、参列国を驚かせた（親華声明）。中国関税条約を超える内容であり、また列国との事前折衝でも、日本政府は時期尚早との態度だったからである。この声明の作成を主導したのは、外務本省ではなく、代表団自身であった。親中的態度を積極的に示して会議をリードしようとしたのである。中国と個別に日本に有利な関税協定を結ぶ狙いもあった。日本政府も中国世論に具体的な成果を示したい段政権の立場を考慮し、代表団の方針を追認した。

日本の声明もあって、一一月に関税自主権回復の原則を承認する決議がなされ、それと引き替えの形で中国側は二九年一月一日までに釐金廃止を行うと宣言する。しかし、その後の交渉は紛糾を重ねる。まず、関税自主権回復までの暫定税率について、二・五％のみの引き上げとしたい日本と、はるか高率を求める中国の主張が対立した。また、付加税による関税増収を、西原借款などの不確実債務の整理にあてたい日米と、中国世論を刺激したくない英国の思惑も衝突する。同年五月の五・三〇事件以来、英国は排外運動の主たる対象となっていた。

結局、暫定税率は、米国が熱心に調停を行い、差等税率を設けることで大体の決着をみた（一九二六年三月）。価格が安く中国製品と競合する日本製品の多くが最低税率（二・五％）を適用される内容であった。しかし四月に段政権でクーデターが起こり、その後北京が無政府状態となったため、会議は正式な条約を結べぬまま無期延期された。

3　意　義

関税自主権承認の決議が、以後の中国の条約改正外交（修約外交）を後押しする効果を持ったものの、会議の流会は日米英協調（ワシントン体制）にとって手痛い失敗であった。その責をどこに帰すべきかは未だ議論が尽きないが、会議の開催が、必ずしもワシントン体制の重要なメンバーではないフランスの利己的な政策で大幅に遅れたことは大きな誤算だった。その間に状況は大きく変化していた。

まず、列国が交渉相手とした北京政府の命脈は既に尽きようとしていた。同時に中国のナショナリズムは急成長を続けていた。そして日米英の外交当局者の間では「ワシントン会議の精神」への忠誠にばらつきが目立ち始めていた。

日本の協調外交自体も壁に直面した。親華声明のように、中国問題に関して代表団が踏み込んだ発言を行い、交渉相手の対日イメージを改善するとともに、本国政府の追認を得ることは、従来も見られた交渉スタイルであり、一定の成果を収めてきた。ただ、「主義上の賛成」と同時に、具体的なコミットメントを求められた点が今回は異なっていた。親華声明で主導権を握ったかに見えた日本であったが、その後の付加税率交渉では柔軟な姿勢を取ることができず、会議の進捗を著しく阻害してしまった。ワシントン会議で幣原喜重郎が日本の政策転換の根拠として掲げた「経済外交」主義は、皮肉にも国際協調の足枷となったのである。

こうしてワシントン体制も日本の協調外交もともに動揺するなか、中国は「北伐の時代」を迎える。

参考文献

入江昭『極東新秩序の模索』原書房、一九六八年。
後藤春美『上海をめぐる日英関係　一九二五～一九三二年』東京大学出版会、二〇〇六年。
酒井哲哉「『英米協調』と『日中提携』」近代日本研究会編『年報近代日本研究』一一、山川出版社、一九八九年。
西田敏宏「東アジアの国際秩序と幣原外交」（二・完）『法学論叢』一四九巻一号、二〇〇一年四月。
服部龍二『東アジア国際環境の変動と日本外交　一九一八～一九三一』有斐閣、二〇〇一年。
馬場伸也「北京関税特別会議にのぞむ日本の政策決定過程」細谷千博・綿貫譲治編『対外政策決定過程の日米比較』東京大学出版会、一九七七年。

（中谷直司）

44 明治・大正期の外務省——外務省の自律化

1 背景

外務省は、版籍奉還後の中央政府官制改革の一環として、一八六九年に設置された。また一八七〇年に大・中・少弁務使や正権大・少記が外務省に置かれ、英仏独駐在の少弁務使として鮫島尚信《さめしまなおのぶ》が、米国駐在の少弁務使として森有礼《もりありのり》が任命された。さらに翌七一年には総領事・領事・代領事も置かれた。しかし、外交官試験制度が導入される九三年までは、外交官経験の全く無い者や大名華族が外交官として派遣されることが多く、また外務省から他省への流出も容易であった。

かたや一八八九年に大日本帝国憲法が発布され、その中で外交が天皇の大権事項とされたことは、外務省が外交を独占するうえで有利に働いた。しかしながら、憲法秩序がすぐに内実化するわけはなく、外務省と帝国議会・元老・枢密院との関係の調整は、憲法発布後に任されていた。

2 展開

一八九三年に外交官及領事官試験制度が導入され、特命全権公使・弁理公使を除く外交官・領事官は試験に合格した者でなければ任用できなくしたうえで、外務省から他省への転任が禁じられた。以後、試験任用制度は着実に定着、第一次世界大戦中ないし戦後直後に外交官試験合格者で外務次官ないし大使に就任する者（幣原喜重郎）が出現するなど、九三年の改革が外務省の頂点にまで行き渡るようになっていく。その際、日本においては外交官・領事官・外務省高等官間で相互転官が頻繁に行われたために三者の一体感が醸成され、それには「霞ヶ関外交」を支える特別官意識が付随していた。

試験制度導入と同時に外務省の組織改正も行われ、政務局・通商局の二局体制となった。しかし、事務量の劇的な増加から、外務省組織は日露戦後から第一次世界大戦期にかけて機能不全に陥る。その対処として、増局課（地理局の創設など）や外交官の大量採用による増員が大戦直後に実現した。

一方、大日本帝国憲法発布後における帝国議会との関係においては、条約改正成功を最優先視する陸奥宗光外相が条約締結権への議会の参入を排除、これが慣行として定着していく。帝国議会は日露戦後、平時での外交文書公開を要求していくが、法律的にはその義務なしと外務省は拒絶し続けた。

元老との関係に関しては、元老制度の成立以来、外交文書の配布をはじめとする元老の外交政策への介入が行われ、それを排除することは困難であった。ただし、結果的には死去という形で元老たちは物理的に退場していった。かたや枢密院に対して、外務省は元老の力を借りて抑え込む方法を考案した。しかし、元老の退場とともに、政治的に活性化した枢密院の反発を押さえ込むことは逆に困難になっていく。

反発集団と化していた枢密院や議会内政党勢力を外交政策決定の場に繋ぎ止めるため、元老機能を代替する組織として一九一七年に設立されたのが、臨時外交調査委員会（外交調査会）であった。だが、これはパリ講和会議終了とともに実質的役割を終えた。さらに陸軍との間でも、日露戦後、満州の外交権をめぐる争いを生じていたが、原敬内閣期において外務省に有利な形で在満諸機関の再編成が行われた。

以上の諸政策が複合的に展開された結果、外交は外務省が自律的に処理するとの政策決定の型が大戦末期に完成した。

3　意　義

外務省が第一次世界大戦末期に獲得した自律性は、戦間期の日本外交を規定した。一九二〇年代に政党政治が隆盛になるなかで、外務省は議会への説明責任のため議会調書を作成するが、三〇年代に入って議会の勢力が低下すると作成をやめてしまう。また、元老制度は一九四〇年まで存続したが、二四年以降唯一の元老となる西園寺公望は、二〇年代における外務省の英米協調路線に好意的であった。政治的に活性化した枢密院とは二〇年代において衝突を繰り広げるが、三〇年代以降は枢密院を沈黙させることに成功した。唯一、外務省と同じく自律性を獲得した陸軍とは三〇年代以後も外交権をめぐる争いが続き、逆に屈服させられることになる。

そして、その間の外務省内部に眼を転じると、自律性を獲得した外務省においては、急速に組織が肥大化したにもかかわらず、省内の意思を統一する機関は欠如したままであった。また、外交政策からの帝国議会の排除や外交政策をめぐる陸軍との対立に見られるように、外務省より高次のレベルでは外交の真の統合は行われなかった。その意味で、⑴外交の集中的統一と、⑵外交の民主主義的統制という信夫淳平（外交史研究者、元外交官）の指摘した二要件を欠きつつ、日本は戦間期に乗り出していくのである。

参考文献

臼井勝美『中国をめぐる近代日本の外交』筑摩書房、一九八三年。
外務省百年史編纂委員会編『外務省の百年』上、原書房、一九六九年。
信夫淳平『国際政治論叢4　外政監督と外交機関』日本評論社、一九二六年。
千葉功『旧外交の形成』勁草書房、二〇〇八年。
坂野正高『現代外交の分析』東京大学出版会、一九七一年。
渡辺昭夫「日本の対外政策形成の機構と過程」細谷千博・綿貫譲治編『対外政策決定過程の日米比較』東京大学出版会、一九七七年。

（千葉　功）

45 山東出兵と済南事件（一九二七〜二八年）――国際政治の転機

1 背景

北京で関税特別会議が行き詰まりを見せたころ、広州の国民政府では、蔣介石が一九二六年六月に国民革命軍の総司令に就任した。蔣介石の率いる国民革命軍は、中国の再統一に向けて北方に進軍を始めた。中国史上にいう北伐である。

この北伐に対して、若槻礼次郎内閣の幣原喜重郎外相は不干渉政策をとり、しばしば「軟弱外交」と非難された。とりわけ、一九二七年三月下旬に国民革命軍が南京を占領すると、南京では日英の領事館や外国人が襲われた。こうしたなかで憲政会の若槻内閣は退陣し、四月には政友会の田中義一《ぎいち》内閣が成立した。

もともと陸軍軍人だった田中首相は、外相を兼任した。軍事力に依拠した武断的な強硬策は田中外交と呼ばれ、経済主義的な幣原外交と対比される。田中内閣の対中国政策では、森恪《もりつとむ》外務政務次官の果たした役割も大きかった。

2 展開

田中内閣は一九二七年五月、居留民の保護を名目として派兵することを決定し、山東省には陸軍一個旅団が派遣された。やがて国民革命軍は、山東省からの撤退を余儀なくされることになった。蔣介石が八月に武漢政府と南京政府の妥協策として下野すると、第一次北伐は中断された。来日した蔣介石は一一月に田中を私邸に訪問したものの、田中と蔣介石の溝は埋まらなかった。

この間に田中内閣は、同年の六月から七月にかけて、東方会議という大規模な会議を東京で開催した。東方会議に招集されたのは、芳沢謙吉駐華公使や武藤信義関東軍司令官、児玉秀雄関東長官らであった。会議の最終日に田中は、包括的な「対支政策綱領」を訓示した。田中は、蔣介石による統一を承認しつつ、張作霖を東三省に帰還させ地方政権の長として安定を図ろうとしたのである。

それでも、蔣介石が一九二八年四月に第二次北伐を再開すると、田中内閣は第二次山東出兵を断行した。済南で居留民保護に携わった日本軍とは、支那駐屯軍臨時済南派遣隊と第六師団であった。

日本軍は、五月三日に国民革命軍と済南《さいなん》で衝突した。この済南事件に際して田中内閣は、第三次山東出兵に踏み切った。

済南駐在武官酒井隆少佐が死者十数名に過ぎない居留民の被害を誇大に報告したことも、戦闘拡大の一因となった。

済南事件の事後処理をめぐる日中交渉は難航した。済南での松井石根《まついいわね》参謀本部第二部長―張群間交渉、南京での矢田七太郎駐上海総領事―王正廷外交部長間交渉、上海での芳沢謙吉公使―王正廷間交渉、および重光葵《しげみつまもる》駐上海新総領事―周龍光外交部第二司長間交渉を経て、ようやく一九二九年三月二八日に芳沢公使と王正廷外交部長が済南事件解決文書に調印したのである。

3　意　義

田中内閣は山東出兵を行ったものの、もともと北伐を阻止することまでは意図していなかった。だが、結果として済南事件を引き起こしたことは重大であった。済南事件の事後処理をめぐって日中交渉が難航しただけでなく、済南事件は三つの意味で国際政治の転機になったといえよう。

第一に、それまで英国を正面の敵としてきた中国の排外運動が、日本を標的とするようになった。第二に、済南事件は蔣介石らの対日観を悪化させた。第三に、第一次山東出兵には同調的であった米英両国が、国民党に接近する立場から日本に批判的となった。

とりわけ敏感なのが、米国であった。米国は、早くも一九二八年七月に国民政府と正式な外交関係を樹立し、中国の関税自主権も中国に認めた。他方で英国も、日本との協調に見切りをつけ始めたのである。

参考文献

後藤春美『上海をめぐる日英関係　一九二五―一九三二年』東京大学出版会、二〇〇六年。

小林道彦『政党内閣の崩壊と満州事変――一九一八〜一九三二』ミネルヴァ書房、二〇一〇年。

佐藤元英『昭和初期対中国政策の研究』原書房、一九九二年。

服部龍二『東アジア国際環境の変動と日本外交　一九一八―一九三一』有斐閣、二〇〇一年。

（服部龍二）

46　張作霖爆殺事件（一九二八年）——田中外交の末路

1　背景

一九二七年四月に成立した政友会の田中内閣は、対中国政策、とりわけ満州における鉄道政策を重視していた。田中内閣は一〇月に、満鉄社長の山本条太郎《やまもとじょうたろう》を介して張作霖と満蒙五鉄道の協約を成立させた。山本・張鉄道協約と呼ばれるものであり、田中外交は張作霖との関係を柱の一つとしていた。政友会は一九二八年二月の総選挙でも、前若槻内閣の対中国政策を非難した。

田中の対中構想とは、反共的な実力者の蒋介石と張作霖に中国の南北を分割して統治させるというものであった。しかし、一九二八年五月の済南事件で中国の国民党と衝突した田中内閣には、さらなる試練が待ち構えていた。同年六月、北京から奉天へと向かう張作霖が、列車ごと爆殺されたのである。

この張作霖爆殺事件は、当時、満州某重大事件とも称された。張作霖の爆殺を主導したのが、関東軍高級参謀の河本大作《こうもとだいさく》大佐であった。

2　展開

従来の解釈では、次のような経緯から張作霖爆殺に至ったと説明されてきた。

すなわち、関東軍は、参謀本部の内報で満鉄付属地外派兵に必要な奉勅命令を五月二一日に発する予定だと伝えられた。このため関東軍は、張作霖に下野を求める好機として武装解除の準備を進めたものの、田中首相が優柔不断なため、奉勅命令を得ることはできなかった。そこで関東軍司令官村岡長太郎中将は、張作霖暗殺の密使として参謀本部付竹下義晴少佐を北京に派遣した。これを察知した河本大作は、自らに暗殺を一任するよう竹下を説得して、爆殺を決行したというものである。

だが、この解釈には根本的ともいえる疑問点が残されている。第一に、村岡司令官など河本以外の関東軍上層部は事件をどれだけ認知し、あるいは関与していたかである。これについては、河本大佐の独断的行動とされることが多い。第二に、張作霖を爆殺した関東軍の政治的意図である。この点については、東三省領有の突破口として爆殺は計画されたが、臧式毅《ぞうしきき》参謀長が不抵抗策を採用したので、計画は失敗したと解されてきた。

これに対して、河本が抑留されていた中国の太原で記した供述書は、内容を異にしている。河本供述書によれば、村岡司令官らの関東軍上層部も事件に強く関与したという。また河本は、奉天軍との衝突を回避して、治安を維持しようとする村岡に従ったにすぎないとも述べた。爆殺後の構想としては、河本や関東軍参謀部が楊宇霆《ようう てい》擁立論であったのに対して、荒木五郎や秦真次奉天特務機関長が張学良擁立論であり、村岡は後者を採用したともいう。

だとすれば、張作霖爆殺を主導したのは河本であったにせよ、斎藤恒《ひさし》参謀長を除く関東軍各参謀や村岡司令官も、かなり事件に関与したことになる。関東軍は、奉天軍の指揮系統を混乱せしめることで、東三省の治安維持を保持しようとしたのであろう。

とするなら張作霖爆殺は、満蒙の領有を意図した満州事変と本質的に異なるものである。張作霖爆殺後に臧式毅参謀長が不抵抗策を採ったことは、治安維持のみを意図した関東軍の意向にむしろ合致したのではなかろうか。

3　意　義

いずれにせよ田中内閣は、対満蒙政策の柱と位置づけてきた張作霖を失った。張作霖爆殺事件後の満州では息子の張学《がく》良《りょう》が実権を掌握し、その張学良政権は一九二八年一二月に蔣介石の南京国民政府と合流した。これによって中国は、曲がりなりにも再統一された。中国史上に易幟《えきし》と呼ばれるものである。さらに、張学良政権が満州問題の外交権を国民政府に移管すると、田中内閣の重視する満州での鉄道政策は停滞した。

国内では野党の民政党が、田中の外交に対する批判を高めていた。張作霖爆殺事件の真相を知った田中首相は一九二八年一二月、昭和天皇に厳罰を約束した。だが、陸軍の圧力が高まり、河本への処罰は停職にとどまった。変節した田中を昭和天皇が叱責《しっせき》すると、田中内閣は一九二九年七月に総辞職した。

こうして民政党の浜口雄幸内閣が誕生し、外相には幣原が復帰するのである。

参考文献

佐藤元英『昭和初期対中国政策の研究』原書房、一九九二年。
服部龍二『東アジア国際環境の変動と日本外交　一九一八―一九三一』有斐閣、二〇〇一年。
三谷太一郎『近代日本の戦争と政治』岩波書店、一九九七年。

（服部龍二）

47　不戦条約（一九二八年）――戦争違法化への第一歩

1　背景

第一次世界大戦後、全般的軍縮の実現や戦争違法化への努力が国際連盟を中心になされつつあった。そうしたなか、一九二七年四月六日、米国の第一次世界大戦参戦から一〇周年となるのを記念して、フランス外相ブリアン（Aristide Briand）が、米国民に直接呼びかけたメッセージを送付した。ブリアンは、仏独関係の好転をもたらしたロカルノ条約への貢献から一九二六年にノーベル平和賞を受賞しており、このメッセージを通じて、さらに一歩踏み出して、戦争放棄を規定する米仏二国間協定を提案したのである。

2　展開

一九二七年六月二〇日、ブリアンによる正式提案を受けて、大統領クーリッジ（Calvin Coolidge）と国務長官ケロッグ（Frank B. Kellogg）は当初対応に苦慮した。というのも、万一この提案を受諾すれば、それが米仏の二国間同盟に発展する可能性があったためである。建国以来、大統領ジョージ・ワシントン（George Washington）の告別演説に忠実に従いつつ、長期的同盟関係を頑なに拒んできた米国にとって、ブリアンの提案を無修正で受け入れることは困難であった。ただ、その一方で戦争違法化を求める世論の圧力がもはや軽視できないものとなりつつあったことも確かであった。そこでケロッグは、仏案への対案として、多数国間条約として戦争放棄を約定することをフランスを含む主要諸国に提案した。ブリアンは、米国の条約案をコストのかからない賢明な安全保障上の良策と考え、快く賛同したのである。

一九二八年八月二八日、米国、フランス、英国、ドイツ、日本などを含む一五カ国が条約に調印し、これらを当事国とする一般条約が成立した。不戦条約は、ケロッグ・ブリアン条約（Kellogg–Briand Pact）と呼ばれる場合も多いが、正式には、「戦争放棄ニ関スル条約」とされている。その内容は、締約国が国際紛争を解決するために戦争に訴えることを禁じ、国策の手段としての戦争放棄を規定する（第一条）とともに、紛争の平和的解決を義務づけるものである（第二条）。

不戦条約と日本との関係については、条約の文言をめぐって日本国内で問題が生じた。交渉の過程で日本外務省は、不戦条約が自衛権を否定するものではないことを好意的に受け止めたものの、第一条の「人民ノ名ニ於テ」という文言が帝国憲法の定めた天皇の条約締結権に抵触することを危惧し、修正を求めた。しかし、米国側は修正追加による条約成立の遅延を恐れてこの要求を受け入れなかったため、日本は同文言の解釈に関する覚書交換により処理し、条約に調印した。一方、国内での同条約の批准に際しては、第一条の「人民ノ名ニ於テ」という文言が、帝国憲法に合致しないために違憲であると問題視された。帝国議会や枢密院を中心に国内での議論が高まるなか、結局、日本政府は帝国政府宣言によってこの文言が日本には適用されないとの留保の意思を「国内向けに」示し、辛うじて批准を確保した。その一方で、同時に日本政府は、「対外的には」同字句に対する「留保」ではなく「一方的了解」の立場を堅持し、列国との協調姿勢をアピールする姿勢をとったのである。

3　意　義

不戦条約の締結は、国際紛争の平和的解決にとって大きな前進であったことは確かである。だが、この条約には少なからぬ問題点が含まれていた。たとえば、本条約が強制力を持たないこと、自衛権（正当な自衛のための武力行使）は適用外とされること、米国の西半球でのモンロー・ドクトリンや英仏をはじめとする列強の植民地圏内は適用外とされること、などがしばしば指摘される。さらに、一九三〇年代以降の日独伊による軍事行動を受けて、不戦条約は試練に直面することとなった。

一方、日本との関係では、日本政府は不戦条約締結を契機に対中政策での列国協調の促進を目指したものの、必ずしも十分な成果は得られなかった。むしろ、同条約の批准にあたり、天皇の条約締結権に抵触するとした国内論議に発展したことは、政党が党利党略を優先して右翼勢力と安易に結託して政府糾弾に走ったことも相まって、後に台頭する右翼運動の促進要因として働いたことは否めない。

なお、本条約の条文の一部は、日本国憲法第九条のそれに酷似しており、戦争違法化への最初の取り組みとしての本条約がもつ後世への影響力をうかがわせている。

参考文献

大畑篤四郎「不戦条約と日本」『国際政治』第二八号、一九六五年四月。
柳原正治編著『不戦条約』信山社、一九九六年。
Robert H. Ferrell, *Peace in Their Time: The Origins of the Kellogg-Briand Pact*, New Haven, CT: Yale University Press, 1952.

（高原秀介）

48 世界大恐慌とブロック経済（一九二九〜三三年）——自由貿易体制の崩壊

1 背景

第一次世界大戦は、国際政治のみならず国際経済にも大きな影響を与えた。第一次世界大戦の勃発に至るまで、国際経済の中心は先進工業地帯として独占的地位にあったヨーロッパであり、なかでも大英帝国を作り上げていた英国は、世界最大の経済大国として国際経済を牽引する機能を果たしていた。強大な経済力を背景にした英国は、国際金融制度としての金本位制を作り上げ、英国の通貨ポンドは基軸通貨として用いられるようになっていたのである。

しかし、第一次世界大戦の結果、英国は膨大な戦時債務を負うことになり、国際経済における影響力を衰退させた。代わって、戦時中の対欧輸出によって債権国へと転じた米国の影響力が増大し、ドルはポンドと同等の国際的影響力を持つ通貨となった。その結果、一九二〇年代の国際経済は、大量消費社会を築き上げた米国の好景気によって牽引されることになったが、その米国の好景気も長くは続かなかった。

まず、米国の主力輸出産業となっていた農業分野では、ヨーロッパの戦後復興によって対欧食糧輸出が頭打ちとなり、農産物価格の下落と農業からの投資撤退がもたらされた。好景気もあり、投資は鉱工業分野に向かうことになったが、過剰な設備投資の結果、過剰生産が発生した。その結果、不況の下地が作り出される一方で、行き場を失った投資は土地や株式といった実体経済と切り離された分野に向かった。そして、このようにして実体経済と切り離される形で高まったその投資熱は、いわゆるマネー・ゲームを発生させた。

こうしたなかで、一九二九年一〇月二四日、ニューヨーク株式市場で株価暴落が発生し、これをきっかけに米国経済は、急激かつ強烈な景気後退に直面することになった。米国の失業率は三・七％から二五％までに跳ね上がり、これによる国内購買力の低下が生産のさらなる縮小をもたらし、その結果としてさらに株価が下がるという悪循環が発生した。

そして、国際経済の牽引役となっていた米国経済の急激な縮小は、世界経済にも多大な影響を与えることになった。米国における好景気は、対米輸出の増大をもたらすことで各国の経済を潤していた。しかし、米国国内の購買力低下は、各国の対米輸出を減少させたのである。また、戦後好景気の中で進められた米国の資本輸出は、戦時債務にあえぐ欧州各国の経済を資金的に支える役割を果たしていたが、株価暴落による損失を補填するために、これらの資金は引き上げられた。その結果、米国で発生した大恐慌は、対米輸出の減少と資本の撤退を通じて、戦後復興の途上にあった欧州各国の経済に連鎖し、世界恐慌に発展した。

2　展開

国際協調体制の解体

第一次世界大戦後の国際協調は、大戦のために停止されていた金本位制の復活と、それを基盤とした自由貿易体制に立脚していた。しかし、そうしたなかで発生した世界恐慌は、国際協調体制の解体をもたらした。世界恐慌は、各国政府に自国経済の建て直しを強く迫り、そのために国際協調は犠牲にされることになったのである。

金本位制には、国際収支の均衡を通じて各国間の景気の均衡を保つ機能（国際均衡）が期待されており、この国際通貨制度によって自由貿易体制の基盤が形成されていた。しかし、大恐慌はこの金本位制を崩壊させた。自国経済の建て直し（国内均衡）を優先する各国政府は、これを進めてゆくうえで障害となる金本位制から次々と離脱していったのである。なかでも、第一次世界大戦後も名目上の基軸通貨国となっていた経済大国英国が離脱（一九三一年九月）した影響は大きく、さらに、英国と肩を並べるほどの経済大国となっていた米国も、一九三三年一月にローズヴェルト政権が誕生すると、早速、金本位制から離脱するに至った。国際協調を象徴し、これを保障する通貨制度であった金本位制は、国際経済をリードする二大経済大国が離脱したことで、事実上の崩壊状態に陥ったのである。

自由貿易体制も崩壊

一方、金本位制の危機と並行して自由貿易体制も崩壊に至った。その口火を切ったのが米国であり、米国では、大恐慌によって深刻な状態にあった自国産業の保護を目的としたスムート・ホーリィ法（Smooth-Hawley Tariff Act）が一九三〇年七月に成立した。同法によって、工業製品については一二％、農産物については三〇％に関税率が引き上げられ、これにより、米国史上最高水準の関税率が設定された。そして米国で同法が成立したのをきっかけにして、各国間では、ダンピング輸出による輸出攻勢や、高関税や非関税障壁による輸入防遏など、自国経済の建て直しと自国産業保護を目的とした貿易戦争が開始されることとなった。

自由貿易主義を貿易政策における伝統としていた英国は、金本位制離脱後の一九三二年三月に輸入関税法を成立させて、輸入品に対して一律一〇％の関税を賦課するようになった。これにより、米国と同様に英国も、自由貿易主義を放棄したのであるが、貿易政策における英国の転換はそれに止まらなかった。英国は、同年七月からオタワ会議を開催し、英国本国と自治領、および植民地によって形成される大英帝国内での貿易促進を追求すべく、帝国外からの輸入を防遏する方針を決定したのである。その結果は、八月にオタワ協定の調印による特恵関税制度の導入として結実し、以後、英国は、スターリング・ブロックと呼ばれる自給的かつ排他的な性質を持つ広域経済圏を形成してゆく。世界各地に広大な自治領や植民地を持つ英国がこのような政策を採用したことは、やはり巨大な国際市場を形成していた米国が保護主義を打ち出したことと併せて、国際経済の分割という結果をもたらすことになった。このような国内均衡の立場から発生した国際市場分割の流れは、国際的な資金の流れをも分断することになり、金本位制崩壊に拍車をかけた。

ロンドン世界経済金融の失敗

このようにして各国が自国本位の立場で進め始めたブロック経済の流れに対しては、これを逆行させ、国際協調への方向に引き戻すことが試みられた。一九三三年六月に開催されたロンドン世界経済会議において、国際経済における統一性の回復が模索されたのである。

六四カ国が参加した同会議において焦点となったのは、崩壊状態にあった金本位制の再建による国際通貨制度の安定であり、これにより、経済における国際協調主義の回復が試みられた。しかし、金本位制の維持による通貨の安定を重視するフランスをはじめとした欧州諸国と、自国の国内政策を優先させる立場からこれに反対する米国が対立し、結局、四六日間にわたって開催された会議は、具体的な成果を見ることなく終わった。

このロンドン世界経済会議の失敗は、経済における国際協調主義の破綻を決定づけ、以後、金本位制から脱落する国が相次いだ。そして、一九三七年六月に、最後まで金本位制にとどまっていたフランスが離脱したことで、金本位制は完全に崩壊した。以後、各国は他国を犠牲にすることで自国経済の建て直しを図る政策（近隣窮乏化政策）を追求するようになり、自給的経済圏の形成という形でそうした政策が展開されたことで、国際経済の分割・分断はさらに進んだ。

米英と同様にフランスも、本国と植民地によって、スターリング・ブロックと類似した経済ブロックの形成を追求するようになった。また、第一次世界大戦の結果植民地を失っていたドイツは、多額の戦後賠償と戦後恐慌に苦しむ状況の下で、東南ヨーロッパや南米諸国との間で自給的な広域経済圏の形成を追求してゆく。さらに東アジアでは、日本が、一九三一年の満州事変以降、台湾・朝鮮に加えて、満州国も日本の経済圏にしてゆく政策を推し進めており、日中戦争勃発後の一九三八年一一月には、これに中国全土をも加えた「東亜新秩序」の建設を表明するに至った。このようにして一九三〇年代後半までに、経済ブロックの形成による国際経済の分割は大きな潮流となった。

一方、このようにして経済ブロックの形成が進むなかで貿易戦争の口火を切った米国は、一九三四年に互恵通商協定法を成立させ、保護主義政策の修正を図った。互恵的な通商協定を結んだ国との間で相互に最恵国待遇を与え合うという、同法に基づいた米国の通商政策は、自国の市場開放を代償にして相手国に市場開放を迫るという点で、自由貿易体制の回復という性質を帯びていた。しかし、その一方で、こうした通商政策には、植民地の少ない米国にとっての経済圏拡大策という側面もあり、経済ブロックの形成という潮流を逆行させるようなものとはならなかった。

3　意　義

大恐慌発生の直接的原因は、空前の好景気に沸いた米国における過剰投資であったが、これが世界恐慌に発展した最大の原因は、第一次世界大戦後の国際経済秩序の設計ミスであり、具体的には国際通貨制度の設計ミスにあった。第一次世界大戦の結果、国際経済は、英国を中心とした単極構造から米英二国を中心とした二極構造へと変化していた。しかし、こうした国際経済の地盤変動にもかかわらず、第一次世界大戦後の国際通貨制度は、戦前の国際通貨制度であった金本位制を再建するという、原状回復的なものとなった。そのため、第一次世界大戦後の再建金本位制は、圧倒的に強大な経済力を持つ英国が支えるという旧来の方法での制度維持ができなくなり、その結果、国際均衡によって国際協調体制を保障していた再建金本位制は崩壊に至ったのであった。

また、国際通貨制度と並んで大きな問題となったのが、米国の経済政策である。第一次世界大戦後、英国と並ぶ世界最大の経済大国となった米国は、英国とともに国際通貨制度の維持に責任を負う立場にあり、またその旺盛な内需は、国際経済を牽引する役割をも担っていた。しかし、建国以来、孤立主義を対外政策の基本とし、第一次世界大戦の結果、突如国際社会における責任大国となった米国には、国際政治や国際経済において、指導的な立場と責任を担う準備も意思もなかった。そのため、大恐慌発生後の米国は、自国の利益のみを優先させる経済政策を展開することになり、世界恐慌の傷口を拡大させるという結果を招いた。

このような展開に陥った時に重要な役割を果たすことが期待されたのが国際連盟であるが、その国際連盟も、世界規模で進行した貿易戦争と経済のブロック化を阻止することはできなかった。そもそも国際連盟は自由貿易の回復を掲げて創設されたのであるが、発足当初から、戦後反動不況への対処策として保護主義を追求する欧州諸国の動きを阻止できず、自由貿易を回復することはできていなかった。さらに、アメリカが加盟しなかった国際連盟は欧州諸国によって主導されており、アメリカが大国としての責任を放棄し、欧州諸国が自国の国益のみを追求するならば、国際連盟が国際公益としての自由貿易を維持できないことは必然の帰結であった。

第一次世界大戦の原因には、帝国主義による植民地獲得という世界分割競争の側面があった。これと同様に、世界恐慌後の世界は、世界経済のブロック化を通じて、市場の獲得という新たな世界分割競争の時代を迎えることになり、こうした潮流は、第二次世界大戦を発生させる大きな要因となった。

そのため、第二次世界大戦後の国際通貨制度は、こうした教訓を踏まえて、戦後経済の現状に見合った形で作り上げられることとなった。米国は、ブレトン・ウッズ体制を通じて、戦後国際経済秩序の維持のために積極的なコスト負担を担うようになり、またGATT・IMF体制など、自由貿易体制を維持するための国際機関や制度も作られた。そして、一九七〇年代に発生した世界的な経済危機の際には、各国とも近隣窮乏化政策を追求するようなことにはならず、国際協調の基調は維持された。その点で、世界恐慌と一九三〇年代の世界経済のブロック化は、国際社会に大きな禍をもたらした一方で、大きな教訓をもたらしたともいえた。

参考文献

秋元英一『世界大恐慌』講談社、一九九九年。

木村昌人「ロンドン国際経済会議（一九三三年）と日米協調」『国際政治』第九七号、一九九一年五月。

C・P・キンドルバーガー（石崎昭彦・木村一朗訳）『大不況下の世界　一九二九―一九三九』東京大学出版会、一九八二年。

戦後日本経済研究会編『大恐慌と戦間期経済』文眞堂、一九九三年。

中川原徳仁編『一九三〇年代危機の国際比較』法律文化社、一九八九年。

山本和人『戦後世界貿易秩序の形成』ミネルヴァ書房、一九九九年。

侘美光彦『大恐慌』御茶の水書房、一九九四年。


（服部　聡）

第Ⅳ部　国際協調と孤立の狭間——一九三〇〜三九年

奉天・柳条湖付近を調査するリットン調査団
（1932年）（朝日新聞社提供）

解説

一九二〇年代の日本は、対内的には二大政党政治が形成・展開され、対外的には国際協調外交が推進された、相対的な安定期であった。しかし一九三〇年代に入ると、日本は軍事力による中国大陸支配への動きを開始し、欧米との協調路線から離脱を始めた。第Ⅳ部が考察対象とするのは、軍部が台頭する中で、国際協調と孤立の狭間で揺れ動いた、日本外交の苦難の軌跡である。

日本が国際協調外交から離脱する契機となったのは、一九二九年に始まった世界恐慌であった。同年一〇月にニューヨーク株式市場で株価が大暴落すると、世界中に不況と社会不安が拡大した。当時日本では、第一次世界大戦終結以降長らく続いていた不況からの脱却を目指して、浜口雄幸内閣（与党民政党）が金解禁と海軍軍縮に取り組んでいたが、折悪しく発生した世界恐慌の影響で、不況は一段と悪化した。また、浜口内閣が海軍の一部や国粋主義者、野党政友会の反対を押し切ってロンドン海軍条約を調印したことから、統帥権干犯問題が発生し、日本国内ではワシントン体制打破を訴える声が力を持ち始めた。

こうした政治情勢の変化を背景として、石原莞爾《いしわらかんじ》ら関東軍の幕僚が中心となって起こした軍事行動が、一九三一年の満州事変であった。石原らは、多くの植民地を従えていない「持たざる国」日本が、英米仏といった「持てる国」に対抗するためには、満州を支配下に置き、政治・経済・軍事面で日本との一体化を図るべきであると考えていた。張作霖爆殺事件の経験を踏まえ、以前から綿密な準備を重ねていた関東軍の行動は迅速で、翌年までに満州のほぼ全域を占領した。これは日本が従来締結してきた九カ国条約やパリ不戦条約に反する違法行為であったが、関東軍は自衛措置であると強弁した。第二次若槻礼次郎内閣（与党民政党）、犬養毅内閣（与党政友会）は事変の拡大阻止を試みたが果たせず、五・一五事件による犬養首相の暗殺によって、政党政治の時代は終焉を迎えた。次いで成立した斎藤実内閣（挙国一致内閣）も、陸軍から政治的主導権を奪うことはできず、一九三二年に満州国を承認し、翌年日本は国際連盟から脱退するに至った。

一九三一年以降、日本の中国大陸における軍事行動が続発したため、満州事変勃発から第二次世界大戦終結までを一括りにして「一五年戦争」と称する見方もある。確かに、満州事変は日本の政治体制や対外政策を大きく変えた事件であり、これ以降を一つの時代として捉える視点は有用であろう。一九三三年、日中間では塘沽停戦協定が締結され、満州事変は終結したものの、関東軍はその後華北一帯を国民政府の支配から切り離すため華北分離工作を開始した。一九三四年には日本外務省から天羽声明が発せられ、欧米や中国は日本が「アジア・モンロー主義」を表明したものと捉え、警戒感を深めた。一九三五年には、翌年に満期を迎えるロンドン海軍条約の延長を協議するため、第二次ロンドン海軍会議が開催されたが、会議は不成功に終わり、無条約時代に突入した。このように、満州事変終結以降、日本が独善的な行動を取り続けたのは間違いない。

しかしながら、「一五年戦争」が不可逆の対立の過程を意味するとすれば、それは正確さを欠くと言わざるを得ず、この呼称を使用することへの反対論も有力である。実際、満州事変以降も、日本と欧米・中国との間には常に関係改善を目指す動きが存在した。満州事変の調査のために国際連盟から派遣されたリットン調査団は、日本の軍事行動を自衛とは認めなかったものの、満州における日本の特殊利益に一定の理解を示し、中国の主権下に自治政府を樹立することを提言していた。一九三五年には、中国の幣制改革を行うために英国が派遣したリース・ロス使節団が、日本との関係改善の道を探った。一九三六年、日本は日独防共協定を締結し、ドイツとの提携を強化したが、英仏はファシズムの台頭を警戒しながらも、ソ連共産主義の脅威を捨て切れず、ドイツの膨張主義にはまだ目をつぶっていたし、国内経済の再建を最重要課題としていた米国は、ドイツや日本に積極的に対抗する意思を持たなかった。

このように、満州事変以降も日本と欧米・中国との和解のチャンスは十分に残されていたが、それを困難にしたのが一九三七年に勃発した盧溝橋事件であった。この事件は、北京郊外における小規模な軍事衝突に過ぎなかったが、日中両政府は過敏に反応し、戦闘は拡大した。日本の第一次近衛文麿内閣は事態収拾に消極的で、一九三八年には国民政府を交渉相手にしないという近衛声明を発表し、愚かにも自ら和平の道を閉ざした。この間ドイツを仲介役としたトラウトマン和平工作が行われ、一九三九年にかけては英国との間で宇垣・クレーギー会談、有田・クレーギー会談が行われたが、いずれも不調に終わった。こうして日中両国は全面戦争へと突入し、「東亜新秩序」の建設を掲げる日本は、次第に英米との対立も深めた。日中戦争はまもなく泥沼化していったが、やがて欧州戦争（第二次世界大戦）が勃発すると、日本は事態の打開策をドイツとの接近と南進に求め、破滅への道を歩んでいくことになる。

（奈良岡聰智）

49　ロンドン海軍軍縮会議（一九三〇年）――「外交」と「国防」の衝突

1　背景

一九三〇年一月二一日～四月二二日に開催されたロンドン海軍会議の主たる目的は、補助艦の軍縮協定を、主要海軍国間で協定することにあった。巡洋艦・駆逐艦・潜水艦からなる補助艦は、一九二二年のワシントン海軍条約（以下ワシントン条約）の制限外であった。艦隊決戦用の主力艦（戦艦。空母もこれに準じた）と違い、補助艦に期待する役割が各国ごとに大きく異なって、具体的な交渉に至らなかったからである。このため、制限外の補助艦の軍備競争がワシントン会議後に問題となる。特に日本海軍は、主力艦の対米「劣勢」を克服するため、補助艦の増強を積極的に進めていた。

同時に、ワシントン条約で一〇年間と定められていた主力艦の新造（現有艦の置き換え）休止の延長も協議された。この合意がならなければ、ワシントン条約の制限内ではあるが、主力艦の建艦競争（と技術競争）が再開するおそれがあった。加えて主力艦の新造には莫大な費用がかかるため、その休止の延長は、補助艦制限とともに、関係各国の防衛政策はもちろん、財政政策も左右する重要な政策課題であった。

ロンドン会議に至るまで補助艦制限の最大の障害だったのは米英の対立である。そのハイライトは、両国の対立が最たる原因で決裂した一九二七年のジュネーブ海軍会議であった。植民地や自治領との海上交通路の維持に必要だとして、小型艦中心の大規模な巡洋艦隊の保有を認めるよう要求した英国に、対英「パリティ」（均勢・対等）と軍縮の両立を至上命令とする米国が、英国提案では「軍縮」にならないと反発したのである。主力艦の五：五：三の比率を補助艦にも適用し、かつ保有量を削減することが米国の原則であった。また米国が重視したのは、対日渡洋作戦用の大型巡洋艦（ワシントン条約の制限一杯の排水量一万トン、主砲八インチ）である。

このため、会議の失敗で正面衝突は回避されたが、現有勢力を根拠に対米七割の補助艦保有量を要求した日本（全権は朝鮮総督で海軍長老の斎藤実《さいとうまこと》と、元外相の石井菊次郎《いしいきくじろう》）と、米国の間にも厳しい対立が存在した。帝国国防方針の一九二三年の改定で、米国を陸海共通の第一の仮想敵国とすることに成功した日本海軍は、条約の制限内で対米決戦を可能にするため、補助艦の役割をきわめて重視していた。特に増強努力を傾けたのは、艦隊決戦前の漸減《ぜんげん》作戦で、敵主力部隊に消耗を強いるための潜水艦と、「準戦艦」として、漸減作戦から最後の艦隊決戦に至るまで、縦横無尽の活躍が期待された大型巡洋艦である。遠くハワイからフィリピン救出に駆けつけるであろう米国艦隊の勢力を大きく削いだうえで、地の利を生かせる日本近海の西太平洋で艦隊決戦を挑むことが、日本海軍の基本戦略であった（漸減・邀撃《ようげき》［迎撃］作戦）。

「米英」と「日米」の二つの大国間の対立のうち、先に緩和に向かったのは前者である。ジュネーブ会議を指揮した英国のボールドウィン（Stanley Baldwin）保守党内閣は、対米関係の悪化を受けて、外務省の主導の下、海軍政策の見直しを進める。その内容は一九二九年六月に誕生した労働党政権（ジュネーブ会議の失敗を強く非難していた）にも引き継がれ、同年一〇月には、ロンドン会議の開催を前提に、マクドナルド（James Ramsay Macdonald）英首相とフーバー（Herbert C. Hoover）米大統領の直接会談が米国で実現する。この結果、両国は「米英均勢」を前提に、補助艦制限の方式について大枠で合意する。そして、英国政府からワシントン条約の署名国に向けて、ロンドン会議の招請がなされた。

2　展開

三大原則と全権団

米英の事前協議の妥結直後に、英国政府からロンドン会議への招請を受け取ったのは、一九二九年七月に誕生したばかりの浜口雄幸《はまぐちおさち》民政党内閣であった。浜口内閣は「国際協調外交」の代名詞であった幣原喜重郎《しではらきじゅうろう》をみたび外相に起用し、組閣直後に閣議決定した「十大政綱《じゅうだいせいこう》」でも金解禁や緊縮財政とならんで、軍縮を重要政策として掲げていた。財政の健全化にとって軍縮が重要なことはもちろん、金解禁も米英の金融界の支援を必要としたことから、この三つの政策は密接な関係にあった。

ただし、一九二八年の不戦条約への調印がその前の田中義一政友会内閣によって行われたように、この時期の二大政党間にワシントン体制の維持をめぐって深刻な対立が存在したわけではない。実際に浜口内閣は、会議の基本方針として、田中内閣が総辞職直前に閣議決定していた「三大原則」を継承する。これは、海軍の要請をそのまま承認したもので、(1)補助艦の対米総括比率の七割要求、(2)特に、大型巡洋艦の対米七割の確保、(3)潜水艦の自主的所要量（日本の場合、七万八〇〇〇トン）の要求、の三条件の達成を全権に求めていた。ジュネーブでも見せた米国の五：五：三比率への頑なまでの固執と、対日作戦計画（オレンジ・プラン）での大型巡洋艦の重視を考えれば、対米協調が内閣の基本方針とはいえ、相当厳しい交渉条件が日本全権団には課されていた。

その首席全権には、ジュネーブ会議開始時の首相であった若槻礼次郎《わかつきれいじろう》が就任した。そして、松平恒雄《まつだいらつねお》駐英大使と永井松三《ながいまつぞう》駐ベルギー大使の二人の全権に加えて、大蔵省主計課長の賀屋興宣《かやおきのり》（のちに蔵相）が、随員として若槻を補佐する布陣をとった。財政的見地から、対米交渉はもちろん、若槻の海軍側との調整を支えるためである（若槻自身も大蔵官僚出身で元蔵相）。海軍からは、三度目の海相となっていた財部《たからべ》彪《たけし》がみずから希望して全権に任命された。

海軍の姿勢

三大原則のうち、海軍が最重視したのは(2)の大型巡洋艦の対米七割と、(3)の潜水艦の自主的保有量の貫徹であった。主力艦比率の「劣勢」を克服するためである。特にワシントン条約に当時海軍の主席随員として激しく反発した加藤寛治《かとうひろはる》軍令部長（海軍の作戦・用兵を統轄し、憲法上、天皇に直属するとされる軍令部のトップ）は、三原則すべてが「海軍の死活を岐つ絶対最低率」であると浜口に説いている。海上権力の決定性を説く先述の海軍戦略家マハンから特に強い影響受けた加藤は、いずれ、中国をめぐる日米の海上決戦が生起することを確実視していた。そして、財部が安易に外交的妥協に同意しないように、親友の安保《あぼ》清種《きよかず》海軍大将を海軍最高顧問として代表団に送り込んだ。

海軍省の山梨勝之進次官や堀悌吉《ほりていきち》軍務局長などの「軍政系」の考えは加藤よりは柔軟で、ワシントン条約の締結時に海相・全権として強力なリーダーシップを発揮した加藤友三郎《ともさぶろう》（一九二三年に首相在任のまま死去）の考えを受け継いで、軍備量の決定が、最終的に政治判断に基づいて内閣の責任でなされるべきこともよく認識していた。ただし、艦隊決戦を前提にした場合の三大原則の純軍事的な妥当性そのものは、「軍政系」の海軍軍人であっても否定しがたいものであった。

全権団の分裂と日米妥協案

一月に始まったロンドン会議（議長はマクドナルド英首相）は、日米間の対立で早々に行き詰まった。その結果、日本代表団内の対立・反目も露わとなる。当初から譲歩の必要性を強く認識していた首席全権の若槻は、二月半ばには完全に三大原則の貫徹を不可能視していた。スティムソン（Henry L. Stimson）国務長官が率いる米国全権団が、補助艦比率の決着がなければ、主力艦の新造休止の更新にも応じない立場を明確にしたためである。主力艦を含む建艦競争の再開が、対米英関係と国内財政に及ぼす破滅的な影響を考えれば、補助艦の比率に固執して交渉の決裂を招くなど本末転倒もよいところであった。しかし海軍側の主張は強硬で、〈軍政系〉の左近司《さこんじ》政三《せいぞう》首席随員ですら、若槻の妥協的な姿勢を強く批判していた（このため、ワシントン会議以来、補助艦を積極的に用いた対米漸減・邀撃作戦の予算確保に努めてきた海軍組織にとって、三大原則の確保は、ワシントン軍縮を受容し続けるための前提条件になりつつあったとする研究もある）。

財部海相のリーダーシップの欠如もあって、文官側と海軍側の認識ギャップは深刻さを増していく。こうした中、若槻らは米国全権との非公式の個人協議に活路を見出す。そして三月一三日に、海軍側にほぼ相談のないまま、松平全権とリード（David A. Reed）米国全権の間で事実上の「日米妥協案」（松平・リード案）が妥結された。単なる「私案」が出てくるものと考えていた海軍側の随員は、この結果に驚愕した。

妥協案の請訓と受諾

松平・リード案の主な内容は、(1)日本の対米総括比率は六九・七五%、(2)うち、大型巡洋艦の対米比率は六二%（ただし米国が新造艦の起工を遅らせて、条約期限の一九三六年まで対米七〇%以上を保障）、(3)潜水艦保有量は日米ともに五万二七〇〇トン、の以上三点であった。

大型巡洋艦では譲歩したが、総括比率ではほぼ七割を確保し、潜水艦も対米パリティーを認めさせたことから、交渉の妥結を最重視した若槻にとって、松平・リード案は十分に「我慢」に値する内容であった。しかし海軍の「専門家」の目から見れば、米国主力艦に対する漸減作戦に必要な潜水艦の絶対量を三分の一も減らし（ただし米英の主張は全廃）、主力艦の劣勢を補う大型巡洋艦の比率も大きく低下させられ、さらに米国のみ大型巡洋艦の新造が可能な（日本のこれまでの増強努力が結果的に徒《あだ》となった）欠陥だらけの妥協案であった。

結局財部全権は、一度は松平・リード案による政府への請訓に同意し、海軍省の首脳陣も同案を受け入れる姿勢を示した。しかし、海軍側の随員は強硬に反対を叫び、国内の加藤軍令部長も同様であった。この結果、ロンドンでは財部が、事実上の請訓電の取り消しといえる提案（会議脱退の決意を示してもう一度米英に譲歩を迫る）を、海軍省に打電する失態を演じた。東京でも、政府の回訓直前に、日米妥協案への批判を天皇に上奏しようとした加藤の行動が、鈴木貫太郎《すずきかんたろう》侍従長（前軍令部長）の独断で阻止される「事件」が発生している（海軍長老の鈴木は、対米英協調を重視する宮中グループの一角を占めていた）。対して浜口首相は、海軍長老で穏健派の岡田啓介前海相に加藤ら海軍強硬派との調停を依頼し、ようやく三月三一日に日米妥協案の受諾を閣議決定した。四月二二日、ロンドン海軍条約の調印が行われた。

批准をめぐる争い

帰国した全権団は東京駅で一般大衆の大歓迎を受け、主要新聞も条約の調印を肯定的に報じていた。会議中の二月に行われた総選挙では、民政党が圧勝し、衆議院の過半数を制している。しかし浜口内閣は、議会の野党政友会（総裁は犬養毅《いぬかいつよし》）、天皇の軍事上の諮詢《しじゅん》に答える軍事参議院、そして条約の批准《ひじゅん》審査を行う枢《すう》密院《みついん》の厳しい抵抗に直面する。主な争点となったのは「統帥権《とうすいけん》の干犯《かんぱん》」と「国防の欠陥」である。加藤軍令部長の「上奏阻止」事件は、まず、(1)憲法第一一条の統帥権（作戦・用兵など。軍備量の決定権は議論あり）を担うとされる軍令部の同意を、回訓前に内閣が得ていなかったことを意味し、「憲法上の疑義」があるのではないか。そして、(2)同意がなかったのなら、それは軍令部が条約内容では国防に「欠陥」が生じると判断したからではないか、というわけである。

軍縮に反対する東郷平八郎元帥が議長を努め、加藤やそれを支持する強硬派の伏見宮博恭王《ふしみのみやひろやす》海軍大将が名を連ねる海軍の軍事参議官会議（軍事参議院に設置）はともかく、野党の政友会や枢密院の最たる狙いは、軍縮への反対よりも、「統帥権」か「国防の欠陥」問題で、閣内の不統一（軍部大臣の離反）、あるいは政府の方針に反する陸海軍の公式見解を引き出して、民政党内閣を総辞職に追い込むことにあった。

対して浜口内閣は、まず議会では、軍令部の意見を十分に尊重・斟酌《しんしゃく》して、内閣の責任で条約の調印を行ったので、国防上の不安はないと主張して乗り切る。憲法第一一条との関係については一貫して答弁を拒否した。難航が予想された軍事参議官会議も、財部や岡田啓介（ともに軍事参議官）の説得で、条約外戦力などへの予算上の十分な補充を条件に、全会一致で批准を奉答した（ただし、一九三六年末の条約期限を待って「帝国が最善とする方策で……国防を完備するを要す」と釘を刺している）。なお、この審査前に、ロンドン会議中から公然と政府批判を繰り返していた末次信正《すえつぐのぶまさ》軍令部次長が更迭《こうてつ》され、加藤軍令部長も条約を批判する単独上奏を行い、辞職している（軍事参議官として、奉答文の審査に参加）。最後に残った枢密院も、軍事参議官会議の奉答文や加藤前軍令部長の召還などの追及材料の提供を内閣からことごとく拒否され、最終的には枢密院の正副議長の更迭まで視野に入れた浜口内閣の強硬姿勢の前に屈服する。こうして一〇月一日、枢密院は批准報告書を満場一致で可決し、翌二日に天皇がこれを裁可して、日本はロンドン条約を批准した。

3　意　義

条約の発効を記念して世界に同時中継された日米英首脳のラジオ演説の中で浜口雄幸は、条約の成立を「人類の歴史に一新紀元を画したもの」だと高く評価した。制限内容に反発したフランスとイタリアが参加しない問題もあったが、三大海軍国が補助艦制限に合意したことで、ワシントン会議以来の懸案にひとまず決着がつき、アジア太平洋地域の海軍軍縮体制はその完成度を高めたのである。加えて、明治憲法の厳しい制約の中で、特に民政党に敵対的な枢密院を最終的には完全に抑え込んで浜口内閣が条約の批准に成功したことは、その後の政権運営と、日本の政党政治の定着を占ううえで明るい材料であった。複雑で困難な国内政治を乗り越えて、条約の調印と批准を果たした浜口や若槻、幣原などの民政党系の政治・外交指導者は、国際的にも高い評価を得る。

ただし、日本の政治・外交が払った代償は少なくなかった。まずロンドン会議の結果、海軍内は軍縮を受容する「条約派」と強く反発する「艦隊派」にはっきりと分裂する。財部海相が辞職を余儀なくされるなど、条約締結を支持した海軍の首脳陣の統制力も大きく傷つき、やがて一九三三～三四年の「大角人事」で、山梨勝之進や堀悌吉、左近司政三などの「条約派」の主だった人物が海軍を追われる。ロンドン会議が日本海軍にとっての「悲劇」とされる所以である。くわえて、加藤の「上奏阻止」に端を発する統帥権干犯問題は、右翼勢力やその影響を受けた陸海軍の少壮士官の政党政治や宮中側近に対する反感と、場合によっては天皇への不信感も強め、その後未遂を含めて頻発するテロやクーデターの背景を準備した。

日本の「憲法政治」の深刻な問題点も明らかになる。選挙結果ではなく政権党の「失政」による内閣総辞職が、ほぼそのまま反対党への政権交代につながる「憲政の常道」は、総選挙に敗北したばかりの政友会を（党内の慎重意見にもかかわらず）統帥権問題による倒閣運動という「政党政治の自殺行為」に向かわせる結果となった。対する浜口内閣も、軍部大臣への配慮もあって、条約調印の憲法上の根拠を明確に示すことができず、政友会の森恪幹事長から、議会無視の「非立憲極まる態度」との倒錯した非難を受けた。しかし、浜口内閣の「曖昧戦略」も、また政友会の「倒閣運動」も、統帥権問題で噴出した軍令部や枢密院の、政党政治・議会政治に対する反発と不信感を和らげることはできなかった。

もっとも、条約批准後の暗殺未遂事件で重傷を負った浜口首相が、内閣総辞職（後継首班は若槻）を経て一九三一年八月に落命した時点でも、ロンドン会議が日本の政党政治の崩壊とワシントン条約からの脱退に繋がることは、まだ予想外であった。世界恐慌の悪化、満州事変の発生と事態収拾の失敗、そして五・一五事件と、決定的な内外環境の変化をいくつも経てから、政党政治と国際協調の勝利ではなく、「悲劇のロンドン会議」としての影響が顕在化するのである。

参考文献

麻田貞雄『両大戦間の日米関係』東京大学出版会、一九九三年。

伊藤隆『昭和初期政治史研究』東京大学出版会、一九六九年。

伊藤之雄『昭和天皇と立憲君主制の崩壊』名古屋大学出版会、二〇〇五年。

池田清『海軍と日本』中公新書、一九八一年。

大前信也『昭和戦前期の予算編成と政治』木鐸社、二〇〇六年。

川田稔『浜口雄幸』ミネルヴァ書房、二〇〇七年。

黒野耐『帝国国防方針の研究』総和社、二〇〇〇年。

小池聖一「ワシントン海軍軍縮会議前後の海軍部内状況」『日本歴史』第四八〇号、一九八八年五月。

小林龍夫「海軍軍縮条約」日本国際政治学会太平洋戦争原因研究部編『太平洋戦争への道―開戦外交史1　満州事変前後』朝日新聞社、一九六三年。

高杉洋平「ロンドン海軍会議における主力艦制限先議問題」『軍事史学』第四三巻二号、二〇〇七年九月。

増田知子『天皇制と国家』青木書店、一九九九年。

Sasao Asada, *From Mahan to Pearl Harbor* (Naval Institute Press, 2006).

Erick Goldstein and John Maurer (eds.), *The Washington Conference, 1921-22* (Frank Cass, 1994).

（中谷直司）

50　満州国建国（一九三一～三三年）――国際協調から国際的孤立へ

1　背　景

一九二〇年代の日本外交を主導した幣原喜重郎は、東アジアにおける日本の特殊な立場を強く意識しつつ、ワシントン体制を軸として東アジアの国際秩序を安定させることを重視した。このワシントン体制とは、日米英など列国が協力して、当時中国に持っていた権益を互いに認めつつ、中国の漸進的な統一を促すことを目指すというものである。幣原は、ワシントン体制を維持しつつ、満州における日本の特殊権益を英米に認めさせようとした。

一九二八年六月に国民党が北伐《ほくばつ》を完成し、中国の統一を果たした。国内の国権回復運動の高まりを受けて中国が対外的に強硬な態度をとるようになると、その対応をめぐって日英米の足並みは次第に乱れていく。すなわち、英米は国際連盟規約や不戦条約をも東アジアの国際秩序を維持するための基軸として考えるようになっており、ワシントン体制のみに拘らなくなっていたのである。

英米に対して日本は、連盟の東アジアへの関与を受け入れがたいものと認識した。なぜなら、東アジアに連盟規約などの理念を導入することは、日本が排他的権益を主張する満州で起こる問題についても、多国間交渉により解決することになりかねないからである。

中国の国権回復運動は、日本の特殊権益を含む満州においても盛んであった。満州を支配していた張学良が蔣介石率いる国民政府に帰順したことで、満州に設置された国民党党部が、排日演説などを通じて、民衆の反日意識を高揚させていたのである。また、日本が敷設する南満州鉄道（満鉄）の路線と並行する鉄道を中国側が建設し始めていたことも、世界恐慌の余波と重なって、満鉄の経営に大きなダメージを与えた。

幣原は、ワシントン体制に基づいて、日中間の直接交渉によって事態を打開しようとしたが、両国の対立は容易には解消されなかった。交渉が行き詰まるにつれて、幣原外交に対する批判が国内で強まっていく。そのような状況で、幣原外交に真っ向から挑戦しようとしていたのが、関東軍の石原莞爾参謀である。石原は、来る対米戦争に備えるために、満蒙を領有してアジアに自給経済圏を作ろうと考えていた。関東軍（兵員約一万名）は満鉄付属地の警備を任務としていたが、石原らは関東軍が武力発動を独断で行うことで政府を強引に巻き込み、構想を実現するつもりであった。入植した朝鮮人と中国人農民が長春北西で衝突した万宝山事件と満州を視察中の中村震太郎大尉が殺害された事件が起こった一九三一年六月から八月にかけて、満州をめぐる日中関係は一触即発の状態となった。これらの事件を好機として、関東軍はいよいよ計画の実行へ向かっていく。

2　展開

満州事変と国際連盟

一九三一年九月一八日夜一〇時半、関東軍は満鉄の軌道が爆破されたことを口実に、奉天で軍事行動を起こし（柳条湖《りゅうじょうこ》事件）、二二日には吉林を占領した。中国軍がほとんど抵抗しなかったため、この三日間で関東軍は南満州の主要都市を占領した。朝鮮軍も、援軍のため独断で国境を越えて出兵した。日本軍による広範な武力行使に対して、王正廷《おうせいてい》国民政府外交部長は二一日、連盟に提訴し、緊急理事会の開催を求めた（中国は九月一四日に理事国入りした）。

翌二二日に理事会が開催されると、中国側の抗議に対して芳沢謙吉日本代表は、日中直接交渉による平和的解決を主張した。日本は、連盟が満州問題に関与することを一貫して避けてきたのであり、このときもその方針を堅持した。

それに対して、連盟理事会議長のレルー（Alejandro Lerroux）スペイン外相は、理事会の審議状況や議事録を全て米国に通告することを日本に伝えた。同日米国のスティムソン（Henry L. Stimson）国務長官も、九カ国条約、不戦条約と関連付けて日本の軍事行動に注目していることを日本に伝えた。このように、幣原が拒否し続けてきた満州問題の国際問題化は、避けがたいものとなりつつあった。

それでも日本政府は二八日に、満州問題解決に連盟や第三国が介入することは許さないとの立場を頑なに表明した。同時に、日本政府は軍隊の出動は日本の居留民保護が名目であって決して領土的野心ではなく、安全が保障されれば撤兵すると述べた。

しかし関東軍は九月二二日、「満蒙問題解決策案」に基づき、独立政権の樹立を目指し、頭首となるべき宣統帝溥儀《ふぎ》（清朝最後の皇帝）の擁立工作を開始していた。さらに一〇月八日には、張学良政権の拠点である錦州に無差別爆撃を行う。その結果、日本政府の立場はきわめて苦しい立場に立たされることとなった。

一〇月一三日の連盟理事会で、議長である不戦条約の主唱者ブリアン（Aristide Briand）仏外相は、日本の反対を押し切って、米国をオブザーバーとして理事会に出席させる決議を手続条項（出席者の過半数で可決）として成立させた。一七日には、フランスをはじめとする連盟理事国かつ不戦条約署名国は、同条約について日中両国に注意を喚起した。もっとも米国は、スティムソン国務長官に代表されるように、自国が日中間の紛争に深入りすること、特に対日制裁に参加することにはきわめて慎重であった。理事会の決議は次回の理事会（一一月一六日）までに日本軍は全面的に撤退した後、日中直接交渉に移るというものであったが、決議には全会一致を要するため、日本の反対により成立しなかった。

一一月一六日の連盟理事会開催前に、関東軍は日本の権益がない北満州最大の都市チチハルへ進撃を開始し、一九日に占領するに至った。これを受けて、施肇基《しちょうき》中国代表は理事会に対して対日制裁（連盟規約第一五、一六条）を課すよう迫った。それに対して日本は、幣原外交の路線を修正して連盟との妥協も模索した。芳沢日本代表が二一日、排日ボイコット運動の現状に国際的理解を得るため、満州・中国への連盟調査団の派遣（ただし小国の参加は不可）を提案したのである。連盟側は、制裁措置が失敗して連盟が紛争解決に無力となることを恐れたため、日本の提案を受け容れた。こうしてリットン調査団が組織された。

連盟との対立

国内では、一二月一一日に犬養毅政友会内閣が成立した。だが犬養内閣も関東軍をコントロールできず、一二月二三日に関東軍は錦州攻撃を開始した。日本政府は、錦州を中心とする中国軍の行動が南満州に脅威を与えており、治安を撹乱する勢力を討伐する権利を行使しているだけだという苦しい正当化を行った。関東軍は翌年一月三日に錦州を占領し、錦州から張学良《ちょうがくりょう》の影響力を排除するに至る。

日本の軍事行動が計画的に全満州占領を目指していると認識せざるをえなくなったスティムソン米国務長官は一月七日に、九月一八日以来の日本の軍事行動の合法性を一切承認しないというスティムソン・ドクトリンを通告した。

一月二八日に、排日運動をきっかけとして第一次上海事変が起こる。これは国際的批判を満州から逸らしたい陸軍の陰謀との証言もある。中国最大の貿易窓口であり英米仏など列強の租界がある上海に紛争が飛火したことは、各国に大きな衝撃を与えた。そこで連盟理事会は、中国の要求を受けて、過半数で決議が可能となる規約一五条の適用（ただし上海に限定）に踏み切り、紛争審議を総会に移すこととした。

戦況の悪化にともない、陸軍の派兵が二月二日の閣議で決定する。中国軍の頑強な抵抗にあったが、二月下旬には中国軍の抵抗も次第に弱まりはじめた。陸軍は三月一日から総攻撃をかけ、連盟総会の開催予定日にあわせるように（三月三日開催予定）、三日に一方的に事実上の戦闘終結を宣言した。総会は、連盟規約および不戦条約に反する手段で獲得された一切の事態、一切の条約・協定を認めないとの決議を全会一致で採択した（日本は棄権）。それは連盟によるスティムソン・ドクトリンの承認を意味した。この決議により、連盟が組織する一九人委員会（総会議長、紛争当事国を除く理事国代表、スイス、チェコスロヴァキア、コロンビア、ポルトガル、ハンガリー、スウェーデン代表）が停戦交渉に大きく関わることとなった。

英国は、上海の戦火を鎮めることには積極的であった。停戦交渉は、ランプソン（Miles Lampson）英駐華公使の主導のもとで行われ、五月五日に日中がようやく停戦協定に調印して、上海停戦協定が結ばれた。

たしかに上海事変は満州事変への国際世論の関心をそらす役割を果した。その間、関東軍は着々と満州独立国家建設を進めることができた。犬養毅首相や芳沢謙吉外相は、独立国家建設は中国の領土保全・門戸開放を定めた九カ国条約に抵触するとして反対であった。しかし、在満州日本人や旧軍閥、清朝「復辟」派など現地の一部中国人の協力もあり、上海での戦闘が終結する前に満州国の建国宣言を行った（三月一日）。

三月一二日、犬養内閣は閣議で基本方針を決定する。その内容は、九カ国条約に抵触する恐れがあるため現時点では新国家を認めないが、そのように誘導していくというものであった。しかし、既に三月六日、満州国と日本との間には溥儀と本庄繁関東軍司令官の間で秘密協定が交わされており、満州国の国防を日本が担うことや、満州国官吏への日本人任用は関東軍司令官が裁量権を持つことなどが規定されていたのである。犬養内閣も一カ月後の閣議では積極的に登用することを方針とするようになった。

連盟との決別

犬養首相は独立国家承認には反対であったが、五・一五事件で陸海軍の青年将校らに暗殺される。政党内閣の成立は困難であると判断した元老西園寺《さいおんじ》公望《きんもち》は、後継に海軍長老で穏健派の斎藤実を推薦した。すでに日本国内は満州国正式承認論が大勢を占めており、六月一四日には衆議院において全会一致で承認促進が決議され、それを受けて七月一二日には満州国承認が閣議決定された。

内田康哉《うちだやすや》外相は、第六三回帝国議会の外交演説で、満州国承認は不戦条約や九カ国条約には抵触しないと強弁し、犬養内閣の方針を事実上変更した。皮肉にも内田は、かつて九カ国条約に調印した時の外相、不戦条約会議の日本全権であった。内田外相の主張に従い、先述の秘密協定は九月一四日の枢密院会議を経た後、天皇の裁可を得て、日満議定書となった。議定書により、日本の満州駐兵権や、これまでの日中間の条約、協定などで得た満州における既得権益が保障された。

九月三〇日に日中両国に示されたリットン報告書は、排日ボイコットの禁止や満州における日本の特殊な地位を認めていたが、日本の外交政策とは相容れないものと考えられた。その理由は第一に、日本の九月一八日以来の軍事行動を自衛権の行使とは認めていないという点にある。第二に、満州国は自発的な独立運動によって成立したものではないとされている点である。そのほかに報告書は、紛争解決策として連盟の管理下での満州非武装化を提案していた。しかし、満州問題に第三国を介入させないことに固執する日本にとって、このような提案ですら受け容れ難いとの立場をとった。連盟は、日本の主張を受け容れることなく、満州国の存在を否定するに至った。

連盟における日本の厳しい立場に追い討ちをかけるかのように、日本軍の謀略により、一九三三年一月一日に万里の長城東端の山海関で日中両軍が衝突する。すでに一九人委員会では、リットン報告書に残っていた日本への配慮は薄まっていた。そしてついに、規約第一五条四項に基づく満州国不承認の勧告案が日中双方に内示された。他方で斎藤内閣は、事件を追認するように、二月一七日熱河省の侵攻を閣議決定した。続いて二月二〇日には、勧告案が総会で採択された場合は連盟を脱退するとの方針を閣議で決定した。外務省の判断は、たとえ連盟が日本への制裁を決議しても、満州問題に直接利害を持たない欧米諸国が犠牲を払ってまで制裁措置には出ないだろう、そして熱河侵攻と連盟脱退によって今以上に形勢が不利になることはないだろうというものであった。三月二七日、日本政府はついに正式の脱退通告を行う。

五月三一日、関東軍と国民政府軍事委員会北平分会との間で塘沽《タンクー》停戦協定が結ばれ、満州事変は一応の終結を迎えた。これにより長城以南に広大な非武装地帯が設けられ、そこへの中国軍の進入が禁じられた（非武装地帯は「親日的」中国警察が警備）。以後、関東軍は中国の協定違反を理由に外交に強く介入することとなり、外務省が外交の主導権を回復することは困難となった。

3　意　義

一九二〇年代に対英米協調を基軸としてきた日本外交は、三〇年代になると一転して国際的孤立の道を歩む。満州国の承認は、その路線変更の象徴であった。では、合理的とは言いがたいその路線変更の過程をどのように理解すればよいだろうか。

まず、一九二〇年代後半以降変容していく東アジアの国際秩序にうまく対応できなかったこと、これは明らかに日本外交の失敗であった。自国の領土や主権の尊重を国際連盟に訴える中国に対して、英米はすでに柔軟な対応をとりつつあり、日本が従来どおりワシントン体制の枠組みの中で、英米と協調しつつ満州の特殊権益の維持を確保することには限界があった。このような外交の行き詰まりは、国内の閉塞感を助長し、関東軍の独走につながったといえる。

また、第二次若槻内閣が満州事変勃発直後に、毅然とした態度で現地軍の独断行為を取り締まり、事変収拾の主導権を握れなかったことは、政治体制をも揺るがす大きな失敗であった。政党内閣が軍隊を統制することは不可能ではない。それまで日本の海外出兵手続きでは必ず閣議決定が必要であるということが慣行として定着していた。つまり、若槻首相の政治的リーダーシップの下に、内閣が一致して現地軍の違法行為に対して毅然とした態度で取締り、出兵にかかる予算を認めなければ、事変の範囲は限定することができたのである。少なくとも国際世論と対立してまで傀儡国家を承認するようなことはなかったであろう。

　他方で、現地軍の自立的な行動が可能になったのは、英米の対応が背景にあったことも重要である。英米は、一九三一年一〇月の錦州爆撃以降、日本の軍事行動を批判する点では、連盟と共同歩調をとったが、日中全面対決により自国の中国権益が損なわれない限り、事態を静観するに留まった。

　さて、現地軍の行動を認めた結果、外交政策の主導権は、軍人に移った。そして、現地で次々と積み上げられていく既成事実によって、外交はさらに硬直していく。関東軍が計画的に行った満州事変は、一九三三年五月に一応終息するが、現地軍から外交の主導権を回復するという課題は依然として残されていた。そのような不安を抱えた状況の下で、日本外交は満州国の国際的承認を次なる政策目標とすることになる。

参考文献

伊藤之雄『昭和天皇と立憲君主制の崩壊』名古屋大学出版会、二〇〇五年。

海野芳郎『国際連盟と日本』原書房、一九七二年。

臼井勝美『満州事変』中央公論社、一九七四年。

臼井勝美『満州国と国際連盟』吉川弘文館、一九九五年。

小林道彦『政党内閣の崩壊と満州事変　一九一八～一九三二』ミネルヴァ書房、二〇一〇年。

西田敏宏「ワシントン体制の変容と幣原外交（一）（二）・完」『法学論叢』第一四九巻三号～一五〇巻二号、二〇〇一年六～一一月。

西田敏宏「ワシントン体制と国際連盟・集団安全保障」伊藤之雄・川田稔編著『二〇世紀日本と東アジアの形成　一八六七～二〇〇六年』ミネルヴァ書房、二〇〇七年。

服部龍二『東アジアの国際変動と日本外交　一九一八～一九三一』有斐閣、二〇〇一年。

鹿錫俊『中国国民政府の対日政策　一九三一～一九三三』東京大学出版会、二〇〇一年。

森靖夫『日本陸軍と日中戦争への道』ミネルヴァ書房、二〇一〇年。

山室信一『キメラ――満州国の肖像』中公新書、一九九三年

（森　靖夫）

51　リットン報告書、国際連盟脱退（一九三一〜三三年）――「協調」から「孤立」への転換点

1　背景

一九三一年九月に満州事変が勃発すると、若槻礼次郎内閣の幣原喜重郎外相は、中国との二国間直接交渉による紛争解決を目指した。だが、中国はこれを拒否して、国際連盟（以下、連盟）を通じた多国間交渉による解決を目指し、連盟規約第十一条に基づき連盟理事会の招集を求めるに至った。

一方、英仏には常任理事国たる日本と事を構える用意はなく、連盟理事会は日中に軍事行動の停止を求める決議を採択するのみで休会に入った。だが、一〇月に日本軍が錦州を攻撃するに至り、ブリアン連盟理事会議長は非加盟国の米国をオブザーバーとして招請した上で、日本軍の期限付き撤兵決議案を提出するに至った。だが日本は、賛成多数を得たこの決議案に反対したから、ここに連盟理事会は手詰まりに陥った。

2　展開

こうしたなか、日本が現地調査委員の派遣を連盟理事会に提案した。それまで日中直接交渉を目指す幣原は、第三者の介入を嫌い、英仏や中国が提案していた満州への調査団派遣を拒否してきた。だが、先述のブリアンによる撤兵決議案に見られた連盟内の厳しい批判に直面した日本は、一転してむしろ調査団に満州のみならず中国の実状を詳らかにすることによって、日本の軍事行動がやむを得ない自衛行動であることを加盟国に理解させようと考えたのである。この日本提案が、一九三一年一二月、連盟理事会決議に基づき設置された満州事変に関する調査委員会（リットン調査団）となった。

英米仏独伊の五カ国で構成されたリットン調査団は、一九三二年二月から東京、上海、南京、北京、満州国などをめぐる約半年に及ぶ調査を経て、一〇月一日に報告書を公表した。しかし、リットン報告書は、満州における日本の特殊利益に一定の理解は示したものの、日本の期待に反して、満州における日本の軍事行動を正当な自衛行動とは認めなかった。

この間、上海事変が勃発するや、従来は対日制裁に消極的だった英仏もついに態度を硬化、ここに中国の要請に基づき、満州問題も含む日中紛争全般に連盟規約第十五条が適用され、リットン報告書の審議は理事会ではなく総会へ持ち込まれるに至った。こうして外交戦の舞台が日本の軍事行動に強く反発していた中小国が多数を占める総会に移ったことで、日本

は一気に追い詰められていく。三三年二月二四日、総会はリットン報告書を基に作成した、日本軍に満鉄付属地への撤退を求め、満州国不承認を確認する勧告案を四二対一（棄権一）で採択した。これを遺憾とした松岡洋右《まつおかようすけ》を首席代表とする日本代表団は議場を退場、三月には斎藤実内閣がドラモンド連盟事務総長に連盟脱退を正式に通知した。なお連盟規約では、脱退の効力が発生するのは通告から二年後だったから、日本が正式に加盟国でなくなったのは、三五年三月以降である。

斎藤内閣の連盟脱退には二つの目的があった。第一に、小国からの批判が集中しやすい連盟を脱し、二国間交渉によって英米との協調を回復しようとした。第二に、連盟が総会の勧告に基づき日本を除名してしまうことを恐れ、国家の体面を保つべく、これに先んじて脱退してしまおうと考えた。このとき日本はすでに熱河侵攻を決定していたが、総会の勧告を無視して、この新たな軍事行動に踏み切れば、連盟は日本の除名処分（連盟規約十六条）を発動する可能性が高いと思われたのである。以上のように、国際的な非難を恐れた日本は、必ずしも進んで連盟を去った訳ではなかった。そのことは、連盟脱退以後も、日本が満州問題とは関係のない連盟諸機関との協力関係は継続していたことにも表れている。

3　意　義

だが、一九三八年九月に連盟理事会が日中戦争に関して対日経済制裁を容認するや、結局、日本は全ての連盟機関との関係も断絶した。このとき日本の脱退が引金となって独伊も去り、それに代ってソ連が加盟していた連盟は、反枢軸国の姿勢を強めていた。一九三三年の連盟脱退は、日本の意図に反し、その後の国際的な孤立に道筋を付けてしまったのである。

一方、日本の連盟脱退が与えた打撃は、日本自身よりもむしろ、連盟に対する方が大きかったといえよう。連盟は、常任理事国を失うという大きな代償を払いながらも、満州事変における日本軍の侵略を阻むこともできず、大国間協調を不可欠とする集団安全保障体制の脆さを露呈してしまった。このことが、領土的野望を抱くイタリアのムッソリーニ政権や、パリ講和会議以降の国際秩序の打破を唱えて政権に就いた（一九三三年一月）ばかりのドイツのヒトラーを勢いづけてしまったのである。もっとも、日本の連盟脱退は、それだけ連盟が原則を曲げず、日本という大国を追い詰めた証左でもあった。そのことは、国際機構の発展という観点からすれば、少なからぬ意義があったともいえよう。

参考文献

井上寿一『危機のなかの協調外交』山川出版社、一九九四年。
臼井勝美『満州国と国際連盟』吉川弘文館、一九九五年。
加藤陽子『シリーズ日本近現代史5　満州事変から日中戦争へ』岩波新書、二〇〇七年。
篠原初枝『国際連盟』中公新書、二〇一〇年。

（村上友章）

52　日本の経済交渉（一九三二〜三七年）——日英・日印・日豪・日蘭会商

1　背景

一九二九年一〇月に発生した世界恐慌による冷え込みは、輸出主導で維持されていた日本経済に深刻な打撃を与えた。そうした中で一九三一年一二月に犬養毅内閣が成立し、その蔵相に高橋是清《たかはしこれきよ》が就任した。高橋蔵相は、当時の国際的な政策協調のシンボルとなっていた金本位制からの離脱と、通貨管理政策への移行を決め、そのうえで低為替政策を採用して、輸出の拡大と景気の回復を図った。

重化学工業化が進んでいなかった当時の日本の主力輸出品は綿製品を中心とした繊維製品であり、低為替政策は、低く抑えられていた日本の労働賃金と併せて、繊維製品を低価格で輸出することを可能にした。その結果、国際的な価格競争において優位に立った日本製綿製品は爆発的に市場シェアを拡大したが、その一方で、急激なシェア拡大は激しい貿易摩擦を引き起こすことにもなった。その解消を目的として展開されたのが、関係各国との一連の経済交渉である。

2　展開

大英帝国の要衝となっていたインドにおいて、日本製綿製品は英国製綿製品と激しく競合した。綿製品は英国の主力輸出品でもあり、日本製品の急激なシェア拡大に直面したインド政府は、英国政府からの圧力もあり、一九三二年八月に、日印通商条約を破棄して従価七五％の差別的高関税を日本製品に課すことを決めた。インド政府は、これによって日本製品のシェア拡大を阻止しようとしたが、日本製品の流入をくい止めることはできなかった。だが、対印輸出に規制を受けた日本の繊維業界は不満を募らせ、一九三三年九月からインドのシムラにおいて日印会商が開催された。その結果、翌年七月に新通商条約が成立して、差別的高関税は撤廃されたが、日本製綿布の対印輸出総量は年間四億ヤードを上限とする一方で、日本側は綿花を一五〇万俵輸入することが取り決められた。同条約により日本の対印輸出には歯止めがかけられた。

他方、日英は、インド以外でも綿製品をめぐる貿易摩擦を抱えており、日英両政府間の予備交渉を経た上で、一九三三年九月から民間レベルでの貿易交渉がロンドンにおいて行われることになった。しかし、この交渉は翌年三月に決裂し、英国政府は、五月から英国本国および植民地に対する綿布の輸入割当制を実施した。

以上のようにして、日本は一九三四年中頃までに、大英帝国という巨大な輸出市場を狭められることとなり、その結果、行き場を失った日本製綿製品は、蘭印（オランダ領東インド）に殺到した。オランダは世界恐慌発生後も自由貿易の立場をとっていたためである。だが、「集中豪雨的」と評される日本製品の流入は、オランダとの貿易摩擦を招き、蘭印も保護主義政策に転じた。

その結果、市場を失うことを恐れた日本側は、経済交渉を通じて蘭印市場の確保を図るべく、一九三四年六月からオランダとの間で日蘭会商を開始した。この交渉は、一二月にいったん決裂したが、再開され、一九三七年四月の石沢・ハルト協定締結へと至る。同協定は、日本と蘭印の通商関係を包括的に規定するものとなったが、全体的に見れば、日本製品の輸出や企業進出に一定の制限を課すものであり、日本はここでも巨大市場を狭められた。

その他にも日本製綿製品の輸出をめぐっては、一九三六年一二月の日豪協定によって、オーストラリア産羊毛の輸入と抱き合わせる形で輸入割当制が導入されるなど、一九三六年には、一二七の輸出市場のうち七八の市場において、差別待遇を受けるに至った。

3　意　義

輸出依存の経済構造を有していた日本は、世界恐慌後に発生した世界経済のブロック化によって、輸出市場を狭められた。その結果、日本は中国大陸への経済進出に集中してゆき、そうした動きは東亜新秩序建設へと繋がり、太平洋戦争勃発の遠因を形成した。そして第二次世界大戦後、日本は再び輸出依存によって経済成長を遂げるようになり、やはり貿易摩擦を引き起こす。だが今度は輸出の自主規制や生産拠点の海外移転などの対策を講じることで、日本政府および業界団体は、貿易戦争の発生・激化を回避した。これにより、差別的高関税や非関税障壁によって海外市場を失う事態は回避されたが、そこには一九三〇年代の貿易戦争が日本にもたらした結果から得られた教訓が確実に活かされていたといえる。

参考文献

石井修『世界恐慌と日本の「経済外交」——一九三〇～一九三六年』勁草書房、一九九五年。
籠谷直人『アジア国際通商秩序と近代日本』名古屋大学出版会、二〇〇〇年。
杉山伸也、イアン・ブラウン編『戦間期東南アジアの経済摩擦』同文館、一九九〇年。
細谷千博編『太平洋・アジア圏の国際経済紛争史　一九二二—一九四五年』東京大学出版会、一九八三年。

（服部　聡）

53　天羽声明（一九三四年）――「意外」であった国際的反発

1　背景

一九三一年九月に勃発した満州事変は、一九三三年五月の塘沽《タンクー》停戦協定の成立をもって終結した。事変の終結で対外危機は鎮静化に向かい、対中関係の緊張緩和・改善の可能性が生まれた。とはいえ、事変で大きく傷ついた対中関係の改善が難題であったことは言うまでもない。

この難題を背負ったのが、一九三三年九月に外相になった広田弘毅《ひろたこうき》である。広田は、一九三七年七月の日中戦争勃発まで三つの内閣（斎藤実内閣・岡田啓介内閣・第一次近衛文麿内閣）で外相に就き、一九三六年二月には首相も務めている（翌年一月まで）。それゆえ、満州事変終結から日中戦争勃発まで約四年間の日本外交は、「広田外交」として展開するのである。

外交の舵取りにあたっては、陸軍との関係が国内的難問であった。広田が外相になった頃、陸軍中央では統制派と皇道派として知られる二つの派閥が対立し、両派の力関係は統制派の優位に傾きつつあった。統制派の筆頭と目される永田鉄《ながたてつ》山《ざん》陸軍省軍務局長は、「満州国」の安定と国内総力戦体制の整備を最優先に考え、中国本土への更なる勢力拡大には抑制的であった。そこで、広田率いる外務省は、陸軍中央の統制派を調整・提携相手にしながら、対中関係の改善を模索することになる。

2　展開

広田は一九三四年一月、日中関係改善に向けての姿勢を議会演説で表明した。このとき広田は、日本が東アジアにおける平和維持の全責任と使命を担うという趣旨の発言をしている。加えて広田は、中国国民政府の「抗日政策」の転換を前提として日中関係改善への意欲も語ったのである。

他方、中国国民政府の動向に目を向けると、国内の統一・安定を優先する「安内攘外」路線の下で対日政策は妥協的なものに変化し始めていた。もちろん、「満州国」承認は受け入れ難いことであったが、当面は満州問題を棚上げにして関係改善を図る対日政策路線が国民政府内で形成されていった。

実際、広田外相の議会演説から二カ月後の四月、日本の有吉《ありよし》明《あきら》駐華公使が国民政府の汪兆銘《おうちょうめい》外交部長と会談し、「経済提携」による緩やかな関係改善を話し合ったのである。

この有吉・汪会談が行われている頃、日本外務省の天羽《あもう》英《えい》二情報部長は記者団との定例会見で対中国国際援助問題に関する非公式談話を発表した。この談話では次のようなことが述べられている。日本は中国とともに東アジアの平和と秩序を維持する使命を全うする決意を有する。ただし、中国側が他国を利用して日本を排斥するような措置を採るのであれば、日本はそれに反対せざるを得ない。また、欧米諸国が中国に対する共同動作を行うのであれば、それが財政的・技術的な援助であっても政治的意味を帯びる。ゆえに、日本としては、東アジアの平和と秩序の維持に支障を及ぼすような欧米諸国の行動を黙過することができない。

以上の趣旨の談話が天羽声明として知られているものである。この声明は日本国内だけでなく、海外にも広く伝えられた。このとき、諸外国からは日本が「アジア・モンロー主義」政策を打ち出したものと受け止められ、国際的な反発を招くことになったのである。

3　意　義

天羽声明の内容自体は、日中関係改善への姿勢を打ち出した広田の議会演説と異なるものではなかった。また、広田の演説には諸外国の注目が集まることはなかっただけに、天羽声明に対する諸外国の反発は日本にとって予想外であった。後日、天羽は外国新聞記者との会見で「先日の談話に対する海外の反響を意外」とし、「今年一月外務大臣の議会に於ける演説の趣旨を敷衍したに過ぎない」と述べた。そのうえで天羽は、中国の独立や第三国の権利を害する意思はなく、「門戸開放・機会均等」と現在有効な諸取り決めを無視する意思もないと釈明することになった。

しかし、満州事変が終結していたとはいえ、中国および英米などの諸外国の日本に対する警戒感が完全に解消されたわけではなかった。そのような状況で、「全責任」や「使命」といった表現を使って東アジアにおける地位を語る日本に対して、諸外国が「アジア・モンロー主義」の表明と捉えて懸念を深めたとしても無理はない。天羽が「意外」と述べた声明に対する国際的反発は、日本の自己認識と諸外国の対日認識のズレを露呈した出来事であったと言える。対中関係の改善に乗り出そうとした矢先に、天羽声明による対日イメージの悪化という更なる負荷が「広田外交」にかかってしまったのである。

参考文献

井上寿一『危機のなかの協調外交』山川出版社、一九九四年。
井上寿一『アジア主義を問いなおす』ちくま新書、二〇〇六年。
外務省編『日本外交年表竝主要文書　一八四〇～一九四五』下、原書房、一九六五年。
北岡伸一『日本の近代5　政党から軍部へ』中央公論新社、一九九九年。
服部龍二『広田弘毅』中公新書、二〇〇八年。

（森川正則）

54　第二次ロンドン海軍会議（一九三五〜三六年）——「海軍休日」の終焉

1　背景

一九三五年一二月九日、翌年末に満期を迎えるロンドン海軍条約の延長を協議するため、第二次ロンドン海軍会議が開催された。しかし、会議の成功はほぼ絶望的であった。

五・一五事件で日本の政党内閣はすでに途絶え、海軍の実権も軍縮に反対する「艦隊派」が掌握していた。皇族の伏見宮博恭王元帥を総長とする軍令部の圧力に屈した大角岑生《おおすみみねお》海相が、「条約派」の主だった将官を予備役に編入したためである（大角人事）。この時、軍令部の権限は、軍令部令の制定や省部互渉規定の改定で大きく強化されていた。そして満州事変以降の国際的な「危機」の高まりを理由に海軍は、軍縮条約からの離脱を世論に対して盛んに唱道していた。

2　展開

第二次ロンドン会議を指揮したのは、一九三四年七月に成立した岡田啓介内閣である。首相の岡田は第一次ロンドン会議時に海軍長老として海軍内の調停に尽力しており、元老の西園寺公望や宮中側近はその手腕に期待していた。

しかし、大角人事などで、海軍組織に対する岡田の影響力はほぼ失われていた。会議の基本方針として海軍側は、(1)外交的妥協を避けるため、交渉前にワシントン海軍条約の廃止を通告する、(2)もし新協定を結ぶのであれば、主権国家間の「軍備権の平等」を前提に、各国共通の保有最大量を定めて、その上限を低下させる、(3)攻撃的軍備（戦艦・空母）の大幅削減を協定して軍縮を徹底する、という三点を主張した。

以上の海軍案には、外務省や大蔵省はもとより陸軍省も難色を示した。米国が受け入れ可能な内容とはとても思えなかったからである（当然、海軍側もそう考えていた）。総力戦に耐えうる産業基盤の育成を重視する林銑十郎《はやしせんじゅうろう》陸相と永田鉄山軍務局長は、無条約化と対米関係の悪化による海軍予算の肥大化がその足かせとなることを懸念していた。

一時は大角海相の更迭《こうてつ》も考えた岡田首相であったが、結局は海軍側の主張をほぼそのまま交渉方針として採用した。五・一五事件の記憶はまだ生々しく、また外交的判断を優先した結果、統帥権干犯《とうすいけんかんぱん》問題を引き起こした第一次ロンドン会議の二の舞も避ける必要があったからである。

一〇月から本格化した予備会議では、比率主義の撤廃（現行条約の共同廃止）や戦艦・空母の全廃を主張する日本と、現行条約の比率のままで、保有量を一律二割削減することを主張する米国が真っ向から対立した。日本代表の松平恒雄《まつだいらつねお》駐英大使と山本五十六《やまもといそろく》海軍少将は政府の交渉方針に批判的だったが、裁量の余地はきわめて限られていた。緊迫する欧州問題を抱えながら、極東で日本の海軍力と対峙することを嫌う英国が、日米間の妥協の余地を最後まで模索したが、両国の溝は全く埋まらなかった。一二月に予備会議は決裂し、日本は単独でワシントン海軍条約の廃止（失効は二年後）を通告する。

　翌年一二月に始まった本会議には「艦隊派」系の永野修身《ながのおさみ》海軍大将（後に海相）と外務省の永井松三《ながいまつぞう》大使が全権代表として派遣された。しかし前年の予備会議と同じく比率主義の撤廃を求める日本の主張を米英が受け入れることはなかった。米国政府の関心も、すでに交渉の「妥結」にはなく、交渉決裂の責任が日本の荒唐無稽な要求にあることを議会と世論に明瞭に示すことにあった。また米国政府内には、日本に建艦競争に耐える力は無く、いずれ条約体制に戻ってくるとの観測もあった。会議開始から一カ月余りの一九三六年一月一五日、日本全権は第二次ロンドン会議から早々と脱退した。

3　意義

　第二次ロンドン条約には、エチオピア問題を抱えるイタリアも参加せず、米英仏の三カ国で締結された（一九三六年三月二五日）。このため、条約内容は各艦種の質的制限（排水量、主砲サイズ）が主となり、ワシントン軍縮の根幹であった量的制限は規定されなかった。かつ日伊の不参加に対応して、制限を緩和するエスケープ条項が設けられた。

　一九三六年一二月限りで、ワシントン海軍条約と第一次ロンドン条約が失効し、主要海軍国は事実上「無条約時代」に突入する。交渉開始前、海軍は、条約の喪失がそのまま米国との建艦競争を意味することはないと主張していた。米国の造艦能力は両軍縮条約の制限を超えないとの観測からである。しかし、米国の建艦計画の遅れもあって、条約失効時に実に対米八割余りの戦力を誇ったその「優勢」は、一九三八年に米国で成立した第二次ヴィンソン法以降、徐々に悪化し、やがて米国の大規模な建艦計画への対抗が絶望的になった時、対米開戦に至る。開戦前の対米戦力は、かつて加藤寛治が国防の「絶対最低率」とした七割を割る寸前であった。

参考文献

相澤淳『海軍の選択』中央公論新社、二〇〇二年。

麻田貞雄『両大戦間の日米関係』東京大学出版会、一九九三年。

岡久仁子「一九三五年ロンドン海軍会議と日本政府」『日本歴史』第六七四号、二〇〇四年七月。

Sadao Asada, *From Mahan to Pearl Harbor* (Naval Institute Press, 2006).

Stephen E. Pelz, *Race to Pearl Harbor* (Harvard University Press, 1974).

（中谷直司）

55　華北分離工作（一九三五年）——国交調整の行き詰まり

1　背景

一九三三年五月に関東軍と国民政府軍事委員会北平分会との間で塘沽《タンクー》停戦協定が締結され、満州事変は一応の終結を迎えた。斎藤実内閣の途中からとそれに続く岡田啓介内閣（三三年九月〜三六年二月）で外相を務めた広田弘毅は、日中公使館の大使館昇格を実現するなど、日中国交調整に積極的に乗り出した。

他方で、関東軍幕僚をはじめとする現地軍軍人は、岡田内閣や陸軍中央に不満を持ち、華北一帯を国民政府の支配から切り離す華北分離工作を計画していた。彼らは内閣の方針を無視して計画を強引に実現してしまおうと機会を窺っていた。

2　展開

一九三五年五月二九日、酒井隆支那駐屯軍参謀長らは、日本租界で起きた親日系中国人殺害事件を理由に、華北の地方政権の長である何応欽《かおうきん》軍事委員会北平分会代理委員長に対して、国民党部や中央軍の華北からの撤退、于学忠《うがくちゅう》河北省首席の辞任などを突如として要求した。これは、塘沽停戦協定の内容を華北に拡大することを意味した。それまで外務省と政策の調整を行ってきた林銑十郎陸相らが満州視察中により不在であったため、政府の政策決定は混乱した。

広田外相は、統帥権に介入できないとして事態を傍観した。塘沽停戦協定の違反は軍事事項（統帥権）に関わる問題として捉えられていたからである。新京に滞在していた林陸相ら一行も、すでに出先が起こした行動に対してどうすることもできないまま、六月七日に、現地陸軍が華北の地方政権と交渉して地方的に解決することを方針とする「北支交渉問題処理要綱」を出先に訓令して、出先に追随する形となった。

酒井らは、六月九日に回答期限を設けて中国側に要求し、それが実行されなければ日本軍は断乎たる処置に出ると警告した。中国側は、現時点では日本との戦争は勝ち目がないと判断して、一〇日に要求を全面的に受諾すると口頭で回答した。こうして梅津（美治郎支那駐屯軍司令官）・何応欽協定が結ばれた。中国側は日本側の要求を実行したが、受諾を文書で提出するという日本側の要求はかたくなに拒否した。

これを追うように、六月二七日土肥原賢二《どいはらけんじ》奉天特務機関長と秦徳純《しんとくじゅん》チャハル省主席代理との間で土肥原・秦徳純協定が結ばれた。この協定は、日本出先陸軍と衝突を繰り返す宋哲元軍を内蒙チャハル省から追い出すことを定め、満州国の西南方面の安全を確保することが目的であった。その結果宋哲元率いる第二九軍（四個師を基幹、一個師は約一万五〇〇〇名）は河北省へ移駐した。この第二九軍は後に盧溝橋事件に直面することとなる。

協定締結後の一九三五年九月、広田外相は広田三原則を中国に提示した。それは排日の取締り、満州国の事実上の承認、共同防共を内容としていた。しかし、「安内攘外」を唱えて一時的に日本との関係改善を考えていた蒋介石は態度を硬化させた。そのため、広田外相と蒋作賓《しょうさくひん》駐日大使との間で行われた三原則交渉は平行線をたどった。

さらに、華北では陸軍出先が華北自治運動の名目で、再び華北分離工作を露骨に推進し始めた。外務省はおろか、陸軍中央ですら出先の自由行動を統制できなかった。外交交渉は、日本が中国に呑ませた二つの協定に基づいてなされた。広田外相は三原則の要求を中国に迫ったが、中国側は華北問題の解決が先であるとして要求を拒絶した。こうして、広田外相の日中国交調整は行き詰っていった。

他方、陸軍出先は、親日派の実力者が見出せぬまま、一一月二四日、殷汝耕《いんじょこう》に塘沽停戦協定の非武装地帯を区域とする冀東《きとう》防共自治委員会の自治宣言を出させた（一二月二五日冀東防共自治政府と改称）。これに対抗して国民政府は、冀察政務委員会を北平に設置し、宋哲元を委員長に任命した。この結果、華北を国民政府支配から分離することは失敗に終わった。

3　意義

現地で結ばれた二つの協定を日本政府が前提としたことで、日中国交調整交渉は行き詰っていった。華北を失うことを中国がどれほど深刻に捉えていたかを日本は理解していなかった。華北分離工作は、中国の対日感情をますます悪化させた。

より重要なのは、現地軍から外交の主導権を回復するとの課題が克服されなかったことである。現地軍の不穏な動きは一九三五年一月頃より日本の内閣や宮中も察知していた。だが岡田内閣と陸軍中央は、より深刻な国内問題を抱えていた。というのは、同じ頃から倒閣を目指す右翼や陸軍皇道派など一部軍人らが国体明徴運動を通じて、岡田内閣や陸軍中央の攻撃を始めたのである。もちろん岡田首相や広田外相の指導力にも問題はあるが、現地軍の暴走を予防できなかったのは、こうした国内政治状況も大きく影響していたといえる。

参考文献

井上寿一『危機のなかの協調外交』山川出版社、一九九四年。
臼井勝美『日中戦争』中央公論社、一九六七年。
内田尚孝『華北事変の研究』汲古書院、二〇〇六年。
光田剛『中国国民政府期の華北政治』御茶の水書房、二〇〇七年。
森靖夫『日本陸軍と日中戦争への道』ミネルヴァ書房、二〇一〇年。

（森　靖夫）

56 リース・ロス使節団と対華共同借款（一九三五年）——日英・日中関係改善の可能性

1 背景

一九三四年七月に発足した岡田啓介内閣では、広田弘毅が引き続いて外相を務めた。三カ月前、広田外相の議会演説を踏まえて発表された天羽声明が国際的反響を引き起こす中、中国における対日協調の回復を目指したのが英国である。この頃、英国政府内ではチェンバレン（Arthur Neville Chamberlain）蔵相が対日協調政策を主唱していた。チェンバレンが唱えた対日協調の試みは、金融界と産業界の影響力も受けながら動き出す。

一九三四年九月、英国政府は日英不可侵協定の締結について日本側の意向を確かめるように駐日英国大使に指示した。また、英国産業連盟前会長のバンビー卿（Lord Barnby）を長とする使節団が来日する。この使節団の目的は、満州への投資と重工業製品輸出拡大の可能性を調査することにあった。しかし、広田外相と重光葵《しげみつまもる》外務次官は日英関係の全般的な改善を望みながらも、東アジアにおける日本の行動を拘束しかねない新たな協定の締結には消極的であった。それゆえ、日英不可侵協定案が実を結ぶことはなかった。一方、バンビー使節団も訪日時に具体的な成果を上げずに帰国するに至る。それでも英国は、翌年に新たな使節団を東アジアに派遣して日英協調の実現を探っていくのである。

2 展開

英国政府は一九三五年六月、政府主席財政顧問のリース・ロス（Sir Frederick Reith-Ross）を長とする使節団派遣を発表する。派遣のきっかけは、中国の金融・通貨危機であった。中国では当時、自国通貨の価値を銀に基礎づける銀本位制を採っていたが、世界的な銀価格の上昇に見舞われていた。さらに、米国の銀買い上げ政策が価格上昇に拍車をかけてしまう。中国では国内産業の不振と相まって銀が大量に流出し、極度の金融収縮と通貨危機が生じたのである。そこで、幣制（通貨制度）改革とこれを支える対華借款の実現を任務とするリース・ロス使節団が派遣されることになったのである。

九月初め、リース・ロス使節団は中国訪問に先立って日本を訪れる。その際、リース・ロスは対華借款に関して一つの案を持っていた。それは、日英両国が共同で満州国に借款を与えた上で中国は満州国から借款を受け取るというもので、中国から事実上の満州国承認を取り付けようとする意味合いを有していた。リース・ロスはこの案を広田外相と重光外務次官に持ちかける。しかし広田は、中国が表立って満州国否認の態度をとっていない現状でよいとして、提案に関心を払わなかった。また重光は、そもそも政治的安定が成っていない中国で幣制改革は成功しないとの認識を示した。さらに高橋是清蔵相や津島寿一《つしまじゅいち》大蔵次官など、大蔵省の首脳たちも中国の改革能力への不信感から共同借款に否定的な態度をとったのである。

結局、リース・ロス使節団は滞日中に芳しい成果を得られぬまま中国に赴く。その頃、中国国民政府内でも幣制改革の実施が検討されていた。リース・ロスは中国の幣制改革を支援するかたわら、有吉明駐華大使を訪れて日本の協力を再度要請する。しかし、日本から好意的な回答が届かぬまま、中国国民政府は一一月に幣制改革の断行に踏み切り、法幣という新通貨の安定に取り組むのである。

3　意　義

リース・ロスのプランは満州国の存在を与件としつつ、満州事変後の東アジア地域の緊張緩和を促す可能性を有していた。にもかかわらず、幣制改革と対華共同借款に対して日本が消極的姿勢をとったことは、対英協調と対中関係改善の道を狭めてしまったと言える。逆に、英国の支援を得た中国の幣制改革と法幣安定化が着実に成果を上げるにつれ、それに対抗しようとする活動が刺激されてしまう。というのは、満州国と接する華北地域では、現地の日本陸軍が勢力拡大を画策していたからである。このような華北情勢の展開を前にして、中国国民政府内では対日関係改善に前向きな勢力が劣勢に立たされ、対日妥協的な政策路線の後退につながっていくのである。

リース・ロス使節団の派遣と中国幣制改革の断行があった一九三五年末は、満州事変後の東アジア国際政治と日本外交にとって分岐点の一つであったと考えられる。くわえて、成功裡に進んでいった中国幣制改革は、現状の中国には改革を成功させる能力に欠けているという日本側の対中国「現状」認識が根本から問い直される出来事でもあった。

参考文献

井上寿一『危機のなかの協調外交』山川出版社、一九九四年。
木畑洋一「失われた協調の機会?——満州事変から真珠湾攻撃に至る日英関係」細谷千博、イアン・ニッシュ監修『日英交流史一六〇〇〜二〇〇〇　政治・外交Ⅱ』東京大学出版会、二〇〇〇年。
野沢豊編『中国の幣制改革と国際関係』東京大学出版会、一九八一年。
波多野澄雄「リース・ロスの極東訪問と日本」『国際政治』第五八号、一九七七年。
松浦正孝「再考・日中戦争前夜」『国際政治』第一二二号、一九九九年九月。

（森川正則）

57　日独防共協定（一九三六年）——支持が広がらなかった反共イデオロギー

1　背景

一九一七年一一月に勃発したロシア革命によってソ連政府が誕生すると、日ソは敵対関係に入った。共産主義思想と革命の輸出を図るソ連政府の姿勢は、日本の国家体制と相対立するものだったためである。ソ連は、一九三三年からの第二次五カ年計画によって著しい工業化と経済成長を遂げ、これに伴って、極東ソ連軍も急速に増強された。その結果、日ソの軍事バランスは、日本側に不利な状況となりつつあった。

一方、ヨーロッパでは、一九三三年一月に反共政策を掲げるナチス党政権が誕生すると独ソは敵対関係となり、その結果として、ソ連を共通の敵とした日独は接近してゆくことになった。

2　展開

満州事変を引き起こして満州国を建国した日本は、国際社会から非難を浴びた。国際連盟総会において孤立した日本は、一九三三年三月に国際連盟から脱退する道を選んだ。その後、日本は、一九三四年一二月に五カ国条約（ワシントン海軍条約）の廃棄を通告、一九三六年一月には第二次ロンドン海軍軍縮会議からも脱退して、軍縮体制から離脱した。こうして日本は、国際社会における孤立を深めていった。

一方、一九三三年一月にヴェルサイユ体制解体と反共を掲げるナチス政権が誕生したドイツは、同年一〇月に日本に続いて国際連盟から脱退し、一九三五年三月には再軍備を宣言して、ヴェルサイユ体制への挑戦を明らかにした。この間、日独と入れ替わる形で、一九三四年九月にソ連の国際連盟加入が認められ、さらに一九三五年七月の第七回コミンテルン大会において人民戦線戦術が採択されるなど、ドイツもまた国際社会における孤立を深めていた。

このようにして、国際社会における孤立と反共、そしてソ連という仮想敵国を共有することになった日独は、次第に接近してゆく。一九三六年三月に成立した広田弘毅内閣の外相となった有田八郎は、共産主義、および増大しつつあったソ連の軍事力を憂慮しており、これに対処すると同時に日本の国際的孤立状態を解消する方法として、ドイツとの提携関係を模索するようになった。そのため有田外相は外相就任後間もない五月八日、武者小路公共《むしゃこうじきんとも》駐独大使に対して、日独接近についてドイツ側と話し合うように命じた。

一方、これに先立ってドイツでは、駐在陸軍武官であった大島浩《おおしまひろし》が、当時ナチス党外交部長であったリッベントロップとの間で、日独提携について接触を重ねていた。そのようにしてあらかじめ日独接近の下地が用意されていたことから、日独接近をめぐる日独交渉は急速に具体化し、その結果一一月二五日に、共産主義の脅威に日独が協力して対処することを謳った日独防共協定が成立した。

3　意　義

日独防共協定は、共産主義の脅威への共同対処することを謳った政治協定であったが、同時に同協定は付属議定書の中で、ソ連の軍事的脅威への対処を協議することを定めており、その点では軍事協定でもあった。また、国際的孤立に陥っていた日独双方は、米英仏陣営、ソ連、そして日独という形で鼎立状態となっていた当時の国際政治において、防共を政治的な割り込みの手段として利用することを企図した。

ソ連政府は、人民戦線戦術によって、軍事的に台頭する日独を平和への脅威として米英側に喧伝することで、日独の孤立化を図っていた。これに対して日独もまた、ソ連の共産主義を植民地支配に対する脅威として喧伝することで、自己の軍事的台頭を正当化し、逆にソ連を孤立させようとしたのである。そのため、日独防共協定成立後、日独は英国とオランダに同協定への加入を働きかけたが、この試みは成功しなかった。また有田外相は、防共を通じて中国国民政府との関係改善と華北分離工作の両立を図ろうとしたが、この試みも成功せず、結果的に日独防共協定は、国際的に孤立していた日独が手を取り合っただけという結果に終わった。

参考文献

大畑篤四郎「日独防共協定・同強化問題（一九三五年～一九三九年）」日本国際政治学会太平洋戦争原因研究部編『太平洋戦争への道―開戦外交史5　三国同盟・日ソ中立条約』朝日新聞社、一九八七年。

窪田・ゲイロード「有田八郎」『国際政治』第五六巻、一九七六年。

テオ・ゾンマー（金森誠也訳）『ナチスドイツと軍国日本』時事通信社、一九六四年。

田嶋信雄『ナチズム外交と「満州国」』千倉書房、一九九二年。

服部聡「有田八郎と『東亜新秩序』」服部龍二他編『戦間期の東アジア国際政治』中央大学出版会、二〇〇七年。

三宅正樹『日独伊三国同盟の研究』南窓社、一九七五年。

山本悌二郎『有田八郎の生涯』考古堂、一九八八年。

（服部　聡）

58　盧溝橋事件、日中戦争（一九三七年）——不拡大方針の挫折と泥沼の戦争

1　背　景

満州事変後の日本外交の主たる目標は、満州国の国際的承認であった。日本はまず第三国の介入を排除しつつ、満州国をめぐって中国と外交交渉を行った。しかしその一方で、中国に駐在する陸軍の出先軍人らは、将来の対ソ戦争の背後を固めるため、塘沽《タンクー》停戦協定で非戦闘区域となった万里の長城以南の地域に親日政権を樹立して、国民政府の支配から華北を分離させせようとした（華北分離工作）。

華北分離工作によって成立した二つの協定（梅津・何応欽協定と土肥原・秦徳純協定）を前提として、岡田啓介内閣とそれに続く広田弘毅（岡田内閣の外相）内閣は、国民政府に対して排日の停止、満州国承認、共同防共を柱とする広田三原則を要求した。さらに華北における経済提携によって、日中関係の正常化を模索した。

陸軍出先が期待したのは、反蔣介石派の将領たちが国民政府に対抗する政権を華北に樹立することであった。そこで一九三五年一一月に、陸軍出先は傀儡《かいらい》政権である冀東《きとう》防共自治政府を成立させたが（華北自治運動）、華北を国民政府の支配から分離することはできなかった。

国民政府では、蔣介石や汪兆銘らが中心となって安内攘外政策をとり、反蔣勢力や共産党の制圧を優先した。しかし、日本の華北分離政策の進展にともない、態度を硬化させていく。

三六年夏に日中直接交渉が再開されたものの、華北問題をめぐって両者の距離は埋まらなかった。同年一一月の綏遠《すいえん》事件で関東軍による内蒙工作が失敗すると、抗日ナショナリズムは最高潮に達する。さらに、国共合作を訴える張学良が蔣介石を軟禁した一二月の西安事件は、国共合作の気運が高まったことを印象づけた。それを受けて、一九三七年二月林銑十郎新内閣の外相に就任した佐藤尚武《さとうなおたけ》は、華北への政治工作を行わないという方針を明確にして、国民政府と国交調整に臨もうとし、中国側もそれに期待した。しかし、内閣は短命に終わり、続く近衛文麿内閣の外相には広田が就任した。

国民政府は他方で、第三国の介入、特に英米に期待し続けた。しかし、両国の中国支援は積極性を欠いていた。一九三三年に成立したローズヴェルト（Franklin D. Roosevelt）政権は、第一次大戦以来の孤立主義に加え、長引く不況対策を優

先しなければならなかった。一九三五年八月に議会を通過した中立法（交戦国に軍事物資を輸出しない）は米国の対外態度を象徴していた。とはいえ、一九三五年一一月の中国幣制改革では中国政府が発行する法幣の為替相場維持を目的に大量の銀を中国から購入しており、間接的な資金援助はしていた（盧溝橋事件前後の時期までに約九四〇〇万ドル相当）。他方英国は、中国に多くの経済権益を持つため、日本との経済摩擦は避けられなかった。さらに、一九三六年の日独防共協定により日本がナチス・ドイツと接近したため、英国は日本に不信感を募らせた。それでも、英国政府は日本との政治的対立を避け続けた。英米の強制力に負っていた国際連盟が、日中問題に影響力を発揮できなかったのはいうまでもない。

このような国際環境のなかで、日本では交渉による国交調整がまとまらない閉塞感と焦りが広がっていった。

2　展開

盧溝橋事件と華北派兵　一九三七年七月七日深夜、北平（現・北京）郊外の盧溝橋で深夜に鳴り響いた銃声をきっかけとして、日本の支那駐屯軍（六〇〇〇名弱）と中国の第二九軍（四個師を基幹、一個師は一万五〇〇〇名程度）との間で小規模な軍事衝突が起こった。盧溝橋事件の勃発である。

翌日夕方に最初の外交折衝が、日高信六郎南京駐在参事官と董道寧《とうどうねい》外交部日本科長との間でなされた。しかし発砲原因についての両者の認識は正反対で、水掛論に終わった。外務省では八日深夜三時に現地情報を得て、大臣以下当局者は事件不拡大、局地解決で一致し、その日の午前に石射猪太郎《いしいいたろう》外務省東亜局長は陸海軍両省の軍務局長と不拡大を申し合わせ、現地の交渉もまとまりかけていた。このように、事態は沈静するかに見えた。

ところがその一一日の閣議で、杉山元《はじめ》陸相が不測の事態に備えて、動員派兵の請議案（華北に関東軍、朝鮮軍より二個師団、内地より三個師団、青島及び上海に二個師団）を出すと、広田外相もこれを追認し閣議であっさりと決定された。この案では、現地交渉がまとまれば派兵は中止することになっていたため、現地の状況を受けて既に動員派兵された関東軍、朝鮮軍を除いて、派兵は見合わせられることとなった。

他方、国民政府側も強硬態度で臨み、事件勃発後、四個師の動員準備にかかった。それは、宗哲元らが現地で独自に日本に妥協するのを避けるためでもあった。もっとも、日本を刺激しないようにとの要請を現地から受けていたため、中央軍の北上は緩慢であった。また中国共産党も即時開戦を訴え、国共合作を蔣介石に訴えた（共産党の紅軍兵力は三〜五万名で国民政府軍の百分の一程度）。

一一日の閣議後、内地師団派兵は先送りされていたが、陸軍は一三日に現地停戦協定の期限付き履行（一九日まで）を中国が拒否した場合、内地師団を動員派兵することに決した。

その条件は、⑴平津地方における中国側の駐兵禁止、⑵華北の特殊性の再確認、⑶広田三原則の実行、などの厳しいものであった。すると中国側は、要求をのむどころか、期限の切れる一九日に蒋介石が「盧山《ろざん》声明」を出し、徹底抗戦の決意を明らかにした。こうして二〇日の閣議で内地師団派兵が決定され、二一日に上奏裁可を得た。

ところが再び二一日に、現地の宋哲元指揮下の第二九軍が協定を履行しつつあるので増援の必要なしとの情報を受けて、陸軍中央は躊躇した。派兵を決定づけたのは、二五日の廊坊事件、二六日の広安門事件という二つの軍事衝突である。これを機に、二七日に改めて内地の三個師団を基幹とする約二一万の兵力の動員下令が臨時閣議で決定され、上奏裁可後に発令された。これらの部隊は八月上旬から下旬に大陸に渡った。支那駐屯軍は、二八日に総攻撃を開始、同日北平、三一日天津を制圧した。

第二次上海事変

近衛内閣は、内地師団が大陸に到着して戦闘が拡大する前に、和平を結ぶことを企図した（船津工作）。和平案は、戦果を踏まえ平津地方（北平・天津）を含む非武装地帯を設定するかわりに、塘沽停戦協定や梅津・何応欽協定などといった既成事実の解消や国民政府に華北の行政権を認めるなど、中国に配慮する内容もあった。しかしそのような動きを尻目に、八月九日に上海で大山事件が起こり、交渉は頓挫する。海軍特別陸戦隊の大山勇夫中尉（死後大尉に特進）が中国保安隊に殺害されたこの事件をきっかけに、上海に戦火が飛火したのである。八月一三日、近衛内閣は上海への陸軍派兵を決定する。この事件をきっかけに海軍も強硬論に転じることとなった。一五日には、二個師団を指揮する上海派遣軍（司令官松井石根《まついいわね》大将）が編成された。ついに近衛内閣は、一七日の閣議で不拡大方針の放棄を決定して、全面戦争へ突入することになった。それに伴い、「北支事変」という呼称を「支那事変」と変更した。

中国軍は華北を諦め、上海に主力（二五個師、約三三万名）を集中していたため、上海では激戦が繰り広げられた。九月一一日には、日本がさらに上海に三個師団を派兵し、一〇月末までには上海派遣軍は中国の全ての防衛線を突破した。さらに、一一月五日に新たに投入された第一〇軍（三個師団が基幹）が杭州に上陸して中国軍の側背を突いたため、中国軍は南京へ全面退却を始めた。第二次上海事変は日本の勝利に終わったが、七月当初に近衛内閣が描いた、平津地方の中国軍を退けてから停戦するという事変収拾構想は崩れたことになる。陸軍中央は、改めて中国軍に一撃を加え、戦意を喪失させて事変終結に持ち込むべきという現地軍の主張を認め、八月末には支那駐屯軍を含む北支那方面軍（八個師団が基幹）が編成され、「一〇月攻勢」をかけることとなった。

列国の対応

第二次上海事変は、第一次上海事変と同様、租界を持つ英米仏等の列国の注意を惹かないわけにはいかなかった。九月一二日に中国が国際連盟に対日制裁を訴えたことを機に，連盟は二八日の総会で，日本空軍の中国諸都市の爆撃に対する非難決議を全会一致で採択した。また，一〇月五，六日の総会では，日本を九カ国条約，不戦条約の違反国と認定し，九カ国条約署名国による会議の開催を勧告する。それは，国際的孤立主義の立場をとって介入に消極的な米国を関与させるという英国のねらいであった。

他方で，ドイツ，イタリアに和平の斡旋を期待していた日本は，一〇月からドイツの斡旋によるトラウトマン和平工作を開始した。ディルクセン（Herbert von Dirksen）駐日ドイツ大使に見せた広田外相の和平案は，華北・上海での戦果を盛り込みつつ（内蒙古自治政権の樹立，上海に現行より広い非戦闘区域の設定），船津工作と同様，既成事実の解消や国民政府による華北の行政権を認めるものであった。しかし，トラウトマン（Oscar Trautmann）駐華ドイツ大使が伝えた日本の和平案は，抗戦態度が連盟を動かすと期待する蔣介石に拒否され，和平工作は一時中断する。ベルギーで開催された九カ国会議（ブリュッセル会議）も，日独のほか，ソ連を含む一七カ国を招待したが，日独が参加を拒否したため，なんら見るべき成果もなく一一月一五日に閉幕した。

英米に対抗して，ソ連は中国支援に向かった。事変前から国民政府との接触を持っていたソ連は，八月二一日に中ソ不可侵条約に署名し，戦闘機などの軍需品を供与して抗日戦争を支援した。ただしソ連も，日本からソ連への侵攻がないまま参戦して英米から不信を買うことを嫌い，単独での参戦は拒否した。反共主義者だった蔣介石も，連盟の介入が望めなくなりソ連の援助を頼みとした。ソ連は，中国共産党を絶滅から救い，蔣介石と日本との和平成立を阻止することで，自国の安全保障と中国への影響力を確保することに成功したのである。

他方で，一〇月頃より陸軍全体で蔣介石否認論が強まっていく。すなわち，蔣介石には降伏を求め，応じなければその正統性を否定して新政権を育成し，新政権と和平を結ぶべきだというのである。こうした気運が強まったのは，蔣介石が和平に応じる気配がほとんどないことに加え，北支那方面軍の工作により華北で新政権樹立の動きが見え始めていたからであった。この事変終結構想は，中支那方面軍（上海派遣軍と第一〇軍）が主張する南京攻略と結び付けられることになる。しかし当ては外れた。一二月一日に中支那方面軍に攻撃命令が下され，一二月一三日に南京を陥落させたにもかかわらず，中国軍は和平に応じなかったのである。蔣介石は既に一〇月末，首都を重慶に移し，抗戦を継続することを決定していた。そして一二月一四日，日本の傀儡政権である中華民国臨時政府が北平に成立する（行政委員長王克敏《おうこくびん》）。

以上の一連の戦線の拡大と事変終結構想に関して，外務省や近衛首相は主導権を握ることが出来なかった。近衛内閣は，一二月に再開したトラウトマン和平工作で条件を加重させて和平の機会を逸し（華北・華中などの占拠地域に非武装地帯設置と保障駐兵、国民政府による華北の行政権否定など）、翌一九三八年一月には、国民政府を交渉相手とはしないという声明を発表することとなる。近衛内閣は、陸軍との連携を欠き、事変の収拾に指導力を発揮できないまま、泥沼の戦争へと向かっていった。

3　意義

一九三七年の盧溝橋事件は、単なる小規模な軍事衝突であった。しかし日中両政府が過敏に反応したことにより、大規模な戦争へと拡大していった。近衛首相をはじめとする近衛内閣は事変収拾を主導することに消極的とすら言えた。近衛首相は戦後の著書で、陸軍の強硬な態度を非難し、自己正当化を行ったが、派兵を決定したのは閣議であり、その後も強い態度で不拡大方針を押せば主導権は握れたはずである。それは広田外相にも言えることである。広田外相も陸軍の派兵案に否定的でありながら、ほとんど抵抗した形跡がなく、その弱気な態度が外務省下僚から強い反感を買った。こうして主体性を欠いた日本政府は、自ら和平の道を閉ざしていった。

第二次上海事変は日本の勝利に終わる。日本にとっては日露戦争の奉天会戦以来の大規模戦争であり、多くの犠牲も払った（戦死者約二万名。中国は八万名と言われる）。しかし、より重要なことは、第二次上海事変によって、華北で終わらせるはずの作戦を拡大させ、戦略を見失ったこと、第三国による和平斡旋への道を閉ざしてしまったことであろう。よく知られているように、上海事変後の南京攻略の際、いわゆる「南京大虐殺」が起こったとされる。日本国内には報じられなかったが、後に国際的な非難を浴びた。

他方で第二次上海事変は、連盟の無力さを証明することともなった。連盟は自身の強制力を英米に負っていたが、両国は積極的に日本の軍事行動を封じようとはしなかった。英国のイーデン（Anthony Eden）外相は、日本に強硬な姿勢で臨むようチェンバレン（Neville Chamberlain）首相や米国のローズヴェルト（Franklin D. Roosevelt）大統領に期待した。しかし、一九三七年一二月、米国の砲艦一隻と英国の砲艦二隻が日本軍によって攻撃されても、英米両政府は対日制裁に動かなかった。

ちなみに、日中両国は宣戦布告をしていない（ただし中国は日米開戦と共に宣戦布告）。日中が戦争状態にあることを認めると、第三国に戦時国際法上の中立義務が生じ、米国に軍需物資や金融市場の面で大きく依存する日中は作戦の遂行が厳しくなるからである。

参考文献

相澤淳『海軍の選択』中央公論新社、二〇〇二年。

伊香俊哉『近代日本と戦争違法化体制』吉川弘文館、二〇〇二年。

臼井勝美『新版　日中戦争』中央公論新社、二〇〇〇年（旧版・一九六七年）。

鈴木晟「アメリカの対応」軍事史学会編『日中戦争の諸相』錦正社、一九九七年。

高光佳絵『アメリカと戦間期の東アジア』青弓社、二〇〇八年。

秦郁彦『盧溝橋事件の研究』東京大学出版会、一九九六年。

秦郁彦『日中戦争史』原書房、一九七九年（旧版・河出書房、一九六一年）。

ボリス・スラヴィンスキー、ドミートリー・スラヴィンスキー（加藤幸廣訳）『中国革命とソ連』共同通信社、二〇〇二年。

アントニー・ベスト（相澤淳訳）「日中戦争と日英関係――一九三七～一九四一年」軍事史学会編『日中戦争の諸相』錦正社、一九九七年。


（森　靖夫）

盧溝橋を渡る日本軍
（1937年7月）（毎日新聞社提供）

59　日中和平工作（一九三七年）——閉ざされてゆく和平への道

1　背景

一九三五年後半から三六年前半にかけて華北で陸軍出先が主導した親日政権樹立工作はうまくいかず、かえって反日ナショナリズムを高揚させる結果に終わった。そこで三六年後半以降、外務省の中では、武力による威圧を抑え、華北の行政権を国民政府に認めるなど譲歩をすべきとの意見が現れた。しかし、出先を含む陸軍を説得するのは至難の業であった。

一九三七年七月七日に盧溝橋事件が勃発し、戦線は華北に拡大するが、七月末には支那駐屯軍が北平（現・北京）・天津地域を平定し、作戦が一段落したことで、外交交渉により和平を結ぶ機会が到来した。

2　展開

一九三七年八月初頭に華北における戦局が一段落すると、外務省の中では、この機会に日本もある程度妥協する形で国民政府と和平を結ぶべきとの意見が出された。しかし、陸軍全体を説得することは困難であると考えられたため、一部の軍人の了解を得たのみで和平計画は実行された。

日本政府は、高宗武《こうそうぶ》など国民政府の要人に人脈を持つ船津辰一郎在華日本紡績同業会総務理事を上海に派遣して、八月九日に正式の交渉を試みた。これは船津工作といわれる。日本側が提示する予定だった停戦条件は、(1)停戦ラインの設置（塘沽《タンクー》停戦協定より南下、北平・天津を含む）、(2)中国軍の河北省からの撤退、(3)排日取締りであった。また、国民政府の華北での行政権を認め、支那駐屯軍の規模縮小など、日本側の譲歩も含まれていた。ところが、同日第二次上海事変が勃発したため、事態は全面戦争へと突入し、交渉は頓挫してしまう。

上海事変勃発後、再び和平の機会が訪れる。それはトラウトマン（Oscar Trautmann）駐華ドイツ大使の斡旋による和平工作である。和平条件は、船津工作の時とほぼ同様であったが、連盟に期待を寄せる蔣介石の反応は悪く、交渉は中断する。戦局が好転すると、今度は陸軍の要求に押されてしまい、華北の行政権を認めず、賠償など和平条件を加重すべきとの強硬意見を交渉条件に加えることになった。その結果、一度は条件を受け入れる姿勢を見せていた蔣介石が再び態度を硬化させ、和平の機会は水に流れた。

一九三八年一月、近衛内閣は国民政府を交渉相手とはしないとの声明を発表したが、和平交渉は国民政府と前年一二月に華北に成立した臨時政府との二方向でなされることとなった。同年五月、陸軍統制と和平実現を期待されて外相となった宇垣一成《うがきかずしげ》陸軍大将は、国民政府との和平交渉を重視した。もっとも宇垣外相は、漢口陥落が迫っている状況で、勝者の和平案として、蔣介石の下野を条件に加えることにこだわった。

　他方で、傀儡政権と和平を結んで停戦を図る和平工作も、現地陸軍を中心に行われていた。それは、臨時政府と三八年三月に南京で成立した維新政府と合流させた新政権と和平を結び、国民政府に揺さぶりをかけるというものであった（高宗武工作）。現地軍の和平工作が停頓している状況を受けて、宇垣外相は蔣の下野を条件から除いて、孔祥熙《こうしょうき》行政院院長と直接会談する決意をする。ところが、これも同年九月末の宇垣外相の辞任によって実現に至らなかった。

　宇垣外相辞任後、新たな和平工作が進展した。汪兆銘工作である。その目的は、宇垣外相のときとは異なり、汪兆銘や高宗武のような和平派と和平を結び、国民政府を切り崩すことであった。三八年一一月の和平工作は、国民政府の汪側から高宗武ら、日本側から陸軍の影佐禎明《かげささだあき》陸軍省軍事課長らが交渉にあたり、日本軍は二年後に内蒙・平津地方へ撤退すること、華北の資源利用における日本の優先権を確保すること、汪の新政権樹立などを定めた。しかし、新政権成立によって国民政府はますます抗戦意思を強めた。

　一九四〇年以降、英米との戦争を回避するためにも、日本は蔣介石ら重慶国民政府との和平交渉に取り組まざるを得なくなり、様々な工作（桐工作、銭永銘工作）が試みられたが、どれも実を結ぶことはなかった。

3　意　義

　日本は中国との長期戦による国力の消耗を恐れたがゆえに和平の実現を望んだ。しかし日本は一九三七年七月の盧溝橋事件以来、戦局が好転すると和平条件を加重して交渉を難しくし、そうなると今度は中国に抗戦を諦めさせて和平に導くために戦線拡大する、という悪循環に陥っていった。この悪循環を断ち切るためには、国内諸勢力の意見を調整して和平交渉を主導できる指導者の存在が不可欠であった。

　もっとも、列強の援助を受けながら、「民族の全生命を賭けて」抗戦する決意を表明した蔣介石が和平に応じる可能性は低かった。中国側が、トラウトマン和平工作で、日本側の和平条件を積極的に検討したことがあったのも事実だが、南京陥落以降は、和平そのものに否定的となった。

参考文献

小林英夫『日中戦争と汪兆銘』吉川弘文館、二〇〇三年。
戸部良一『ピース・フィーラー——支那事変和平工作の群像』論創社、一九九一年。
劉傑『日中戦争下の外交』吉川弘文館、一九九五年。
（森　靖夫）

60 日本の対米広報外交――「世論の国」の対日世論を導く取り組み

1 背景

広報外交とは、国家の指導者の間で行われる伝統的な外交に対し、一国の政府が、自国の政策や目標を、メディアなどを通じて相手国の世論に訴え、宣伝と啓発により国際関係を自国にとって有利に導く外交活動である。近年、英語圏ではパブリック・ディプロマシー（public diplomacy）という言葉が用いられるが、他方、日本語では、「広報文化外交」「世論外交」「宣伝外交」「公開外交」などの用語が一般的である。

近代日本の広報外交が本格化するのは、日露戦争前後のことである。日本政府は日清戦争の際、すでに対外宣伝を実施していたものの、経験のなさから外国人に頼らざるを得ず、かつ後年に比べると小規模なものでしかなかった。しかし、日露戦争の時は、黄禍論が欧米で再発するのを防ぐ緊要性もあり、英語に堪能な日本人を全面に出して、大がかりな宣伝活動を行った。同戦争終結は、従来、欧米諸国を一まとめにしてきた対外宣伝政策が変更され、米国を日本の国際広報の最も重要な対象国と見なすようになる。

その背景には、米国人のアジア人への偏見と、米国太平洋沿岸州における日本人移民の低廉な労働力への反発が二〇世紀に入り激しさを増したことがある。くわえて、日露戦争での日本の勝利により、日本の台頭への警戒心と不安感が高まり、米国のジャーナリズムでは日米戦争まで真剣に論じられた。やがてこれらは排日運動へと発展するのである。

こうした日米関係への影響を憂慮した外務省は、米国世論を是正し、善導する緊急性を認識し、海外における初の広報機関の設置先を米国とした。この結果、一九〇九年八月に東洋通報社、そして一四年四月には太平洋通信社と東西通信社が発足した。だが、二一年八月に情報部が創設されるまで、本省では広報を専門に扱う部局を備えることはなかった。さらに、日本人排斥の根底にある人種偏見を取り除くのは容易ではなく、日本の対米広報外交は最終的に一九二四年五月の排日移民法成立をもって事実上挫折することになる。

2 展開

いったん終焉した対米広報外交だが、一九三〇年代に復活する。それを生じさせたのは、中国大陸への日本の侵攻であった。中国による反日宣伝外交も相まって、米国人の対日観は悪化する一方だった。そこで外務省は、焦点を移民問題から中国問題へと変え、再び対米広報に力を注いだのである。

一九三〇年代の対米広報外交は、その政策の性質から、前期（満州事変以降）および後期（盧溝橋事件以降）に区分できる。前期の広報外交は、日本の対中政策の正当性を訴え、悪化した対日観の流れをくい止めるという短期的な成果を目指す活動と、日本文化・歴史に対する理解を広め、親日感を醸成せんとする中長期的な目的の達成を目指していた。他方、後期に入ると、情報部は臨戦態勢を整え、活動を中国に対する日本の軍事行動の正当化に絞った。

これら二つの時期における広報外交は、宣伝活動の規模に差異はあったものの、広報の方針には共通点があった。たとえば、日本の広報活動が米国民に官製広報という色眼鏡で見られないようにする努力がなされた。そのため、日本政府の関与が明らかとならないように、秘密工作の要素が多分にあった。換言すると、当時の外務省の戦略は、政府による宣伝であることを伏せた「間接的」広報外交であり、その戦術の一環として、積極的に民間人や民間団体を活用したのである。

3　意　義

広報外交は、自国の外交政策に対する国際世論の理解を得るのに果たして有効なのであろうか。仮に有効だとすると、いかなる条件下で、どの程度効果があるのであろうか。これらの問いは、現在における広報外交研究での根本的命題である。国際関係がある国家に有利に働いた場合、あるいは自国の政策に対して国際世論の共感が得られない場合、それが外交政策による結果なのか、広報外交によるものか、その判断は難しい。そもそも広報外交は、対象が一般の人々の心理であるため、効果の因果関係はなかなか検証できない。

ならば、一九三〇年代の対米広報外交はどのように評価できるだろうか。「真実は最良の広報である」というのが、米国の広報外交を担った米国情報庁長官で、同国を代表するジャーナリストでもあった、マロー（Edward R. Murrow）の名言である。この言葉を借りるなら、少なくとも一九三〇年代の日本政府の対米広報外交は、「真実」には基づいてはいなかった。それゆえ、おのずと限界があったと言えよう。つまり、広報行為そのものより、その内容の真偽の如何が、有用性を大きく決めるという事実を肝に銘じなければならない。

参考文献

熱田見子「日中戦争初期における対外宣伝活動」『法学政治学論究』第四二号、一九九九年秋季号。
大谷正『近代日本の対外宣伝』研文出版、一九九四年。
高橋勝浩「大正二（一九一三）年カリフォルニア州排日土地法と日本の『対米啓発運動』」『国学院法研論叢』第一七号、一九九〇年三月。
松村正義『新版　国際交流史』地人館、二〇〇二年。
簑原俊洋『カリフォルニア州の排日運動と日米関係』有斐閣、二〇〇六年。

（藤岡由佳）

61　皇室外交――日本外交の軌跡を写す「鏡」

1　背　景

江戸時代には、天皇が京都の御所から出ることはほとんどなかった。しかし、明治新政府が成立すると、天皇は政府関係者に謁見し、日本各地を巡幸するなど、国家儀礼の枢要部分を担うようになった。

このことは外国人との関係にも当てはまる。一八六八年三月に外国（英国、フランス、オランダ）の公使に初めて謁見して以来、明治天皇は多くの外国の政治家、外交官や王族と会見した。明治天皇の外国人との謁見は儀礼的なものではあったが、日本政府が近代化路線を推進し、諸外国との友好関係を維持する意思を示すという政治的意味を持った。

また、一八九一年に大津事件で襲撃されたロシア皇太子ニコライ（のちのニコライ二世）を明治天皇が見舞い、日露関係の悪化を防いだこと、一九〇六年に英国のコンノート公爵（Duke of Connaught）が来日し、明治天皇にガーター勲章（英国最高位の勲章）を授与して日英関係を強化したことからも分かるように、天皇はしばしば外交にも影響を及ぼした。天皇（および皇族）は、外国の王族と同様、皇室外交（court diplomacy）という役割を担っていたのである。

2　展　開

大正天皇は、皇太子時代には朝鮮半島を訪問するなど、外国に強い興味を持っていたが、即位後数年を経て体調を崩し、外国人との謁見もままならなくなったため、皇室外交においてはそれほど大きな役割を果たしていない。

これと対照的に大きな役割を果たしたのは、昭和天皇である。昭和天皇は、一九二一年に皇位継承者として初めて英国、フランス、ベルギーなどヨーロッパ諸国を歴訪し、第一次世界大戦の惨禍と戦後の世界情勢の変化を学んだ。これは、国際協調を重視し、皇室をより開かれたものにしようとする原《はら》敬《たかし》首相、牧野《まきの》伸顕《のぶあき》宮相の方針に基づくものであった。翌年には英国の皇太子エドワード（のちのエドワード七世）が、答礼の意味を込めて来日した。

一九二〇年代は、第一次世界大戦後の国際協調の気運の中で、皇室外交が最も盛んに行われた時期であった。大正天皇の次男である秩父宮雍仁《ちちぶのみややすひと》親王は、一九二五〜二七年に英国に留学した。一九二九年には、昭和天皇にガーター勲章を授与するため、英国のグロスター公ヘンリーが来日した。一九三〇～三一年には、大正天皇の三男である高松宮宣仁《たかまつのみやのぶひと》親王が、兄昭和天皇に代わって欧米を周遊訪問した。東久邇宮稔彦《ひがしくにのみやなるひこ》王（一九二〇～二六年、フランス）、北白川宮成久《きたしらかわのみやなるひさ》王（一九二一～二三年、フランス）など、この時期に外国に長期滞在した皇族も多い。

一九二〇年代後半に昭和天皇が外国人と謁見した時の会見記録によれば、天皇は洋装で、手袋を脱いで握手をするなど西洋風のマナーを身につけ、個人的に関心を持つ事柄を通訳に相談せずに話すなど、謁見はかなり自由な雰囲気で行われていた。また、ロンドン海軍軍縮会議の際には、天皇は浜口雄幸内閣の外交方針に沿い、英米の駐日大使に軍縮支持の考えを明確に伝達していた。一九二〇年代の皇室外交は、少なくとも当時の日本の政党内閣が国際協調を重視していたことを反映していたし、日本と西洋諸国が友好関係を維持する意思を持っていることを内外に示す効果を持っていたと見ることができる。

3　意　義

一九三〇年代に入ると、皇室外交にも軍の影響が強く及ぼされることになった。一九三五年、満州国の皇帝溥儀《ふぎ》は初めて日本を公式訪問し、昭和天皇に面会した。一九三七年には、溥儀の実弟溥傑《ふけつ》が、日本陸軍の主導により、天皇家の姻戚に当たる侯爵家の令嬢嵯《さ》峨《が》浩《ひろ》と結婚した。天皇家と満州国皇室との親交は、「日満友好」を演出する意味を持っていた。

一九三七年、秩父宮は昭和天皇の名代として英国を訪問し、ジョージ六世の戴冠式に参列した。その帰途、秩父宮はドイツを訪問し、ヒトラーとも面会している。秩父宮自身はヒトラーに懸念を抱いていたという証言もあるが、皇族のヒトラーとの面会は、当時の日本政府が対独接近に意を用いていた一つの証と言える。やがて日中戦争が激化すると、皇室外交が行われる機会は減っていき、天皇や皇族が従来のような外交的役割を果たすことは少なくなっていった。

皇室外交は、それ自体が外交を動かしてきたわけでは必ずしもないが、その時代の日本外交のあり方や国際関係をよく表している。その意味で、皇室外交は日本外交の軌跡を写す「鏡」だと見ることができるだろう。

参考文献

君塚直隆『女王陛下のブルーリボン』中公文庫、二〇一四年。
中山和芳『ミカドの外交儀礼』朝日新聞社、二〇〇七年。
奈良岡聰智「澤田廉三・美喜と岩崎家、昭和天皇」（三）『法学論叢』第一七〇巻一号、二〇一一年一〇月。
波多野勝『裕仁皇太子ヨーロッパ外遊記』草思社文庫、二〇一二年。
波多野勝『昭和天皇とラストエンペラー』草思社、二〇〇七年。

（奈良岡聰智）

62　宇垣・クレーギー会談、有田・クレーギー会談（一九三八～三九年）——日中戦争下の日英関係修復の試み

1　背景

一九三七年七月に勃発した日中戦争は、次第に拡大し、翌年一月に近衛《このえ》文麿《ふみまろ》首相が発した「国民政府を対手《あいて》とせず」とする声明以降、泥沼化の様相を呈していった。この間、上海権益に打撃を受けた英国が日本に抗議を繰り返す一方で、日本国内では、英国が日本権益の伸張を阻んでいると見なす反英運動が盛り上がり、日英関係も悪化の一途を辿った。

もっとも、近衛内閣は、必ずしも戦争の拡大や日英関係の悪化を座視していたわけではなかった。広田弘毅外相は、トラウトマン和平工作と並行して日英関係改善を試みており、一九三八年春にかけて、英国を通じて和平工作を進める動きが日本政府内で強まった。クレーギー（Sir Robert Craigie）駐日大使や吉田茂《よしだしげる》駐英大使の尽力もあり、英国側にもこれに応じる気配が出てきた。こうしたなかで、近衛首相は五月に内閣改造を断行し、内閣参議として広田外相を支え、親英的と目された宇垣一成、池田成彬《いけだしげあき》をそれぞれ外相、蔵相兼商相に任命して、戦争の収拾を目指した。

2　展開

宇垣新外相は、七月にクレーギー大使と第一回目の会談を行った。クレーギーは、日本の中国占領地において、日本軍が英国の経済活動を抑制している現状を改善するため、上海北部の原状回復、揚子江開放など五項目を重要案件として提出した。しかし、宇垣はこれに積極的に応じず、前月にクレーギーから申し出のあった英国の和平仲介も拒絶した。宇垣は、英国議会における反日発言、英国の蔣介石支援に不信感を持ち、むしろ孔祥熙工作など中国との直接和平工作に傾斜しつつあったのである。英国側はこの態度に失望し、対日不信を強めた。

両者の二回目の会談は、八月に開かれた。宇垣は日本国内の反英論の高まりを訴えつつ、日本が中国占領地で第三国の権益を尊重していると説明したため、英国はいよいよ不信感を募らせ、九月に入って交渉は暗礁に乗り上げた。結局、同月に興亜院（対中政策を一元的に指導するため設置された内閣直属機関）設置問題で宇垣が外相を辞任すると、会談はなんら成果を生み出さないまま打ち切りとなった。

宇垣の後任には、有田八郎元外相が就任した。有田外相の下でも日英関係は好転せず、一九三九年六月には、天津の英国租界が日本軍によって封鎖されるという事件が起きた。親日的中国人を暗殺した容疑者の引き渡しを、英国が拒んだことが契機であった。英国では、ハリファクス（Edward Wood, 1st Earl of Halifax）外相をはじめとして引き渡し拒否論も強かったが、ヨーロッパ情勢の悪化とクレーギーの対日宥和論により、有田とクレーギーの間で会談が行われ、日本軍を妨害する行為をイギリスが慎むことを取り決めた有田・クレーギー協定が七月二四日に締結された。

もっとも、ここで解決したのは治安問題のみであり、日英が長期的な課題を解決する動きには繋がらなかった。逆に、この協定は英国国内で強い非難を浴び、チェンバレン（Arthur Neville Chamberlain）首相は、これは政策の変更を意味するものではないという釈明に追われた。そして、二六日に米国が日米通商航海条約廃棄通告を日本に突きつけ、強硬姿勢を取り始めると、イギリスもこれに追随し、有田・クレーギー間の会談も八月には決裂する結果となった。

3 意義

日中戦争が拡大の一途を辿る中で、日英関係は次第に悪化した。日英双方にそれを修復しようとする動きがあり、一九三八年に宇垣・クレーギー会談、一九三九年には有田・クレーギー会談が持たれたが、いずれも大きな成果を生むことなく終わった。日本では、池田蔵相や吉田駐英大使ら親英派が主導権を取ることはなかったし、クレーギー駐日大使の宥和策も、英国の中では所詮非主流の動きでしかなかったのである。

こうして、中国権益での衝突から、日英は対立への道を進んでいった。その後の日英戦争は決して必然ではなかったが、両国の関係修復がもはや非常に困難だったのも事実であった。

参考文献

永井和『日中戦争から世界戦争へ』京都大学学術出版会、二〇〇七年。
日本国際政治学会太平洋戦争原因研究部編『太平洋戦争への道—開戦外交史4　日中戦争』朝日新聞社、一九六三年。
細谷千博、イアン・ニッシュ監修『日英交流史　一六〇〇～二〇〇〇』二巻、東京大学出版会、二〇〇〇年。
堀真清編著『宇垣一成とその時代』新評論、一九九九年。
松浦正孝『日中戦争期における経済と政治』東京大学出版会、一九九五年。

（奈良岡聰智）

63　張鼓峰事件、ノモンハン事件（一九三八～三九年）——北進論の挫折

1　背景

かつて日本と帝政ロシアの国境は樺太（サハリン）と朝鮮の一部で接しており、一九〇五年のポーツマス条約によって国境が定められ、一九二五年の日ソ国交正常化後も、さしたる国境紛争は日ソ間でみられなかった。しかし、一九三二年の満州国建国により、日本が防衛する満州とソ連および（ソ連の影響下に入った）モンゴル人民共和国との間で国境紛争が起こるようになった。

一九三五年六月には、東部国境の楊木林子付近にて日ソ間で交戦があり、ソ連軍人が一人死亡する事態となった。その後も満州とソ連・モンゴルの国境地帯で武力衝突が相次いだ。一九三七年六月に北部国境付近で起きた乾岔子事件では武力衝突が拡大し、関東軍の強硬姿勢をも強めた。

2　展開

張鼓峰は豆満江河口付近にある小高い丘陵であり、周囲は沼沢が多く、標識もない無人地域であった。日本は張鼓峰の頂上を満州領と考え、ソ連側は、国境が頂上を通過しているとみなしていた。一九三八年の六月末には、ソ連の国境警備隊が調査のため張鼓峰付近に現れ始めた。

張鼓峰からは満州側の基地が見渡せるため、脅威を感じた現地日本軍（朝鮮軍）は、七月二九日、張鼓峰にいたソ連国境警備兵を追い払い、同高地を占領した。続いて一個連隊がソ連領内に侵入したが、ソ連側は空爆を主として猛反撃に転じ、張鼓峰およびその北方の沙草峰を奪還した。その結果、日本側は、ソ連に対する譲歩を余儀なくされ、八月一〇日の停戦協定によって、ソ連側は張鼓峰一帯を占拠した。

翌一九三九年五月には、ノモンハンにおいて日本・満州国軍とソ連・モンゴル人民共和国軍の間で大規模な武力衝突が発生した。ノモンハンはハルハ河東岸の地域であり、日本と満州は、ハルハ河をモンゴル人民共和国との国境と見なしていたのに対し、モンゴル・ソ連は、ハルハ河から満州国側の東方約二〇キロに国境線が引かれていると主張し、日・満とソ連・モンゴルの見解は対立していた。

五月一一日に、モンゴル軍はハルハ側東岸に進出し満州国軍と交戦した。さらにモンゴルはソ連軍の力を借りて東岸一帯で日・満軍と交戦し、日本側にも多数の死傷者が出た。六

月から七月にかけて、関東軍は大規模な攻勢をかけたが、ソ連・モンゴル軍の優勢のもと、日本側は損害を拡大させ、ソ連・モンゴル側が主張する国境線の外側に後退した。

事件が日ソ戦争に発展するのを危惧していた日本政府は、紛争の不拡大方針と外交的解決を求めていたが、現地関東軍は、軍事的な手柄にこだわっていた。阿部信行内閣は、三九年九月、ソ連政府に停戦を提案し、東郷茂徳《とうごうしげのり》大使とモロトフ外務人民委員（外相）との間で折衝が行われた。

当初、日本側は、ハルハ川地域を非武装地帯にするという提案を行ったがソ連側によって拒否された。ソ連側は、ソ連・モンゴルが主張する国境の回復と、ソ連・モンゴル軍と日本軍の国境からの撤退を主張したが、日本側が拒絶した。結局、東郷大使から、停戦時点での双方の軍隊が占める線にとどまる案が出され、ソ連側がこれを受け入れ、九月一六日一三時（モスクワ時間）までに全ての軍事行動が停止された。

その後の国境画定作業では双方が自己の国境線の正当性を主張して対立したが、ソ連・モンゴル側に有利な形で進み、ソ連が主張してきた国境線がほぼ認められることとなり、一九四二年五月にノモンハン地域の国境線が画定された。

ノモンハン事件における双方の損害については諸説があり、日本側の死傷者約一万八〇〇〇人（停戦後の陸軍省の発表）、日本側の死者だけでも約一万八三〇〇人（ソ連側の資料）、ソ連・モンゴル側の死者は二四〇〇人余で負傷者約一万人（ソ連の公式発表）、死者八〇〇〇人弱（ロシア軍事専門家の最近の研究）などの説である。

3　意　義

張鼓峰事件とノモンハン事件は、日本側に部隊の技術や機械化レベルでの立ち遅れを思い知らせた。事件の失敗は、現地日本軍の対ソ方針に打撃を与え、対ソ開戦の意図を挫き、北進論から南進論への戦略的転換を促した。

両事件は、宣戦布告なき戦争、日本の対ソ侵略戦争との評価を受けてきた。しかし当時の日本政府は紛争の不拡大方針と外交交渉による解決を重視しており、現地日本軍の対ソ強硬方針によって事件はエスカレートしていったといえる。

参考文献

アルヴィン・D・クックス（岩崎俊夫訳）『ノモンハン』朝日新聞社、一九八九年。

アルヴィン・D・クックス（岩崎博一・岩崎俊夫訳）『もう一つのノモンハン張鼓峯事件』原書房、一九九八年。

ノモンハン・ハルハ河戦争国際学術シンポジウム実行委員会編『ノモンハン・ハルハ河戦争』原書房、一九九二年。

ボリス・スラヴィンスキー（加藤幸広訳）『日ソ戦争への道』共同通信社、一九九九年。

シーシキン他（田中克彦編訳）『ノモンハンの戦い』岩波現代文庫、二〇〇六年。

（渋谷謙次郎）

64　欧州戦争と自主外交（一九三九〜四〇年）——欧州情勢と結びついていった日中戦争

1　背景

一九三八年一一月に発表された第二次近衛声明によって、日本は、日中戦争に東亜新秩序建設という目的を与えた。しかし、すでに泥沼化の様相を呈していた日中戦争は、終結させうる見込みが立たなかった。南京を占領した一九三八年一月の時点で、日本政府は、「国民政府を対手《あいて》とせず」との第一次近衛声明を発表して、重慶に遷都した蔣介石の国民政府の存在を否定し、一方的に事実上の勝利宣言を行っていた。しかし現実には、国民政府は抗日戦争を継続させており、そのため日本軍は、その後も軍事作戦を展開して、国民政府の打倒を図った。だが、一九三八年五月から六月にかけて実施された徐州作戦が戦略的に失敗したことで、日本軍は国民政府を軍事作戦によって屈服させることを断念し、それに代わって国民政府の政治的・経済的屈服を追求するようになった。

まず政治的手段については、傀儡《かいらい》政府の樹立によって国民政府の相対化を図り、これによって国民政府の存在を無力化することが画策された。そのため、国民党第二位の地位にあり、親日反共の立場を主張する汪兆銘が重慶から引き出され、傀儡政府の首班として擁立された。

また経済的手段については、重慶に通じる物資補給路を封鎖することで国民政府を経済的に圧迫し、その抗戦力を弱体化させることが図られた。そのため、香港から流入する物資を遮断する目的で一九三八年一〇月に広東作戦が行われたが、国民政府が仏印（フランス領インドシナ）やビルマを経由する新たな物資補給路（援蔣ルート）を開拓したため、この作戦も戦略的な効果を上げることはできなかった。

以上のように、南京占領後も日本軍は次々と軍事作戦を展開し、戦術的には一応の成功を収め、そのつど占領地を拡大させた。だが、戦争目的の追求という点では失敗を重ねた。東亜新秩序は、こうした軍事作戦の結果確保された広大な占領地を基にして建設されることになったが、自給的経済圏としての東亜新秩序建設は、むしろ貿易における対外依存度を高めるという逆の結果を招き、自己矛盾に陥った。日中戦争の拡大と長期化は、戦略物資を中心とした対米輸入を増大させる結果をもたらしていたのである。

一方、米国政府は、日中戦争勃発以来、中立の立場を守っており、また米国政府による中立法発動を回避する目的で日中双方が宣戦布告をしなかったため、米国は日中双方との貿易関係を保っていた。しかし、日本が中国大陸における占領地を拡大させ、東亜新秩序建設を声明するに至ると、米国政府は極東政策に変更を加える必要を認めるようになっていった。

2　展　開

独伊との提携を模索

国民政府の相対化を狙った汪兆銘政府樹立工作は、一九三八年一月に開始され、翌年五月から本格化した。しかし、その過程において、盤石な政権基盤を得ることは難しいことが明らかになり、また蒙彊連合委員会、中華民国維新政府、中華民国臨時政府といった既成の傀儡諸政府との調整も難航し、その前途は多難であった。

そのため、物資補給路の遮断による国民政府への経済的圧迫は、その重要度を高めることになったが、これについては、広東作戦の結果、国民政府が仏印やビルマを経由する新たな物資補給路を開拓していたため、新たな対策が求められていた。国民政府を経済的にバックアップしていた主な国は米英仏の三国であり、なかでも華中華南に巨大な権益を持つ英国は最大の支援国であった。そのため日本国内では国民政府を降伏に追い込むためには、英国に対する対策が不可欠であるとの認識が生まれるに至り、その結果として、日本陸軍は英仏に圧力をかける目的で、独伊との提携を模索するようになった。

当時ヨーロッパでは、ドイツがヴェルサイユ体制解体を本格化させており、一九三八年三月に、オーストリアを併合していた。そして同年九月の独伊英仏四カ国によるミュンヘン会談において、対独宥和政策を選択した英仏が、ズデーテン併合は最後の領土的要求であるとのドイツの主張を認めると、ドイツは、その翌月にズデーテンも併合した。しかし、その後ドイツは、ミュンヘン会談における約束を反故にし、翌年三月にはボヘミア・モラヴィアも併合した。その結果、英仏は、対独宥和政策を放棄し、ドイツの次なる領土的野心の標的となったポーランドをめぐって、ドイツと英仏の間で緊張が生じた。そしてソ連を引き込んで対独包囲網を形成しようとする英仏と、これを阻止しようとするドイツとの間で、外交戦が展開されることとなった。

日中戦争勃発以来政権を担っていた近衛文麿内閣は、一九三九年一月に平沼騏一郎内閣に交代していたが、日本政府は、こうしたヨーロッパ情勢に着目した。すなわち、ドイツとの関係強化を図ることで、国民政府を支援する英仏との取引を画策したのである。そのため、一九三九年七月に行われた有田・クレーギー会談において、有田八郎外相は、ヨーロッパ情勢への対応に追われている窮状を捉えて英国側に譲歩を迫り、東亜新秩序の承認を取り付けようとした。その結果、英国側は日本の圧力に屈し、七月二四日に有田・クレーギー協定が成立したが、こうした状況に対して、米国政府は対日政策に修正を施した。

自給的経済圏としての東亜新秩序建設は、戦略物資を中心とした対米輸入の増大を招いていたが、日本政府は、こうした状況の危険性を、日中戦争勃発当初から認識していた。一方、東亜新秩序に反対する米国政府もまた、そのような状態を認識していたのであるが、一九三八年に道義的禁輸を民間企業に呼びかけたに止まり、日本に対して実効性のある制裁措置を講じることはなかった。一九一一年に締結された日米通商航海条約によって、相手国に経済制裁を課すことはできないと定められていたためである。しかし、対日禁輸を発動して戦略物資の供給を絶つことは、日中戦争を止めさせる上での切り札であり、そのため第二次近衛声明の発表以来、米国政府は同条約廃棄を検討していた。だが、対日経済制裁の発動は日米関係を決定的に悪化させることにもなり、米国政府は条約廃棄を逡巡していた。

有田・クレーギー協定の成立は、そうした中でもたらされ、同協定成立を受けて、実効的手段によって日本を牽制する必要を認めた米国政府は、七月二六日に日米通商航海条約廃棄を日本側に通告するに至った。これにより同条約は半年後に失効することになったが、経済制裁が発動される可能性が生じたことで、戦略物資のほとんどを対米輸入に依存する日本側にとっては大きな圧力となった。東亜新秩序建設を目指して日中戦争を続けることが不可能になるためである。

対英交渉によって東亜新秩序の実体化を進めようとしていた日本政府に対して、日本陸軍は、独伊との関係強化という、より強硬な手段を追求しようとしていた。日本陸軍は、日中戦争の過程において戦争終結を妨げている最大の要因は国民政府に対する英仏の物資援助である、との認識を深めていた。こうした事情から、日本陸軍は、何らかの措置を講ずることで、英仏に援助を放棄させる必要を認めていたのである。

他方、オーストリア併合以後、東方進出の態勢を固めつつあったドイツでは、後背の敵となる英仏を牽制するために、日伊との間で軍事的提携関係の強化を図るという構想が浮上していた。そして日独伊三国の間にはすでに防共協定が結ばれていたため、ドイツは、この防共協定を普遍的な軍事同盟に拡大強化するという方法で、日伊との軍事的提携関係を構築しようと画策する。

このようなプランを提示したドイツに対して、英仏を牽制して国民政府への物資援助を中止させようと考えた日本陸軍は応じる姿勢を示し、一九三八年七月には日独伊の提携が政府間の正式な外交交渉にのせられた。

独ソ不可侵条約締結の影響

しかし、実際に外交交渉が開始されると、経済的に依存する米英との関係悪化を懸念する外務省および海軍が、防共協定の軍事同盟化に反対の立場を示すようになり、交渉は難航した。そうした状況は、平沼内閣に代わっても変化はなく、調整が図られたものの、結論を得るには至らず、外交交渉は行き詰まった。その結果、英仏ソ三国による包囲網の形成を強く懸念したドイツは、防共協定の軍事同盟化を断念した。そして、一九三九年五月二二日に独伊軍事同盟を締結して、イタリアとの間で個別に関係強化を図る一方、八月二三日にはソ連との間で独ソ不可侵条約を締結して、英仏とソ連による挟撃を回避した。

ドイツが防共協定の対象国となっていたソ連との間で不可侵条約を締結したことは、防共協定の空文化をもたらし、その結果、防共協定の軍事同盟化を目指した外交交渉も白紙撤回された。また、それと同時に、英仏を牽制して国民政府への物資援助を中止させるという陸軍の日中戦争解決策も破綻し、七月二六日に米国政府が日米通商航海条約廃棄を通告してきたことと併せて、日中戦争に対する日本の姿勢を揺るがせた。その結果、外交政策に見通しを失った平沼内閣は、八月二八日に総辞職した。その後、九月一日にドイツ軍はポーランドへの侵攻を開始し、これに対して英仏がドイツに宣戦布告して、ヨーロッパ戦争が勃発した。

独ソ不可侵条約の成立によって防共協定という外交基軸を失い、さらに日米通商航海条約の廃棄通告を受けたことで、日本は東亜新秩序建設の是非が問われることになった。こうした状況に対して、平沼内閣に代わって成立した阿部信行内閣の下で、日本は「自主外交」と呼ばれる外交路線を追求した。すなわち、東亜新秩序建設は断念せず、その上で、対米関係の改善を図る一方で独伊との関係は維持し、日本独自の立場に基づいて、自力で日中戦争の終結を図るというものである。そのために日本は、ヨーロッパ戦争に対して中立不介入の立場をとることとなった。こうした独自路線の追求が、「自主外交」の自主たる所以《ゆえん》である。

まず、日米通商航海条約の失効問題については、一一月四日から野村吉三郎外相をグルー駐日米国大使と会談させ、暫定通商条約の締結が図られた。しかし、東亜新秩序をめぐる原則問題から、日米双方の溝を埋めることができず、結局、一二月二二日の第四回会談をもって打ち切られた。その結果、翌年一月二六日に日米通商航海条約は失効し、米国から確実に戦略物資を確保できる保証は失われた。

また、日中戦争の終結については汪兆銘政府樹立工作が引き続いて進められ、その一方ではヨーロッパ戦争に対する中立の立場を利用して、フランス政府に対して仏印経由で重慶へ送られる物資の差し止めを求めるべく、一一月から対仏交渉が展開された。その背景には仏印から送られる物資の量がビルマから送られる量に比べて多いという事情が存在していたが、日中戦争が法的に正式な戦争となっていないことを理由に、フランス側が差し止めに難色を示したため、交渉は難航した。そのため業を煮やした日本軍は、仏印から重慶に至る輸送路を爆撃によって切断しようとしたが、地形と天候による制約から効果を上げることはできなかった。

一方、日米通商航海条約の失効によって発生した戦略物資確保の問題については、西欧諸国の植民地となっていた東南アジア地域からの確保が図られることになった。なかでも特に重視されたのが、豊富な資源を誇り、なおかつ宗主国がヨーロッパ戦争に中立の立場をとっていた蘭印（オランダ領東インド）であり、日本政府は、この蘭印との交渉を一〇月から開始した。しかし、日本に対するオランダ本国の警戒感は強く、経済交渉の開始にこぎ着けることは容易ではなかった。

以上のような状況は、一九四〇年一月に、米内光政内閣への内閣交代が行われても変化がなかったが、その後のヨーロッパ戦争の展開は、アジア情勢、さらには日本の外交政策にも影響を及ぼすこととなった。開戦後一カ月でポーランドを降伏させたドイツは、その後沈黙を続けていた。だが五月になると、西部国境において一大攻勢を展開したのである。その結果、作戦開始から数日内にオランダ、ベルギーが相次いで降伏し、さらに六月には、フランスも降伏するに至り、すでに攻略していたデンマーク、ノルウェーと併せて、西ヨーロッパのほとんどがドイツの勢力圏となった。もはやドイツに抗戦を続けるのは英国のみであり、強大なドイツ軍が英本土攻略に乗り出せば、ヨーロッパ戦争がドイツの勝利に終わるのは確実な情勢であった。

このような状況下、日本が「自主外交」を続けることは困難となりつつあった。野村・グルー会談の結果、日米関係の改善に失敗しており、その後日米通商航海条約が失効したことで、対米通商関係は、東亜新秩序をめぐって、いつ途絶しても不思議ではなかった。また、そうした事態への対策として、東南アジア地域との経済関係強化が試みられようとしていたが、ヨーロッパ戦争においてドイツが圧倒的優位な状況に立った結果、仏印、蘭印はドイツの勢力圏になることが必至の情勢となっていた。そうした状況下で、英国がドイツに降伏するならば、ヨーロッパ戦争に対して中立の立場をとっていた日本は、独伊と米国の間で経済的に孤立する可能性があった。ヨーロッパ戦争への中立不介入と東亜新秩序建設の継続を基本方針とした「自主外交」は、継続不能な状態となっていたのであり、その結果、「自主外交」は破綻することになった。

3　意　義

日本は、日米通商航海条約失効に備えて東南アジア地域との経済関係の強化を図り、戦略物資輸入における圧倒的な対米依存状態の是正と多角化を図ろうとしていた。それは、米国からの妨害を受けずに東亜新秩序建設を進めるための方策であったが、その一方で進められた経済・貿易政策の見直しは、東南アジア地域の持つ経済的価値を初めて日本に認識させることになった。また他方では、東亜新秩序内において戦略物資が確保できないことがすでに明らかとなっており、自給的広域経済圏の建設という観点から見れば、東亜新秩序建設に構造的な矛盾と限界が存在していることは、日本政府および軍部もよく認識していた。

その結果、資源の少ない東亜新秩序に資源豊かな東南アジア地域を加えることで、自己完結性をより高めた自給的広域経済圏を建設するという構想が浮上する。これが大東亜共栄圏であり、その実現を目指した南進政策を断行するために、日独伊三国同盟締結などの一連の政策が登場する。その結果、別個の戦争として展開されていた日中戦争とヨーロッパ戦争は、三国同盟を通じて結びついてゆくこととなり、第二次世界大戦へと拡大してゆくのである。

参考文献

秋野豊『偽りの同盟――チャーチルとスターリンの間』勁草書房、一九九八年。

井上勇一「有田の『広域経済圏』構想と対英交渉」『国際政治』第五六号、一九七六年。

佐道明広「欧州大戦勃発直後における対外政策の模索」『東京都立大学法学会雑誌』第二九巻一号、一九八八年七月。

テオ・ゾンマー（金森誠也訳）『ナチスドイツと軍国日本』時事通信社、一九六四年。

長岡新次郎「南方施策の外交的展開（一九三七〜一九四一年）」日本国際政治学会太平洋戦争原因研究部編『太平洋戦争への道―開戦外交史6 南方進出』第六巻、朝日新聞社、一九八七年。

波多野澄雄「南進への旋回：一九四〇年」『アジア経済』第二六巻第五号、一九八五年五月。

波多野澄雄「有田放送（一九四〇年六月）の国内的文脈と国際的文脈」近代外交史研究会編『変動期日本の軍事と外交』原書房、一九八七年。

細谷千博「三国同盟と日ソ中立条約（一九三九〜一九四一年）」日本国際政治学会太平洋戦争原因研究部編『太平洋戦争への道―開戦外交史5 三国同盟・日ソ中立条約』朝日新聞社、一九八七年。

William L. Shirer, *The Rise and Fall of the Third Reich*, Touchstone, New York, 1990.

（服部 聡）

65　戦間期の外務省——国際協調主義と現状打破思想の相克

1　背景

第一次世界大戦の終焉から第二次世界大戦勃発までのおよそ二〇年間は、一般的に「戦間期」と呼ばれている。この戦間期は、世界的には国際協調主義の勃興、繁栄、崩壊を経験し、最後には世界大戦へと連なる混迷の時代であった。この間、日本の外務省も、国際政治の潮流とほぼ同様の道筋を辿ることになる。

明治以来、外務省は英米との協調をその基本的な外交理念として据えていた。第一次世界大戦期の日露提携論等、時としてその理念から離脱する動きもないわけではなかったが、それでもそれが外務省の本流となることは一度もなかった。そして一九二〇年代に入ると、日本の英米協調主義、国際協調主義は一層高まりを見せる。一九二四年に成立した加藤高明内閣で外相となった幣原喜重郎は、その日本の英米協調主義外交を体現する代表的な人物である。幣原は、自身も全権大使として参加したワシントン会議（一九二一〜二二年）で成立した諸条約を遵守し、第一次大戦後に創出された新たな国際秩序の維持を列国と協調して行った。そうした「幣原外交」と呼ばれる国際協調外交は、列国からも高い評価を受け、日本の英米協調、国際協調主義の最盛期を築くのである。

しかし、一九三一年九月一八日に勃発した満州事変の余波を受けて幣原が退陣すると、外務省内で台頭してきたのがアジア派と呼ばれる外務官僚たちであった。有田八郎や重光葵を中心とするアジア派外務官僚の外交理念は、「日中提携」と現状打破（九カ国条約の打破）であり、その後の日本外交の方向性を、それまでの幣原外交から大きく転換させることとなった。このような理念に基づくアジア派の対外政策は、その後の日米関係悪化の主要因の一つであると評されている。なお、アジア派は決して反米的であったというわけではなく、経済的に依存していた米国との関係の重要性も十分認識していた。それゆえ、アジア派外務官僚は、現状打破構想と対米関係の維持・改善という、相反する構想を同時に追求することになり、ここに外交の限界があったと言えよう。くわえて、軍部による発言力の増加や一九三九年九月に勃発した欧州大戦でのドイツの大躍進は、日本をして独伊との同盟や南進政策等の反米的政策に進ませ、そうした過程でついに一九四一年一二月八日を迎えるのである。

ところで、一九三〇年代には、「革新派」と呼ばれるグループも外務省内に存在していた。白鳥敏夫や栗原正を中心とする「革新派」は、満州事変を契機によりラディカルな国際秩序の変革を志向するグループとして、時に軍部と結託し、アジア派外務官僚に対する有力なプレッシャーグループとなっていった。また、幣原の退陣以降にも傍流となりつつあったが、英米協調派と目される外務官僚も存在しており、外務省内の三派の構想の相違に加え、より強硬な対外構想を有していた軍部等の存在により、一九三〇年代の対外政策決定は、非常に混迷の様相を呈するようになる。

2　展　開

幣原外交

第一次幣原外交と呼ばれる一九二四年六月から二七年四月までの日本外交は、国際協調主義、対英米協調主義が最も華やいだ時期であった。当該期の外務省は、幣原外相が英米の外交官と個人的な親密関係を築いていたことや、ワシントン会議で成立した九カ国条約を積極的に遵守することで、英米との協調関係をより強固なものへとした。九カ国条約で定められた中国の門戸開放・機会均等は、米国を中心に列国がかねてから主張してきたものであり、幣原外相がその精神を尊重してきたことが協調関係の構築に大きく作用した。

一九二七年四月に誕生した田中義一内閣では、田中首相が外相を兼任することとなった。田中外交は積極的に中国に干渉するものであったため、よく幣原外交と比較される。しかし田中外相は積極的な大陸権益の保護・拡大を指向しつつも、決して国際協調主義を疎かにはせず、特に英国とは対中政策において歩調を合わせたのである。一九二九年に張作霖爆殺事件の責任をとって辞任した田中首相に変わって誕生した浜口雄幸内閣で、幣原は再び外相に返り咲いた。同年一〇月に世界恐慌が起こり、列国が経済的ナショナリズムに傾倒していく状況下においても、幣原外相は国際協調という外交理念を貫こうとした。その成果が、一九三〇年四月のロンドン海軍軍縮条約の締結である。しかし、一九三一年九月に勃発した満州事変は、幣原外交に大きな打撃を与えた。事変勃発後、すぐさま不拡大方針を決定するも、現地軍の暴走を抑えることができず、同年末に若槻礼次郎内閣は総辞職し、幣原外交は終焉を迎えるのである。

広田外交

幣原の退陣後、外務省内の主流派となったアジア派外務官僚によって現状打破構想が本格的に追求されるのが、一九三三年九月から三六年四月までの広田弘毅外相、重光外務次官体制下であった。その最初の試みが満州の経済的勢力圏化であった。一九三二年の満州国の建国により、同地域に対して政治的影響力を及ぼす基盤が完成したため、次に経済的優越性を確保すべく、一九三三年九月から満州の経済統制の方針に関する議論が日満産業統制委員会で開始された。翌年三月に「日満経済統制方針要綱」が完成し、満州の重要産業に関する一般的な統制方針が決定されると、日本は順次各種産業の統制に取り掛かったが、その際米国から非難の声が頻繁に上がった。その一例が、石油業の統制過程である。一九三四年二月に「満州石油会社」が設立されると、五カ月後の七月に米国から日本に対し、九カ国条約違反を指摘する抗議がなされた。しかし外務省は、統制は満州国の自主的な措置であり、制度上、日本はなんら九カ国条約に抵触していない、という旨の返答を行い、日米間は九カ国条約に関する原則論的対立に終始することとなった。その間に、日本は満州の石油専売制度の実施を断行し、米国系石油会社を満州から撤退を余儀なくさせた。このように、英米との関係を考慮しつつも、半ば強引に経済統制を進めることによって満州を九カ国条約の門戸開放・機会均等主義から引き離すことに成功したのである。

一方、中国国民党に対しては、広田外相の代名詞ともなった「日中親善外交」を展開し、国民党の親日派との提携を模索していた。一九三三年一〇月の五相会議においても、「日満支三国の提携共助」を実現させることが今後の対中方針として正式に決定していた。一九三五年五月に英米に先駆けて在中公使館を大使館へ昇格させたことは、こうした広田外相の対中親善策の最たる例であろう。しかし、満州問題が足枷となり、日中間の提携は一筋縄には進まなかった。そうした中、満州事変と同様に、現地軍が主導する形で華北分離工作が開始される。広田はこうした軍部の工作を利用し、(1)排日の停止、(2)満州国の承認、(3)共同防共、という所謂「広田三原則」を中国側に要求した。だが、「広田三原則」は日本の要求だけを一方的に中国に押し付けたものであったため、逆に国民党内の親日派の衰退を招くこととなった。また、こうした安易とも言える広田外相の対応は、それまで東アジア秩序及び日米関係の維持のために、日本に譲歩的であった米国務省の対日態度をさらに硬化させる要因ともなった。同年十一月には傀儡政権である冀東《きとう》防共自治政府が樹立され、日中親善どころかますます両国関係が悪化していく状況の中、一九三六年二月二六日に発生した二・二六事件によって当時の岡田啓介内閣は総辞職し、広田外相、重光次官もそれぞれその任を解かれたのである。

その後、広田内閣、林銑十郎内閣という二つの短命内閣を挟み、一九三七年六月四日に第一次近衛文麿内閣が組閣され、広田が再び外相を努めることとなった。自身の在任中に戦争は決して起きない、と演説した広田外相であったが、就任からわずか一カ月後の七月七日に盧溝橋事件が発生し、戦火は瞬く間に日中の全面戦争へと拡大した。この頃の広田外相には日中提携のため日中戦争を解決しようとする気概は感じられず、近衛首相や軍部の方針に追従するだけであった。

日中戦争は日本側の当初の予想を超えて長期化し、近衛首相が「国民政府ヲ対手トセズ」という、所謂「近衛声明」を発する等、泥沼化の様相を見せた。そうした状況を打開すべく、一九三八年五月二六日に広田に変わり、元陸軍大臣である宇垣一成を外相に据えた。宇垣外相は、和平の交渉相手を自ら喪失させた「近衛声明」の撤回を条件に入閣したのであるが、彼は日中戦争を解決するには英米の理解を得る必要があるとも認識しており、七月下旬から始まったクレーギー（Robert L. Cragie）英駐日大使との会談でも、終始譲歩的姿勢を示した。しかし宇垣外相のこうした態度に軍部は反発した。そこで陸軍は宇垣外相による譲歩的な和平工作を妨害すべく、興亜院の設置に乗り出し、対中外交権を宇垣から奪おうとしたのである。結局、宇垣は興亜院設置問題によって外相を辞職してしまう。

東亜新秩序構想

宇垣の辞職後、近衛首相は約一カ月間外相を兼任した後に有田に外相就任を要請する。この頃には、日本は軍事作戦による日中戦争の解決は断念して、政治工作による解決方法を模索していた。その一つが汪兆銘工作であった。親日派であった汪兆銘に接近し和平の機会を窺おうとしていたのであるが、そのためには近衛自身が「近衛声明」を撤回しなければならなかった。そこで発表されたのが「国民政府と雖も拒否せざる旨の政府声明」、すなわち「東亜新秩序声明」であった。

日本、満州、中国の連帯を説いた東亜新秩序構想と十一月一八日の有田外相による九カ国条約の否定は、それまで比較的対日譲歩的であった米国をして、経済制裁として日米通商航海条約の廃棄を考慮させるに至った。日本が米国の経済制裁を回避するには、日中戦争の早期解決と、列国の在華権益が保護されることを示す新たなプログラムを提示する必要があった。しかし、当該期の有田外相及び外務省は、そのどちらに関しても具体的な計画は持ち合わせていなかった。そして、英米の理解を得られぬまま列国の在華権益を侵害する占領地政策が続き、ついに一九三九年七月に米国は日米通商航海条約廃棄通告を行ったのである（失効は半年後）。

この間、外務省は無為に軍部等に追従していたわけではなかった。その端的な例が日独防共協定強化問題である。一九三六年一一月に結んだ日独防共協定を、英仏をも対象とした日独の軍事同盟に昇格させるか否か、という議論が第一次近衛内閣期から存在していた。協定強化に積極的であったのが陸軍と外務省革新派であった。平沼騏一郎内閣期には数十回にわたり五相会議が開かれ、同問題について協議されたのであるが、有田外相は英・仏を含めた列国との関係改善を模索しており、そうした努力を反故にする協定強化には断固として反対した。結局、同問題に関して決着がつかぬままにドイツが一方的にソ連と不可侵条約を締結したため、日本国内でも協定強化問題は立ち消えとなった。

しかし、一九四〇年になってドイツが電撃的な攻勢を見せると、日本国内では「バスに乗り遅れるな」というスローガンの下、日独提携強化論が再燃する。そして、一九四〇年七月に成立した第二次近衛内閣期となって松岡洋右外相は日独伊三国同盟を締結するのである。また同内閣期の日本軍の南部仏印進駐は、米国による在米日本資産の凍結、石油の対日全面禁輸措置を招き、日米関係は加速度的に悪化することとなった。むろん、外務省は対米関係改善の道を真珠湾攻撃の直前まで決して諦めたわけではなかった。開戦時の外相であった東郷茂徳は、軍部における開戦派を抑えつつ日米交渉によってなんとか対米戦を回避しようとした。しかし、一九四一年一一月二六日に米国から届いた所謂「ハル・ノート」は東郷ら非戦派の希望を打ち砕くこととなり、終に一二月八日を迎えるのである。

3　意　義

戦間期の外務省には、英米協調・国際秩序の維持と日中提携・国際秩序の打破という、大別して二つの外交構想が存在していた。前者を最も体現していたのが幣原外交期と呼ばれる時代の外務省であり、後者は満州事変後のアジア派外務官僚台頭以降の外務省である。

幣原は対中政策において九カ国条約を遵守し、英米と歩調を合わせることで英米関係を良好ならしめることに成功した。一方で、アジア派外務官僚の対中政策は、時として軍部の大陸強硬策を利用して九カ国条約を反故にする現状打破外交を押し進め、日中提携という名のもとに中国の勢力圏化を企図するものであったが、これが中国に在華権益を多く持つ英国、九カ国条約の維持を重視する米国との関係悪化を招く原因となった。こうした状況を打開すべく満州事変以降にも、佐藤尚武や宇垣一成、野村吉三郎といった英米協調を重視する人物を外相に据え、その関係改善を図ろうとしたが、対中政策の根本的な方針はそれまでと変わらず、関係改善は難航したのである。

彼らやアジア派外務官僚に共通していたのは、日本の中国における特殊地位、日中特殊関係を所与とした日中提携構想を有していたことである。中国やアジア諸国との連帯を訴えるアジア主義の思想は、古くから存在していた。元来、アジア主義とはアジア諸国が連帯することによって、欧米列国からの外圧に対抗しようというものであった。しかし、戦間期に日本が有していたアジア主義と呼ばれるものは、日中間の連帯のために中国ナショナリズムと激しく対立するという矛盾を孕んだものであった。英米との関係改善のためには日中戦争の早期解決が必要であったが、こうした日中間の特殊関係を前提としたアジア主義により、中国ナショナリズムとの対立は一段と激しさを増すことになった。

戦間期の外務省の大きな特徴として、こうした対中政策の変容とそれに伴う列国との関係の悪化が挙げられる。戦前の優れた政治評論家であった清沢洌《きよさわきよし》が、「日本は英米を対支外交の対象となすべき」と述べていたように、日本の対中政策はそのまま英米関係に大きな影響を及ぼすものであった。しかし、満州事変以降の外務省のリーダーはそうした認識が欠落しており、英米との関係の重要性を理解しつつも日本の中国における特殊地位に固執していたことが、戦間期の日本外交の一つの限界であったと言えよう。

参考文献

入江昭（篠原初枝訳）『太平洋戦争の起源』東京大学出版会、一九九一年。

外務省百年史編纂委員会編『外務省の百年』下巻、原書房、一九六九年。

戸部良一『外務省革新派』中央公論新社、二〇一〇年。

イアン・ニッシュ（関静雄訳）『戦間期の日本外交』ミネルヴァ書房、二〇〇四年。

日本国際政治学会太平洋戦争原因研究部編『太平洋戦争への道―開戦外交史』一～七巻、朝日新聞社、一九六三年。

服部龍二『東アジア国際環境の変動と日本外交――一九一八～一九三一』有斐閣、二〇〇一年。

細谷千博『両大戦間の日本外交――一九一四～一九四五』岩波書店、二〇〇六年。


（湯川勇人）

戦前の外務省・外務大臣官邸
（1940年11月）（毎日新聞社提供）

第V部　開戦・終戦・占領——一九四〇～五〇年

真珠湾攻撃
（1941年12月８日）（毎日新聞社提供）

解説

まるでギリシャの悲劇を観ているかのように、第Ⅴ部での日本は暗黒の峡谷へとズルズルと滑り堕ちてゆく。明治の元勲たちが成し遂げた日本の近代化であったが、その果実を一気に喪失させる政策上の決断がなされ、日本は五大国の一員という頂点から、敗北を抱きしめる国家へと転落したのみならず、日本史上において初めて占領を受忍しなければならないという屈辱的な経験を味わった。

このように日本は明治期から終戦までの短い期間に、〈誕生〉と〈崩壊〉という一つのサイクルを完結させた。しかし、この没落の道程を検証すると、日本が決して積極的に望んでこうした悲惨な結果を招いたわけではなく、国益をしかと踏まえたうえで対外政策を能動的に展開せず、大局を顧みることなく機会主義的に目先の利益のみを追求したことによる必然的な結末であった事実が見えてくる。当時の日本の外交上の不作為は「非決定の決定」であったとも指摘されるが、その実態は、国際政治情勢に対してきわめて機会便乗主義的なアプローチに徹する姿勢にあったといえよう。

とりわけ日本の外交的地平を狭めたのが、中国を犠牲にする形で進められた大陸進出、およびヴェルサイユ体制に不満を抱く現状打破勢力のドイツとの接近であった。前者は、第Ⅱ部が扱う時代から帝国主義的な外交が中心に据えられるようになっていった流れの延長線上に位置するが、それによって誘発された日中戦争がその後の時代の外交政策に大きな影響を及ぼすに至った。そして、日本と同様に国際連盟から脱退した「ならず者国家」同士の提携は、列強の既存の利権を脅かす日本の対中国政策と重なりあった結果、一九四〇年代に突入すると英米列強の対日不信感はさらに煽られることになった。それゆえ、日本は最大の貿易相手の米国より通商航海条約の破棄を告げられたのである。だが、この厳しい状況に直面した反動から、長らく日本外交の基本路線であった列強との協調を重視する「霞ヶ関正統外交」より次第に離脱していくこととなる。

実際、新たな外交政策のパラダイムの構築を目指したアジア主義者や革新主義者が、政策の策定において次第に幅を利かせるようになった結果、かつての友好国であった英米との距離はさらに拡大していった。この背景にあったのは、欧州戦争の勃発という国際政治を揺るがす重大事件の存在であった。ドイツによる電撃的な侵攻作戦は、ヨーロッパ域内の秩序変革のみならず、欧州列強を犠牲にする形での世界秩序の大きな変容を予想させるものであった。ドイツの勢いの前にフランスやオランダが次々と降伏・占領されていく過程で、旧宗主国が退場させられたアジアでは、勢力圏の真空状態が出現した。日本はこの真空状態の存在をまたとない機会として捉え、いち早く自国の勢力圏下に置くことが国益と合致すると考えたのである。「バスに乗り遅れるな」という当時のかけ声は、こうした文脈からは容易に理解できよう。その後の三国同盟締結も同じ延長線上にあったし、英米との乖離が日本を孤立させないためへのヘッジとしての対ソ接近（日ソ中立条約）もまた同様であった。

戦前期の歴史を振り返ると、英米（とりわけ米国）との関係を修復できず、秩序打破勢力に参画したことが負の側面から一つの大きな転換点となった。欧州を戦争の渦へと巻き込んだアドルフ・ヒトラーと手を握ることは、必然的に米国政府の反感を招いたのみならず、同国世論における対日イメージを大いに失墜させた。こうした状況下では、日米通商航海条約の改定交渉も暗礁に乗り上げ、石油や機械および化学工業製品のほとんどを米国からの輸入に依存していた日本にとっては、資源の確保が死活的な問題となった。

しかし、日本はこうした悪循環を断ち切ることはできず、逆に資源確保の目的で南進政策をさらに推し進めることになった。これはかえって米国の態度を頑なとし、北部仏印進駐に対する報復として屑鉄の禁輸、そしてさらには南部仏印に進駐すると、米国における資産凍結のみならず、石油の全面禁輸を実施して日本に掣肘を加えたのである。むろん、ここには米国の誤算もあった。経済的に日本を締め付けることによって日本の帝国主義的な対外行動を抑制できるという思惑があったからである。実際には、次第に追い込まれていった日本は、状況打開の方策として対米譲歩ではなく、米国との一戦を真剣に検討するようになった。こうした窮鼠猫を噛むというシナリオは、最終的に真珠湾での日本による対米奇襲攻撃によって結実した。とはいえ、対米戦争に踏み切った瞬間、日本の運命は決し、「戦前期」という一つの時代が閉じられたのもまた事実である。

このように第Ｖ部が考察する一〇年間は、日本にとって最も大きな苦難をもたらす時代となった。その一方で、この険しい時代を経て戦後日本の新たな出発があったという事実を考慮すると、現在の日本を形成するうえで重要な時代であったのは否めない。それゆえ、日本外交が破綻したこの時代をもう一度振り返り、歴史が示す教訓を胸に刻みつつ、日本が今後進むべき道を真剣に検討する作業こそが同じ悲劇の再現を阻止するのではなかろうか。こうした問題意識が第Ｖ部の底流を成すのは言うまでもない。

（簑原俊洋）

66 日独伊三国同盟（一九四〇年）——南進政策を当て込んだ賭け

1 背景

一九三九年九月一日にポーランド侵攻によってヨーロッパ戦争が勃発した。約一カ月でポーランドを下したドイツ軍は、翌年四月にデンマーク・ノルウェーへ侵攻して占領し、翌五月にオランダ・ベルギーを、そして六月にはフランスを、それぞれ降伏に追い込むという大勝利を収めた。フランスが降伏する直前には、イタリアが英仏に対して宣戦しており、英国は孤立に陥った。

この時期の日本は、東亜新秩序建設をめぐって英国との摩擦を強めており、また、ノモンハン事件に示されるように、ソ連とも緊張関係にあった。こうしたなかで発生することになったヨーロッパ戦争と、その結果として生じた独伊圧倒的優位の状況は、東亜新秩序建設を日中戦争の目的に据えていた日本を独伊へと接近させてゆくことになった。

2 展開

日中戦争の長期化によって、東亜新秩序は暗礁に乗り上げており、くわえて、自律的な地域秩序の建設を目指した東亜新秩序建設は、対米経済依存度を深めさせるという逆説的な展開に陥っていた。そのため、ヨーロッパ戦争の劇的展開に直面した日本では、独伊に降伏した西欧諸国の東南アジア植民地を接収し、これと東亜新秩序を組み合わせることで、より自律性の高い大東亜共栄圏を確立するという構想が浮上した。このような南進政策の手段となったのが独伊との軍事同盟締結であり、一九四〇年七月二二日に成立した第二次近衛文麿内閣の外相に就任した松岡洋右《まつおかようすけ》の下で、その締結が図られることとなった。

南進政策の骨子は、一九四〇年秋と予想されたヨーロッパ戦争終結前に、独伊との間で軍事同盟を成立させ、独伊が最終勝利を収める直前に対英参戦するというものである。これにより、戦後の講和会議に戦勝国としての立場で臨み、東南アジア地域における蘭仏英の植民地を接収するというのが、大東亜共栄圏確立のプランであった。こうした構想は、六月一九日から日本陸軍の手によって練り上げられており、七月一五日には「世界情勢ノ推移ニ伴フ時局処理要綱」として陸海軍による決定案ができあがっていた。そして第二次近衛内閣成立後の七月二七日に同要綱は、政府大本営連絡会議決定となり、正式な政策方針となった。また、こうした基本方針の策定と並行して、陸海軍および外務省の事務当局者が、独伊との具体的な提携案について協議を重ね、八月六日に、独伊との間で対英軍事同盟を締結する方針を打ち出した「日独伊提携強化ニ関スル件」を完成させた。これをもとに松岡外相は、九月四日に対米英軍事同盟案として「軍事同盟交渉ニ関スル方針案」を完成させた。そして同案を最終的な交渉方針とした松岡外相は、九月九日からシュターマー特使を相手とした対独交渉を開始し、九月二七日に対米英軍事同盟として日独伊軍事同盟が成立した。

3　意　義

独伊との軍事同盟は、当初、対英軍事同盟として練り上げられていた。こうした中で、対独交渉のイニシアティブを握ることとなった松岡外相は、迅速に同盟を成立させるためにドイツ側の歓心を得る必要があった。そのため松岡外相は、同盟に対米軍事同盟の機能を持たせることで、当時、ドイツが苦慮し始めていた対米戦争の危険性を共有し、これを抑止する用意があることをドイツ側に示した。当時、米英の協力関係が進展していたためである。だが、対米軍事同盟として三国同盟を締結することには、日本海軍が反対しており、日本海軍の同意を取り付けるために、松岡外相は自動参戦権という留保条件をドイツ側に認めさせた。

また、この時期、日独双方に対して緊張関係にあったソ連が、米英と接近する傾向を示しており、南進政策を展開するためには、ソ連と米英の接近を阻止し、対ソ不戦態勢を確立する必要が生じていた。こうした立場はドイツも共有するところであり、そのため日独両政府は、対ソ政策において協力し、日ソ不可侵条約の成立を図ることを約した。しかし、その後ドイツ政府は日ソ仲介を放棄して対ソ開戦を決断し、この約束は反故にされた。

参考文献

テオ・ゾンマー（金森誠也訳）『ナチスドイツと軍国日本』時事通信社、一九六四年。

服部聡『松岡外交』千倉書房、二〇一二年。

細谷千博「三国同盟と日ソ中立条約（一九三九〜一九四一年）」日本国際政治学会太平洋戦争原因研究部編『太平洋戦争への道―開戦外交史5　三国同盟・日ソ中立条約』朝日新聞社、一九八七年。

三宅正樹『日独伊三国同盟の研究』南窓社、一九七五年。

三宅正樹『スターリン、ヒトラーと日ソ独伊連合構想』朝日新聞社、二〇〇七年。

森茂樹「松岡外交における対米および対英策」『日本史研究』第四二一号、一九九七年九月。

義井博『日独伊三国同盟と日米関係』南窓社、一九八七年。


（服部　聡）

67　南方経済交渉（一九四〇〜四一年）——南進政策の蹉跌

1　背　景

大東亜共栄圏の確立を目指した日本の南進政策は、一九四〇年九月二七日の日独伊三国同盟締結によって本格化した。南進政策は、ドイツが英国を降伏させ、ヨーロッパ戦争における最終勝利を確定させるという予想に基づいて立案されたものであり、ドイツ軍の英国本土上陸作戦に呼応して、日本も東南アジア地域に武力進出する予定であった。そのため三国同盟締結後は、南方への軍事的進出に備えた北方の安全確保という必要から、対ソ交渉を通じて接近が図られた。一方、このような外交的措置と並行して、大東亜共栄圏の実態整備に向けた準備も整えられていた。それが、三国同盟の締結に先立って、蘭印（オランダ領東インド）や仏印（仏領インドシナ）との間で開始された、様々な経済交渉である。

2　展　開

蘭印については、一九三九年秋の段階で経済関係強化の方針が決定されており、同年一一月にはオランダ政府との間で経済交渉実施の合意が成立していた。だが、一九四〇年五月にオランダがドイツに降伏して英国に亡命すると、経済交渉はその実施が危ぶまれた。こうした中で、既定方針を受け継いだ松岡洋右外相は、三国同盟の締結に先立つ九月一三日から、蘭印政府を交渉相手とした経済交渉をバタヴィアで開始させた。

一方、同様の方針は仏印についても決定されており、フランスが降伏して対独協力政権としてヴィシー政府が誕生すると、松岡外相は、八月三〇日にアンリ駐日フランス大使との間で「松岡・アンリ協定」を成立させた。そして同協定の成立を受けて行われたハノイでの軍当局者間の協議によって軍事協定が成立すると、九月二三日から日本軍の北部仏印進駐が開始された。これにより日本軍は、仏印援蔣ルートの遮断を完成させたが、北部仏印への兵力進駐は、日本が東南アジアに対する武力進出の足掛かりを得たことを意味し、三国同盟成立と併せて、米英を強く刺激する結果となった。

そのため米英は、手控えていた対日経済圧力を本格化させ、日本の物資需給は逼迫した。日本政府は、蘭印および仏印との経済交渉を通じて物資確保を図るが、蘭印政府が英国亡命政府の影響下にあったため、蘭印との交渉は難航した。また一〇月二二日からは、ハノイにおいて仏印政府との経済交渉が開始され、こちらも難航したが、翌年五月六日に「仏領印度支那に関する日仏居住航海条約」と「日本国印度支那間関税制度貿易及其の決済様式に関する協定」として結実し、ほぼ日本側の要求通りで決着をみた。

だが、仏印からの物資のみでは、日本の物資需要を満たすことはできなかった。それゆえ、資源豊かな蘭印との交渉は日本にとって死活的重要性を帯びてきたが、年をまたいで行われた交渉において、蘭印側は日本側の要求をほぼ拒絶する内容の最終回答を示した。その結果、日本側は六月一七日に交渉を打ち切り、物資欠乏という状況はまったく改善されなかった。

一九四〇年一一月二八日、フランスに奪われていた領土の回復を狙ったタイが、仏印との間で武力衝突を発生させると、日本軍部はこの紛争の調停を通じて、日タイ軍事同盟の締結と南部仏印への兵力進駐を実現させようとした。その狙いは蘭印やマレーへの軍事作戦の拠点確保であったが、松岡外相の反対によって実現しなかった。

しかし、物資欠乏の状況を背景にしていた軍部は、タイ・仏印の完全掌握を図るべくその後も南部仏印への兵力進駐を画策し、松岡外相が辞任した後の七月二八日にこれを実現させた。そして、この南部仏印への兵力進駐は、松岡外相の主張通りに米英との戦争を引き起こす直接的な原因となった。

3 意義

大東亜共栄圏の確立を目指した松岡外相は、ヨーロッパ戦争においてドイツが最終勝利を収めた後に、蘭印や仏印に対して様々な要求を提示することで、その実体化を図ろうとした。蘭印や仏印との経済交渉は、その要求を提示するための窓口という位置づけで開始された。しかし、短期間のうちに終わるとの予想に反してヨーロッパ戦争は長期化し、その一方では、三国同盟締結後に本格化した米英の対日経済圧力が日本経済を強く圧迫した。その結果、経済交渉は、当面の物資を確保するための場と化し、さらにそうした状況は、南進政策の実施方法をめぐって松岡外相と軍部との間で亀裂を生んだ。この抗争は最終的に軍部の勝利に終わり、大東亜共栄圏は、太平洋戦争を通じてその実現が図られることになった。

参考文献

日本国際政治学会太平洋戦争原因研究部編『太平洋戦争への道—開戦外交史6　南方進出』朝日新聞社、一九八七年。
服部聡『松岡外交』千倉書房、二〇一二年。
防衛庁防衛研修所戦史室編『戦史叢書　大東亜戦争開戦経緯』一～四、朝雲新聞社、一九七三年。
森茂樹「第二次日蘭会商をめぐる松岡外相と外務省」『歴史学研究』第七六六号、二〇〇二年九月。

（服部　聡）

68　ＡＢＣＤ包囲網（一九四〇〜四一年）——袋小路に陥った南進政策

1　背景

一九三七年七月に勃発した日中戦争では日中双方が宣戦布告を行わなかったため、法的には戦争と見なされなかった。そのため米国政府は、日本に対して批判的な立場をとったものの、中立法を発動せずに中立不介入の立場をとった。だが、戦争が中国大陸全土に及び、日本側が占領地を拡大してゆくと、米国政府は、一九三八年から日本に対して道義的禁輸を発動した。道義的禁輸とは、政府が企業に対して自主的禁輸を呼びかけるものであり、法的根拠や拘束力を持つものではなかった。

こうした中で日本政府は、一一月に東亜新秩序建設を宣言する第二次近衛声明を発表すると、米国政府は、より実効性の高い対日抑制策を講じる必要を認めた。

2　展開

米国政府が着目したのは、日本経済の著しい対米依存状態であり、対日関係を著しく悪化させない実効的な対日抑制策として、日米通商航海条約の廃棄が検討された。一九一一年に締結されていた同条約の破棄は、日本政府に対して対日経済制裁発動の可能性を示すことになり、東亜新秩序建設を牽制することが期待されたのである。そして、一九三九年七月二四日にヨーロッパ情勢の緊迫化を背景に、英国が日本の圧力に屈して有田・クレーギー協定が成立すると、米国政府はその二日後に、日米通商航海条約廃棄を日本政府に通告した。日本政府は、東南アジア地域との経済関係強化など、経済的な対米依存状態の是正を図ることで、これに対抗した。

一方、ヨーロッパ戦争勃発後の一九四〇年五月からの西方攻勢の結果、圧倒的優位の状況を作り出したドイツが、英国を下して最終勝利を確定させようとしていた。日本では、これを受けて政変が発生し、大東亜共栄圏建設を目標に掲げた第二次近衛文麿内閣が七月二二日に成立した。そして同内閣が南進政策に着手すると、米国政府は新たな対日抑制策を迫られた。

日米通商航海条約はすでにこの年の一月に失効していたが、日本を南進政策に追い立てるのを懸念する米国政府は、対日経済圧力の発動を控えており、七月一日に石油と屑鉄《くずてつ》を除く軍需物資に対して輸出許可制を布いたに止まっていた。しかし、その米国政府も、第二次近衛内閣が成立すると、その四日後に石油と屑鉄に対しても輸出許可制を布き、同三一日には航空ガソリンと一級屑鉄の禁輸を発表した。そして南進政策の第一歩として、九月に北部仏印への兵力進駐と日独伊三国同盟の締結が行われると、米国政府は屑鉄の全面禁輸によって応酬し、以後一二月から二月にかけて、金属類を中心に対日禁輸物資を次々と拡大させていった。米国政府は、こうした措置によって日本の南進政策を抑制しようとしたのである。

これに対して日本側は、当時行っていた蘭印（オランダ領東インド）との経済交渉を通じて軍需物資の確保を図ったが、米英と連絡を取り合う蘭印政府によって拒否された。そのため、仏印（フランス領インドシナ）とタイの物資を重視する軍部の主導で、一九四一年七月二八日に南部仏印への兵力進駐が実施されたが、これに対して米国政府は、石油の全面禁輸と日本資産の凍結で応酬した。これにより日本は、事実上の対米経済断交状態に陥った。

一方、対日関係の悪化を恐れる英国は、ヨーロッパ戦争の勃発以前から、日本に対して宥和的態度をとっていた。しかし、米国が対英支援の姿勢を明確にし始めた一九四〇年八月以降、英国政府は対日政策を転換させた。米国と同様に、三国同盟成立以後、対日禁輸を段階的に発動し、米国政府が石油の全面禁輸と資産凍結を発動すると、英国政府も日英通商航海条約破棄と日本資産凍結を発動し、蘭印政府もまた日本資産凍結を発表した。日本政府は、こうした危機的状況を、関係各国の頭文字をとって、Ａ（America）Ｂ（Britain）Ｃ（China）Ｄ（Dutch）包囲網と形容した。

3　意　義

ＡＢＣＤ包囲網という呼称は、あくまでも日本側が危機感を煽るために作り出したものである。米英や蘭印は個別に対日経済圧力を発動しており、協議して発動したものではない。また、対日経済圧力における米国政府の最大の狙いは、日本に南進政策の放棄を迫ることにあった。だが一連の対日経済圧力は、武力による日本の対外膨張政策を抑制する効果を発揮せず、むしろ日本の態度を硬化させ、対外膨張圧力を強化させる結果を招いた。

参考文献

ジョナサン・Ｇ・アトリー（五味俊樹訳）『Going War to Japan――アメリカの対日戦略』朝日新聞社、一九八九年。
鈴木晟「日本戦時経済とアメリカ」『国際政治』第九七号、一九九一年五月。
平智之「経済制裁下の対外経済」原朗編『日本の戦時経済』東京大学出版会、一九九五年。
服部聡『松岡外交』千倉書房、二〇一二年。
福田茂夫『アメリカの対日参戦』ミネルヴァ書房、一九六七年。

（服部　聡）

69　日ソ中立条約（一九四一年）――南進政策への転換

1　背　景

一九三一年九月に勃発した満州事変とそれに次ぐ満州国建国によって、日本はソ満国境でソ連軍と直接対峙することとなった。また三六年一一月の日独防共協定締結により、日ソ関係は険悪化した。実際、三八年七月には張鼓峰事件、翌年五月にはノモンハン事件が発生し、日ソ両軍が交戦していた。

他方、三九年八月にドイツは、ソ連と不可侵条約を締結し、英仏との対抗上、ソ連のみならず日本との関係を重視し、独伊ソ日四国の連携を目指した。このことは、日本政府内でも第二次近衛内閣の松岡外相による四国協商案となって現れ、それは、アジアに影響力を及ぼす米国を牽制して、南進政策を有利に進めようとするものであった。

2　展　開

この松岡構想に基づいて、一九四〇年九月、日本は日独伊三国同盟を締結し、ソ連には不可侵条約の締結を提案した。しかしモロトフ外務人民委員（外相）は、かつてロシアが失った南樺太や千島列島の領土回復がなければ不可侵条約締結は世論が納得しないと述べ、不可侵条約の代わりに中立条約を締結すると同時に、日本が北樺太に保有する石油・石炭利権の解消を求めてきた。日本政府は利権解消を受け入れられず、北樺太の日本への買収をソ連に提案したが、一蹴された。

他方、独ソ関係はバルカン問題などをめぐり悪化し、四国協商案は幻想となっていた。ソ連は、ドイツ侵略の脅威に対抗するため、日本との関係調整を迫られた。松岡外相は、四一年四月のモスクワでのモロトフとの会談で、改めて不可侵条約締結を提案した。だがモロトフは、不可侵条約よりも中立条約が望ましいとし、北樺太の利権問題でも妥協しなかった。最終的にスターリンが松岡外相と会談し、北樺太の利権問題を今後の交渉に委ねるとし、中立条約締結に至った。

3　意　義

日ソ中立条約は、一九四一年四月一三日にモスクワで調印された。両国間の平和友好関係の維持および両国の領土保全・不可侵の尊重（一条）、両国の一方が第三国によって軍事行動を受けた場合の他方の中立維持（二条）を謳い、有効期間を五年とした（有効期間の満了する一年前までに、いずれの一方が廃棄通告をしない場合は、次の五年間、自動的に延長されたものとみなされる）（第三条）。条約調印とともに発表された声明書では、日本がモンゴル人民共和国領土の、ソ連が満州帝国領土の保全と不可侵を尊重することが約された。日ソ中立条約は、日本にとってのソ連の軍事的脅威を弱め、南進政策を進めるうえで有利に働いた。同年六月には独ソ戦が始まり、ソ連は極東の軍備を西方に投入できた。同年一二月には日米が開戦し、それ以後もソ連との間では中立関係が維持された。

しかし、一九四五年二月のヤルタ会談で、スターリンは、ドイツ降伏後の対日参戦を秘密裏に米英に告げた。前年から米国はソ連に対日戦に参加するよう要請していたのである。同年四月五日、モロトフは、国際情勢は中立条約締結時と根本的に変わり、ドイツはソ連を攻撃し、日本はドイツを援助しソ連の同盟国英米と戦争をしており、そのような状況下では中立条約は意味を失うと述べ、条約第三条に従って、条約廃棄を日本に通告した。ドイツ無条件降伏後、情勢が日本にとって不利になる中で、日本は、ソ連の斡旋による対米和平工作を依頼したが、ソ連側は時間かせぎに出ていた。広島への原爆投下後の同年八月八日、ソ連は対日宣戦に至った。

ソ連が、中立条約の不延長を決定していたとはいえ、条約の有効期限は四六年四月二五日であるため、ソ連の対日参戦が条約違反であることは明白であった。ソ連側の公式説明は、日本がポツダム宣言を拒否したために、連合国がソ連に対日参戦を要請してきたということであった。確かに、関東軍を粉砕できるのはソ連であり、ソ連の対日参戦は米国の国益にもかなっていた。同時に、そのことは、ソ連にとっても、日本を無条件降伏に追い込み、南樺太や千島列島を占領し、日露戦争での敗北の「復讐」をするチャンスであった。

極東国際軍事裁判（東京裁判）で、日本側弁護人は、ソ連による中立条約違反を非難した。しかし判決は、日本は中立条約締結の際に誠実でなく、日本の中立はドイツ援助の隠簑で、日本はソ連に対する侵略戦争を計画していた、というものだった。また、日本による、ドイツのための対ソ・スパイ活動や、ソ連船舶の航行妨害は中立条約違反だとされた。このように国際法の形式的側面から中立条約違反を主張することは、東京裁判の構図からすると無力だったのである。

（渋谷謙次郎）

参考文献

鹿島平和研究所編『日本外交史21　日独伊同盟・日ソ中立条約』鹿島研究所出版会、一九七一年。
工藤美知尋『日ソ中立条約の研究』南窓社、一九八五年。
外務省欧亜局東欧課作成、竹内桂編『戦時日ソ交渉史』上巻、ゆまに書房、二〇〇六年。
ボリス・スラヴィンスキー（高橋実・江沢和弘訳）『考証　日ソ中立条約』岩波書店、一九九六年。
日本国際政治学会太平洋戦争原因研究部編『太平洋戦争への道―開戦外交史5　三国同盟・日ソ中立条約』朝日新聞社、一九八八年（新装版）。

70　日米交渉と開戦（一九四一年）——戦前日本の終幕

1　背　景

太平洋戦争へと至る道のりは、決して直線的なものではなかった。それゆえ、一九三一年九月の満州事変が日米開戦を不可避としたという理解には問題があり、その後に続く歴史の過程において多面的・重層的な諸要因が積み重なった結果、最終的に戦争は勃発したと考える方が正しい。とはいえ、日米衝突の根本的な原因は、中国をめぐる利害対立にあったというのもまた事実である。

「無垢で哀れな中国」に対する日本の侵略行為は、米世論に大きな影響を及ぼし、その反射として米市民の対日イメージは失墜した。中国からの撤兵がその後の日米交渉において最大の争点になったことからも見て取れるように、日米関係において中国問題が重大な懸案事項として横たわっていたのである。実際、米国は日本の対中政策に掣肘を与えるのを狙って、一九三九年七月二六日に対日経済制裁の開始を意味する日米通商航海条約の破棄通告を行った（翌年一月二六日に失効）。大陸での日中衝突の他に、日米関係が悪化した理由としては一九四〇年九月二七日の三国同盟締結も挙げられる。この同盟は欧州を戦争の渦へと巻き込んでいたナチス・ドイツとの提携であったため、日本は必然的に敵側陣営の一角をなす国家として見なされるようになったのである。

このように日中戦争と三国同盟が日米関係上の重要な、分岐点であったならば、日本の仏印（現ヴェトナム）進駐は、米国によるさらに厳しい経済制裁を惹起させ、日米摩擦を一気に発展させたことから日米衝突の原点となったと理解できよう。米国の破棄通告から半年後の一九四〇年一月に日米通商航海条約は失効し、工業資源の大部分を米国からの輸入に依存していた日本にとって、自給的経済圏の確保が焦眉の課題となった。しかし、当時の日本はある原則に従って能動的に外交を展開するのではなく、機会主義的かつ受動的に対外政策を追求する「貧乏外交」ならぬ「便乗外交」を得意としたため、その後の国際政治の展開に翻弄されることになる。

それを如実に示すのが、欧州戦でのドイツの初期の電撃戦に触発され、「バスに乗り遅れるな」とのかけ声の下に締結された前述の三国同盟であった。日本が期待したのは、欧州の宗主国が次々とドイツに敗れることにより、アジア域内でパワーの空白が生じることにあったが、この空白を日本が埋められれば、少ないコストで自前の勢力圏を拡大できると考えたのである。それゆえ、六月二二日にフランスがドイツに屈服して独仏休戦協定を締結すると、日本はすぐさま八月にヴィシー政権との間で「松岡・アンリ協定」を締結、さらに翌月には北部仏印への進駐を開始した。

米政府はこうした機会主義的な日本の南進政策を憂慮し、一〇月に屑鉄の対日禁輸を決定するが、当時の米市民が圧倒的に孤立主義政策を支持しており、かつローズヴェルト（Franklin D. Roosevelt）大統領も選挙の年であったため、通常よりも国内世論に対して敏感にならざるを得なかった。こうしたことから、大統領は欧州戦に米国を介入させないことを誓い、その結果、一一月に三選を見事に果たしたのである。しかし、新任期が始まると、大統領は早々に従来の中立政策を転換させ、翌年三月には武器貸与法を通して反枢軸の立場を鮮明にした。とはいえ、この時点で彼がもっぱら気にかけていたのは英独戦の情勢であり、この時点での日本への追加的経済制裁は時期尚早として踏み止まった。

こうした状況を一変させたのが、六月二二日の独ソ開戦である。ドイツが二正面戦争へ突入したことにより、英国に対する軍事的圧力は飛躍的に軽減され、英米両国には幾分か勝算が見え始めた。他方、日本はひたすら機会主義的政策に邁進し、対ソ侵攻を意味する北進政策を七月二日の御前会議において棚上げし、「対英米戦を辞せず」という覚悟のもと、南進政策を決定した。これに伴い、日本政府は武力侵攻を盾にヴィシー政府に圧力をかけ、最終的に「仏印共同防衛」を受諾させて、七月二八日に南部仏印への進駐を開始した。

この時点まで、日本の南進政策は万事順調に進んでいるかに見えた。しかし、アジア域内の現状変更を迫った近衛の東亜新秩序構想（後に大東亜共栄圏へと発展）は、排他的地域秩序の形成を危惧した米国によって重大な挑戦として受け止められた。仏印の経済的・政治的中心であった南部を軍事的に支配した日本に対する米国政府の反応は熾烈であり、在米日本資産が全面凍結されたのみならず、石油の完全禁輸措置も発動したのである。さらに英中蘭三国は、米国と足並みを揃えたことにより、かの「ＡＢＣＤ包囲網」の形成へと至った。しかし、日本政府はこうした強硬な米側の反応を全く予想しておらず、この段階に来てようやく危機感を抱いた近衛首相は、日米関係の修復を試みるようになる。

2　展開

「日米諒解案」という希望　肝心の日米関係の調整は、南部仏印進駐を経て飛躍的に緊急性が増した。しかし、外交的解決を目指した日米交渉（所謂、Ｎ工作）はそれ以前から開始されており、その源流は一九四一年四月の「日米諒解案（Draft Understanding）」まで遡ることができる。さらに、この「日米諒解案」の出発点を辿れば、前年一一月にまで行き着く。すなわち、三国同盟の締結によって急速に冷え込む日米関係を憂慮したカトリックの海外伝道師協会に所属するニューヨーク州メリノール教会のウォルシュ（James E. Walsh）司教とドラウト（James K. Draught）神父の二人が、日米平和協定の締結を目指して来日した時点となる。彼らは自らを「John Doe Associates」と呼んだが、日本語の感覚としてこれは「無名志士」に等しい。こうした事実からも、彼らの任務の極秘性・匿名性を窺い知れよう。両密使の後ろ盾となっていたのは、大統領と個人的に親しく、自らもカトリック教徒のウォーカー（Frank C. Walker）郵政長官であった。周知のように、カトリック教徒は伝統的に強い反共主義者であったため、日米衝突となればソ連が漁夫の利を得ることを危惧し、より大きな脅威として認識していたソ連を牽制するため、日米の連携を切望したのである。

米国財界を代表するクーン・ローブ商会のストラウス（Lewis Straus）からの紹介状を携えて来日した両氏が最初に面会したのは、元大蔵官僚で当時産業組合中央金庫理事の井川忠雄であった。井川は一高時代に近衛の同級生だったこともあり、彼を介して近衛との面会が実現した。首相もこうした民間外交に期待を寄せていたため、事態打開に向けた動きが本格化することになった。他方、松岡洋右外相はこうした工作には冷ややかであり、外務省も駐米大使を除いて関与していなかった。

こうした活動と並行する形で、日本政府は一九四一年一月に反枢軸派の野村吉三郎海軍大将（元外相）を新駐米大使として渡米させ、翌月より大統領とハル（Cordell Hull）国務長官との交渉が開始された。野村大使は、当時の日本人としては背が高く、がっしりとしたスポーツマン体格だったこともあり、米国での評判は良かった。他方、欠点となったのは野村の低い英会話力であり、通訳さえも同席していない重要な外交交渉において、これは大きな障害となった。こうした重大な局面において意思疎通が円滑にできなかったのは、日本にとって大きな不幸をもたらすものであった。

その後、中国問題に詳しい専門家として陸軍の岩畔豪雄《いわくろひでお》元軍務課長が井川とともに米国に急派され、ウォルシュとドラウトと一緒になって「日米諒解案」の作成に携わった。そして、一九四〇年一二月一四日の「ドラウト覚書」、翌年一月二三日の「ウォルシュ覚書」、そして三月一七日の「原則的協定案」の修正過程を経て、四月九日に「日米諒解案」として最終的にまとめられたのである。

作成に多くの労を伴った同案であったが、ここで致命的なミスが生じた。野村と岩畔の両名は都合のいい解釈をして、「日米諒解案」があたかも米政府によって承認されたかのように本国政府に伝えたのである。これを鵜呑みした近衛は、米国の宥和的な提案を見て、交渉妥結は近いと胸を躍らせたが、後になって「日米諒解案」とはまったく異なる「ハル四原則」を前提とする厳しい案が米政府から提示されると、その乖離に大きく動揺させられたのである。

なお、「日米諒解案」をめぐる米国の真意は時間を稼ぐことにあり、ウォルシュとドラウトも米政府に担がれたという見解も確かに存在する。しかしながら、実際は妥協案の内容を見てから米政府は次の一手を決めるつもりであったと理解する方がより妥当である。そして、許容できた当初の「ウォルシュ覚書」から、修正されるたびに米政府が到底是認できない案へと変容していった事実を確認した時点で、もはや交渉に関心を示さなくなったと考えるのがより合理的であろう。

ところで、この「日米諒解案」の実効性についてであるが、国務省の幹部が一切関与せず、かつ反日派急先鋒にいたホーンベック（Stanley K. Hornbeck）外務省顧問が同案の破棄を個人的使命として異様なまでの情熱を注いでいた事実を考慮すると、それが了承される可能性は皆無に等しかったといえよう。外務省内でも「日米諒解案」は広い支持を獲得できず、同案の内容を後から知った松岡外相は憤怒したほどであった。

日米交渉の破綻　松岡の強硬な対米姿勢と頻度が増していった政権批判は近衛を困惑させ、もはや彼の存在は歓迎されなくなっていた。そこで近衛は、松岡の罷免を企図して総辞職し、外相のみを交代させたうえで七月一八日に第三次近衛内閣を発足させた。

こうして日米交渉を引き継ぐことになったのは、三国同盟の締結をかつて支援した豊田貞次郎海軍大将（元海軍次官）であった。外相となった彼は、反枢軸派へ転向したかのような言質を与えはしていたが、三国同盟締結に頑なに反対した米内光政《よないみつまさ》などは、豊田を「ナチスの第五列」と見なして信用することはなかった。外相はともかく、首相の政策も支離滅裂であったのは、先述した南部仏印進駐からも窺えよう。とはいえ、日米交渉の妥結が近衛の至上命題であるのは明白だった、にもかかわらず資源獲得と対英戦争の備えを最優先事項として掲げる陸軍を抗しきれなかった近衛の責任は重い。その後、近衛は南部仏印進駐後の米国における強硬な姿勢を見て焦り、切り札として大統領との頂上会談を急遽画策したが、これはハル国務長官の反対によって挫折した。

こうして近衛は、対米関係を改善させられる有効な手立てを見つけられないまま徐々に対米強硬派に引きずられていった。その結果、九月六日の御前会議で示された「帝国国策遂行要領」において、対米戦を覚悟したうえで「一〇月下旬を目途」として戦争準備の開始が決定された。勝算の見込みがまったくない戦争を決意するのははなはだ理解し難いが、それは当時の日本政府の無為無策ぶりを如実に示すものであった。そして、日米衝突の可能性が現実性を帯びるようになってから近衛が取った最後の行動は、政権を投げ出すという無責任なものであり、これが後世による近衛像を決定づけることになる。

日米交渉の破綻が太平洋戦争を招いたという事実を鑑みると、同交渉の歴史的な重要性は容易に理解できよう。その日米交渉がついに最終局面を迎えたのは、一九四一年一〇月一八日に東条《とうじょう》内閣が成立してからであった。対米強硬派の中心と認識されていた東条英機《ひでき》陸軍大将の首相就任に米国は落胆し、いよいよ「日米開戦近し」と覚悟を決めた。すなわち、和平派は政府から一掃され、対米戦争に積極的な内閣がついに出現したと解釈したのである。

実際のところ、それは和平派による対米戦争を回避するための最終手段であった。陸軍の強硬派中堅幕僚を押さえ込められる数少ない人物であるという観点からあえて東条への大命降下となった。この首班指名には、東条自身が最も驚いたとされるが、それはまさしく国家の命運を掛けた大博打であった。実際、国策再検討の優諚が天皇から伝えられたのを契機に、従来対米妥協に否定的であった東条は変節し、外交による解決を優先的に考えるようになった。それゆえ、東条は対米戦争の準備を決定した九月六日の御前会議の内容を白紙に戻して帝国国策遂行要領を撤回したのである。

米国政府は、グルー（Joseph C. Grew）駐日大使からの報告書に加え、対米協調派の東郷茂徳《とうごうしげのり》が外相に就任したこともあり、ひとまず東条内閣の出方を注視することにした。ここを出発点として、前政権で暗礁に乗り上げた日米交渉を妥結せんとする東郷の外交努力が始まる。なお、両政府の日米交渉に対する基本認識に相違があったことも看過してはならない。つまり、日本政府は米国とのやりとりを「交渉（negotiation）」として認識しており、そのため日本ではこの呼称が一般的となっている。他方、米国政府は「交渉」よりもむしろ、その前段階の「会談」もしくは「対話」として理解しており、米国の文献では「conversation」という単語が用いられている。前述の「日米諒解案」がそうであったように、日米交渉においても日米間での前提がそもそも共有されておらず、最初から認識にズレが生じていた現実を踏まえると、日米交渉の妥結は最初から困難であったといえよう。

3　意　義

東条首相が変節して外交的解決を模索するようになったからといって、ジリ貧論を展開する陸軍統帥部の幕僚たちまでもが同様に変節したわけではなかった。すなわち彼らは、日本を取り巻く状況は時間の経過を伴ってより一層不利になるためと考えたため、即時開戦を求めたのである。東条内閣においても、明確に避戦を主張したのは賀屋興宣《かやおきのり》蔵相と東郷外相ぐらいであった。そして、連日開催されていた大本営政府連絡会議の中で、東郷は誤魔化しの外交はやらぬと訴え、日米交渉妥結のための二案の提出を主張したのである。両案中、最初の「甲案」は問題の包括的な解決を狙ったが、陸軍が断固譲歩しない中国からの撤兵問題が解消されなかったため、この案が成功する見込みはほとんどなかった。そこで、東郷が最も期待を寄せたのが、後者の「乙案」であった。わずか四項目および備考から構成されたこの案は、その簡潔さが最大の強みであり、両国間に横たわる問題を一気に解決しようとはせず、日米戦争を回避するための一時的な緊張緩和を狙った。それは、南部仏印からの撤兵を条件に米国が日本への石油供給を再開することを柱とした現実的な妥協案でもあった。

南部仏印からの撤兵を陸軍タカ派に納得させるのは容易ではないとの理由から初めは「乙案」に否定的だった東条であったが、東郷が外相の辞任をちらつかせたことによって最終的にそれを容認し、一一月五日の御前会議にて「乙案」は「甲案」と共に帝国国策遂行要領に反映された。その後、両案は野村大使に訓電され、まず七日に「甲案」が提示されたものの、それが予想通り米国政府によって拒絶されると、次いで「乙案」が二〇日に示された。こちらは、国務省が独自に検討していた「暫定協定案」と酷似する内容だったこともあり、米国政府は一時真剣に受け入れを検討したが、最終的には「ハル・ノート」をもって退けられた。

この「ハル・ノート」は米政府による事実上のゼロ回答であったが、日本政府はこれを交渉決裂と受けとめ、外交による和平をついに断念した。そして、運命の日、一二月一日の御前会議において対米開戦の方針が決定された。ハワイの真珠湾に対する奇襲攻撃はこのわずか一週間後に行われたが、この時海底に消えたのは何も米国の軍艦だけではなかった。当時、米国内を支配していた強い孤立主義的な感情も瞬時にかき消された。そして、日本が降伏する日まで戦うと米国市民が堅く決心したその瞬間、日本の命運は決したのである。

参考文献

五百旗頭真編『日米関係史』有斐閣、二〇〇九年。

入江昭（篠原初枝訳）『太平洋戦争の起源』東京大学出版会、一九九一年。

塩崎弘明『日英米戦争の岐路』山川出版社、一九八四年。

須藤眞志『日米開戦外交の研究』慶應通信、一九八六年。

筒井清忠『解明・昭和史』朝日新聞出版、二〇一〇年。

日本国際政治学会太平洋戦争原因研究部編『太平洋戦争への道―開戦外交史7　日米開戦』朝日新聞社、一九八七年（新装版）。

波多野澄雄『幕僚たちの真珠湾』朝日新聞社、一九九一年。

福田茂夫『アメリカの対日参戦』ミネルヴァ書房、一九六七年。

Heinrichs, Waldo. *Threshold of War: Franklin D. Roosevelt and American Entry into World War II* (Oxford University Press, 1988).

（簑原俊洋）

71　大東亜共栄圏——経済自給圏建設の目論見

1　背景

日中戦争を戦う日本は、一九三八年一一月三日に近衛首相が発表した東亜新秩序声明（第二次近衛声明）によって、東亜新秩序建設を戦争目的に据えた。だが、東亜新秩序完成の見込みは、容易に立たなかった。日中戦争が終結する目途は全く立たず、経済自給圏としての東亜新秩序も破綻が明らかとなっていたのである。日中戦争の長期化は軍需物資輸入の急増を招いたが、これらの軍需物資は東亜新秩序内で確保することはできなかった。さらに、日中戦争の長期化に伴って実施された統制経済は、日本経済の軍事偏重体質を生み出し、輸出力、すなわち外貨獲得力の低下を招いて、軍需物資の輸入に困難を来すようになっていた。しかも、日本が軍需物資の輸入を依存していたのは、東亜新秩序に反対する米国や英国の経済圏であった。

2　展開

一九三九年七月二四日に成立した有田・クレーギー協定は、事実上、英国が日本に屈して東亜新秩序を承認したことを意味した。満州事変以来、米国政府は中国大陸における日本の行動に反対していたが、有田・クレーギー協定が成立するとただちに対抗措置を講じ、七月二六日に日米通商航海条約の廃棄を日本政府に通告した。その結果、同条約は、翌年一月二六日に失効し、対日経済制裁発動の体制が整えられた。

こうした事態に大きな衝撃を受けた日本政府は、対抗措置として、一九三九年秋以降、西欧諸国の植民地によって占められていた東南アジアとの通商関係強化を図り、戦略物資輸入の多角化を図った。

そうした状況は、一九四〇年四月以降の欧州戦争の戦況の変化を受けて一変する。日本国内では、すでに降伏したオランダとフランスの植民地と、降伏間近と見られていた英国の東南アジア植民地を奪取して東亜新秩序に加え、自立性の高い経済圏を作り上げる構想が浮上したのである。これが大東亜共栄圏の基本構想であり、その建設を目指して南進政策を推進したのが、七月二二日に成立した第二次近衛内閣に外相として入閣した松岡洋右であった。

松岡外相は、南進政策の目的はアジア民族による共存共栄を目指す大東亜共栄圏の建設だとして、その正当化を図った。

その背景には、西欧諸国による植民地支配に対し高まっていた東南アジアの人々の不満と反発があり、こうした状況を捉えて植民地解放とアジア民族の共存共栄を唱えることで、東南アジアの人々の歓心をとりつけようとしたのである。

だが、松岡外相の目論見は成功しなかった。南進政策における松岡外相の狙いは、ドイツが欧州戦争における最終勝利を確実にした時点で参戦し、戦勝国として西欧諸国の東南アジア植民地を奪取することにあった。そのため松岡外相は、ドイツが最終勝利を確実にするまでの間、米国が経済制裁を発動するのを阻止しようとしていた。だが現実には、第二次近衛内閣成立以降、米国政府は経済制裁を段階的に強化しており、松岡外相罷免後の四一年七月二八日に日本軍が南部仏印へ進駐すると、米国政府は石油全面禁輸と資産凍結で応酬し、英蘭も同様な措置を講じた。その結果、東南アジアに資源を求めざるをえなくなった日本は、自存自衛を名目に米英蘭に対して宣戦布告し、東南アジアへの侵攻作戦を開始した。

3　意　義

大東亜共栄圏建設の目的は経済自給圏を作り上げることにあり、植民地解放は、これを正当化するための名目に過ぎなかった。そのため、開戦当初こそ、東南アジアに侵攻した日本軍は解放軍として現地の人々に歓迎されたが、日本による占領統治は物資収奪や強制労働に終始するものであった。さらに、工業力が貧弱であった日本には、それまでの支配者であった西欧諸国に代わって東南アジアに工業製品などの財貨を供給する能力がなく、大東亜共栄圏は「大東亜共貧圏」に陥った。その結果、日本による統治は西欧諸国の統治よりも劣悪であるとして、抗日ゲリラが発生するようになった。

一九四三年初め以降、戦局が悪化し始めると、物資の安定確保と治安維持に伴う負担の軽減という観点から、現地の人々を慰撫する必要が認識されるようになった。そのため、戦争の遂行に対する支持を取り付けるために、米英の「大西洋憲章」に対抗する戦争目的を設定する必要に迫られ、大東亜会議が開催されて大東亜共同宣言が採択された。東南アジアにおける反日感情は、一九七〇年代まで尾を引いた。

（服部　聡）

参考文献

安達宏昭『戦前期日本と東南アジア』吉川弘文館、二〇〇二年。
小林英夫『日本軍政下のアジア』岩波書店、一九九三年。
小林英夫『大東亜共栄圏の形成と崩壊』御茶の水書房、二〇〇六年。
清水元『両大戦間期日本・東南アジア関係の諸相』アジア経済研究所、一九八六年。
中原茂敏『大東亜補給戦』原書房、一九八一年。
波多野澄雄『太平洋戦争とアジア外交』東京大学出版会、一九九六年。

72　第二次世界大戦と国内政治——大政翼賛会と総力戦体制の蹉跌

1　背　景

第一次世界大戦終結はデモクラシーの勝利と意義づけられた。このような同時代的思潮は、初期議会期以来の漸進的な政党の政治的地位向上を土台として立憲政治の中に民主政治を育み、原敬《はらたかし》率いる政友会、加藤高明率いる憲政会、そして元老西園寺公望《さいおんじきんもち》の行動を媒介として日本の国内政治にも反映された。一九二七年には政党内閣制、二大政党制、男子普通選挙制に特徴づけられる元老以後の国家像が機能し始めており、ヴェルサイユ＝ワシントン体制と呼ばれた第一次世界大戦後の国際協調を支えていた。

明治憲法下での政党による国政支配は三層からなっていた。第一に帝国議会の権能としての法律と予算の統制である。しかし明治憲法下で議会の権限は限られており、貴族院の存在を考慮すると衆議院の権能はさらに限定的であった。そこで第二に内閣を担うことで内閣の権能を獲得した。政党内閣制は政党による内閣支配を恒常化させる意味をもち、内閣の統制が及ばない部分も今後の課題と認識されていた。議会政治は内閣政治によって担保されていたのである。第三にこのような政党政治を「憲政常道」と呼ばれる正統性原理が支えていた。それは立憲国に共通する、憲法政治とは議会政治であり、政党政治であるとの普遍的な憲法政治像であった。

しかしこのような政党政治の体制化は両義的な意味を持った。田中義一政友会内閣や浜口雄幸《はまぐちおさち》民政党内閣下で政党政治の一層の強化が目指された一方、二大政党は「既成政党」と呼ばれ、腐敗や無能が論じ立てられるようになった。また政治課題が政治的民主化から経済や社会の問題に移っていく中、議会主義の外縁には社会主義思想と、対抗思想としての国家主義思想が育まれ、ともに現状打破と二大政党批判という点で共振していった。なかでも衆議院に圧倒的多数を占める政友会・民政党が国民の一部しか代表していないのではないか、財界の代弁者に過ぎないのではないかとの観念は、間接民主制の健全な発達を阻害した。この後、貴族院も含めた議会制度改革が幾度となく議論されるが、浜口首相は政党指導者として自戒しつつ、政党の健全な育成への支持を求めた。

その中で焦眉の問題であったのが軍の統制であった。軍は当初政党内閣制に適応しつつ組織利益を維持する道を探っていたが、一九二九年に始まった世界大恐慌の影響が深刻化する中で、国際軍縮の進展と組織内での下克上の風潮は問題を複雑にした。それは軍の組織統治の失敗であったが責任は他に転化された。硬軟はあっても等しく英米両国との協調路線を採り、国際軍縮に協力的で、中国問題をその枠内で解決しようとしていた政党政治は軍の組織利益に必ずしも一致しなかった。また国民を基盤とする政党は、大正政変時の世論や相次ぐ軍縮に明らかなように、藩閥指導者亡き後、軍を抑制しうる実質的に唯一のアクターであった。

一九三一年、満州事変が勃発し、以後、五・一五事件を経て満洲国承認へと事態は急展開していく。ここでは三つの点に注目しておきたい。第一に陸軍内の動向と、外地の問題が内地の国政全般を左右するという意味での帝国の環流という問題である。満州事変は国内変革をも企図されていた。「内先外後」か「外先内後」か、三月事件・十月事件など相次ぐクーデター未遂事件に対して、石原莞爾《いしわらかんじ》は対外危機による国内政治の変更を図った。また事変を機に国内の雰囲気は大きく変化した。第二に政党政治の動揺と宮中の自立化の進展である。若槻礼次郎《わかつきれいじろう》首相は従来型の二大政党政治による危機対処に限界を感じ、一方では安達謙蔵《あだちけんぞう》内相の協力内閣構想に期待し、他方で重臣の協力を求めはじめた。前者は井上準之助蔵相と幣原《しではら》喜《き》重郎《じゅうろう》外相の反対で支持を撤回し、後者は当初政党政治を督励していた昭和天皇・宮中官僚に飽き足らない思いを抱かせた。若槻内閣が閣内不統一で崩壊すると宮中官僚は政民協力内閣を希望したが、西園寺は単独内閣にこだわった。そして第三に政党内閣制中断の意味である。西園寺が強行した犬養毅《いぬかいつよし》政友会内閣の成立は、首相暗殺という結果によって裏切られた。民政党総務の井上や三井合名会社の団《だん》琢磨《たくま》が相次ぎ暗殺される中、宮中官僚はすでに政党内閣制の中断もやむをえないと考えており、その処理方針にしたがって西園寺は海軍出身の斎藤実《さいとうまこと》前朝鮮総督を首相に選んだ。この時、後の首相近衛文麿は政党内閣か軍部内閣かの二者択一を迫ったが、西園寺は政党内閣でも軍部内閣でもない中間内閣による緊張緩和と将来の政党内閣への復帰に期待した。

しかし、政治はさらに流動化していった。一九三三年の塘沽停戦協定締結によって満州事変が終息した後も危機や「非常時」が喧伝されたこの時期、外にヴェルサイユ＝ワシントン体制、内に政党政治という一九二〇年代の内外路線からの離脱と否定が進んでいく。満洲国を承認し、常任理事国を務めた国際連盟からは脱退、海軍軍縮条約も廃棄した。さらに国内では、選挙粛正運動と官僚の身分保障強化によって党弊批判の強かった政党政治の改善が図られた。また正統性の面では、憲法学者の美濃部達吉が天皇機関説事件によって攻撃され、国体明徴声明が出された。背景には当時の西欧の没落論と議会政治危機論があり、複数政党が政権を競い合う政党内閣制を西洋からの借り物と見なす日本固有の憲政論が追い討ちをかけた。結局、陸軍の内部対立によって二・二六事件が勃発し、当面政党内閣への復帰は現実味を失った。
首相選定には元老・内大臣に重臣も加えられるようになったが、場当たり的な選択が続いた。広田弘毅《ひろたこうき》内閣下では「粛軍」の名目で軍部大臣現役武官制が復活し、以後内閣の交代が軍部の意向に左右される。他方、政党政治を否定しても、国策を統合し国民を動員する課題は残る。それどころか高度国防国家建設のためにその重要性は逆に高まっていた。そこで国策総合機関が議論され、従来とは異なる国民の再組織化が検討されるようになる。その過程であらゆる勢力から期待を集めたのが若き近衛文麿であった。近衛は高貴な出自に加えて、内に「既成政党」の刷新、外に英米両国を中心とする現状国際秩序の変革を考えており、社会の雰囲気とよく一致した。一九三七年、四五歳にして首相となった。

2　展　開

盧溝橋事件

ところが、颯爽と発足した近衛内閣は直後に起こった盧溝橋事件の処理で完全に足を取られた。きっかけは局地的な偶発事件であり、政府は不拡大方針を決めたが、全面戦争に発展していった。近衛は日中戦争の早期解決を念願し、日米開戦に反対していたが、陸軍統制を先手を打つことで実現しようと考えており、時に軍部以上に積極的に戦争への道を準備することにもなった。ソ連との戦争準備を重視する参謀本部は追加出兵に消極的であったがついに押し切られた。

事変が拡大する中で大本営が設置され、さらに大本営政府連絡会議が設けられた。御前会議も以後重要局面において開かれるようになる。もっとも終戦決定時に劇的な役割を果たすまでは、最高権威の付与以上の意味はなかった。国内では高度国防国家の建設が急務となり、国民精神総動員運動が始められた。また、第七三議会では電力国家管理法や国家総動員法が成立した。そして一九三八年には「革新派」を中心とする近衛新党計画が進められたが結局中止され、翌一九三九年一月に内閣は退陣した。

近衛新体制運動

しかし退陣後の近衛は再び台風の目となっていく。一九四〇年二月には、齋藤隆夫の反軍演説と除名を機に政界は動揺した。この時期日中戦争の長期化に国内の不満はようやく現れ、他方で陸軍も事変解決の積極的な見通しを失い、三月末には、一九四〇年中に解決しなければ一九四一年初頭から必要に応じた撤兵を行うとの方針を決定していた。ところが、ヨーロッパ情勢が四月から五月にかけて大きく変化し、六月にはドイツがフランスを降伏させるに至った。このような中で再び近衛を結集点に新たな政治力の構築が試みられる。近衛新体制運動である。そこには相反する幾つかの思惑が乱れ込んでいた。第一に、権力を目指す社会大衆党や失地回復を狙う政友会の久原派や中島派、民政党非主流派などによる一大新党結成運動である。

第二に、武藤章《むとうあきら》軍務局長を中心に総力戦を戦い抜くための親軍的な一国一党を求める陸軍の圧力があり、背景には満州国で協和会を組織した経験があった。満洲国モデルやその人脈の環流は岸信介をはじめ戦後政治にまで大きな影響を与える。そして第三に近衛やブレーンの政治学者矢部貞治《やべていじ》などその側近者の思惑であり、一方では「政権争奪」に血道を上げる「既成政党」を排撃し、他方では親軍的一国一党論を牽制する国民再組織によって軍とも渉り合う新体制論であった。

六月に近衛が枢密院議長を辞任すると、陸軍は米内光政内閣の倒閣で応じた。こうして近衛内閣の成立を挟んで、社会大衆党の解党から民政党解党まで一月余りで総ての政党が自ら解党した。しかし、このような新体制運動には国体に悖る「幕府的存在」であるとの批判が上がり、そのことを近衛自身が気に病んだ。そして近衛は、内閣誕生とともに運動への意欲を急速に失っていった。

同床異夢の準備会を重ねた後、一九四〇年一〇月、大政翼賛運動の推進機関として近衛首相を総裁とする大政翼賛会が発足した。近衛は発会式で「大政翼賛、臣道実践」以外綱領も宣言も不要であると述べ、一部からの喝采と失望を呼んだ。発足後も議会を中心に憲法違反ではないかといった批判が止まず、一九四一年一月には平沼騏一郎《ひらぬまきいちろう》内相が大政翼賛会を政事結社ではなく公事結社であると説明したことから、政治運動ができなくなった。さらに四月に改組が行われ、ついに地方行政の補助機関化した。大政翼賛会は、以後、戦争がますます社会の隅々に及ぶ中で町内会・部落会・隣組などを末端組織として大衆動員に大きな役割を果たしたが、中央政治における野心的試みは潰えた。なお新体制運動は、大日本産業報国会や、企画院を中心とする経済新体制など多方面にわたっていた。また社会的動員については戦時下での女性の動員が注目される。近衛首相は日米戦争回避を切望したが、結果的には日独伊三国同盟締結、南部仏印進駐、日米交渉に期限を設けた御前会議決定など、破局への道を準備するばかりで退陣した。

後継内閣には土壇場で日米戦争を回避するための皇族内閣が検討された。しかし賭けを恐れた木戸幸一《きどこういち》内大臣によって東条英機陸相が首相に選ばれた。東条首相は陸相と内相を兼任し、後に軍需相さらには参謀総長をも兼任した。それは独裁的ではあったが、明治立憲制の多元的性格を残したままで、軍事と治安について兼任によって分立的制度を克服しようとするささやかな取り組みであった。そして四一年一二月、ついに日本は日中戦争も解決せぬままに新たな戦争に突入した。

翼賛選挙

国民は戦争をどう理解したのか。満州事変が日本軍の謀略であることは知らされておらず、したがって満州事変から「日華事変」に至るまで、「暴支膺懲」が中心的スローガンとなった。その過程で帝国の環流が起こり、「満蒙は生命線」とも言われ、松岡洋右は国際連盟脱退に際して「十字架上の日本」と被害者イメージで語った。そして戦争が拡大する中で目的も拡大し、自存自衛はもとより、東亜新秩序建設、東亜協同体、大東亜共栄圏が論じられるに至った。その間、学者や文化人も動員され、京都学派と呼ばれるグループはアングロ・サクソン的世界秩序に対する戦いを「モラリッシュ・エネルギー」の観点から肯定し、その世界史的意義を説いた。哲学者の梅原猛は、「『世界史の哲学』は、ややもすれば反戦思想に陥りやすい、入隊の日を間近に控えた私たち青年に改めて『大東亜戦争』の意味を確認させ、死を覚悟させるのにまことによい理論であるように思われた」と回想している（「解説」山内得立『惰眠の哲学』燈影舎、二〇〇二年）。

開戦当初相次ぐ戦勝に国民の戦意は甚だ高揚したが、軍民の蜜月期はいつまでも続かない。そこで戦争完遂のための国内体制整備を目指して、一九四二年四月には、候補者を推薦し、臨時軍事費まで投入されたという翼賛選挙が実施された。第二次近衛内閣で時局を理由に衆議院議員任期を一年延長する法律が成立しており、一九三七年四月以来の総選挙であった。一九四二年六月にはミッドウェー海戦があり、戦局は早くも悪化した。大政翼賛会が公事結社化したため議院は無会派状態となり、翼賛議員同盟が結成された。これには鳩山一郎の同交会など反対会派もできた。翼賛選挙後には翼賛政治会が組織され、後に大日本政治会となった。戦時議会はまったくのお飾りでもなければ、親軍機関化したわけでもなかった。しかし、先に政党の国政支配を支えていた議会の権能、内閣の権能、正統性のうち、政党内閣制の崩壊によって内閣との関係は絶たれ、固有の憲政論によって正統性も失われていた。残されたのは限られた議会の権能のみであり、院や政党としての役割は低調であった。なお憲法を改正して徹底的な議会改革を行う議論もあったが、改正に国民の総意は見込めず、何より昭和天皇が憲法尊重を求め続けた。

東条内閣が戦況悪化に伴う閣内閣外からの圧力で倒れると小磯国昭《こいそくにあき》内閣が成立し、大本営政府連絡会議に代わって最高戦争指導会議が設置された。小磯首相は戦時の特例として大本営会議にも列席したが、和平工作が進まず一年と経たずに閣内不統一で総辞職した。次に選ばれた鈴木《すずき》貫太郎《かんたろう》内閣は戦争終結を図るための内閣であったが、軍事的敗北がすでに決定的であるにもかかわらず、本土決戦を既定路線とする軍部との関係に悩まされた。ソ連を相手とする和平工作にも見込みはなく、沖縄戦の敗北、原爆投下、ソ連参戦を経て、一九四五年八月、最後は昭和天皇による二度の聖断に頼ってポツダム宣言を受諾した。これによって日本は明治以来の海外領土を失うとともに、非軍事化・民主化改革を約束した。

3　意　義

第二次世界大戦期における国内政治の特徴は、第一に「軍国」に対する国民の動員が重く長きに渡ったことに加えて、総力戦という戦争の論理によって政治の軍事への従属が強く求められたことである。第二に、にもかかわらず国内政治上の一元的な戦争指導体制の構築が戦況に追いつかず、結局多元的要素を克服できなかった。一九三〇年代初頭より国内政治体制をめぐる論争が先鋭化していたが、決着がつかないままに中国との事実上の全面戦争、さらにはアジア太平洋戦争へと突入していった。そして第三に戦争が敗戦に終わり、占領軍による根元的な改革を招いたことによる戦中戦後の断絶性にもかかわらず、戦前戦中の国内政治上の問題や展開が戦後に多く持ち越された。

　このように第二次世界大戦における国内政治は、政党政治による一九二七年の政治体制を否定し、総力戦に応じうる新たな政治体制の構築を目指したが、結実することはなかった。それを象徴するのが大政翼賛会に込められた構想と現実との乖離である。政治新体制とはいわば明治立憲制下における脱個人政治（元老政治）・脱政党政治の政治体制であったが、内実はなかった。破壊すなわち創造であるとの観念が一部にもて囃されたが、結局のところ破壊は破壊でしかなかった。

　混乱なく敗戦を受け入れるために戦後皇族内閣が誕生した。東久邇宮《ひがしくにのみや》（稔彦《なるひこ》王）内閣である。それは聖断に依存した先の終戦決定とともに、伊藤博文が天皇親政を制度的に否定して以来、近代国家として零落の極みであると同時に、最後に残された蜘蛛の糸でもあった。皇族内閣は使命を果たすとともに退場し、次には一九二〇年代の政党政治をバックボーンとする幣原喜重郎内閣が誕生した。幣原は、マッカーサー（Douglas MacArthur）連合国最高司令官との会見で「日本型デモクラシー」を説き、日本の民主化に自信を見せた。また当時、民主化に明治憲法の抜本的改正は必要なく、若干の手直しで十分であるとの議論が専門家からもなされた。事実、女性参政権は占領軍の指示を待たずに実現することができ、これによって二〇歳以上の国民が等しく選挙資格を有することになった。

　しかし、復活され強化された民主主義は彼らの想像をはるかに超えて展開していった。マッカーサーは天皇制維持とともに国民主権と平和主義を採る憲法案を強要し、政府は日本の再生をここに託す決断をした。

　敗戦後の皇族内閣に至るまで、軍、なかでも遠心的な陸軍をいかに統制し、全体合理性を確保するかが問題であった。結果として陸軍には期待された自浄・自制の能力はなかった。他方で、海軍との対抗関係による抑制も軍人内閣による抑制も機能せず、重臣の介入も近衛という個人的人気も役に立たなかった。適切に抑制されなかったことは軍組織にとっても不幸であり、敗戦後は長く近代国家におけるしかるべき位置と名誉すら失った。近衛は日米開戦の後、「僕は大政翼賛会なんて、わけの分からぬものを作ったけれど、やはり政党がよかったんだ。欠点はあるにしてもこれを存置して是正するより他なかったのですね」と側近につぶやいたという（富田健治『敗戦日本の内側』古今書院、一九六二年）。明治立憲制五五年の歴史はここに幕を下ろした。しかし歴史に結末はなく、私達は今なおその歩みの上にある。

参考文献

雨宮昭一『戦時戦後体制論』岩波書店、一九九七年。
五百旗頭真『日本の近代6　戦争・占領・講和』中央公論新社、二〇〇一年。
伊藤隆『近衛新体制』中央公論社、一九八三年。
李炯喆『軍部の昭和史』上・下、NHKブックス、一九八七年。
北岡伸一『日本の近代5　政党から軍部へ』中央公論新社、一九九九年。
酒井哲哉『大正デモクラシー体制の崩壊』東京大学出版会、一九九二年。
ゴードン・M・バーガー（坂野潤治訳）『大政翼賛会』山川出版社、二〇〇〇年。
古川隆久『戦時議会』吉川弘文館、二〇〇一年。
升味準之輔『日本政党史論』全七巻、東京大学出版会、二〇一一年（新装版）。
村井良太『政党内閣制の展開と崩壊　一九二七〜三六年』有斐閣、二〇一四年。
ルイーズ・ヤング（加藤陽子他訳）『総動員帝国』岩波書店、二〇〇一年。

（村井良太）

国家総動員法を審議する衆議院
（1937年12月26日）（毎日新聞社提供）

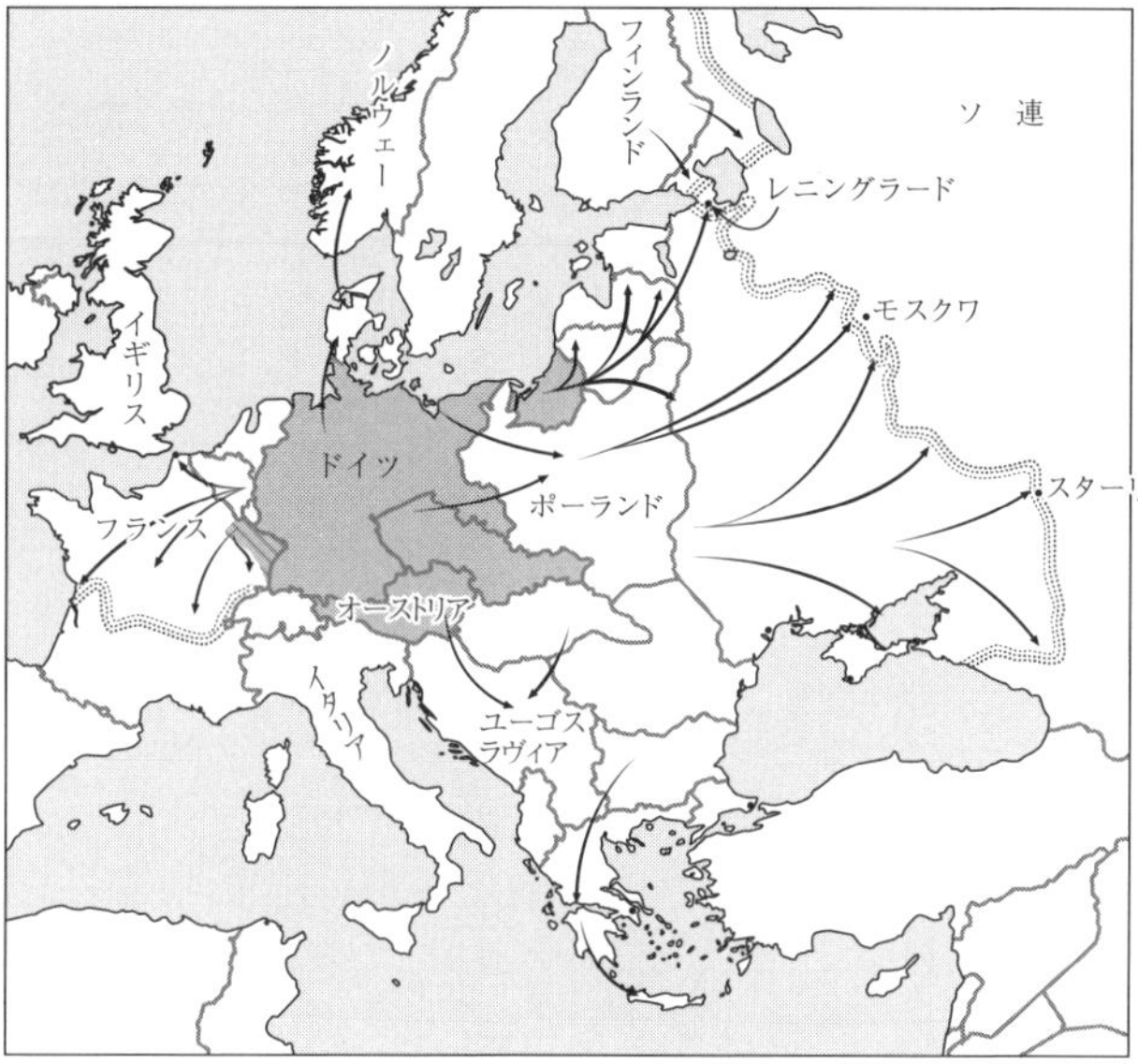

第二次世界大戦関係地図

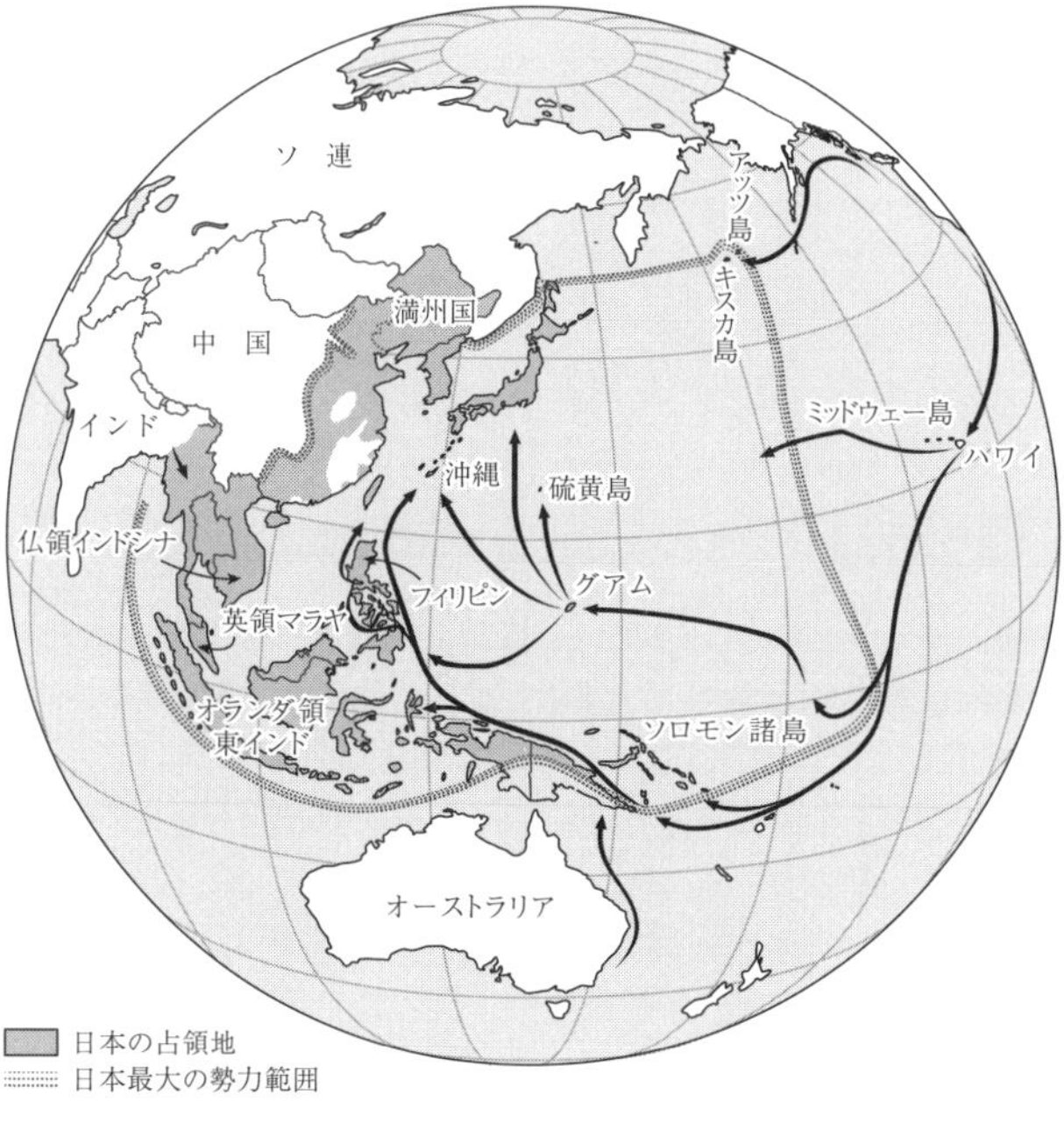

アジア・太平洋における連合国軍の反撃（1942〜45年）

（出典）Thomas G. Paterson, J. Garry Clifford, Shabe J. Madock, Deborah Kisatsky, and Kenneth J. Hagan, *American Foreign* Relations, vol. 2: *A History-Since 1920,* sixth edition (Boston: Houghton Mifflin, 2005).

73　大東亜会議（一九四三年）——戦争目的の追求か戦争遂行上の必要か

1　背景

真珠湾攻撃を敢行し連合国との戦争に突入した日本政府は、戦争の目的を「大東亜新秩序の建設」に求めた。その具体化が考えられるようになるのは、一九四三年四月に重光葵《しげみつまもる》が東条英機内閣の外相に就任してからのことである。重光は、アジアを欧米の植民地支配から解放して独立・自治を承認する方針を「大東亜新政策」として打ち出すとともに、自立した諸民族間の政治的、経済的平等を原則とする共同体秩序を建設することを目指した。

一方、アジア太平洋地域における米英の本格的な反攻開始が同年秋に予想されたことから、政府・軍部内には、アジア諸民族の政治的結束を固めその戦争協力を調達しなければならないとの認識が生まれていた。必ずしも両立しないこの二つの要請の緊張関係を内在させつつ、一九四三年五月末の御前会議は「大東亜政略指導大綱」を決定し、ここに大東亜会議が開催されることとなった。

2　展開

日本への交通が難渋をきわめるなかで一一月五日、帝国議会議事堂で開会した大東亜会議には、満州国国務総理の張《ちょう》景《けい》恵《けい》、南京政府行政院院長の汪《おう》兆《ちょう》銘《めい》、バー・モウ（Ba Maw）ビルマ国行政府長官、ラウレル（Jose P. Laurel）フィリピン共和国大統領、タイからはピブン（Phibun Songkhram）首相の名代ワンワイタヤコーン（Wan Waithayakon）親王、そして自由インド仮政府のボース（S. Chandra Bose）が参加した。二日間にわたる会議では、全会一致で大東亜共同宣言が採択された。道義に基づく共存共栄の秩序の建設、自主独立の相互尊重、伝統の相互尊重と文化の昂揚、緊密な協力に基づく互恵的な経済発展、人種差別の撤廃、資源の開放などを謳っている。独立を達成したアジア諸民族が初めて一堂に会し、その世界観を表明した世界史上の画期的成果として、日本政府は会議と共同宣言を華々しく内外に喧伝した。

だが、宣言を大西洋憲章への対抗措置と位置づけ、国際秩序の構成要素となる普遍的理念を散りばめようとした重光外相の外務省と、当面の戦争遂行をもっぱらの関心とし、アジア地域の人的、物的資源を動員する体制を築きたい軍部や大東亜省が対立し、結局宣言は両者の要求を折衷させたものとなった。参加各国の間でも、国内事情や日本との関係によって、大東亜会議や共同宣言に対する姿勢や理解は異なっていた。そもそも、戦局が日本に不利に傾きつつあったこの時期に開催された会議に実質的な意味は乏しく、共同宣言もその内容を実行するに足る基盤を欠いていた。

一九四五年四月二三日には、第二回大東亜会議に替えて在京の大使による大東亜大使会議が開催された。この会議は、大東亜共同宣言よりもさらに普遍的な理念を謳ったものの、日本の敗戦が必至となった状況では宣伝以上の意味をもち得なかった。新秩序建設という戦争目的をほとんど実現に移すことなく、日本は八月の戦争終結を迎えるのである。

3　意　義

大西洋憲章が戦後国際秩序の指針となったのに対して、大東亜会議と大東亜共同宣言が、日本統治下のアジアや、連合国の戦後構想に影響を与えたとはいいがたい。また、アジアにおける日本の占領統治は多くの場合、戦争遂行の観点から強権的支配を伴ったから、主権国家の相互尊重を謳った大東亜共同宣言の世界とはおよそかけ離れていた。

けれども、大東亜会議を頂点とする日本の一連の「大東亜新政策」は、アジア太平洋地域に植民地支配を拒否するという機運を拡大し、米国の反植民地主義の反応を呼び起こしつつ、意図せざる結果として植民地宗主国の安易なアジア復帰を困難にする情勢を生み出した。大東亜会議と大東亜共同宣言は、欧米の植民地支配から解放された諸民族の構成するアジアという像を描いた点で、アジアの長期的趨勢を示したものであったとはいえよう。

重光外相や彼を支えた外務官僚にとっては、大東亜共同宣言は大西洋憲章に匹敵する日本の戦争目的であり、敗戦を見越して日本の行為を正当化するという動機にとどまらない、戦前日本の歩んできた道の世界史的、文明史的な意義を明らかにする意味をもっていた。彼らの掲げた理念は、それを追求する基盤が崩壊するのに反比例して現実世界の拘束を受けない理念として昇華したといえるかもしれない。その結果、終戦から戦後にかけて、日本の戦った戦争は無意味ではなく、日本が掲げた理想は戦後アジアにおいて着々と実現しつつあるという感覚が生み出されることになる。

参考文献

入江昭『日米戦争』中央公論社、一九七八年。
重光葵『昭和の動乱』下、中公文庫、二〇〇一年。
クリストファー・ソーン（市川洋一訳）『太平洋戦争とは何だったのか』草思社、一九八九年。
波多野澄雄『太平洋戦争とアジア外交』東京大学出版会、一九九六年。

（楠　綾子）

74　終戦工作（一九四五年）――聖断の環境整備

1　背景

一九四一年一二月八日の真珠湾攻撃と同時に、日本軍はアジア太平洋の連合軍支配地域に対する作戦を開始した。香港、グアム島、ウェーク島に次いで翌年二月一五日にはシンガポールが陥落、三月にはジャワ島、五月初旬にはフィリピン全島も日本軍の手に落ちた。

しかし、伸びきった戦線は補給路の確保に困難を生じる結果となり、六月初旬のミッドウェー海戦の惨敗を境に日本軍は次第に後退を強いられた。一九四三年二月にガダルカナル島守備隊は撤退し、五月下旬には北太平洋のアッツ島守備隊が全滅、中部・西南部太平洋の戦線も次々に敗れ、戦局ははっきりと日本に不利に傾いた。一九四四年に入ってからは、二月にトラック島の日本海軍基地が、六月のマリアナ沖海戦では日本の航空母艦が壊滅した。そして七月初旬にサイパン島の日本守備隊が全滅するに至って、日本国内では早期終戦に向けた動きが本格化した。

だが、早期終戦には二つの大きな障害が存在した。ひとつは、連合国の無条件降伏方針である。ローズヴェルト（Franklin D. Roosevelt）米大統領の打ち出したこの方針の具体的内容は必ずしも明らかではなかったが、武装解除や戦争犯罪人の処罰、統治システムの改変といった強制措置は軍部には受け容れがたいものであったし、国体護持の保証がなければ戦争終結は不可能と考える点では、日本政府・軍部の指導者は一致していた。そこで、無条件降伏を回避できる方策が模索されることになる。

もうひとつの障害は、徹底抗戦の構えをとる軍部であった。明治憲法体制の下で、軍部の同意を得ずに和平を結ぶことは不可能に等しい。そのため、軍部の許容できる和平の方途を模索しつつ、この強力な暴力装置を暴発させることなく戦争終結に持ち込むという難題が、終戦工作の中心的課題とされることになった。

2　展開

国内における終戦工作　絶対国防圏の崩壊を意味するサイパン陥落は、東条英機首相に対する批判を一気に表面化させ、倒閣運動を加速化する効果をもった。すでに前年半ばごろから、宮中や重臣グループの中には岡田啓介や若槻礼次郎、近衛文麿を中心に和平論が台頭しており、彼らは終戦への第一歩として東条を退陣に追い込む機会をうかがっていた。一九四四年春には高松宮《たかまつのみや》と東久邇宮も加わった。東条は、陸相、軍需相に加えて参謀総長も兼任するなど権力の集中によってこれに対抗し、サイパン陥落後は内閣改造によって危機を切り抜けようとしたけれども、最終的には内大臣木戸幸一の支持も失い、七月一八日に総辞職した。

　近衛や若槻たちと連絡をとりつつ、一九四二年秋頃から東条内閣打倒の計画を進めていたのが吉田茂《よしだしげる》である。彼は、岩淵辰雄や殖田俊吉《うえだしゅんきち》などとともに、当初は宇垣一成《うがきかずしげ》を、次いで小林躋造《こばやしせいぞう》海軍大将を擁立する計画を進めた。だが、皇道派の将軍の現役復帰による陸軍統制を核とするこの構想は現実味に乏しく、重臣会議の推薦を経て成立したのは、小磯国昭陸軍大将・米内光政の連立内閣であった。

　小磯内閣は、大本営政府連絡会議を最高戦争指導会議に改組するなど、戦争指導の一元化を試みたものの、強力な戦争指導も方向転換もなしえなかった。一九四四年一〇月のレイテ沖海戦で、日本の連合艦隊は事実上消滅した。一一月下旬以降は本土全域がB29の空襲に曝されるようになった。戦局が悪化の一途をたどるなか、一九四五年二月には、ついに重臣が個別に天皇に拝謁して所見を上奏する場も設けられた。このとき、近衛は敗戦のもたらす社会不安が共産革命を引き起こす恐れを論じ、はっきり早期終戦の必要性を進言している。統制派軍人や革新官僚の行動を共産革命と連結するその議論は、現実から遊離した陰謀史観的要素が濃厚ではあった。ただ敗戦によって統治機構が崩壊するのではないかとの恐怖は、保守指導層の間で共有されていた。それが彼らの終戦工作の大きな原動力になっていたといえよう。

　小磯内閣は、繆斌《みょうひん》工作（後述）の失敗と小磯の現役復帰・陸相兼摂の要求を陸軍が拒否したことによって崩壊に追い込まれ、四月七日、鈴木貫太郎枢密院議長が首相に就任した。三月下旬に硫黄島守備隊は玉砕し、四月一日には沖縄に米軍が上陸していた。近衛や岡田、木戸は、鈴木内閣を和平内閣と位置づけた。天皇も早期終戦を望んだ。そして鈴木は、天皇の意思を忠実に実行する決意を固めていた。一方、新外相の東郷茂徳は五月上旬、最高戦争指導会議の構成員（首相・外相・陸海両相・両総長）のみの会合を開始することに成功する。過激に走りやすい局長クラスを排除することによって、ようやく政府・軍首脳の間で戦争終結に向けての合意形成が可能となった。だが、五月から六月にかけての鈴木内閣は、対ソ交渉に着手しながらも、戦争完遂を呼号する陸軍の圧力に押され、逆に本土決戦に向けて歩みを進めることになる（六月八日最高戦争指導会議決定）。

　この事態を憂慮した木戸は、みずから局面の打開に乗り出した。彼が六月八日に起草した「時局収拾対策案」は、天皇の「御勇断」によって、和平の仲介を依頼するために親書を奉じた特使をソ連に派遣することを内容としていた。鈴木と東郷、米内は木戸の案に同意した。そして六月二二日の御前会議では、天皇が、従来の観念に囚われることなく戦争終結の方途を研究し、その実現に努力するよう求めた結果、早期終戦が最高戦争指導会議の方針として再確認される。松平康昌内大臣秘書官長、加瀬俊一外相秘書官、松谷誠《まつたにせい》陸相秘書官、高木惣吉海軍教育局長の間では特使派遣の準備が進められ、七月上旬には近衛が派遣されることが決定した。そのうちに二七日、連合国はポツダム宣言を発表したのだった。

対ソ工作

外務省でも軍部でも、対ソ外交は開戦当初から一貫して、戦争終結に通じる回路として認識されていた。まず試みられたのは独ソ和平の仲介である。だが、スターリングラードの攻防戦にドイツが敗れた一九四三年二月以降は、両者の和平を可能とする客観的条件は失われた。結局、翌年九月中旬、独ソ両国が相次いで日本政府による和平の斡旋を拒否したことによってこの構想は頓挫し、日ソ中立条約の維持と日ソ関係の好転という最も基本的な目標が、対ソ外交の最優先課題に設定された。

実現可能性に乏しい独ソ和平が推進された理由の一端は、米英とソ連の利害関係は必ず衝突するとの観測が有力だったことによる。参謀本部や大東亜省には、ソ連は米国への対抗上、日本の弱体化を望まないだろうとの分析もみられた。そこで、一九四四年秋の最高戦争指導会議においては、満州権益や千島、南樺太の譲渡などを条件に日ソ交渉を進めることが検討された。重光葵外相は、中立の維持や日ソ関係の好転に加えて、極東における安全保障体制の構築も視野に入れて対ソ交渉を進めるよう佐藤尚武大使に指示している。

ところが、この年一一月七日の革命記念日にスターリン（Iosif V. Stalin）が日本を侵略者として非難したことは、日本国内に大きな衝撃を走らせた。翌年二月のヤルタ会談は、米英ソ三国の結束を改めて示したものとみられた。そうした情勢のなかで、ソ連が期限満了を一年後に控えた日ソ中立条約をいかに扱うかに関心が集まったが、四月五日、ソ連政府は中立条約の不延長を日本政府に通告する。ヤルタ会談で、スターリンは米英両国に、ドイツ降伏後二、三カ月以内の対日参戦を約していたのだった。

ここに至って、東郷や木戸は、対ソ交渉を連合国との和平を成立させる重要な機会として位置づけるようになった。本土決戦を叫ぶ軍部も対ソ交渉には積極的だった。そこで、五月一一、一二、一四日に開かれた最高戦争指導会議は、⑴対日参戦の防止、⑵好意的中立の獲得、⑶日本に有利な和平の仲介の依頼、を対ソ交渉の目的として設定した。ただし、講和条件をめぐって陸相と外相の意見が対立したため、この段階では⑴⑵に限定して対ソ交渉を進めることとされている。この決定を受けて、六月三日から広田弘毅元首相がマリク（Yakov A. Malik）駐日大使との接触を開始した。その後、一八日の最高戦争指導会議決定を経て(3)も交渉目的に加えられ、広田は二九日の会談で、満州国の中立化、石油供給と交換の漁業権解消、その他ソ連側の希望する諸条件の考慮を条件に、不侵略協定の締結を提案した。マリクは本国への伝達を約束したが、これ以降は病気を理由に会談に応じようとはせず、交渉は挫折してしまう。また、近衛特使のモスクワ派遣についてもソ連の回答は得られなかった。八月八日に佐藤大使がソ連政府から受け取ったのは対日宣戦布告であった。対ソ工作は、完全な失敗に終わったのである。

対中工作

太平洋戦争がそもそも中国をめぐる日米対立に原因の一つがあったことを考えるならば、蔣介石の重慶政府との間に講和を成立させることは、戦争終結を導く有効な手段であった。いくつか試みられた和平工作のうち、一九四四年末から翌年四月にかけての繆斌工作は唯一、最高戦争指導会議で審議された工作である。南京政府の考試副院長、繆斌を窓口に重慶政府と和平交渉を進めようとするこの工作を積極的に推進したのは、小磯首相と緒方竹虎情報局総裁であった。だが、繆斌の資格が曖昧で当初から謀略が疑われたうえに、外務省ルートの工作ではなかったこともあって、一九四四年一二月一三日の最高戦争指導会議では杉山元陸相と重光外相の猛反対に遭う。その後小磯は、東久邇宮の支持を得て翌年三月に繆斌の来日を実現させ、南京政府の即時解消などを内容とする繆斌の「日中全面和平実行案」を三月二一日の最高戦争指導会議に諮った。だが、杉山と重光に加えて米内海相も反対し、四月三日、天皇が小磯に繆斌を帰国させるよう命じたことによって、この工作は中止された。

そのほかの対中和平工作としては、宇垣一成の中国視察（一九四四年秋）、南京政府の行政院副院長周仏海《しゅうぶっかい》を通じた重慶政府との交渉（一九四四年）や、支那派遣軍総参謀副長今井武夫少将と第一五集団軍司令何柱国《かちゅうこく》との極秘会談（一九四五年七月）、大東亜省顧問河相達雄による燕京大学総長スチュアート（John L. Stuart）への和平工作の依頼（一九四五年七～八月）などが試みられている。だが、いずれも時期を失するか仲介者の資格が問題となって挫折した。

バッゲ工作・小野寺工作（スウェーデン）

朝日新聞常務取締役鈴木文史朗《すずきぶんしろう》は一九四四年九月、旧友の駐日スウェーデン公使バッゲ（Wider Bagge）に、スウェーデン政府から英国に和平条件を打診するよう依頼した。日本側の条件としては、占領地域の返還と満州国の放棄が考えられていたとみられる。翌年三月に入って、鈴木は重光外相の手に問題を委ねた。重光は最終的にはみずからバッゲにスウェーデン政府による和平の斡旋を依頼し、同公使の帰国後は岡本季正公使と協力するよう要請した。鈴木内閣の発足後、東郷外相も当初は関心を示し工作の推進を依頼したものの、対ソ工作に没頭する日本政府にあって、この工作は消滅した。

一方、スウェーデン駐在陸軍武官小野寺信少将は一九四五年春ごろ、三井物産欧州駐在員やドイツ人実業家の仲介でスウェーデン国王の甥カール（Karl Bernadotte）に接触し、米英の和平条件を探ろうとした。だが、スウェーデン外務省は、すでにバッゲ工作が推進されている折柄、陸軍武官による策動を阻止するよう岡本公使に申し入れ、それを受けて梅津美《うめづよし》治郎《じろう》参謀総長が訓電した結果、この工作は打ち切られた。

ダレス工作（スイス）　中立国を仲介とする和平のもう一つの中心は、スイスに拠点を置いていた米戦略諜報局（Office of Strategic Service, OSS）の長ダレス（Allen W. Dulles）に対する工作である。まず、海軍武官藤村義一は、ドイツ人ハック（Friedrich Hack）の仲介で一九四五年四月下旬にダレス機関との接触を開始した。数度にわたる接触の過程で、藤村は国体護持・商船隊の現状維持・台湾および韓国の保持を和平条件として打診している。同時に、五月以降は再三、海軍中央にダレス機関を通じた対米和平の推進を具申したが、海軍中央の反応は鈍かった。軍令部や陸軍が敵側の謀略とみて強硬に反対したのである。結局、海軍は外務省に扱いを委ね、この工作はそのまま立ち消えとなった。

藤村の工作とは別に、六月ごろから八月にかけては、国際決済銀行の北村孝治郎理事と吉村侃《よしむらかん》為替部長が、在スイス陸軍武官の岡本清福《おかもときよとみ》中将と加瀬俊一公使の意を受け、同銀行経済顧問のヤコブソン（Per Jacobsson）を介してダレス機関と接触を重ねた。七月中旬には、ダレスから天皇制維持を事実上容認するメッセージが得られていたという。岡本は参謀本部に、加瀬は東郷外相にこの工作の採用を求めたが、日本政府内でその情報が生かされることはなく、これもまた打ち切りとなった。このように、中立国を仲介とする和平案は総じて、対ソ工作に主眼を置いていた東京の日本政府の支持を得られず、打ち切りもしくは自然消滅という結果に終わった。

3　意　義

戦争は開始するよりも終結する方が難しいといわれる。しばしば引き合いに出されるように日露戦争期の日本政府が開戦と同時に終戦の方法と機会を考えたのとは異なり、一九四一年の日本政府は、確たる展望のないまま太平洋戦争を開始し、戦争終結についても明確な統一方針をもたなかった。ただ、戦争の大衆民主主義化と終戦方式の変化が、日本にとって戦争終結をますます困難なものとしたことは間違いない。大衆を心理的、物理的に動員する二〇世紀の戦争は、国民レベルでの対立を煽りそれが指導者を拘束する効果をもつ。そして、連合国の無条件降伏方針は、従来の戦争が常とした休戦という方式が選択肢として存在しないことを意味していた。それに加えて、諸機関の分立状況を常態とする明治憲法体制の欠陥が、政治・軍事指導者間の調整と統合的な意思決定を困難にしたのだった。

終戦工作には、政府・軍および在外機関に加えて、宮中、重臣グループとその周辺、経済人、ジャーナリスト、知識人など様々な階層が参加し、それぞれのルートを駆使した。そして、それらの間に有機的なつながりがほとんど存在せず、一体として展開されていたわけでもないという点に、戦争末期の日本の政治外交が鮮やかに示されている。逆に、政府・軍がかろうじて統一的な意思をもって推進したのは、外交政策としてはおそらく最も愚劣な対ソ交渉であった。ソ連にとっては対日参戦こそが利益となる状況で、ソ連を仲介とする和平が成立する可能性はほとんどなかったであろう。けれども、無条件降伏を回避し、なおかつ徹底抗戦を主張する軍部を暴発させることなく終戦に持ち込むためには、軍部が唯一容認していたソ連の仲介による和平を模索するよりほかなかった。その意味で、対ソ工作は軍部を目標とする国内外交だったのである。

　むしろ終戦工作の意義は、聖断による終戦に向けた環境を整備したという点に求められる。それは、木戸が一九四四年六月から温めていた方式であった。この分権的諸機関を統合できる唯一の存在は天皇であり、統治機構を崩壊させることなく戦争を終結するためには、天皇の決定に依らざるを得ない。しかし、天皇の決定を軍部に間違いなく受け容れさせる環境がまず必要であった。国内における終戦工作は、政府・軍首脳が戦争の早期終結を目標として共有することを可能にした。そして、対ソ工作は、軍部を終戦へのプロセスに誘引する役割を果たしたといえよう。

（楠　綾子）

参考文献

伊藤隆『昭和期の政治』山川出版社、一九八三年。

小倉和夫『吉田茂の自問』藤原書店、二〇〇三年。

外務省編『終戦史録』新聞月刊社、一九五二年。

勝田龍夫『重臣たちの昭和史』下、文藝春秋、一九八一年。

庄司潤一郎「『近衛上奏文』の再検討」『国際政治』第一〇九号、一九九五年五月。

ボリス・N・スラヴィンスキー（高橋実・江沢和弘訳）『考証日ソ中立条約』岩波書店、一九九六年。

戸部良一「対中和平工作、一九四二〜四五」『国際政治』第一〇九号、一九九五年五月。

波多野澄雄「広田・マリク会談と戦時日ソ関係」『軍事史学』第二九巻第四号、一九九四年三月。

75　ポツダム宣言受諾、降伏文書調印（一九四五年）――敗戦と占領の開始

1　背　景

一九四五年七月二六日に米英中三国が発表したポツダム宣言は、降伏条件として軍国主義の除去、連合国軍による日本国領域内の諸地点の占領、カイロ宣言に基づく日本領土の縮小、日本軍の武装解除と復員、戦争犯罪人の処罰と自由民主主義の確立、基本的人権の尊重、賠償の支払いと軍需産業の禁止などを挙げた（第六～十一項）。そして、それらが達成され、「日本国国民の自由に表明せる意志」に従って平和的傾向をもつ責任ある政府が樹立され次第、連合軍は日本から撤退すると述べている（第十二項）。第十三項では、日本にすみやかに「全日本国軍隊の無条件降伏を宣言」することを要求し、それ以外の選択は「迅速且《かつ》完全なる壊滅あるのみ」とされていた。

ポツダム宣言は、連合国の無条件降伏方針が緩和されたことを意味していた。無条件降伏の対象は「日本国軍隊」に限定され、日本国民には政府選択の自由が保証された。また、声明は日本政府に呼びかけられ、民主化改革の主体も日本政府とされたことによって、占領下での日本政府の存続が含意されることになった。宣言には明示されていなかったけれども、諸条項から天皇制が容認されたと理解することは可能であった。問題は、そうした米国の意図を日本政府が受け止められるかであった。

2　展　開

外務省や和平派は、米国の意図を正確に読み取った。七月二七日の最高戦争指導会議で、東郷茂徳外相は、ポツダム宣言は無条件降伏を求めたものではないとして慎重な対応を求め、鈴木貫太郎首相も同意した。ところが、公式の対応を避けた日本政府の姿勢に軍部から不満が噴出した。明確な意思表示を迫られた鈴木首相の記者会見での発言は宣言を「黙殺」する意向と報じられ、これが「拒否」の意に訳されて伝えらてしまう。結果として八月六日、広島に原爆が投下された。九日未明にはソ連が宣戦布告した。

九日午前十一時から開かれた最高戦争指導会議では、国体護持のみを条件にポツダム宣言の受諾を説く東郷外相に対して、阿南惟幾《あなみこれちか》陸相、梅津美治郎参謀総長、豊田副武《とよだそえむ》軍令部総長は戦争犯罪人の処罰、武装解除、占領の範囲も条件とする

よう強硬に主張し、議論は平行線を辿った。その最中に長崎への原爆投下のニュースが飛び込んできたが、軍代表のうち東郷の議論に賛同したのは依然として米内光政海相のみであった。その日の深夜、最高戦争指導会議が今度は天皇臨席の下で招集された。新たに出席を求められた平沼騏一郎枢密院議長は外相案におおむね賛成し、参加者の意見が三対三となったところで、鈴木首相は天皇の裁断を請うた。天皇は外相の意見を支持し、ここに国体護持を条件としてポツダム宣言を受諾することが決定する。

天皇の聖断を受けて、「天皇の国家統治の大権を変更するの要求を包含し居らざることの了解の下に、帝国政府は右宣言を受諾す」と回答した日本政府に対して、八月一一日の米国の回答は、ポツダム宣言の内容を繰り返し、「天皇及び日本国政府の国家統治の権限」は「連合国最高司令官の制限の下に置かるるものとす」としたのみで、国体護持の保証を明言してはいなかった。一三日の最高戦争指導会議と閣議は、受諾の是非をめぐって沸騰した。だが、翌一四日午前に召集された御前会議において再度判断を求められた天皇は、よどみなく終戦を決断した。

八月一五日正午、終戦の詔勅発表。翌一六日に大本営は全陸海軍部隊に即時戦闘行動の停止を命じた。しかし、樺太や千島、満州ではソ連軍の攻撃に日本軍が応戦、激しい攻防戦が八月下旬まで続いた。一方、日本の降伏決定を受けて、連合国軍は八月末に日本に進駐を開始した。そして九月二日には、東京湾の米戦艦ミズーリ号上で降伏文書調印式が実施され、連合国軍総司令官マッカーサー（Douglas MacArthur）と連合国九カ国の代表、日本は天皇と日本政府を代表して東久邇稔彦内閣の重光葵外相が、大本営を代表して梅津参謀総長が、それぞれ文書に調印した。降伏文書は、ポツダム宣言の受諾と誠実な履行、日本国軍隊の無条件降伏など日本の義務を六項目にわたって列挙するとともに、最後に改めて「天皇及日本国政府の国家統治の権限」が連合国最高司令官の制限の下にあることを示した。以後ほぼ六年半にわたって、日本は連合国の占領統治下に置かれることになる。

3　意　義

戦争末期の日本政府・軍部の指導者が死守しようとした「国体」は、つきつめていけばおそらく人によって意味内容が異なっていたであろう。ポツダム宣言は、ともあれ、天皇の存続を否定したものではないと読み取ることは可能であった。だが、ポツダム宣言が発表された段階で連合国が天皇制の維持を決定していたわけではない。間接統治の方針と天皇制――政治的実権を剝奪した――の存続は、占領開始後に日本政府と総司令部、そしてマッカーサーと天皇の関係が形成される過程で確定することになる。その意味で、早期和平派の主導した降伏決定は、危うい根拠のうえに成立していたといえよう。

ところで、あれほど早期終戦の障害となった軍部、とくに陸軍は、ポツダム宣言の受諾後はほとんど組織的な抵抗をしていない。聖断が下ると、陸軍首脳部は承詔必謹の方針で結束しクーデター計画にも同意を与えなかった。徹底抗戦を叫ぶ一部による騒動が各地で発生したものの、いずれも散発的な動きにとどまり、さらにマッカーサーの進駐までには終息している。最後の瞬間になって、陸軍も統一的な意思決定の機能を回復したといえるだろうか。

なにが日本の降伏決定を促したか。原爆投下を決定要因とする議論がある一方で、ソ連参戦が決定打であったとの議論も存在する。ただ、原爆投下からポツダム宣言受諾までの間は、ごく短期間に重大な事件が連続し、そのなかで連日連夜激論が闘わされている状況であったから、どの要素がいかなる影響をもったかを特定するのは難しい。二度の原爆投下とソ連参戦のもたらす複合的圧力が、聖断による降伏決定を最終的に可能としたと考えるのが妥当であろう。

参考文献

五百旗頭真『米国の日本占領政策』上・下、中央公論社、一九八五年。

江藤淳編『占領史録』上、講談社学術文庫、一九九五年。

外務省編『終戦史録』新聞月刊社、一九五二年。

鈴木多聞『「終戦」の政治史』東京大学出版会、二〇一一年。

長谷川毅『暗闘――スターリン、トルーマンと日本降伏』中央公論新社、二〇〇六年。

細谷千博・入江昭・後藤乾一・波多野澄雄編『太平洋戦争の終結』柏書房、一九九七年。


（楠　綾子）

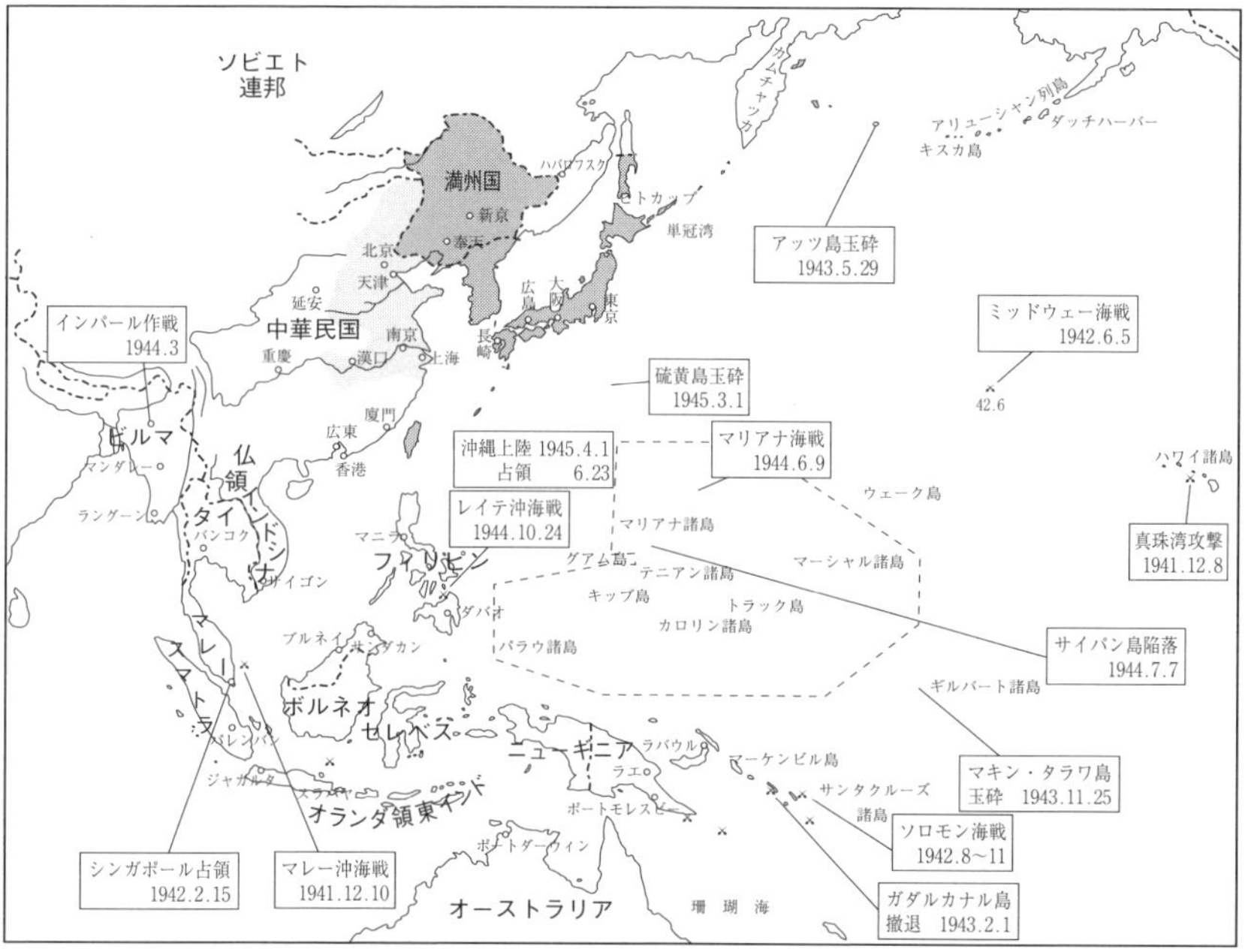

太平洋戦争関係地図

（出典）米原謙『日本政治思想』ミネルヴァ書房，2007年。

76　占領下の外務省と平和条約研究（一九四五～五一年）——事実上の講和条約交渉

1　背景

一九四五年八月末に進駐を開始した連合国軍は、当初は試行錯誤を重ねるなかで、徐々に天皇と日本政府を通しての間接統治というポツダム宣言の示唆していた方式を確立する。それは、日本が立法、行政、司法の各機能の存続を許され、連合国軍総司令部（ＧＨＱ／ＳＣＡＰ）の占領統治に介在機能によって参加する権限を確保したことを意味していた。非軍事化・民主化改革は、総司令部の強力な指導と介入の下で、ときには事実上の強制によって、しかし形式的には日本政府の手によって実行されたのである。

とはいえ、日本は完全な主権国家としての存続を容認されたわけではなかった。その現われが外交権の停止である。一〇月二五日と一一月四日、一二月二日付の総司令部指令によって、日本は中立国を含むすべての在外公館を閉鎖しその財産文書を連合国側に引き渡すとともに、日本政府と日本に駐在する外国使節との接触はすべて総司令部を通じるか、もしくは総司令部が代行することとされた。中立国との外交関係の停止は、ポツダム宣言の範囲を超えているとして外務省は再考を求めたけれど、総司令部は認めず、日本の対外関係は全面的に凍結されたのだった。

外交権の停止は、外務省を直撃した。外務省はその存在理由の大半を失い、もっぱら占領軍との渉外業務に任務が限定されることになった。これを担当したのは、外務省の外局として設置された終戦連絡事務局（終連）である。九月上旬に東久邇稔彦内閣は、終連を内閣に直属させて対総司令部折衝を行う体制を考えたが、外務省は外交一元化を盾にこれを阻止し、この唯一の対外折衝権を確保することには成功した。

終連は、総裁、次長以下七部局を擁する中央事務局（一九四八年一月末に内閣総理庁の外局、連絡調整事務局へと改組されるが、一九四九年に外務省連絡局として再組織）と横浜、北海道、京都など地方事務局から成る機構へと徐々に整備され、外務省は多くの人員を送り込んだ。それでも大量の余剰人員を吸収することはできない。一九四六年二月に行政整理が断行された際には、外務省廃止論まで飛び出し、結局外務省は、一局九課の廃止と八五％の人員削減を余儀なくされた。外務省からの人材流出を防ぐために外務官吏研修所が開設されたのも、ちょうどこの時期のことであった。

そうした状況に置かれた外務省が、連合国軍との日々の折衝に追われつつも全省を挙げて取り組んだのが、平和条約研究であった。第一次世界大戦で苛酷な平和条約を強制され、巨額の賠償や政治・経済上の諸制限に苦しんだドイツの轍《てつ》を踏んではならないという「ヴェルサイユの教訓」は、当時の外交官に共有されていた。そこで、平和条約を日本にとって公正な内容とし、国際社会における生存を確保するために、早い段階から準備を進めておく必要があるとの認識から、外務省は一九四五年一一月、省内に平和条約問題研究幹事会を発足させた。政務・経済・条約・調査・管理の五局と終連総務部から構成され、幹事長には条約局長が、幹事には各部局の関係課長が当てられている。以後五年にわたって、外務省は平和条約研究を積み重ねることになる。

2　展開

終連の活動

第二次世界大戦の終結が、日本のポツダム宣言受諾という形式をとったことは、勝者と敗者が相対して講和条件を交渉した従来の講和の方式が変化することを示唆していた。外務省は、従来ならば平和条約で定められた事項が、勝者による占領の過程で実現されることになると考えた。したがって、日本と連合国側との日々の折衝が、事実上講和交渉の意味をもつことになる。そのため外務省は、終連を通じた総司令部との日常の接触を重視するとともに、様々な機会をとらえて情報を収集し、あるいは連合国側に日本の実情を伝え、その日本理解を深めるよう努めた。たとえば、朝海浩一郎《あさかいこういちろう》総務局長は、連合国軍総司令官の諮問機関として東京に設置された対日理事会（Allied Council for Japan, ACJ）の会合を傍聴し、占領政策をめぐる連合国間関係や連合国の対日姿勢を分析した。終連横浜事務局長の鈴木九萬《ただかつ》は、横浜に司令部を置いていた米極東軍第八軍司令官アイケルバーガー（Robert L. Eichelberger）と親交を深め、情報や意見の交換を重ねた。日本政府は、アイケルバーガーを通じて、総司令部の厳しい非軍事化・民主化改革を緩和することも試みている。戦犯として逮捕された皇族の梨本宮の釈放や、軍人恩給支払停止に関する指令の延期などは、アイケルバーガーの尽力で実現したという。また、外務省の若手官僚は、総司令部における国務省の代表機関であった外交局と交流し、平和条約問題などについて意見を交換することもあった。

平和条約研究

一九四五年秋に始まった平和条約研究では、安全保障、政治、経済、賠償、領土など平和条約に関わる問題全般を対象に、詳細な検討作業が行われている。一九四七年三月に連合国間で対日講和の機運が高まると、外務省は省内の平和条約研究を政府レベルに拡大し、連合国に提出する文書・資料の準備に着手した。七月に入ってからは、芦《あし》田《だ》均《ひとし》外相が総司令部のホイットニー

（Courtney Whitney）民政局長とアチソン（George Atcheson, Jr.）外交局長、対日理事会の英連邦代表ボール（McMahon Ball）に接触し、日本政府の見解として文書の提出を試みた。総司令部からは時期尚早として受け取りを拒否されたものの、平和条約に関する資料の整備、研究を進めることについては総司令部の理解を得ている。

一九四八年末以降は、作成した資料を米国に提出することも可能となった。日本の人口問題や戦争被害、生活水準、賠償、海運、漁業問題など、一九五〇年までに外務省が作成した資料は数十冊に及ぶ。これらは米国政府内の政策形成に供されたとみられる。

安全保障問題

平和条約研究のなかでも最も重要な問題の一つが、講和後の日本の安全保障に関する研究であった。占領改革の進展と国際情勢の変化に応じて、その方向性は大きく二度、転換している。研究開始当初の一九四六年初頭は、日本は自衛に必要な最小限度の軍備を保有することが必要だと考えられていた。敗戦国とはいえ、主権国家として自衛は当然であるとの感覚であった。ところが、三月の憲法改正は、そうした伝統的な主権国家概念に基づく安全保障政策を戦後日本がもはやとりえないことを明らかにした。これが第一の転機である。

そこで、平和条約問題研究幹事会が五月にまとめた「第一次研究報告」は、講和後の日本の安全保障について三つの措置が必要であると論じた。第一に、対日平和条約調印国が政策の手段としての戦争を放棄するという趣旨の規定を国内法中に設けること。第二に、日本を永世中立国化すること。そして第三に、朝鮮半島の安全保障に関する国際的措置を講ずることであった。国際政治の現実からみて、憲法第九条は日本の安全保障に支障を来す可能性が大きい。外務省は、日本を永世中立国化するとともに、日本周辺の安全保障環境を良好なものとする必要があると考えたのである。

憲法改正以降、講和後の安全保障に関する外務省の研究作業は、日本が安全保障を確保するためにいかなる手段をとることができるのか、あらゆる可能性を検討することが中心となった。その際、外務省が考慮したのは、まず安全保障の手段が憲法第九条の理念に合致していることであった。しかし同時に、実効的な方策でなければならない。主権国家としての自主性を損なうものであってもならない。さらに、実現可能性がなければならない。一九四七年七月初旬までの研究では、永世中立国化や国連の諸制度がもつ安全保障機能、一国または数カ国の保護下に入る案などがこの四つの観点から検討された。その結果、国連が加盟国に与える一般的保障と西太平洋の地域的安全保障機構との二本立てが望ましいとされたのだった。

この段階では、連合国間の協調が継続し、したがって国連が機能することが前提となっている。だが、こうした外務省の研究に二度目の転機をもたらしたのは、一九四七年春を分水嶺として次第に深刻化した冷戦であった。一九四七年九月初旬、一時帰国するアイケルバーガーに外務省幹部が示した見解では、講和後の日本の安全保障について、米ソ関係が好転した場合と悪化した場合の二つのケースが想定されている。そして後者の場合、国連の安全保障機能にはほとんど期待できないことから、平和条約の実行を監視する目的で日本に駐留する米軍が副次的に安全保障機能を担うか、もしくは日米間で特別の協定を結び、有事の際に米軍に日本国内の基地を提供することによって日本の防備を米国に委ねる方法が考えられるとされた（「芦田メモ」）。深刻化する米ソ対立を前に、外務省の研究は、より実効性の高い方途を求めて米国による安全保障へと舵を切ったのである。

ただ、こののち、外務省が芦田メモの方式を積極的に選択することはなかった。一九四七年一〇月に条約局がまとめた作業では、平和条約の実行を監視する対日管理機関の軍事力と、太平洋地域に展開する米軍の抑止力との組み合わせが考えられた。米英が対日講和の推進で合意し、多数講和の可能性が浮上した一九四九年末になると、米国の軍事力による安全保障を実現する方式に絞って検討が加えられた。焦点は、米軍の日本駐留をどのように、どの範囲で認めるかであった。だが、そもそも、多数講和と全面講和の利害得失をめぐって激論が戦わされ、多数講和の選択はなお躊躇される状態であった。憲法第九条の理念は、悲惨な戦争と敗戦を体験した国民に浸透し、全面講和・非武装中立の主張が広く支持を集めていた。憲法第九条の理念との整合性、実効性、主権国家としての自主性の維持、実現可能性という四つの要件をすべて満足する方式は存在しない。結局、一九四九年末の外務省の研究は、日本領域内の米軍駐留をできるだけ回避することを原則としながら、領域内の駐留を認める場合の条件を列記するという、両論併記的な結論を出すにとどまった。

行き詰まった外務省の研究に新たな方向性を与えたのは、西村熊雄条約局長であった。彼が一九五〇年五月に起草した「平和問題に関する基本的な立場」は、日本の安全保障および東アジア地域の平和と安定を維持する目的で日本に連合国（実質的には米国が想定されている）軍の基地を設置するという枠組を、平和条約のなかで、もしくは平和条約とは別個の協定で規定するという方式を提案した。この方式では、日本に駐留する米軍は、国連の集団安全保障に貢献するという目的を付与されることになる。西村は、実質的には米国に基地を提供して日本の安全保障を確保することを想定しつつ、その法的根拠を国連憲章に置くことによって、安全保障の手段が満たすべき四つの要件を満足できると考えた。終戦直後から五年間に及ぶ平和条約研究を経て、外務省は、日本の安全保障と国連の集団安全保障を連結し、米国による安全保障に国際的正統性を与えるという結論に至ったのだった。

3　意　義

第二次世界大戦の勝者と敗者の双方に重くのしかかっていたのは、ヴェルサイユの教訓であった。ただ、その意味するところは両者の間で異なっていた。米国の戦後計画においては概して、第一次世界大戦の勝者が敗者に苛酷な平和条約を強制したことが、第二次世界大戦を引き起こすことになったとの苦い反省から、このような過ちを繰り返してはならないという方向に「教訓」が働いた。米国の対日占領政策は、非軍事化と民主化改革の強制と実行を一般的方針としつつも、改革の進展に応じて日本の政治的自主性と経済的機会を回復し、終局的には国際社会への復帰を促すという三段階を経たが、それは戦時期の戦後計画立案の段階で示された方向性である。冷戦の深刻化によって、改革から復興への移行はより劇的な転換となったけれども、日本を長期にわたって徹底的に無力化するのではなく、国際社会に迎え入れることは、ヴェルサイユの教訓に基づく既定路線であった。

これに対して、日本の場合は、苛酷な平和を強制するであろう勝者にいかに対抗するかという方向に「教訓」が作用した。第一次世界大戦後のドイツと同じ運命を辿ってはならないとの思いが占領下の外務省の行動の源泉であり、そのエネルギーが平和条約問題に関する詳細な検討作業と膨大な資料の作成を支えたことは間違いないであろう。ただ、それらは、米国の対日政策の転換を反映していたとはいいがたい。非軍事化・民主化改革の強制、日本の無力化を連合国の対日政策の基調と見なす外務省の発想は、五年間を通じて基本的には変わらなかった。

講和後の日本の安全保障に関する研究もその例外ではなかったといえよう。東西対立の激化を反映して、外務省の平和条約研究のなかでは一九四七年秋以降、米国による安全保障が有力な選択肢として浮上した。しかし、外務省の構想は、実質的には米国による安全保障を志向しつつも国連の集団安全保障という理想型に引き寄せられる傾向があった。外務官僚は、既存の条約・慣習の体系と法律、慣行の枠組で現実の国際情勢に適合的な政策を考える。そこに冷戦のなかで日本の国益を追求しようとする発想は乏しかったかもしれない。吉田茂首相が外務省の研究内容を一九五〇年五月と一〇月の二回にわたって厳しく叱責したのはそのためであった。

だが、東西対立のなかで日本を自由主義陣営の一員と位置づけ、安全保障を米国に依存するという戦後日本の方向性を決定することは、やはり政治の役割であったといえよう。政策官庁としての外務省の役割は、日本がとることのできる安全保障の手段を検討し、選択肢を提示することであった。外務省は、平和条約研究を通じてその機能を果たしたというべきであろう。外務省の研究作業は、永世中立国化から国連の諸制度による安全保障、地域的枠組、米国による安全保障に至るまであらゆる手段を検討し、それぞれの手段のもつ問題点を明らかにした。そうした外務省の研究は、一九五〇年秋以降、吉田が講和と安全保障に関する日本政府の方針を決定するに際して、包括的な検討を可能とする基盤を提供した。米国への基地提供と再軍備への消極的姿勢を軸とする吉田の安全保障政策は、外務省の研究蓄積のうえに成立したのである。

参考文献

五百旗頭真『日米戦争と戦後日本』講談社学術文庫、二〇〇五年。

五十嵐武士『戦後日米関係の形成』講談社学術文庫、一九九五年。

江藤淳『占領史録』下、講談社学術文庫、一九九五年。

楠綾子『吉田茂と安全保障政策の形成』ミネルヴァ書房、二〇〇九年。

栗山雅子「占領期の〝外交〟」(一)・(二)『みすず』第二五一号、二五二号、一九八一年。

鈴木九萬監修『日本外交史26　終戦から講和まで』鹿島平和研究所、一九七三年。

西村熊雄『日本外交史27　サンフランシスコ平和条約』鹿島平和研究所、一九七一年。

細谷千博『サンフランシスコ講和への道』中央公論社、一九八四年。

渡邊昭夫・宮里政玄編『サンフランシスコ講和』東京大学出版会、一九八六年。


（楠　綾子）

連合軍軍総司令部（GHQ）（1950年）（毎日新聞社提供）

77　朝鮮戦争と日本の再軍備（一九五〇年）——防衛庁・自衛隊の原型

1　背　景

一九四六年三月の憲法改正は、日本人の安全保障認識に根本的な転換を促した。第九条は、主権国家は当然に自衛権を行使するとの前提に立った従来の安全保障政策を、戦後日本が少なくとも無条件には追求できないことを意味するものと理解されることになった。さらに新憲法の掲げた理念は、悲惨な戦争と敗戦を経験した国民の多くに支持され、第九条は平和主義のシンボルとして定着した。憲法は、連合国の非軍事化政策という国際的制約としてのみならず国内規範として、日本の安全保障政策を構成する要件となったのである。

だが、中国共産化やソ連の核実験成功に後押しされ、共産主義勢力が国際的に攻勢を強めていることが、一九五〇年に入る頃には明らかになっていた。この年一月、連合国軍総司令官マッカーサーと吉田茂首相が、日本は自衛権をもつとの見解を相次いで表明したのは、そうした状況に両者が危機感を募らせていたことの表れであった。米国軍部はそれ以前から日本の再軍備を検討しており、有事の際に日本の防備を目的とする軍事組織を作る計画も準備していたとみられる。そうしたなかで六月二五日に勃発した朝鮮戦争は、共産主義勢力の脅威を現実のものとして示す効果をもった。

2　展　開

七月八日、連合国軍最高司令官マッカーサーは、吉田茂首相に書簡を送り、七万五〇〇〇人の国家警察予備隊の創設と海上保安庁の八〇〇〇人増強を命じた。朝鮮戦争の勃発によって日本の防備が手薄になる恐れが生じたため、総司令部は、警察予備隊に日本国内の重要軍事施設を防備し、また朝鮮半島に投入される在日米軍四個師団に替わって国内治安の維持に当たることを期待した。「警察」という名目ではあったけれど、その編成はほとんど軍隊であった。総司令部は、連合国の非軍事化政策に反しないよう警察予備隊に既存の警察組織を補うという位置づけを与え、実質的には間接侵略や小規模の直接侵略への対処能力をもつ準軍事組織として建設することを想定していたとみられる。

一方、吉田首相は、警察力の増強という観点からマッカーサーの指令を歓迎した。共産主義の脅威を政治的なものとしてとらえ、したがって国内治安の維持を重視する彼は、警察予備隊の創設、育成には一貫して支持を与えた。警察予備隊長官に当時香川県知事の増原恵吉を、総隊総監に宮内庁次長の林敬三を充てた人選には、吉田の意向が働いている。創設作業は、国家地方警察本部の担当者が総司令部民事局の指示と指導を仰ぎつつ、短期間のうちに進めた。マッカーサー指令から一カ月後の八月一〇日には警察予備隊令が、二四日には警察予備隊令施行令が公布され、八月中旬には隊員の募集も開始された。幹部隊員も順次募集され、年末には部隊の編成、組織に関する規定も整った。

この間、米極東軍参謀第二部長のウィロビー（Charles A. Willoughby）は、彼の庇護の下にあった服部卓四郎元陸軍大佐などの旧軍人グループを警察予備隊の幹部に送り込もうと画策した。だが、増原や国家地方警察（国警）本部担当者、吉田、さらに総司令部でも民政局がこれに猛反対したために、服部をはじめ旧軍人グループは警察予備隊の創設当初の過程からはほぼ排除されることになった。なお海軍については、山本善雄元少将などを中心とする旧海軍グループが、一九五一年秋から海軍組織の再建に着手した。旧海軍グループの場合は、米極東海軍の支援を受け海上保安庁との対立をおおむね制しつつ、海上保安庁から独立した組織を建設することに成功した。翌年四月二八日、講和条約の発効とともに、海上警備隊（のちの海上自衛隊）が発足している。

3 意義

旧軍人の間では朝鮮戦争の勃発以前から、有名な服部グループやその周辺に複数の再軍備計画が存在していたとみられる。その実態や米極東軍との関係は必ずしも明らかではないが、吉田首相には様々な働きかけがあったと推測される。警察予備隊では、その後軍隊の指揮経験をもたない幹部による組織建設が限界に達し、旧軍の将校が少しずつ迎え入れられた。だが、草創期に吉田や国警が旧軍を排除したことは大きい。戦後日本に適合的な、自由民主主義的な政治・社会システムを基盤とする新しい軍隊組織を建設するという方針が、警察予備隊をに定着する時間を与えたためである。

朝鮮戦争のような緊急事態がこの時期、それも日本の周辺に発生していなければ、警察予備隊が創設されることはなかったであろう。再軍備はまったく異なる経過をたどったと思われる。米韓連合軍が北朝鮮軍に圧倒されるという危機的状況を背景に、マッカーサーは日本政府に警察予備隊の創設を指令することができた。憲法第九条の理念との整合性が問題となるにもかかわらず国民の合意形成を経ることなく、軍事的機能を期待された組織が作られたのだった。警察予備隊がその後、保安庁・保安隊（一九五二年七月）、防衛庁（現・防衛省）・自衛隊（一九五四年六月）へと改組され、拡大・増強される過程で、憲法と自衛と戦力と再軍備の関係をめぐって少なからず混乱が生じたのは、再軍備問題に関する吉田の答弁に一貫性が欠けていたこともあるけれども、そもそもの出発点に起因するところが大きい。結果として、戦後日本の安全保障政策は、国内的正統性を欠いた軍事力をその手段としなければならなかった。

（楠　綾子）

参考文献

大嶽秀夫『再軍備とナショナリズム』中公新書、一九八八年。

楠綾子『吉田茂と安全保障政策の形成』ミネルヴァ書房、二〇〇九年。

フランク・コワルスキー（勝山金次郎訳）『シリーズ戦後史の証言　占領と講和８　日本再軍備』中公文庫、一九九九年。

柴山太『日本再軍備への道』ミネルヴァ書房、二〇一〇年。

秦郁彦『史録日本再軍備』文藝春秋、一九七六年
増田弘『自衛隊の誕生』中公新書、二〇〇四年。

マイケル・ヨシツ（宮里政玄・草野厚訳）『日本が独立した日』講談社、一九八四年。

警察予備隊発足（1950年８月25日）（毎日新聞社提供）

近代日本外交史年表

（注）一八七二年以前の「日本の動き」も太陽暦で表記した。

		日本の動き	世界の動き
一八五三（嘉永六）		**7月**ペリー率いる米艦隊、浦賀に来航。ペリー、大統領の親書を幕府に手交。**8月**プチャーチン率いる露艦隊、長崎に来航。	**10月**露土戦争勃発。
一八五四（安政元）		**1月**プチャーチン、長崎に再度来航。**2月**ペリー、再度来航。**3月**日米和親条約調印。**6月**日米和親条約付録一三カ条（下田開港細則）調印。**10月**日英和親条約調印。	**3月**ボーア人、オレンジ自由国樹立。英・仏、トルコと同盟。クリミア戦争勃発。
一八五五（安政二）		**2月**日露和親条約調印。**7月**松前藩、北蝦夷地（樺太）久春古丹の露陣営を焼却。**10月**幕府、オランダ国王より汽船スンビン号を寄贈される。**11月**フランス、琉球との和親条約締結。	**2月**露皇帝アレクサンドル二世即位。**3月**ニコライ一世没。**9月**露、セヴァストポリを放棄。
一八五六（安政三）		**1月**日蘭和親条約調印。**8月**オランダ、幕府に列国との通商条約締結を勧告。米駐日総領事ハリス、下田に来航。幕府、ハリス駐在を許可。	**3月**パリ条約調印（クリミア戦争終結）。**10月**アロー号事件。第二次アヘン戦争勃発。
一八五七（安政四）		**2月**オランダ理事官、アロー号事件を知らせ、幕府に警告。**6月**日米条約締結（和親条約の拡充）。**10月**日蘭追加条約調印。日露追加条約調印。**12月**ハリス、将軍に大統領の親書を提出。	**5月**セポイの反乱（インド独立戦争）勃発。**9月**ムガール帝国滅亡。
一八五八（安政五）		**7月**日米修好通商条約・貿易章程調印。**8月**幕府、外国奉行設置。日蘭修好通商航海条約・貿易章程調印。日英修好通商条約・貿易章程調印。**10月**日仏修好通商条約・貿易章程調印。	**5月**露・清、愛琿条約調印。**6月**露・清、天津条約調印（最恵国待遇・開港・公使駐在・賠償支払）。

一八五九（安政六）		**7月**幕府、神奈川居留地を定める。**8月**露使節ムラヴィヨフ来航（横浜の士官・水夫殺害事件の談判）。**10月**幕府、露・蘭に新潟開港延期を通告。**11月**米・仏に通告。	**4月**墺、サルディニアに宣戦布告。**5月**仏、墺に宣戦布告。**7月**仏・墺ヴィラフランカ休戦条約調印。
一八六〇（万延元）		**2月**幕府軍艦咸臨丸、米国サンフランシスコ入港。オランダ商船長ら二名、横浜で殺害。**10月**孝明天皇、条約破棄または攘夷を条件に和宮降嫁を勅許。**12月**箱館奉行兼外国奉行堀利熙自殺。	**1月**英仏通商条約調印。**10月**英・清、北京条約調印。**11月**共和党リンカーン、米大統領に当選。
一八六一（文久元）		**1月**米公使館通弁官ヒュースケン殺害事件。**3月**露艦ポサドニック号、対馬に来航。**5月**将軍家茂、各国に江戸・大坂・兵庫・新潟の開市開港延期を要請。	**1月**普王ヴィルヘルム一世即位。清朝、総理各国事務衙門を設置。**4月**南北戦争勃発。**11月**トレント号事件。清朝同治帝即位。
一八六二（文久二）		**6月**ロンドン覚書調印（江戸・大坂の開市、兵庫・新潟の開港五年間延期、貿易制限撤廃）。**9月**生麦事件。**11月**朝廷、幕府に攘夷勅使の伝達を決定。**12月**幕府、攘夷勅使の遵奉を決定。	**4月**英・米、アフリカ奴隷貿易禁止条約調印。**9月**ビスマルク、プロシア宰相となる。
一八六三（文久三）		**4月**孝明天皇、賀茂下社・上社で攘夷祈願。**6月**将軍家茂、攘夷期日を五月一〇日（旧暦）と奉答。**6～7月**下関砲撃事件。**7月**幕府、英・仏守備兵の横浜駐屯を許可。**8月**薩英戦争。	**1月**リンカーン、南部諸州の奴隷解放を宣言。**7月**ゲティスバーグの戦いで北軍勝利。**11月**リンカーン、ゲティスバーグ演説を行う。
一八六四（元治元）		**4月**仏公使ロッシュ着任。**9月**四国連合艦隊、長州藩に報復攻撃。長州藩と四国の講和条約成立。**10月**幕府、下関事件賠償約定に調印。	**1月**朝鮮王高宗即位。**10月**国際労働者協会（第一インターナショナル）結成。**11月**リンカーン、米大統領に再選される。
一八六五（慶応元）		**8月**仏公使ロッシュ、パリ万国博覧会参加を幕府に勧誘。幕府応諾。**11月**英・米・仏・蘭代表、兵庫港の先期開港を求める。将軍家茂、条約勅許と	**4月**南軍司令官リー将軍降伏（南北戦争終結）。リンカーン狙撃さる（同月死去）。**12月**全米で奴隷制度廃止。

			兵庫開港を奏請。孝明天皇、条約勅許・兵庫先期開港不許可の勅書を出す。	
一八六六（慶応二）			**6月**幕府、英・仏・米・蘭との改税約書を調印。**8月**将軍徳川家茂没。	**6月**普墺戦争勃発。**7月**サドヴァの戦いでプロシア軍勝利。**8月**プラハ講和条約調印（普墺戦争終結）。
一八六七（慶応三）			**1月**徳川慶喜、征夷大将軍となる。孝明天皇没。**2月**睦仁親王践祚。**3月**幕府、樺太を日露両属とする仮規則調印。**6月**兵庫開港勅許。**11月**大政奉還。	**2月**北ドイツ連邦成立。**6月**オーストリア＝ハンガリー二重帝国成立。**10月**米、露領アラスカを購入。
一八六八（明治元）			**2月**新政府、各国に王政復古を伝える。英・米他、戊辰戦争に対し局外中立を宣言。**5月**新政府、英に承認される。	**2月**第一次ディズレーリ保守党内閣成立（英）。**12月**第一次グラッドストン自由党内閣成立（英）。
一八六九（明治二）		外務卿 沢宣嘉（7・8）	**2月**新政府、条約改正交渉を各国公使に非公式に提案。**6月**五稜郭開城（戊辰戦争終結）。**8月**外務省設置。英第二王子エディンバラ公アルフレッド来日（外国皇族の初来日）。	**5月**米国初の大陸横断鉄道完成。**11月**スエズ運河正式開通。
一八七〇（明治三）		沢宣嘉	**3月**朝鮮、国書受理に応ぜず。**10月**森有礼を米駐在少弁務使に任命。朝鮮に国交を求める使節派遣（拒絶される）。**11月**鮫島尚信を英仏独駐在少弁務使に任命。	**7月**エムス偽電事件。普仏戦争勃発。**9月**セダンの戦いでプロシア軍勝利、ナポレオン三世捕虜となる。**10月**イタリア統一。
一八七一（明治四）		沢宣嘉 岩倉具視（7・14） 副島種臣（11・4）	**8月**ハワイ国と修好通商条約調印。**9月**日清修好条規・通商章程・海関税則調印。**11月**岩倉遣外使節派遣（特命全権大使岩倉具視）。各国に、条約改正交渉を岩倉大使帰朝まで延期する旨通告。	**1月**ドイツ帝国成立。独・仏休戦協定締結。**3月**パリコミューン成立宣言。**6月**ロンドン・上海間に電信開通。

一八七二（明治五）		副島種臣	**3月**大久保利通・伊藤博文、条約改正交渉の全権委任状を求め帰朝（**6月**ワシントンに戻る）。**7月**岩倉大使、条約改正交渉の中止を米に通告。**9月**外務大丞花房義質を朝鮮に派遣。	**6月**ドイツ帝国議会、イエズス会を追放。**9月**独・墺・露三皇帝、ベルリンで会談。
一八七三（明治六）		副島種臣 寺島宗則（10・28）	**2月**副島外務卿、清国派遣（条約批准書交換・台湾問題交渉）。**8月**参議西郷隆盛、閣議で征韓の意見書提出。**10月**遣韓使節派遣無期延期、西郷隆盛下野（明治六年政変）。	**2月**スペイン第一共和国成立。清、同治帝の親政開始。**10月**独・墺・露三帝協商成立。
一八七四（明治七）		寺島宗則	**2月**閣議、台湾出兵を決定。**4月**征台軍（指揮官・西郷従道）、東京出発。**5月**征台軍、台湾上陸。**8月**大久保利通の清国派遣決定。**10月**日清両国互換条款・互換憑単調印。	**3月**仏、ベトナムを保護国化（第二次サイゴン条約）。**10月**万国郵便連合条約調印。
一八七五（明治八）		寺島宗則	**1月**英・仏、横浜駐屯軍隊の引揚を通告。**5月**樺太・千島交換条約。軍艦「雲陽」、釜山に入港。**9月**江華島事件。**12月**特命全権弁理大臣・参議黒田清隆、朝鮮に派遣。	**2月**清、光緒帝即位。
一八七六（明治九）		寺島宗則	**2月**日朝修好条規調印。**6月**朝鮮国通信使金綺秀、来日。**8月**日朝修好条規付録・通商章程調印。**10月**政府、各国に小笠原諸島の管治を通告。	**5月**独・露・墺、ベルリン覚書（バルカン問題調停案）作成。青年トルコ党のクーデタ発生。
一八七七（明治一〇）		寺島宗則	**1月**釜山港居留地借入約書調印。	**4月**露土戦争勃発。
一八七八（明治一一）		寺島宗則	**2月**外務卿寺島宗則、関税自主権回復を目指す条約改正方針を決定。横浜英領事裁判所、アヘン密輸英商人に無罪判決。**7月**日米、日本の関税自主権を認める約書に調印（施行されず）。	**1月**アドリアノープル休戦協定（露土戦争）。**3月**露・土、サン＝ステファノ条約調印。**6月**ベルリン会議開催。

一八七九（明治一二）		寺島宗則 井上馨（9・10）	**3月**琉球処分（沖縄県設置）。**7月**寺島外務卿、列国に検疫停船仮規則を通告。米前大統領グラント来日。**9月**井上外務卿、法権・税権の部分的回復方針を訓令。	**8月**パナマ運河会社設立。**10月**露・清、イリ条約調印。独墺同盟成立。
一八八〇（明治一三）		井上馨	**7月**外務卿井上馨、条約改正案を各国公使に通告。条約改正案、ジャパンヘラルド紙上に掲載。**10月**日・清、琉球分割・最恵国待遇の条約案を議定。**11月**清、条約調印を回避。	**10月**米カリフォルニア州、中国人移民排斥事件発生。**11月**米・清、中国人移民制限条約調印。
一八八一（明治一四）		井上馨	**2月**仁川開港交渉妥結（一八八二年九月～開港）。**7月**英外相、日本案による条約改正交渉に反対、東京での列国予備会議開催を主張。	**3月**露皇帝アレクサンドル二世暗殺。**6月**独・墺・露三帝同盟成立。
一八八二（明治一五）		井上馨	**1月**条約改正に関する第一回各国連合予議会開催。**7月**壬午事変勃発。**8月**清国公使、属邦保護のための朝鮮派兵を通告。済物浦条約調印。**10月**朝鮮全権朴泳孝、天皇に謁見。	**5月**独・墺・伊三国同盟成立。米・朝、通商和親条約調印。**9月**清、壬午事変を鎮定、大院君を連れ去る。**10月**清・朝、商民水陸貿易章程調印。
一八八三（明治一六）		井上馨	**7月**日・朝、日本人民貿易規則・海関税目・間行里程取極約書・日本人漁民取扱規則に調印。**9月**仁川港居留地借入約書調印。	**8月**仏・ベトナム、フエ条約調印。**9月**清仏会談。**11月**清、ベトナム保護を声明。
一八八四（明治一七）		井上馨	**8月**外務卿井上馨、条約改正に関する覚書を各国公使に送る（内地解放・領事裁判権廃止の同時履行）。**12月**甲申事変勃発。外務卿井上馨、朝鮮特派全権大使に任命。	**5月**清・仏、天津条約調印。**6月**英・仏、エジプト問題予備協定調印。清仏戦争勃発。
一八八五（明治一八）		井上馨	**1月**井上全権大使、朝鮮と甲申事変善後処理の条約調印。**2月**参議伊藤博文、清国派遣全権大使に任命。**4月**英艦隊、巨文島を占領。天津条約調印。**11月**大阪事件。	**6月**清・仏、天津講和条約調印。**9月**朝鮮の大院君、帰国を許される。**11月**独、マーシャル群島占領。

	首相	外相		
	伊藤博文①（12・22）	井上馨（12・22）		
一八八六（明治一九）	伊藤博文①	井上馨	**1月**ハワイとの渡航条約調印。**4月**外相井上馨・外務次官青木周蔵、条約改正全権委員に任命。**5月**第一回条約改正会議開催。**7月**亡命中の金玉均、拘留。**8月**長崎の清国水兵、日本巡査と乱闘。	**6月**朝・仏、修好条約調印。**7月**清・英、ビルマ条約調印。
一八八七（明治二〇）	伊藤博文①	井上馨 伊藤博文（9・16）	**4月**第二六回条約改正会議、外国人判・検事任用などを議定。**7月**井上外相、各国に法典編纂の完成まで条約改正会議を無期延期と通告。**8月**条約改正反対の示威運動発生。**9月**井上外相辞任、伊藤首相が外相を兼任。	**2月**独・墺・伊三国同盟更新。**6月**独・露、秘密再保障条約調印。**10月**仏領インドシナ連邦成立。
一八八八（明治二一）	伊藤博文① 黒田清隆（4・30）	伊藤博文 大隈重信（4・30）	**2月**大隈重信、外相に就任。**4月**黒田清隆内閣成立。**10月**清国・朝鮮国駐在領事裁判規則公布。**11月**大隈外相、独代理公使に新条約改正案・外相宣言案を渡す。	**6月**独皇帝ヴィルヘルム二世即位。**10月**スエズ運河条約調印。
一八八九（明治二二）	黒田清隆 山県有朋①（12・24）	大隈重信 青木周蔵（12・24）	**2月**米との新通商航海条約に調印（発効せず）。**4月**ロンドン・タイムス紙、大隈条約改正案を論評。**10月**大隈外相、玄洋社員に襲われ重傷。	**3月**清、光緒帝の親政開始。**7月**第二インターナショナル成立。**10月**第一回汎米会議開催。
一八九〇（明治二三）	山県有朋①	青木周蔵	**2月**閣議、青木外相の条約改正方針（外国人判事任用の取りやめなど）を承認。**7月**英公使、同国通商条約案（日本案にほぼ同意）を提出。**8月**対等条約同盟会結成。	**3月**独宰相ビスマルク、罷免される。**8月**ウィルヘルム二世、英を訪問。
一八九一（明治二四）	山県有朋① 松方正義①	青木周蔵 青木周蔵	**3月**青木外相、英公使に条約改正案（法典実施規定の削除など）を渡す。**5月**大津事件。大審院、	**3月**アレクサンドル三世、シベリア鉄道建設の勅書を出す。**5月**独・墺・伊三国

	（5・6）	（5・6）榎本武陽（5・29）	津田三蔵に無期徒刑判決。	同盟再更新。
一八九二（明治二五）	松方正義① 伊藤博文②（8・8）	榎本武陽 陸奥宗光（8・8）	**4月**閣議、条約改正案調査委員会の設置を決定。伊藤博文枢密院議長・榎本外相・後藤象二郎逓相・副島種臣内相・黒田清隆・寺島宗則・井上毅、条約改正調査委員に任命。	**8月**露・仏軍事協約成立。**9月**ウィッテ、露蔵相に就任。**11月**クリーヴランド、米大統領に当選。
一八九三（明治二六）	伊藤博文②	陸奥宗光	**2月**駐朝公使大石正巳、朝鮮政府に防穀令による損害賠償一七万円を要求。**5月**防穀令問題、賠償金一一万円で妥結。**7月**ホノルル総領事、米のハワイ併合に対し、軍艦派遣を要請。**11月**駐独公使青木周蔵、駐英公使を兼任。	**1月**ハワイ臨時政府樹立。**2月**ハワイ併合条約調印。**3月**クリーブランド米大統領、ハワイ併合条約を拒否。
一八九四（明治二七）	伊藤博文②	陸奥宗光	**3月**朝鮮で東学党蜂起。**6月**政府、混成一個旅団の朝鮮派遣を決定。陸奥外相、清国公使に朝鮮内政改革の共同実施を提議。**7月**日英通商航海条約その他調印（領事裁判権廃止）。**8月**宣戦布告（日清戦争）。**9月**黄海海戦。**11月**日米通商航海条約調印。	**3月**金玉均、上海で暗殺。朝鮮で東学党蜂起。**11月**露皇帝アレクサンドル三世没、ニコライ二世即位。
一八九五（明治二八）	伊藤博文②	陸奥宗光	**2月**清国北洋艦隊降伏。**3月**日清両国全権、第一回会談。**3月**李鴻章狙撃事件。**4月**日清講和条約調印。三国干渉。**5月**政府、遼東半島の放棄を決定。**6月**日露通商航海条約調印。**10月**閔妃殺害事件。	**7月**閔妃ら、親日派を追放。仏・露、清に共同借款。**12月**露清銀行設立。
一八九六（明治二九）	伊藤博文② 松方正義②（9・18）	陸奥宗光 西園寺公望（5・30）	**2月**山県有朋、ロシア特派全権大使に任命。**5月**小村・ウェーバー協定調印。**6月**山県・ロバノフ協定調印。**7月**日清通商航海条約調印。	**2月**朝鮮国王・世子、露公使館に移る。**6月**露清条約調印。**10月**東清鉄道密約改訂。

		西園寺公望（9・18） 大隈重信（9・22）		
一八九七（明治三〇）	松方正義②	大隈重信 西徳二郎（11・6）	**4月**駐ハワイ公使、軍艦派遣を要請。**6月**駐米公使星亨、ハワイ占領を具申。大隈外相、米のハワイ占領に抗議。**10月**韓国と鎮南浦・木浦居留地規則調印。	**6月**米・ハワイ併合条約調印。**11月**独軍、膠州湾を占領。
一八九八（明治三一）	松方正義② 伊藤博文③（1・12） 大隈重信①（6・30） 山県有朋②（11・8）	西徳二郎 西徳二郎（1・12） 大隈重信（6・30） 青木周蔵（11・8）	**4月**西・ローゼン協定調印。**7月**清と漢口日本居留地取極書調印。	**3月**露、旅順・大連二港租借権と南満州鉄道の敷設権を獲得。**4月**米西戦争勃発。**9月**戊戌の政変。
一八九九（明治三二）	山県有朋②	青木周蔵	**4月**清との福州日本専管居留地取極書に調印。**5月**日英議定書調印（裁判管轄権）。**7月**日英通商航海条約以降の改正条約実施。**10月**清との厦門日本専管居留地取極書に調印。**12月**米公使、門戸開放を提議。第一回万国平和会議採択の三条約三宣言に調印。	**3月**山東半島で義和団蜂起。**5月**第一回万国平和会議。**9月**米国務長官ヘイ、各国に門戸開放を通告。**10月**ボーア戦争勃発。
一九〇〇（明治三三）	山県有朋② 伊藤博文④（10・19）	青木周蔵 加藤高明（10・19）	**3月**青木外相、馬山浦租借への対抗措置を訓令。**5月**青木外相、義和団事件につき各国との共同措置を訓令。**6月**閣議、清国への派兵を決定。**7月**閣議、混成一個旅団の増派を決定。**8月**参謀総長大山巌、厦門占領の裁可を得る。厦門派兵中止。	**3月**露・韓、馬山浦付近租借秘密協定調印。**6月**義和団、北京各国公使館を包囲。**8月**各国連合軍、北京各国公使館を解放。

一九〇一（明治三四）	伊藤博文④ 桂太郎①（6・2）	加藤高明 曽禰荒助（6・2） 小村寿太郎（9・21）	**3月**加藤外相、清公使に満州に関するロシア要求を拒否するよう勧告。駐露公使珍田捨巳、露外相に対清要求撤回を勧告。**12月**滞欧中の伊藤博文、政府に日露協商優先を勧告。元老会議、日英同盟修正案を決定。	**1月**英ヴィクトリア女王没、エドワード七世即位。**2月**日・英・米・独・墺、露・清協約草案に不満表明。**9月**辛丑和約（義和団事件最終議定書、北京議定書）調印。
一九〇二（明治三五）	桂太郎①	小村寿太郎	**1月**日英同盟協約調印。**5月**韓国との専管居留地取極書に調印。**6月**義和団事件の講和条件付帯議定書（賠償金分配額の決定）に調印。**8月**清国との輸入税率改定に関する取極書に調印。	**4月**露・清、満州撤兵に関する協約に調印。**5月**ボーア戦争終結。
一九〇三（明治三六）	桂太郎①	小村寿太郎	**4月**無鄰庵会議（伊藤・山県・桂・小村）。**6月**御前会議、満韓問題に関する対露交渉案を決定。**8月**対露同志会結成。日露交渉、日本側第一案提出。	**8月**露、極東総督府設置。露蔵相ウィッテ失脚。**10月**露軍、奉天占領。
一九〇四（明治三七）	桂太郎①	小村寿太郎	**1月**露最終案提出。御前会議、日本側最終案決定。**2月**対露開戦決定。宣戦布告（日露戦争）。日韓議定書調印。**8月**第一次日韓協約調印。**9月**遼陽の会戦。	**2月**清国、日露戦争に中立を宣言。**4月**英仏協商調印。**8月**バルチック艦隊の太平洋派遣が決まる。
一九〇五（明治三八）	桂太郎①	小村寿太郎	**1月**旅順要塞降伏。**3月**奉天会戦。**5月**日本海海戦。**6月**米大統領、日露に講和を勧告。**7月**桂・タフト協定成立。**8月**第二回日英同盟協約調印。**9月**日露講和（ポーツマス）条約調印。日比谷焼打事件。**10月**桂・ハリマン覚書交換。**11月**第二次日韓協約調印。**12月**韓国統監府設置。	**1月**血の日曜日事件。**3月**第一次モロッコ事件。**7月**独露同盟条約調印。**8月**孫文ら、東京で中国革命同盟会結成。**10月**サンクトペテルブルクに最初の労働者代表ソビエト成立。
一九〇六（明治三九）	西園寺公望①（1・7）	小村寿太郎 加藤高明（1・7）	**3月**英駐日大使、満州の門戸解放・機会均等を要求（米大使も同様の要求）。**10月**サンフランシスコ市学務局、日本人学童隔離命令。**11月**南満州鉄	**1月**アルヘシラス会議開催。**4月**チベットに関する英清協定調印。

		西園寺公望（3・3） 林董（5・19）	道会社設立。	
一九〇七（明治四〇）	西園寺公望①	林董	**4月**日清鉄道協約調印。**6月**日仏協商調印。**7月**第三次日韓協約調印。第一回日露協商調印。**8月**韓国で義兵運動拡大。	**6月**第二回ハーグ国際平和会議開催。**8月**ペルシア、チベットに関する英露協商調印（英仏露三国協商成立）。
一九〇八（明治四一）	西園寺公望① 桂太郎②（7・14）	林董 寺内正毅（7・14） 小村寿太郎（8・27）	**2月**辰丸事件。移民に関する日米紳士協約成立。**10月**米海軍主力艦隊、横浜に来航。**11月**高平・ルート協定成立。	**10月**墺、ボスニア＝ヘルツェゴビナ併合。**12月**宣統帝即位。ロンドン海軍会議開催。
一九〇九（明治四二）	桂太郎②	小村寿太郎	**9月**日清間で間島・満州五案件に関する協約調印。**10月**伊藤博文、ハルピンで暗殺される。**12月**米、満州鉄道の中立化案を提示。	**2月**モロッコに関する独仏協定締結。**3月**タフト、米大統領に就任。
一九一〇（明治四三）	桂太郎②	小村寿太郎	**1月**日露両国、米国の満州鉄道中立化案に不同意を回答。**7月**第二回日露協商調印。各国に現行通商航海条約の廃棄を通告。**8月**韓国併合に関する日韓条約調印。	**5月**英米仏独による対清四国借款団成立。英の南アフリカ連邦成立。**11月**メキシコ革命勃発。
一九一一（明治四四）	桂太郎② 西園寺公望②（8・30）	小村寿太郎 内田康哉（8・30）	**2月**新日米通商航海条約調印。**4月**新日英通商航海条約調印。**7月**第三回日英同盟協約調印。	**7月**第二次モロッコ事件。**10月**清で辛亥革命。**12月**孫文、中国臨時大総統に就任。
一九一二（明治四五）	桂太郎③（12・21）	内田康哉 桂太郎（12・21）	**6月**日米英独仏露対中六国借款団成立。**7月**第三回日露協商調印。明治天皇崩御。	**1月**中華民国成立。**2月**宣統帝退位、清朝滅亡。**3月**袁世凱、臨時大総統就任。

一九一三（大正二）	桂太郎③ 山本権兵衛①（2・20）	桂太郎 加藤高明（1・29） 牧野伸顕（2・20）	**5月**カリフォルニア州議会、第一次排日土地法案可決。**8月**漢口事件。**9月**南京事件。**10月**中国と満蒙五鉄道協定調印。中華民国を承認。	**3月**ウィルソン、米大統領に就任。**9月**中国第二次革命失敗。**10月**袁世凱、中華民国大総統に就任。
一九一四（大正三）	山本権兵衛① 大隈重信①（4・16）	牧野伸顕 加藤高明（4・16）	**8月**英、日本の対独戦参加を要求。独に宣戦布告。**10月**日本軍、赤道以北の独領南洋諸島占領。**11月**日本軍、青島占領。	**6月**サラエボ事件。**7月**墺、セルビアに宣戦布告（第一次世界大戦勃発）。**8月**パナマ運河開通。
一九一五（大正四）	大隈重信①	加藤高明 大隈重信（8・10） 石井菊次郎（10・13）	**1月**中国、山東の日本兵撤退を要求。日置駐華公使、袁世凱に二十一カ条要求を提出。**5月**日華条約調印。**10月**英仏露三国単独不講和宣言に調印。	**5月**ルシタニア号事件。**6月**露中蒙でキャフタ協定締結。
一九一六（大正五）	大隈重信① 寺内正毅（10・9）	石井菊次郎 寺内正毅（10・9） 本野一郎（11・21）	**7月**第四回日露協商調印。**8月**鄭家屯事件。	**6月**袁世凱死去、黎元洪大総統に就任。
一九一七（大正六）	寺内正毅	本野一郎	**1月**興銀、鮮銀、台銀と、中国交通銀行間に借款供与契約成立（西原借款の最初）。**6月**臨時外交調査会官制公布。**7月**閣議、援段政策決定。**11月**石井・ランシング協定締結。	**1月**独、無制限潜水作戦決定。**3月**露、二月革命。**4月**米、対独宣戦布告。**11月**露、十月革命。
一九一八（大正七）	寺内正毅 原敬（9・29）	本野一郎 後藤新平（4・23）	**5月**日華陸軍共同防敵軍事協定調印（海軍も）。**7月**米、シベリアへの日米共同出兵を提議。**8月**政府、シベリア出兵を宣言。**11月**米、日本政府に	**1月**ウィルソン、十四カ条を発表。**3月**ブレスト・リトフスク講和条約調印。**11月**ドイツ革命。独、連合国と休戦協定調

		内田康哉（9・29）	シベリア出兵につき抗議。	印（第一次世界大戦終結）。
一九一九（大正八）	原敬	内田康哉	**1月**パリ講和会議開催。**2月**国際連盟規約委員会で人種差別撤廃を提案。**4月**講和会議、日本の山東省の独利権継承を承認。**5月**講和会議、赤道以北南洋諸島の委任統治国を日本に決定。**6月**ヴェルサイユ条約に調印。	**3月**朝鮮で三・一運動。コミンテルン創立大会。**5月**北京で五・四運動。**7月**独でワイマール共和国憲法成立。
一九二〇（大正九）	原敬	内田康哉	**5月**尼港事件。**7月**シベリア派遣軍と極東共和国との停戦議定書に調印。**10月**間島事件。日英米仏新四国借款団成立。**11月**カリフォルニア州議会、第二次排日土地法可決。	**1月**国際連盟発足。**3月**米上院、ヴェルサイユ条約批准拒否。**7月**安直戦争勃発。
一九二一（大正一〇）	原敬 高橋是清（11・13）	内田康哉（11・13）	**3月**皇太子、欧州外遊に出発。**8月**大連会議開催。**11月**原首相暗殺。ワシントン会議開催。**12月**ワシントン四カ国条約調印、日英同盟廃棄。	**3月**米、ハーディング大統領就任。**7月**上海で中国共産党創立大会。
一九二二（大正一一）	高橋是清 加藤友三郎（6・12）	内田康哉	**2月**日中両国、山東問題に関する条約に調印。ワシントン軍備制限条約調印、九カ国条約調印。**6月**政府、シベリア派遣軍撤退を声明。**9月**日ソ長春会議開催。**10月**シベリア撤兵、北樺太を除き完了。	**2月**孫文、北伐を宣言。**4月**ラパッロ条約調印。第一次奉直戦争。**10月**伊でムッソリーニ政権誕生。**12月**ソヴィエト社会主義共和国連邦発足。
一九二三（大正一二）	加藤友三郎 山本権兵衛 ②（9・2）	内田康哉 山本権兵衛（9・2） 伊集院彦吉（9・19）	**3月**中国、二十一カ条廃棄を要求（同月、政府拒否）。**4月**石井・ランシング協定廃棄。**6〜7月**川上俊彦、ヨッフェと予備交渉開始。**9月**関東大震災。	**1月**仏・ベルギー連合軍、ルール占領。孫文・ヨッフェ共同宣言。**11月**中国国民党改組宣言。
一九二四（大正一三）	山本権兵衛 ②清浦奎吾	伊集院彦吉（9・19）	**4月**米で「埴原書簡」、問題化。**5月**北京で第一回芳沢・カラハン日ソ交渉開始。米で排日移民法	**1月**第一次国共合作成立。**4月**ドーズ案完成。**9月**第二次奉直戦争。

	（1・7）加藤高明（6・11）	松井慶四郎（1・7）幣原喜重郎（6・11）	成立。	
一九二五（大正一四）	加藤高明	幣原喜重郎	**1月**日ソ基本条約調印。**5月**北樺太の日本軍撤退。**10月**北京関税特別会議開催。**11～12月**郭松齢事件。**12月**石炭・石油に関する北樺太日ソ利権協約調印。	**3月**米、クーリッジ大統領就任。**5月**中国で五・三〇事件。**7月**広東国民政府成立。**12月**ロカルノ条約調印。
一九二六（大正一五）	加藤高明 若槻礼次郎 ①（1・30）	幣原喜重郎（1・30）	**12月**大正天皇崩御。摂政裕仁親王践祚。	**4月**独ソ友好中立条約調印。**7月**中国で北伐開始。**9月**独、国際連盟に加入。
一九二七（昭和二）	若槻礼次郎 ①田中義一（4・20）	幣原喜重郎 田中義一（4・20）	**2月**武漢国民政府（汪兆銘）成立。**3月**南京事件。**4月**漢口事件。**5月**第一次山東出兵。**6月**東方会議開催。	**4月**中国で蒋介石による国民政府樹立。**6月**ジュネーブ海軍軍縮会議開催。
一九二八（昭和三）	田中義一	田中義一	**4月**第二次山東出兵。**5月**済南事件。**6月**張作霖爆殺事件（満州某重大事件）。**8月**パリ不戦条約調印。	**7月**米、国民政府を承認。**8月**ケロッグ・ブリアン条約調印。**12月**国民政府、中国統一。
一九二九（昭和四）	田中義一 浜口雄幸（7・2）	田中義一 幣原喜重郎（7・2）	**6月**政府、中国国民政府を正式に承認。**7月**田中首相、天皇に問責される。浜口内閣、十大政綱発表。	**3月**米、フーヴァー大統領就任。**10月**ニューヨーク株式市場大暴落（世界大恐慌開始）。
一九三〇（昭和五）	浜口雄幸	幣原喜重郎	**1月**金解禁実施。**4月**ロンドン海軍軍縮会議条約調印。**5月**日華関税協定調印。**11月**浜口首相、東京駅で狙撃され重傷。この年、昭和恐慌起こる。	**3月**インド、ガンジーによる不服従運動開始。**6月**米、スムート＝ホーリイ法成立。
一九三一（昭和六）	浜口雄幸 若槻礼次郎 ②（4・14）	幣原喜重郎（4・14） 犬養毅	**6月**中村大尉事件。**9月**柳条湖事件（満州事変）。**9月**政府、満州事変に関し不拡大方針を声明。**10月**国際連盟、日本の満州撤兵勧告案可決。**12月**金	**8月**英、マクドナルド首班の挙国一致内閣成立。**9月**英、金本位制から離脱。**11月**瑞金政府樹立。

	犬養毅（12・13）	（12・13）	本位制停止。	
一九三二（昭和七）	犬養毅 斎藤実（5・26）	犬養毅 芳沢謙吉（1・14） 斎藤実（5・26） 内田康哉（7・6）	**1月**米、スティムソン・ドクトリン発表。上海事変。**3月**満州国建国宣言。**5月**五・一五事件。**8月**内田外相、「焦土外交」を表明。**9月**日満議定書、満州国承認。**10月**リットン報告書公表。	**2月**ジュネーヴ軍縮会議開幕。**7月**オタワで英帝国経済会議開催。独でナチスが第一党となる。
一九三三（昭和八）	斎藤実	内田康哉 広田弘毅（9・14）	**2月**日満軍、熱河省進攻作戦を開始。**2月**国際連盟、撤退勧告案を可決。**3月**日本、国際連盟脱退を通告。**5月**塘沽停戦協定成立。**9月**日印会商開始。	**1月**独、ヒトラー内閣成立。**3月**米、ローズヴェルト大統領就任。**6月**ロンドン世界経済会議開催。
一九三四（昭和九）	斎藤実 岡田啓介（7・8）	広田弘毅（7・8）	**3月**満州国帝政実施（皇帝溥儀）。**4月**天羽声明。**6月**日蘭会商開会。**12月**ワシントン海軍軍備制限条約の廃棄を米に通告。	**6月**米、互恵通商法成立。**8月**ヒトラー、総統に就任。**9月**ソ連、国際連盟加入。
一九三五（昭和一〇）	岡田啓介	広田弘毅	**3月**日満ソ、北満鉄道譲渡協定に調印。**6月**梅津・何応欽協定。土肥原・秦徳純協定。**8月**中国共産党、八・一宣言。**9月**リース・ロス使節団来日。	**3月**独、再軍備宣言。**8月**米で中立法制定。**11月**国民政府、幣制改革実施。**12月**第二次ロンドン海軍軍縮会議開催。
一九三六（昭和一一）	岡田啓介 広田弘毅（3・9）	広田弘毅 有田八郎（4・2）	**1月**ロンドン軍縮会議脱退を通告。広田三原則を発表。**2月**二・二六事件。**11月**綏遠事件。日独防共協定調印。	**3月**独軍、ラインラント進駐。米英仏、ロンドン海軍軍縮条約調印。**5月**伊、エチオピア併合。**12月**西安事件。
一九三七（昭和一二）	広田弘毅 林銑十郎（2・2）	有田八郎 林銑十郎（2・2）	**7月**盧溝橋事件。**8月**第二次上海事件。**10月**国際連盟、日本非難決議を可決。**11月**トラウトマン和平工作開始。日独伊三国防共協定調印。**12月**パ	**9月**第二次国共合作成立。**10月**ローズヴェルト、隔離演説。**12月**伊、国際連盟を脱退。

	近衛文麿①（6・4）	佐藤尚武（3・3） 広田弘毅（6・4）	ネー号事件。南京事件。	
一九三八（昭和一三）	近衛文麿①	広田弘毅 宇垣一成（5・26） 近衛文麿（9・30） 有田八郎（10・29）	**1月**近衛首相、「国民政府を対手とせず」と声明。**7月**張鼓峰事件。**8月**日ソ停戦協定成立。**10月**日本軍、武漢三鎮を占領。**11月**近衛首相、東亜新秩序建設を声明。**12月**近衛三原則を発表。	**3月**独、墺を併合。**9月**ミュンヘン協定調印。
一九三九（昭和一四）	近衛文麿① 平沼騏一郎（1・5） 阿部信行（8・30）	有田八郎 阿部信行（8・30） 野村吉三郎（9・25）	**5月**ノモンハン事件。**6月**天津租界事件。**7月**有田・クレーギー会談開始。米、日米通商航海条約廃棄を通告。**11月**東京で野村・グルー会談開始。	**5月**独伊軍事同盟調印。**8月**独ソ不可侵条約調印。**9月**独、ポーランド進攻（第二次世界大戦勃発）。
一九四〇（昭和一五）	阿部信行 米内光政（1・16） 近衛文麿②（7・22）	野村吉三郎 有田八郎（1・16） 松岡洋右（7・22）	**1月**日米通商航海条約失効。**7月**荻窪会談。**8月**松岡・アンリ協定締結。**9月**北部仏印進駐。日独伊三国同盟調印。**10月**大政翼賛会発会式。**11月**日満華共同宣言調印。	**3月**汪兆銘、南京に国民政府樹立。**5月**英でチャーチル内閣成立。**6月**独軍、パリ進駐。
一九四一（昭和一六）	近衛文麿② 近衛文麿③（7・18） 東条英機（10・18）	松岡洋右 豊田貞次郎（7・18） 東郷茂徳（10・18）	**4月**日ソ中立条約調印。ハル国務長官、日米諒解案を提議。**7月**御前会議、「対英米戦を辞せず」と決定。米、在米日本資産を凍結（英、蘭印も凍結）。日本軍、南部仏印進駐。**8月**米、石油の対日全面禁輸措置発表。**11月**ハル国務長官、ハル・	**1月**ローズヴェルト米大統領、「四つの自由」演説。**3月**米で武器貸与法成立。**6月**独ソ戦開始。**8月**大西洋会談で大西洋憲章発表。**12月**独伊、対米宣戦布告。

			ノートを提示。**12月**御前会議で対米英蘭開戦決定。真珠湾攻撃。	
一九四二（昭和一七）	東条英機	東郷茂徳 東条英機（9・1） 谷正之（9・17）	**1月**日本軍、マニラ占領。日独伊軍事協定調印。**2月**シンガポール占領。**6月**ミッドウェー海戦。	**1月**連合国二六カ国共同宣言調印。**8月**モスクワで英米ソ三国会談。
一九四三（昭和一八）	東条英機	谷正之 重光葵（4・20）	**2月**日本軍、ガダルカナル島から撤退開始。**5月**日本軍、アッツ島で玉砕。**9月**御前会議、絶対国防圏を設定。**11月**大東亜会議開催。	**1月**カサブランカ会談開催。**9月**伊、無条件降伏。**10月**モスクワ会談開催。**11月**カイロ会談開催。テヘラン会談開催。
一九四四（昭和一九）	東条英機 小磯国昭（7・22）	重光葵（7・22）	**4月**ソ連に独ソ和平斡旋申し入れ（ソ連、拒否）。**6月**マリアナ沖海戦。**7月**日本軍、サイパンで玉砕。**9月**モロトフ外相、佐藤駐ソ大使の特派派遣提案を拒否。	**7月**ブレトンウッズで国際経済会議開催。**8月**ダンバートン・オークス会議開催。パリ解放。
一九四五（昭和二〇）	鈴木貫太郎（4・7） 東久邇宮稔彦（8・17） 幣原喜重郎（10・9）	重光葵 鈴木貫太郎（4・7） 東郷茂徳（4・9） 重光葵（8・17） 吉田茂（9・17） （10・9）	**4月**米軍、沖縄上陸。ソ連、日ソ中立条約不延長を通告。**7月**対日ポツダム宣言発表。**8月**広島と長崎に原爆投下。ソ連対日宣戦布告。御前会議、ポツダム宣言受諾を決定。戦争終結の詔書を放送。連合国最高司令官マッカーサー、厚木に到着。**9月**降伏文書調印。トルーマン大統領、マッカーサーの占領方針を承認。GHQ、東条英機ら戦争犯罪人の逮捕を命令。第一回天皇・マッカーサー会談。**10月**幣原・マッカーサー会談。	**2月**ヤルタ会談開催。**4月**トルーマン、米大統領に就任。サンフランシスコ国連創立総会。**5月**ドイツ無条件降伏。**6月**国際連合憲章調印。**7月**ポツダム会談。**8月**中ソ友好同盟条約調印。**10月**国際連合成立。**11月**ニュルンベルク裁判開始。
一九四六（昭和二一）	幣原喜重郎 吉田茂①	吉田茂（5・22）	**1月**天皇、「人間宣言」発表。GHQ、公職追放を指令。**2月**GHQ、マッカーサー草案を手交。	**3月**チャーチル、「鉄のカーテン」演説。**6月**国共内戦開始。**7月**米、ビキニ環礁

	（5・22）		**3月**政府、憲法改正草案要綱を発表。**4月**第一回衆院選挙。**5月**極東国際軍事裁判所開廷。**11月**日本国憲法公布。	で原爆実験。
一九四七（昭和二二）	吉田茂① 片山哲（5・24）	吉田茂 片山哲（5・24） 芦田均（6・1）	**1月**マッカーサー、二・一ゼネスト中止を命令。**5月**日本国憲法施行。**9月**アイケルバーガー第八軍司令官に安保協定提案の書簡（芦田イニシアティブ）。	**3月**トルーマン・ドクトリン発表。**6月**マーシャル・プラン発表。**10月**コミンフォルム設置を公表。
一九四八（昭和二三）	片山哲 芦田均（3・10） 吉田茂②（10・15）	芦田均（3・10） 吉田茂（10・15）	**1月**ロイヤル米陸軍長官、対日占領政策転換を演説（非軍事化の見直し）。**10月**米国家安全保障会議。ＮＳＣ一三／二を承認。**12月**ＧＨＱ、経済安定九原則発表。	**4月**ソ連、ベルリン封鎖開始。パリで欧州経済協力条約に調印。**8月**大韓民国樹立。**9月**朝鮮民主主義人民共和国成立。
一九四九（昭和二四）	吉田茂② 吉田茂③（2・16）	吉田茂（2・16）	**3月**ドッジ米公使、ドッジ・ライン発表。**4月**ＧＨＱ、一ドル三六〇円の単一為替レート設定。**8月**シャウプ税制勧告。	**1月**コメコン創設発表。**4月**北大西洋条約機構（ＮＡＴＯ）発足。**9月**ソ連、原爆保有を発表。**10月**中華人民共和国成立。
一九五〇（昭和二五）	吉田茂③	吉田茂	**1月**マッカーサー、日本国憲法は自衛権を否定せずと声明。**5月**池田・ドッジ会談。**6月**吉田・ダレス会談。**8月**警察予備隊公布。**11月**米、対日講和七原則を発表。	**2月**中ソ友好同盟相互援助条約調印。**6月**朝鮮戦争勃発。**7月**国連安保理で国連軍派遣決議。**10月**中国義勇軍、朝鮮戦争に参戦。
一九五一（昭和二六）	吉田茂③	吉田茂	**1月**ダレス米特使来日（**3月**講和条約草案発表）。**4月**トルーマン、マッカーサーを解任。**9月**サンフランシスコで講和条約・日米安全保障条約調印。**12月**吉田首相、ダレス宛書簡で台湾国府との講和を確約（吉田書簡）。	**4月**欧州石炭鉄鋼共同体条約調印。**7月**朝鮮休戦会談開催。**9月**アンザス条約調印。

（年表作成：平松良太・神足恭子・湯川勇人）

《編著者紹介》

簑原俊洋（みのはら・としひろ）

1971年　生まれ。

1998年　神戸大学大学院法学研究科博士後期課程修了。博士（政治学）。

現　在　神戸大学大学院法学研究科教授。日米関係史専攻。

著　作　『排日移民法と日米関係――「埴原書簡」の真相とその「重大なる結果」』岩波書店，2002年。
『カリフォルニア州の排日運動と日米関係――移民問題をめぐる日米摩擦，1906-1921年』有斐閣，2006年。

奈良岡聰智（ならおか・そうち）

1975年　生まれ。

2004年　京都大学大学院法学研究科博士課程修了。博士（法学）。

現　在　京都大学大学院法学研究科教授。日本政治外交史専攻。

著　作　『「八月の砲声」を聞いた日本人――第一次世界大戦と植村尚清「ドイツ幽閉記」』千倉書房，2013年。
『対華二十一ヵ条要求とは何だったのか――第一次世界大戦と日中対立の原点』名古屋大学出版会，2015年。

Minerva KEYWORDS ②
ハンドブック近代日本外交史
――黒船来航から占領期まで――

2016年１月15日　初版第１刷発行　〈検印省略〉
2020年１月30日　初版第２刷発行

定価はカバーに
表示しています

編著者　簑原俊洋
　　　　奈良岡聰智
発行者　杉田啓三
印刷者　中村勝弘

発行所　株式会社　ミネルヴァ書房
607-8494　京都市山科区日ノ岡堤谷町１
電話代表　(075)581-5191
振替口座　01020-0-8076

中村印刷・清水製本

ISBN978-4-623-07420-4
Printed in Japan

執筆者紹介（50音順，＊は編者）

阿曽沼春菜（あそぬま・はるな）　10，25

1976年　生まれ。
2010年　京都大学大学院法学研究科博士後期課程修了。博士（法学）。
現　在　愛媛県立松山東高等学校非常勤講師。イギリス外交史専攻。
著　作　「日本の関税自主権回復交渉にみる『もうひとつの日英関係』――小村条約交渉とイギリス 1910～1911年（一）（二）（三・完）」『法学論叢』第163巻２号・４号・６号，2008年５月・７月・９月。
「中国の関税自主権回復問題と20世紀イギリス外交――12月メモランダムを巡る政治過程（一）（二）（三・完）」『法学論叢』第165巻５号・６号，第166巻２号，2009年８月・９月・11月。

五百旗頭薫（いおきべ・かおる）　２，５，６

1974年　生まれ。
1996年　東京大学法学部卒業。博士（法学）。
現　在　東京大学大学院法学政治学研究科教授。日本政治外交史専攻。
著　作　『大隈重信と政党政治――複数政党制の起源　明治十四年―大正三年』東京大学出版会，2003年。
『条約改正史――法権回復への展望とナショナリズム』有斐閣，2010年。

小川原正道（おがわら・まさみち）　１，３

1976年　生まれ。
2003年　慶應義塾大学大学院法学研究科博士課程修了。博士（法学）。
現　在　慶應義塾大学法学部教授。日本政治思想史専攻。
著　作　『明治の政治家と信仰――クリスチャン民権家の肖像』吉川弘文館，2013年。
『日本の戦争と宗教――1899-1945』講談社，2014年。

楠　綾子（くすのき・あやこ）　73～77

1973年　生まれ。
2004年　神戸大学大学院法学研究科博士後期課程修了。博士（政治学）。
現　在　国際日本文化研究センター准教授。日本政治外交史専攻。
著　作　『吉田茂と安全保障政策の形成――日米の構想とその相互作用　1945～1952年』ミネルヴァ書房，2008年。
『現代日本政治史１　占領から独立へ』吉川弘文館，2013年。

久保田裕次（くぼた・ゆうじ）　26

1984年　生まれ。
2014年　大阪大学大学院文学研究科博士後期課程修了。博士（文学）。
現　在　国士舘大学文学部専任講師。日本政治外交史専攻。
著　作　『対中借款の政治経済史――「開発」から二十一ヵ条要求へ』名古屋大学出版会，2016年。
「満蒙政策と政友会――大正期における野田卯太郎と山本条太郎」『日本史研究』666，2018年２月。

後藤　新（ごとう・あらた）　**7**

1977年　生まれ。

2007年　慶應義塾大学大学院法学研究科政治学専攻後期博士課程単位取得退学。修士（法学）。

現　在　武蔵野大学法学部准教授。近代日本政治史専攻。

著　作　「台湾出兵と士族」寺崎修・玉井清編『戦前日本の政治と市民意識』慶應義塾大学出版会，2005年。

「明治初期における新聞政策――「新聞紙発行条目」の制定過程を中心に」笠原英彦編『近代日本の政治意識』慶應義塾大学出版会，2007年。

渋谷謙次郎（しぶや・けんじろう）　**63，69**

1969年　生まれ。

1998年　東京大学法学政治学研究科博士課程単位取得退学。修士（法学）。

現　在　神戸大学大学院法学研究科教授。ロシア・旧ソ連法専攻。

著　作　「人・市民・民族と法」小森田秋夫編『現代ロシア法』東京大学出版会，2003年。

「日本における東欧法研究」奥田安弘，マルティン・シャウアー編『中東欧地域における私法の根源と近年の変革』中央大学出版部，2014年。

菅原健志（すがわら・たけし）　**16**

1981年　生まれ。

2015年　イースト・アングリア大学歴史学部博士課程修了。Ph.D（History）。

現　在　愛媛大学法文学部講師。イギリス外交史専攻。

著　作　「アーサー・バルフォアと第一次世界大戦における日本の軍事支援問題」『国際政治』第168号，2012年２月。

高原秀介（たかはら・しゅうすけ）　**21，33，35，47**

1968年　生まれ。

2002年　神戸大学大学院法学研究科博士後期課程修了。博士（政治学）。

現　在　京都産業大学国際関係学部教授。アメリカ外交史専攻。

著　作　『ウィルソン外交と日本――理想と現実の間　1913-1921』創文社，2006年。

「新興国アメリカの台頭とパクス・ブリタニカの終焉――ウィルソンとロイド＝ジョージ」益田実・小川浩之編著『欧米政治外交史　1871～2012』ミネルヴァ書房，2013年。

千葉　功（ちば・いさお）　**14，24，44**

1969年　生まれ。

2000年　東京大学大学院人文社会系研究科博士課程修了。博士（文学）。

現　在　学習院大学文学部教授。日本近現代史専攻。

著　作　『旧外交の形成――日本外交　1900～1919』勁草書房，2008年。

『桂太郎――外に帝国主義，内に立憲主義』中公新書，2012年。

永島広紀（ながしま・ひろき）　**8，9，11，20**

1969年　生まれ。

2007年　九州大学大学院人文科学府博士後期課程修了。博士（文学）。

現　在　九州大学韓国研究センター教授・共創学部教授。朝鮮近現代史・日韓関係史専攻。

著　作　『戦時期朝鮮における「新体制」と京城帝国大学』ゆまに書房，2011年。

翻　訳　李榮薫『大韓民国の物語』文藝春秋，2010年。

中谷直司（なかたに・ただし）　**40，43，49，54**

1978年　生まれ。

2008年　同志社大学大学院法学研究科博士後期課程修了。博士（政治学）。

現　在　帝京大学文学部社会学科准教授。日本外交史・国際関係史専攻。

著　作　『強いアメリカと弱いアメリカの狭間で――第一次世界大戦後の東アジア秩序をめぐる日米英関係』千倉書房，2016年。

＊奈良岡聰智（ならおか・そうち）　**4，13，15，第Ⅱ部解説，29，31，42，第Ⅳ部解説，61，62**

編著者紹介欄参照。

服部　聡（はっとり・さとし）　**48，52，57，64，66～68，71**

1968年　生まれ。

1999年　神戸大学大学院法学研究科中退。博士（政治学）。

現　在　大阪大学外国語学部等で非常勤講師。

著　作　『松岡外交――日米開戦をめぐる国内要因と国際関係』千倉書房，2012年。

服部龍二（はっとり・りゅうじ）　**38，39，45，46**

1968年　生まれ。

1997年　神戸大学大学院法学研究科博士後期課程単位取得退学。博士（政治学）。

現　在　中央大学総合政策学部教授。日本外交史専攻。

著　作　『東アジア国際環境の変動と日本外交 1918-1931』有斐閣，2001年。

『広田弘毅――「悲劇の宰相」の実像』中公新書，2008年。

藤岡由佳（ふじおか・ゆか）　**60**

1969年　生まれ。

1998年　ハーバード大学ケネディ行政大学院卒業。MPP（Public Policy）。

2013年　キャスター，同時通訳者を経て，ジョージワシントン大学政治学部博士課程単位取得後，神戸大学大学院法学研究科博士後期課程単位取得。MA（Political Science）。

現　在　藤岡金属（株）代表取締役社長，丸一鋼管（株）社外取締役，関西学院大学，神戸女学院大学非常勤講師。国際政治理論，日米関係史専攻。

著　作　"The Thought War: Public Diplomacy by Japan's Immigrants in the United States" in Kimura Masato and Tosh Minohara (ed.) *Tumultuous Decade: Empire, Society, And Diplomacy in 1930s Japan*, University of Toronto Press, 2013.

＊簑原俊洋（みのはら・としひろ）　**はしがき，第Ⅰ部解説，17，18，22，23，28，第Ⅲ部解説，34，37，41，第Ⅴ部解説，70**

編著者紹介欄参照。

村井良太（むらい・りょうた）　**12，19，30，72**

1972年　生まれ。

2002年　神戸大学大学院法学研究科博士後期課程修了。博士（政治学）。

現　在　駒澤大学法学部教授。日本政治外交史専攻。

著　作　『政党内閣制の成立　一九一八～二七年』有斐閣，2005年。

『政党内閣制の展開と崩壊　一九二七～三六年』有斐閣，2014年。

村上友章（むらかみ・ともあき）　**36，51**

1974年　生まれ。

2004年　神戸大学大学院国際協力研究科博士後期課程修了。博士（政治学）。

現　在　流通経済大学経済学部准教授。日本政治外交史専攻。

著　作　「『国境の海』とナショナリズム――日ソ間昆布採取協定と高碕達之助」『国際政治』第170号，2012年10月。

「国連安全保障理事会と日本1945-1972」細谷雄一編著『グローバル・ガバナンスと日本』中央公論新社，2013年。

森　靖夫（もり・やすお）　**50，55，58，59**

1978年　生まれ。

2008年　京都大学大学院法学研究科博士課程修了。博士（法学）。

現　在　同志社大学法学部准教授。日本政治外交史専攻。

著　作　『日本陸軍と日中戦争への道――軍事統制システムをめぐる攻防』ミネルヴァ書房，2010年。

『永田鉄山――平和維持は軍人の最大責務なり』ミネルヴァ書房，2011年。

森川正則（もりかわ・まさのり）　**27，32，53，56**

1975年　生まれ。

2003年　大阪大学大学院法学研究科博士後期課程単位取得退学。博士（法学）。

現　在　奈良大学文学部准教授。日本近現代史専攻。

著　作　加西市史編さん委員会編『加西市史　第二巻　本編２　近世・近現代』共著，加西市，2011年。

「第一次世界大戦と日本の経済外交――イギリスの輸入禁止措置をめぐって」『奈良史学』第30号，2013年１月。

湯川勇人（ゆかわ・はやと）　**65**

1988年　生まれ。

2013年　神戸大学大学院法学研究科博士前期課程修了。修士（政治学）。

現　在　広島大学大学院社会科学研究科准教授。日本外交史専攻。

著　作　「対中勢力圏化構想と九カ国条約，1933～35――外務省の対中政策と日米関係」『神戸法学年報』第29号，2015年10月。

「日中戦争初期における日米関係――有田八郎外相の対米方針と九カ国条約」『国際政治』第190号，2018年１月。

人名索引

か　行

さ　行

た　行

な 行

は 行

ま　行

や　行

ら 行

わ 行

事項索引

さ　行

た　行

な　行

は　行

ま　行

や　行

ら　行

わ　行

欧　文